JN451893

한일 여성문학자, 그녀들의 '개인-되기'

- 연애 · 성욕 · 광기 -

한일 여성문학자,
그녀들의 '개인-되기'
- 연애·성욕·광기 -

인 쇄 2022년 5월 17일
발 행 2022년 5월 20일

저 자 명혜영
발행인 정성택
발행처 전남대학교출판문화원

등 록 1981. 5. 21. 제53호
주 소 61186 광주광역시 북구 용봉로 77
전 화 (062) 530-0571~2 마케팅 530-0573
팩 스 (062) 530-0579
홈페이지 http://www.cnup.co.kr
이메일 cnup0571@hanmail.net

값 21,000원

ISBN 978-89-6849-887-9(93300)

* 잘못된 책은 바꿔드립니다.
* 이 책의 전부 또는 일부 내용을 재사용하려면 사전에 반드시 저작권자와 전남대학교출판문화원의 동의를 받아야 합니다.

한일 여성문학자, 그녀들의 '개인-되기'

- 연애 · 성욕 · 광기 -

명혜영 저

전남대학교출판문화원

서문

한국 페미니즘 1세대 선각자 나혜석은 소설 [경희](1918)에서, "경희도 사람이다. 그 다음에는 여자다. 그러면 여자라는 것보다 먼저 사람이다."라고 역설하며, '여자'이기에 앞서 '사람', 즉 '개인-되기'가 우선이라는 점을 분명히 하고 있다.

'개인'은 서구 근대의 산물이다. 정치학자 스티븐 루쿠스와 푸코에 의하면, '개인'의 특성을 크게 네 가지로 분류한다. 개인의 존엄성, 프라이버시, 자율성과 자기실현, 자기통제 등이다. 먼저 개인의 존엄성은 인간을 "독립적인 영혼을 가진 존엄한 존재"로 본다. 홉스, 로크, 루소에 의해 주창된 사회계약론을 보면, "사회나 국가는 자연 상태의 개인이 맺는 계약을 통해 창출된다. '개인이 국가를 위해 존재하는 것이 아니라, 국가가 개인을 위해 존재하며, 국가는 개인들이 모여 구성한 인위적 집합체'에 지나지 않는다."고 해, 인식의 일대 대전환을 가져왔다. 둘째는, 프라이버시(사적영역)를 향유할 권리이다. 고대 그리스에서 프라이버시는 두 가지 특징으로 규정되었으며, '자기 자신에 대해 배려하기', '네 자신을 알라'가 그것이다. 그러나 전자는 망각되고, 후자만 강조되었다. 따라서 근대에 들어 인간이 자기 자신을 배려하는 행위는 끊임없는 글쓰기 행위와 결합되었는데, 자기란 그것에 대해 쓸 무엇, 글쓰기 행위의 주제 혹은 대상(주체)이었다. 편지쓰기와 일기에 이어 '소설'이라는 장르가 탄생하게 된 배경이다. 또한 개인 간의 만남이 중요시됨에 따라 '연애'라는 문화가 새롭게 생겨났다. 셋째는 개인의 자율성과 자기실현이다. '자율성'이란 각 개인이 자신의 의지와 의사에 따라 자신의 생각과 행동을 결정할 수 있으며, 자신 외에 외부의 간섭과 개입에 좌우되지 않아야 한다는 것이다. 그리스 시대 개인은 '시민(citizen)'을 말하는 것이었다. 그들에게 시민이 된다는 것은 '폴리스(polis)'에서 공적인 삶을 영위할 능력과 자격이 있다는 의미였고, 그들은 자신의 삶에 주인이어야 했다. 마지막으로 넷째는, 자기통제이다. 푸코는 "스스로 통제하고 규율이 내면화된 개인"을 자기통제의 완성형으로 보았다.

이처럼 근대는 '신에게서 인간으로의 시대'로, 여기에 여성도 세상을 향해 '사람(=개인)'으로서의 권리를 주창하며 문제제기하고 나선 것이다. 여성 선각자들은 자기 안에 개인으로서의 공간을 형성하고 채워 넣고자 하였다. 졸저에서는 그 대표적 특성으로써 연애, 성욕의 획득, 그리고 생명력의 광기에 대해 탐구하였다.

제1장 여남, 테이블을 마주하다에서, 근대 여성들의 서구문화에 기초한 성적 〈자유〉와 〈자기결정〉은 무엇보다 신체적 점령으로부터의 해방을 의미하였다. 따라서 기존 여성들의 일상성은 부정되고 육신성으로부터 분리되어 〈초월; 자기결정, 자유, 보편〉이라는 남성의 영역으로 상승을 시도하였다. 그러나 한일 양국의 문화적 토양은 서구의 그것과는 달라 유교의 관계성을 토대로 형성된 것이다. 따라서 근대 여성들이 〈따라잡고〉 싶어 했던 서구적인 여성, 즉, '독립적이며 고립된 자율적 개인으로서의 여성'은 애초부터 유토피아적인 것이었다.

제2장 봉인해제 되는 여자들의 '몸'에서는 주부들의 섹슈얼리티를 갈구하는 모습은 한일 간에 그 양상이 사뭇 다르게 나타난다. 일본 여성 유리는 남편 외에 여러 남자와 성적교섭을 가짐으로써

일부일처제에 반기를 들어 로맨틱러브의 종연을 선언하지만, 한국 주부 '나'는 오히려 젊은 소년과의 로맨스를 꿈꾸며 로맨틱러브에 대한 갈증을 호소함으로써 일부일처제에 안주하는 지극히 근대적 결론을 제시한다.

제3장 여성, '가족'을 탐구하다에서는, 한일 여성들이 남자들의 의사와는 상관없이 아이를 낳고 '비혼모 가족'을 만들어 현대의 모계가족을 탄생시킨다. 혈연을 배제한 남성과의 거래, 즉 사회적 통념을 벗어난 은밀한 거래를 통해 부성을 제공하여 아이들의 정서적 교감을 충족시키는데 주력하는 일본소설과는 달리, 한국소설에서는 아이에게 아버지라는 정서적 교감을 기대하기보다는 사생아라는 사회적 냉대를 더 심각하게 고려하여, 아이에게 애정을 보이지는 않지만 친부의 그늘아래 두는 선택을 한다.

제4장 경계에선 여성, 여성들에서는, 기존의 중심(=이성)/주변(=감정)의 이분법적 시선을 완화하기 위한 전략으로 생물체의 마지널성을 부각하고 있다. 그에 따라 감지된 주변부(콜레라 귀국선, 조선인 귀향선)의 상황은 '교란'과 '비결정성'이 충만한 자연성으로 꿈틀대고 있음이 포착된다. 인간 중심의 모순에서 자연성 회복을 꾀하고자 한 작품은 자아의 본질을 깨닫고 상호주체성을 회복해야 현대 사회의 자연 파괴와 여성억압 등과 관련된 수많은 문제를 해결할 수 있다는 강한 메시지를 전달한다.

제5장 여성노인과 생명으로서의 광기에서는, 노년문학을 통해 노부부의 해로에 짙게 깔린 동양적 정서, '인정과 의리'를 인식할 수 있었다. 늙어 병마에 시달리는 노부부, 병든 한쪽을 개호하는'보살피고 양육하는 자질'을 발휘하는 단짝의 모습은, 열정적 사랑에서 한 단계 성숙된 동양적 휴머니즘을 보여준다. 아내는 수발드는 남편에게서 '엄마'의 모습을 발견하며, 남편은 자신이 죽은 후 홀로

남을 세상물정에 어두운 아내를 연민한다. 해로한 노부부는 비록 병마에 의해서이기는 하지만, 늦게나마 시공간을 함께할 수 있어 행복한 인생이었다고 술회한다. '인정과 의리'에 기반 한 노부부의 해로하는 삶을 통해, '독립적이며 고립된 자율적 개인'을 넘어 고독을 나누는 반려자가 있는 삶의 형태를 제시한다. 이는 에코페미니즘에서 언급하는 '보살피고 양육하는 자질'의 함양이 완성된 결과이며, 살아있는 관계의 재창조라 볼 수 있겠다.

다음 [표 1]에 주 텍스트와 여성작가 목록을 정리하였다.

[표 1] 주 텍스트와 여성작가 목록

국가	작가	작　품	발표 년도	분 류	주요 테마	비고 (발표지)
한국	나혜석	四年前 日記 中에서	1920	단편소설	연애	新女子
〃	김명순	處女의 가는 길	1920	〃	처녀의 성	新女子
〃	백합화 (필명)	愛의 追懷	1920	〃	연애	新女子
〃	박완서	어떤 나들이	1971	〃	성적 일탈	월간문학
〃	〃	소묘	1983	〃	광기	소설문학
〃	〃	길고 재미없는 영화가 끝나갈 때	1997	〃	살아있는 관계	라쁠륨
〃	한무숙	月暈	1955	〃	성적 고독	현대문학
〃	한말숙	신화의 단애	1957	〃	포스트모던 연애	현대문학
〃	서영은	살과 뼈의 축제	1977	〃	성욕	문학사상
〃	〃	먼 그대	1983	〃	비혼모	한국문학
〃	김진옥	裸身	1978	〃	성적자기 결정권	우일 문화사
〃	최정희	지맥(地脈)	1939	장편소설	모성	문장
〃	〃	第2·女子의 風景	1966	단편소설	에로스	現代文學
〃	〃	탑돌이	1975	〃	재생산	現代文學
〃	백신애	적빈	1934	〃	희생적 모성	開闢

국가	작가	작 품	발표 년도	분 류	주요 테마	비고 (발표지)
한국	한 강	채식주의자	2007	장편소설	마지널 (marginal)	창비
〃	황정은	계속해보겠습니다	2014	〃	프레카리아트	창비
〃	김애란	비행운-하루의 축	2012	〃	비체 (abject)성	문장웹진
〃	김금희	너무 한낮의 연애	2015	단편소설	몸	21세기 문학
일본	히구치 이치요 (樋口一葉)	보랏빛 (裏紫)	1896	〃	정조	新文壇
〃	노가미 야에코 (野上弥生子)	직녀님 (七夕さま)	1907	〃	〃	ホトトギス
〃	다무라 도시코(田村俊子)	유체이탈 (離魂)	1912	〃	〃	中央公論
〃	오바 미나코 (大庭みな子)	세 마리의 게 (三匹の蟹)	1968	〃	성적 일탈	群像
〃	〃	노파의 미소 (山姥の微笑)	1976	〃	광기	新潮
〃	〃	기대되는 날들 (楽しみの日々)	1999	장편소설	돌봄	群像
〃	엔치 후미코 (円地文子)	부부의 연 습유 (二世の縁拾遺)	1957	단편소설	부부연	文学会
〃	〃	유혼(遊魂)	1970	〃	에이지즘	新潮
〃	고노 다에코 (河野多恵子)	뼈의 살(骨の肉)	1969	〃	성욕	群像
〃	가나이 에미코 (金井恵美子)	토끼(兎)	1972	〃	근친상간	すばる
〃	도미오카다에코 (富岡多恵子)	신가족(新家族)	1977	단편소설	비정상가족	海
〃	쓰시마 유코 (津島 佑子)	묵시(黙市)	1982	〃	모계가족	海
〃	〃	웃는 늑대 (笑いオオカミ)	2000	장편소설	유동성	新潮
〃	쓰보이 사카에(壺井 栄)	무 이파리 (大根の葉)	1938	단편소설	현모양처	文芸
〃	가와카미 미에코 (川上未映子)	젖과알(乳と卵)	2007	〃	모자가정 빈곤	文學界

국가	작가	작 품	발표년도	분 류	주요 테마	비고 (발표지)
일본	무라타 사야카 (村田沙耶香)	편의점 인간 (コンビニ人間)	2016	〃	個族의 탄생	文藝春秋
〃	가네하라 히토미 (金原ひとみ)	하이드라 (ハイドラ)	2007	〃	몸의 자연성 회복	新潮
〃	이양지 (田中樂枝)	나비타령 (ナビタリョン)	1982	〃	강요된 이분법	群像
〃	〃	유희 (由熙)	1988	〃	개인-되기	群像
〃	우노 치요 (宇野千代)	행복(幸福)	1971	〃	노년의 행복	文藝春秋
총계	한국작가 14명 19작품 일본작가 15명 20작품					

코로나19로 우울한 시간을 보내야 했지만, 덕분에 남은 시간을 활용해 그동안 미뤄두었던 16편의 논문을 정리해 엮을 수 있었다.

졸저는 시민강좌를 통해 논문의 주제를 포착하거나, 또 완성된 논문을 토대로 강의하는 프로세스가 지속되어 얻게 된 결과물이다. 책을 낼 수 있게 물심양면으로 도움주신 광주시민인문학(협) 이사진 신광용(우진), 장종익(진정한 워리어), 김양희 선생님께 깊은 감사를 드린다.

유난히 길었던 겨울이 지나고 찾아온 봄은 연달아 찰나의 생명력을 흩뿌리고 꼬리를 감추었다. 이제 곧 온 대지는 녹색의 물결로 장관을 이루리라. 하루 빨리 코로나 상황이 종료되어 자유로이 만나고 여행할 수 있기를 바래본다!

2022년 5월 인문학카페 Novel에서

지은이

목차

2장 /

봉인 해제되는 여자들의 '몸'

3장 /

여성, '가족'을 탐구하다

4장 /
경계에 선 여성, 여성들

5장 /

여성노인과 생명으로서의 '광기'

1장

/

여남(女男), 테이블을 마주하다

제1절

근대 "처녀'의 섹슈얼리티

―한일 초기 여성소설을 중심으로―

한일 근대초기(1910~1920년 초반)에 발표된 여성소설의 주인공은 대부분 근대교육을 받은 여학생이다. "두문불출'을 유교의 행동강령쯤으로 여기며 지켜왔던 구시대를 지나 이미 그녀들은 교육하는 장소, 즉 학교나 기숙사라는 자유공간으로 진출해 있다. 이러한 변화는 당시대를 풍미했던 자유연애를 실행하기에 더 없이 좋은 환경이었을 것이다.

소설 속의 히로인들은 사춘기소녀로서의 섹슈얼한 분위기를 연출하며 자유연애에 한껏 심취해 있다. 그녀들은 이상적 남성들을 스스로 선택하여 러브레터를 주고받거나 하숙방을 찾으며 마음껏 청춘을 구가한다. 이러한 자유롭고 섹슈얼리티한 분위기를 뒷받침하듯 소설에서 그려지는 계절 또한 만물이 생동하는 희망의 봄과 정열의 여름이다. 또한 주인공 사춘기소녀들의 섹슈얼리티는 "처녀'라는 새로운 개념으로 형상화 되어 앙양·통제되기에 이른다.

본고에서는 이러한 "처녀'들의 섹슈얼리티에 초점을 맞추어, 소설에서 묘사되는 언설의 메타포를 풀어가는 과정을 통해 한일 초기 여성소설을 재조명하고자 한다. 이를 위해 "처녀'들을 표상화한 한일 초기 여성소설 중에서 히구치 이치요(樋口一葉)의 『보랏빛(裏紫)』(1896, 『新文壇』 제2권 제2호)[1], 노가미 야에코(野上弥生子) 『직

녀님(七夕さま)』(1907, 『ホトトギス』)[2], 다무라 도시코(田村俊子) 『유체이탈(離魂)』(1912, 『中央公論』)[3], 김명순의 「處女의 가는 길」 (1920. 3, 『新女子』 창간호)[4], 나혜석의 「四年前 日記 中에서」(1920. 4, 『新女子』)[5], 백합화(필명) 「愛의 追懷」(1920. 4, 『新女子』2호)[6] 등의 6 작품을 대상으로 고찰하고자 한다.

지금까지의 연구 성과를 살펴보면, 한일 초기 여성소설에 대한 연구는 1990년대 이후 여성주의 비평(젠더이론)에 의해 활기를 띠었다. 이에 따른 성과 역시 괄목할만하나 본고에서는 신중간층 출신 처녀들의 섹슈얼리티와 이에 따른 〈性的 자기결정〉에 초점을 맞추어 논하고자 한다.

---

1 底本 ; 樋口一葉, 『全集樋口一葉』, 小学館, 1979.

2 底本; 野上弥生子, 「七夕さま」, 『野上弥生子全集』 第一巻, 岩波書店, 1980.

3 底本 ; 田村俊子, 「離魂」, 『田村俊子作品集』, オリジン, 1987.

4 저본; 김명순, 「處女의 가는 길」, 『김일엽의〈신여자〉연구』, 푸른사상, 2006. 김명순의 「處女의 가는 길」은 『新女子』 창간호에 실린 단편소설로, 이 작품은 펜네임이 물망초라 되어 있어 원작자에 대한 논란을 불렀다. 그리하여 물망초를 펜네임으로 쓴 적이 있는 방정환의 소설로 분류되기도 한다. 그러나 여성잡지 『新女子』는 잡지의 특성을 살리기 위해 여성 투고자를 원칙으로 한다는 단서를 달고 있으며, 남성 투고자에 대해서는 반드시 남성임을 밝히고 있다. 따라서 편집자 김일엽과 친분이 두텁고 페미니즘 제1세대인 김명순의 소설일 가능성이 크다.

5 저본; 나혜석, 「四年前 日記 中에서」, 『나혜석전집』, 태학사, 2000.
나혜석의 「四年前 日記 中에서」는 『新女子』 2호에 실린 작품으로, 제목에서 수필로 분류되지만 내용을 보면, 개방적인 섹슈얼리티를 그리고자 한 작자의 의도가 분명히 읽힌다. 따라서 수필 형식의 소설로 보는 것이 타당할 것이다.

6 백합화, 「愛의 追懷」, 『김일엽의〈신여자〉연구』, 푸른사상, 2006.

1. 소녀에서 처녀로
–『유체이탈(離魂)』과「四年前 日記 中에서」

오츠카 에이지(大塚英志)는 "근대사회가 초경을 맞아 사용가능하게 된 여성의 신체를, 미래의 남자에게 실제로 사용될 때까지 상처 입지 않은 채로 보존하기 위해, 그녀들에 관련해 이런저런 언설들을 만들어내다 '실수로' 생겨난 이물(異物)이 '소녀'라는 존재"라고 정의하였다.[7] 이런 근대의 처녀라는 개념에는 '순결' '청순' '정조' '정숙' 등의 정신적 가치와 도덕적 가치가 암묵적으로 전제되어있다. 즉 처녀라는 단어가 단순히 미혼여성을 지칭하는 것이 아니라, '처녀성'이라는 정신성이 함유된 '인격' 그 자체를 나타내는 말로 사용되었다.[8]

1.1 엄지공주의 불안

다무라 도시코의『유체이탈(離魂)』(1912)에서는 초경을 맞아 보이게 되는 사춘기소녀의 복잡한 심경변화와 관능적 시선, 미래에 대한 불안을 세밀한 터치로 풀어내고 있다. 주인공 오차(お久)는 어느 날 몸이 나른하고 기운이 없다는 이유로 무용학원을 쉰다. 오차는 전날 "왠지 몸이 무거워" 학원을 결석하고, 다음날도 잠에서 깨자 "눈이 빨갛게 부어" 있다. 늦잠을 자버린 오차가 현기증에 비틀거리며 부엌으로 나오자, "얼굴에 핏기가 없다"며 가사도우미 오우매(おうめ)가 걱정한다. 사춘기소녀의 몸에서 신체적 변화가 일어나

---

7 大塚英志(1989.5),『少女民俗学–世紀末の神話をつむぐ「巫女の末裔」』, 光文社, p.100.

8 川村邦光(1994),『オトメの身体』, 紀伊国屋書店, p.228.

고 있음을 암시하는 대목이다. 어머니는 이러한 사춘기 딸의 증상을 전혀 눈치 채지 못한 채 의사를 불러 진찰받도록 한다.

> 어머니와 젊은 의사가 오차의 병상 옆에 앉아 있었다. 그리고 의사의 차가운 손이 왼쪽 손목을 가볍게 쥐고 진맥 중 이었다. (중략) 의사는 "아가씨 정도의 나이라면 흔히 있을 수 있는, 생리 전에 느끼는 현기증 같은 증상입니다."라고 말하며 오차의 얼굴을 내려다보고 씩 웃었다. (중략) 의사는 어머니에게 오차가 언제부터 몸에 변화가 나타났는지를 물었다. (『유체이탈』, p.234)[9]

젊은 남자의사는 오차의 병명을 "아가씨 정도의 나이"의 사춘기 소녀들이 "생리 전에 느끼는 현기증"이라고 진단한다. 그리고는 마치 이제야 여자로써 사용가치가 있는, 즉 낳는성을 수행할 수 있는 쓸모 있는 몸으로 성장하게 되었음을 축하라도 하듯 누워있는 오차를 내려다보며 "씩"하고 미소 짓는다. 이어서 젊은 의사(=근대과학의 수행자)는 어머니에게 딸의 "신체적 변화"에 대해 물으며, 딸을 관리하는 어머니로서의 책무를 점검한다. 그 순간 어머니는 "얼굴을 붉히며" 딸에게 되묻는 등 무력한 모습을 보인다. 오차의 어머니 역시 소녀시절 초경을 경험했으므로 딸의 증상에 둔감하지만은 않을 것이나 비과학적인 어머니의 경험 따윈 철저히 무시된다. 곧 초경이 시작될 것이라는 의사의 진단에 따라 어머니는 "천을 잘라" 딸의 생리대를 준비한다.

이렇듯 초경이 시작된 <소녀>의 몸은 근대과학(의학)의 논리에 의해 철저히 분석·관리되다가, 정신적 수양과 도덕적 덕목이 덧씌워져 <처녀>의 몸으로 재탄생되는 것이다.

---

9 필자 번역, 이하 동.

그렇다면 오차는 이러한 신체적 변화를 어떻게 받아들이고 있을까?

우선 작품의 전체적 흐름을 두 갈래로 파악할 수 있을 것이다. 하나는 초경을 맞이하게 되는 사춘기소녀의 희망에 찬 '性에 대한 동경'과 이에 따라 나타나는 '관능적인 모습'이며, 다른 하나는 어른의 세계, 즉 '남성 중심적인 섹슈얼리티의 구조'에 대한 두려움이다.

하세가와 게이(長谷川啓)는, 『유체이탈』이 어스름한 저녁 시간대에 소년, 청년, 장년 등 세 명의 남자가 등장하여 여자 주인공과 관계하고 있음을 지적하며, 이성과의 접촉이나 혹은 섹슈얼리티 자체를 작자는 불행한 일이 일어날 징조로 보고 있다[10]는 논을 펼쳤다.

그러나 『유체이탈』에서는 서두에서 마지막 장면에 이르기까지 "빛, 햇살" 등의 생명력 넘치는 단어가 수시로 사용되고 있어, 작자가 섹슈얼리티를 단지 불행한, 부정적 시각으로 보고 있다는 견해는 다소 성급한 결론으로 보인다. 예를 들어, 오차가 의사에게 초경을 치르게 될 것이라는 진단을 받은 다음의 문장에서는 "햇살"이 네 번이나 반복되어 나타난다. 따라서 소녀가 맞이한 '초경'은 무한한 생명력을 지닌 희망적인 그 무엇이다. 또한 "빛"은 소녀의 꿈속에까지 파고들어 소녀의 '관능'을 흔들어 깨운다. 그리고 이러한 여성의 性은 이내 세 명의 남자와 결부되어 전개된다. 첫 번째 남자는 소설의 절반을 차지하여 묘사되는 모키치이며, 두 번째는 젊은 의사, 세 번째로 등장하는 인물은 꿈속에서 만난 장년의 남자이다. 이 중에서 가장 많은 비중을 차지하는 모키치에 대해 살펴보자.

소설의 서두는 오차가 어느 날 갑자기 몸이 아파 무용학원을 결

---

10 長谷川啓(2007), 「思春期の少女のセクシュアリティ－田村俊子の『離魂』を読む」, p.395.

석하자 이를 걱정한 학원장이 학원 남학생 모키치(茂吉)를 병문안 보내는 장면으로 시작된다. 모키치의 아버지는 유랑극단의 삼류배우이며 그 역시 유랑극단의 배우지망생으로서 극에 필요한 무용을 배우고 있다. 모키치는 학원에서 가난한 삼류배우의 아들에다 몸에서 쉰내가 난다며 모두에게 따돌림 당한다. 그러나 사춘기소녀 오차만은 그의 용모와 체취에 이상하리만치 흥미를 느낀다. 오차가 느낀 모키치는 "희고" "아름다운" 미소년으로, 그녀가 "못창(茂ちゃん)"이라는 호칭을 쓰는 걸로 봐서, 초경[11]을 시작한 그녀와는 두세 살 정도의 차이가 나는 '연하의 남성'이라는 추정이 가능하다.[12] 이러한 모키치에게 오차는 이미 "마음의 균형을 잃게 하는" 감정을 느끼고 있었다. 그러나 이러한 감정은 그녀 혼자만의 것으로 모키치는 어린 탓인지 그다지 이성에 대해 관심을 보이지 않아 오차를 안절부절못하게 만든다. 이날 모키치가 귀가 한 후 몸 상태가 좋지 않아 일찍 잠자리에 든 오차는 꿈속에서 장년의 남성을 만나게 된다.

> 검은 모자를 쓴 나이든 남자의 얼굴이 이내 사라졌다. 오차는 맨발로 그 뒤를 좇아 재빨리 부엌 밖으로 나왔다. (중략) 오차는 <u>정신없이</u> 그 남자의 뒤를 좇아갔다. 마치 누군가가 자신의 소매를 붙들고 끌고 가는 것이라고 생각하며, 가옥 두 세 채 정도의 거리를 앞서서 걸어가는 그 남자의 뒤를 <u>부지런히</u> 따라갔다. 밑줄 필자, 이하 동 (『유체이탈』, p.237)

11 1928년 발행된 의학박사 시마다 히로시의 『婦人の 醫學女性典』에 따르면 당시 여성들의 초경은 평균 14세~16세 사이이다.

12 모키치가 연하라는 추정은 선행연구에도 이미 언급된 바 있다. (長谷川啓「思春期少女のセクシュアリティ－田村俊子の『離魂』を読む」, p.389)

위의 인용은 소설의 결말 부분으로 오차가 꿈을 꾸며 유체이탈(離魂) 현상을 일으키는 장면이다. 아직 性에 눈뜨진 못한 연하의 소년 모키치에게 만족하지 못한 오차는 꿈속에서 연상의 남성을 만나자 "재빨리" "정신없이" "부지런히" 그야말로 혼이 빠진 듯 뒤를 쫒아간다. 이러한 설정은 신체적으로 어른이 된 오차가 드디어 소녀에서 처녀로 거듭나 어른들의 세계로 빠르게 합류하게 되었음을 암시한 장면이라 할 수 있다. 그러나 여기서 오차는 "마치 누군가가 자신의 소매를 붙들고 끌고 가는 것" 같다고 고백한다. 즉, 남성을 쫓아가는 것은 오차의 의지가 아니다. 어쩌면 그렇게 정해진 숙명적인 여성의 섹슈얼리티를 내포하고 있는 건 아닐까? 여기서는 소녀에서 처녀가 된 오차가 앞으로 살아가게 될 '수동적 섹슈얼리티'가 문제시 되고 있는 것이다. 그렇다면 오차가 "분명하게" 확신하고 있다는 "꿈의 정체"는 어떤 것이며 또 무엇을 암시하는 것일까?

> 오차는 방금 다음과 같은 꿈을 꾸었다. 어제 저녁 모키치가 집에 간다고 할 때 손가락으로 가슴을 찔러 울린 게 걱정이 되어 사과하러 가기 위해 부엌을 거쳐 밖으로 나가려하자 뒷마당에 있는 우물이 평소보다 몇 배나 커져있어 지나갈 수가 없었다. 아무리 애를 써도 통과할 수가 없어서 울고 있는 꿈이었다. (중략) 그 시간이 정확히 어제 저녁 모키치가 왔던 시각이었다. 오차는 문득 누군가의 손에 이끌린 듯 일어나 옷을 걸치고 밖으로 나왔다. 그 때 까마귀가 무리지어 우는 소리가 들렸다. (중략) 검은 모자를 쓴 중년 남자의 얼굴이 이내 사라졌다. (『유체이탈』, p.236-237)

오차는 꿈속에서조차 모키치를 생각하며 그에게 범한 실수를 사과하고 싶어 한다. 그러나 꿈속의 상황은 현실과 정반대로 변해있다. 미소년 모키치는 까마귀 같은 목소리와 검은 모자를 쓴 무뚝뚝한 중년남성으로, 우물은 몇 배나 커져서 오차의 앞을 가로막으며, 들판 역시 널따란 광야로 변해있어 억압적이며 위협적이다. 이처럼 꿈속에서의 오차는 흡사 안데르센의 엄지공주가 된 듯하다. 오차가 초경을 경험하며 소녀에서 처녀로 변모해 어른 대열에 합류하려는 순간, 순박하기만 했던 모키치 소년을 포함하여 어머니, 오우매, 주변의 모든 상황들은 처녀의 섹슈얼리티를 억압하며 군림하는 감시자 내지는 지배자의 모습으로 바뀌어 있음을 알 수 있다.

결국 오차 소녀는 초경을 겪고 처녀로 성장한 자신의 몸을 기쁘게 받아들이지만, 앞으로 다가올 미래(=근대과학에 의해 관리되는 性)는 어둡다. 이렇듯 작자는 그녀의 섹슈얼리티에 대한 주변상황이 위협적이고 억압적이라는 점을, 갑자기 작아져버린 '엄지공주'의 시선을 통해 투영시키고 있다.

1.2 키스는 나의 생명

나혜석의 「四年前 日記 中에서」(1920)는 수필형식의 소설로, 20세 처녀 '나'의 적극적인 섹슈얼리티를 묘사한 시대 파격적인 작품이다. 도쿄의 사립여자미술학교 학생인 '나'는 교토대학 법학과 학생인 K군과 열애중이다. 따라서 소설의 분위기는 전체적으로 매우 희망적이며 생명력이 넘친다.

'나'는 여름방학을 맞아 애인 K군에게 미리 전보를 띠우고 "전차"를 타고 만나러 가는 중이다. 사랑에 빠진 '나'가 전차에 몸을 싣고 바라보는 바깥 경치는 모두가 새롭고 아름답다. 개천가의 하찮은 돌멩이가 "눈과 같이 희고" 또한 아침 햇살은 여러 색상을 띠며 "형언할 수 없이" 아름답다. 서두의 "전차"와 차창 밖의 광경은

"나에게 다시 '러버(애인)'의 명칭을 준 사람"과의 만남이 첫사랑에 실패한 '나'가 새로운 사랑(=아침 광선)을 만나 화려하게 부활하였음을 암시한다. 실제로 나혜석은 도쿄유학생인 시인 최승구와 불같은 사랑을 했었다. 그러나 그가 갑자기 결핵으로 사망하는 바람에 예기치 않은 실연의 아픔을 맛보았다. 그 후 오빠의 소개로 교토대학 법학부의 김우영을 만나게 되었고 지금까지 새로운 사랑을 키워온 것이다.

교토역에 도착하자 마중 나온 K군과 함께 '나'는 곧바로 그가 머물고 있는 "청년회 기숙사"로 향한다. 도착한 곳은 그동안 "내가 봉투에나 엽서에 쓰던 곳"이다. 또한 그를 따라 들어간 방에는 '나'의 화액이 걸려 있다.

이러한 대목은 두 사람의 그 동안의 연애 이력을 짐작케 한다. 러브레터를 보내고 자신을 어필할 수 있는 '화액'을 선물하는 그야말로 근대적 연애의 수순을 밟고 있다. 더욱이 그곳은 두 사람에게 확보된 공동공간으로 육체적 교감을 나누기에는 안성맞춤이다.

> 나는 우선 목욕하고 와서 친절히 갖다가 주는 청년회 소용 와의자(臥倚子)를 타고 드러누워 휘휘 쉬었다. 인제 살 듯 싶다. K씨는 그립던 키스를 뜨겁게 준다. "어찌 보고 싶었는지요. 똑 죽겠어요." (「四年前 日記 中에서」, p.200)

> 조조(早朝)에 K가 와서 자는 이 얼굴에 키스해 주는 바람에 깨었다. 꿈이나 아닌가 하였다. (「四年前 日記 中에서」, p.201)

더위에 지친 '나'는 곧바로 샤워를 하고 애인 K와 마주 앉는다. 당대의 엘리트 지식인인 '나'는 섹슈얼리티의 감시자인 부모가 존재하는 '집'이 아닌 기숙사라는 자유로운 공간으로 이동해 남자와

단 둘이 있는 것이다. 개방적 섹슈얼리티의 소유자로 보이는 그녀는 남자의 숨결이 느껴지는 공간에서 자유스럽게 샤워를 하고 "와의자(臥倚子)"에 드러누워 남자의 성적충동을 자극한다. 그녀의 의도대로 K씨는 "그립던 키스를 뜨겁게" 해준다. 이에 그치지 않고 아침에도 남자의 키스로 잠을 깨는 낭만까지 연출한다.

이처럼 남녀 공동의 공간이 확대되면서 만남 자체는 점차 특별한 의미가 부여되지 않은 사건으로 밀려났고, 대신 만남에서 최종적인 결합에 이르는 다양한 단계가 고안되었다. 만남 자체가 모든 것을 의미했던 전근대적 상황에서는 정신과 육체를 따로 생각해야 할 필요도 없었지만 새로 펼쳐진 상황은 전연 달랐다. 만남·교제·결혼이 분리되면서 정신과 육체는 이 각각의 단계에 세심하게 배분되었다. 육체는 일종의 최종심급, 관계를 돌이킬 수 없게 확정하는 기호가 되었다.[13] 1920년이라는 시대적 상황을 감안해 본다면 「四年前 日記 中에서」는 다소 과감한 표현으로 보이는 "키스" 하는 장면을 설정함으로써 도발적 글쓰기를 시도한 점이 새롭다. 그러나 근대과학(의학)은 "성인 남녀간의 '키스' 역시 피를 혼탁하게 하므로 그 자체로 처녀의 정조를 잃게 된다."[14]는 논리를 내놓았다.

이처럼 두 편의 소설에서는 당시 여성들의 섹슈얼리티를 테마로 '여성의 性이 과학에 의해 관리되고 억제되어가는 작금의 현실을 불안한 시선으로 응시, 내지는 도발적 행위를 통해 표출하였음을 읽을 수 있었다.

13 권보드래(2003), 『연애의 시대』, 현실문화연구, pp.153-154.

14 川村邦光(1994), 앞의 게제서, p.241.

제2절

〈純〉한 처녀의 역습

—『직녀님(七夕さま)』과 「處女의 가는 길」—

1910년대에서 1920년대 초반의 화두는 '자유연애'에 이어 '純潔한 처녀'였다. 히라츠카 라이쵸는 여성의 섹슈얼리티는 적극적으로 인정하면서도 '처녀'의 순결을 강조하며, '婦人생활의 중추인 성적 생활의 건전하고 자연스러운 발달'을 중시하였다. 따라서 '性의 개인적 욕구'는 부정된 셈이다. 요사노 아키코 또한 '처녀로서의 성욕은 부정하나 결혼을 전제로 한 사랑이 있는 性'은 인정하였다. 미혼 처녀에게 섹슈얼리티의 결여에 따른 '무구', '순결' 등등의 도덕적 사회적 가치, 특히 정신적 가치를 일고의 의심도 없이, 말하자면 선험(先驗)적으로 자명시하였다. 또한 아키코의 처녀론에는 근대 시민사회의 여성논리인 정신주의적 '순결이데올로기'가 깔려있다. 이러한 담론들은 여성자신의 몸, 섹슈얼리티를 규제·구속하는 언설이 되기도 하였다.[15]

1.1 백조처녀의 음모

노가미 야에코의 『직녀님』은 1907년에 발표된 소설로, "내성적

15 川村邦光(1994), 앞의 게제서, p.218.

이며 온화한 성격"의 오시즈(お静)가 부모의 선택에 의해 준비된 다마쓰야(玉津屋)의 상속자 가쓰(勝)와, 그의 동생이자 자신이 선택한 천문학자를 꿈꾸는 대학생 세이(清)와의 사이에서 갈등한다는 내용이다.

소설의 서두는 천진한 어린 소녀들이 노래에 맞춰 공놀이를 하는 장면으르 시작되고 있다. 두 소녀들이 놀고 있는 장소에 어른들이 합류해 오시즈의 결혼을 화두로 삼는다. 그러나 오시즈의 결혼이 화재가 된 것은 아무래도 이번이 처음이 아닌 듯하다. 이웃집 아주머니가 내뱉은 "이번에는 정말로 결정난거야"라는 대사로 보아 그동안 오시즈는 기존의 중매결혼에 대해 부모님에게 거절의사를 표명해 왔음을 알 수 있다. 즉, 이는 오시즈가 静이라는 이름과는 달리 자신의 의사표명을 적극적으로 하는 여성임을 반증하는 대목이다.

그러나 자신의 섹슈얼리티에 적극적인 오시즈에게도 전통에 대한 반항은 여기까지로 결국 자신이 좋아한 세이가 아닌 형 가쓰와의 결혼식을 앞두고 있다. 집안이 온통 결혼준비로 분주한 오시즈의 집에 여름방학을 맞아 도쿄에서 내려온 정인(情人) 세이가 놀러와 있다. 이 날은 공교롭게도 견우와 직녀의 애절한 사랑이야기가 전해지는 칠석날[16] 전날이다. 이날 오시즈와 세이는 일본의 전통적 풍습을 재현하기 위해 한 공간에 모여 있다. 그들의 주변에는 수를 놓을 수 있는 '오색실(음양오행설에 의한 중국의 풍습)과 서예에 필

16 칠석은 예로부터 전해 내려오는 일본의 '칠석(たなばた)'에 견우와 직녀성을 기리는 중국의 설화 걸교전(乞巧奠)이 습합된 형태의 전통풍습으로, '칠석(七夕)'을 '다나바타'라 부르는 것은 '棚機(たなばた)つ女(め)' 즉, 직녀라는 이름에서 기인한 것이다. 은하수를 사이에 두고 만날 수 없는 직녀와 견우에게 7월 7일 밤에만 만날 수 있도록 한 것으로, 이날 밤에는 오색실로 수를 놓고, 서예, 관현악기를 연주하며 기예의 상달을 빌었다.

요한 오색종이(단자쿠), 먹과 붓, 가야금 그리고 학 13마리' 등이 준비되어 있어, 일본의 풍습 속에 슬며시 중국의 풍습이 섞여있는 것을 알 수 있다. 이는 소설의 타이틀이 직녀님(다나바타사마)이듯이 전체적인 내용에서는 다나바타가 중심이 되어 있지만, 그 원류인 중국의 설화, 내지는 이와 관련된 파생설화를 중첩시키고 있음을 암시하는 대목이라 할 수 있다. 이를 뒷받침하듯 오시즈는 일본의 시를, 세이는 중국의 시를 써서 주고받으며 두 사람의 장래에 대해 걱정하는 장면이 연출된다.

> '청명한날 머리 위에는 별들의 사랑'- 이 구절 기억하고 있지요?」라고 언니는 잠깐 붓을 멈추고 세이 오빠를 쳐다보았다. "기억하고 말구요. 좋은 시구지요- 청명한날 머리 위에는 별들의 사랑."하고 세이 오빠는 재차 반복하였다. (『직녀님』, p.62)

위의 인용으로 보아 두 사람은 시를 통해 추억을 공유하고 있으며, 오랫동안 마음을 나눠온 사이임을 짐작케 한다. 오시즈가 쓴 "청명한날 머리 위에는 별들의 사랑"이라는 시는 세이를 향한 오시즈의 마음이 적극적으로 드러나 있다.[17] 세이 또한 같은 시를 반복하여 낭독함으로써 오시즈에 대한 사랑에 공감한다. 그리고는 세이는 "진실(真個)"을 말해주겠다며 답가로 중국의 시를 적어 오시즈

---

17 라 루미코(高良留美子)에 따르면, "'청명한날 머리 위에는 별의 사랑(晴明の頭の上や星の恋)'을 풀어보면, 새메이는 고대의 예언자이자 천문학자인 음양오도의 대가 아베노 새메이(阿倍晴明)를 말하며, '별의 사랑'은 오시즈 자신의 사랑을 가리킨다. 새메이의 새와 세이의 '새' 발음이 같아, 이는 오시즈의 새에에 대한 사랑고백으로 볼 수 있다. 또한 '머리 위에서'라는 구절은 오시즈의 사랑을 눈치 채지 못하고 있는 세이의 아둔함을 꼬집고 있다"고 논한다. (高良留美子(1991), 『悲恋のかくし味一野上弥生子『七夕さま』をめぐって」, 『城西文学』, p.8)

에게 보여준다. 중국의 시를 공유한 두 사람은 불확실한 미래에 대해 "침묵"하고 만다. 과연 세이는 어떤 시를 적은 걸까?

다음으로 세이와 오시즈의 동생 스즈(鈴)의 대화에 주목해 보자.

> "아 저 별 중에 직녀님이 있는 거네." "후후후 그런 셈이지." "그리고 내일 밤 저 강을 건너는 거지?" "잘 아네." "그렇지만 내일 밤 비가 한 방울이라도 내리면 강이 넘쳐서 건널 수 없게 된데." "스즈는 누구한테 그런 말을 들었어?" "언니, 그리고 오키미 어머니에게서도 들었어." "그래"하며 세이 오빠는 돌로 된 복도를 돌아다보았다. (『직녀님』, pp.29-30)

어쩌면 세이는 다나바타에 관한 중국설화, 즉, 부부인 견우와 직녀가 1년에 한 번 만나는 날로, 이날 비가 오면 강물이 불어 만나지 못한다는 내용과 관련된 시를 적은 것일까? 이러한 사실을 어린 스즈를 비롯해 주위 어른들이 화제로 삼고 있다는 것을 알고 세이는 짐짓 놀란다. 이 때 복도 중간에서 오시즈가 두 사람의 대화를 듣고 있다. 그리고는 인기척에 뒤를 돌아본 세이에게 손등을 "빨갛게" 밝혀, 오늘밤이 둘의 사랑을 지킬 마지막 찬스임을 알리며 결단을 촉구한다. 이에 세이는 다음과 같이 자신의 의중을 밝힌다.

> "어떻게 설명할까. 저 그건 말이야, 별님이 입고 있는 옷이 모두 다르기 때문이야. 알겠어? 빨간색 옷을 입고 있으면 빨갛게 보이고, 파란색 옷을 입고 있으면 파랗게 보여."라고 설명하였다. (『직녀님』, p.31)

오시즈는 스즈가 별들의 색깔이 각각 다른 이유를 묻자 바통을 세이에게 넘겨 대신 대답하게 한다. 세이는 "별님이 입고 있는 옷이 모두 다르기 때문"이라고 말하며, 각자의 개성을 인정하는 발언으로 여성의 삶도 개인에 따라 다를 수 있다는 오시즈의 신념에 동의한다. 이렇게 두 사람은 서로의 마음을 확인하게 되며 이제 남은 것은 세이가 자신의 말을 실천으로 옮기면 되는 것이다.

오시즈가 자리를 비운사이 스즈의 정보제공으로 언니의 결혼예복이 완성되어 광(納戸)에 걸려 있다는 사실을 알게 된 세이는 한 치의 망설임도 없이 "모모타로등"을 들고 오스즈의 결혼예복이 걸려있는 광으로 들어가기로 결심한다.

> "언니에게 말하면 안 돼. 스즈와 단 둘이 몰래 보자꾸나. 아! 그렇다. 컴컴하니 이걸 가지고 가자. 응 괜찮지?" 하고 까치발로 처마에 매달린 모모타로등의 끈을 풀었다. (중략) 옷걸이에는 언니의 흰색과 빨강색 예복 한 벌이 겹쳐진 채로 걸려 있었다. 어제 밤 재봉이 끝났을 때 언니가 가족들 앞에서 입어본 그대로 인 듯 했다. 세이 오빠의 오른 손에 들려있는 등불이 예복 소매의 문양에 부드러운 그림자를 만든다. 소매 끝에서부터 엷게 물들여간 염색이 흰색에 반한 엷은 보라색 바탕으로, 소매는 큰 난국(乱菊) 문양이다. (중략) 세이 오빠는 눈도 깜짝하지 않고 예복을 응시하며 돌 위에 섰다. (중략) 모모타로가 빙글빙글 난국 위를 돈다. 거울이 번쩍 번쩍 빛난다. 그 때 말없이 서있던 세이 오빠가 갑자기 "저쪽으로 가자"하고 내 손을 잡아끌었다. 세이 오빠의 손은 차가웠다. 내가 오빠에게 이끌려 밖으로 나오자 그곳 문 뒤에 언니가 서있었다. 양 소매를 얼굴에 대고 말없이 서있어서 나는 깜짝 놀랐다. 세이 오빠는 모른 채하고 그 앞을 휙 지나갔다. (『직녀님』, pp.33-34)

여기서 모모타로는 도깨비섬에 쳐들어가서 도깨비를 물리친 승자(勝者)의 대표격이다. 따라서 "모모타로등"은 형 가쓰(勝)의 심벌임을 알 수 있다. 처마 밑에 매달려 광을 지키고 있던 '모모타로등'

을 “풀어 주”는 것으로 오시즈를 가쓰의 형으로부터 해방시켜 준다는 의미이다. 그런 후 세이는 다나바타설화의 지류인 백조처녀설화[18]의 나무꾼이 되어 “세 겹 기모노(三枚重ね)”를 가지러 광으로 들어간다. 그곳에는 결혼 혼수품이 가득한데 이중에는 여성들의 필수품인 화장대(鏡台きょうだい)도 놓여있다. 화장대는 오시즈의 필수품임으르 세이의 아군으로 볼 수 있다. ‘모모타로등’을 본 순간 화장대의 거울이 “번쩍”거리며 전의를 불사른다. 우려했던 ‘형제(きょうだい-화장대와 발음이 같음)의 난’이 시작된 것이다. ‘모모타로등’은 ‘결혼예복(세 겹 기모노)’ 위를 “빙빙 돌며” 빼앗기지 않으려고 필사적으로 맞선다. 그러나 이에 질세라 “거울” 역시 “번쩍번쩍” 빛을 발하며 대적한다. 이윽고 선녀의 날개옷을 차지한 세이는 스즈의 손을 잡고 재빨리 광 밖으로 나온다. 형에게 결투를 신청한 세이의 “손은 차갑다”. 광문 뒤에는 ‘형제의 난’을 부추긴 꼴이 된 오시즈가 “양 소매로 얼굴을 싼”채 “말없이” 서있다. 그 앞을 심적으로 선녀의 날개옷을 확보한 세이가 시치미를 떼며 재빨리 지나친다.

다음날 아침, 새벽에 내린 비로 시를 적어 매달았던 빨강색종이가 바람에 날려 정원의 소나무와 백부용(白芙蓉) 사이에 걸쳐있다. 본문에서 “백부용”은 오시즈와 관련하여 두 번 등장한다. 그 때마다 오시즈는 백부용을 바라보며 자신의 의지를 불어 넣는 듯한 행

18 무꾼과 선녀설화는 세계적으로도 널리 분포되어 있는 유형이다. 이 유형의 설화들은 〈백조소녀설화 Swan Maiden Tale〉로 알려져 있다. 동양에서 전승되고 있는 이 계열의 설화 가운데 몽골·시베리아의 브리야트족, 하바로프스크·야쿠트의 에펜족 설화는 우리나라 설화와 비슷하다. 한국·베트남·보르네오·뉴헤브리디스 설화에서는 하늘로 올라가버린 아내를 찾아갔다가 다시 지상으로 내려오는데, 일본과 중국 설화에서는 서로 헤어져 있다가 1년에 1번 칠월 칠석날 만나는 것으로 그려져 있다. 설화의 끝부분에 유래설명담이 들어 있는 것은 한국과 몽골에서만 발견된다.

동을 보인다. 따라서 백부용은 처녀 오시즈의 심벌이라는 추측이 가능하다.[19] 이런 백부용이 스즈가 "다나바타사마"를 세 번 반복해서 쓴 빨간 색종이 덕분에 홍부용으로 물들어(=백조처녀가 나무꾼과 관계를 맺음)있다. 그러나 이는 "소나무(마쯔)(=기다림)"에 걸려 있어, 앞으로 세이를 기다리며 살아야 하는 오시즈의 운명을 말해 주고 있다.

이러한 결말을 예고하는 장면은 2장에서 이미 제시되었다. 동생 스즈가 친구 오키미 집에서 "저택 앞에서 샤미센을 든 모녀가 눈 속에 앉아 울고 있는" 춘화를 보고 "불쌍하다"고 했던 장면이다. 마지막 장면의 "귀밑머리 사이로 스치는 바람(귀밑머리(鬢の縺)는 샤미센을 들고 노래하는 고우타(小唄)의 첫 소절)"을 느끼며 서있는 스산한 오시즈의 마지막 모습은 이와 공명한다. 자신의 사랑을 이루기 위해 부모의 뜻을 거역하고 형제사이를 갈라놓게 된 오시즈가 앞으로 평탄하게 살아 갈 수는 없을 것이다. 따라서 울고 있는 '그림 속 모녀'는 오시즈의 앞날을 예고한다고 볼 수 있겠다.

이처럼 노가미 야에코는 당시 유행했던 '자유연애사상'을 받아들이면서도, 즉, <純한 처녀의 역습>은 인정하면서도 新과 舊의 접목을 좀 더 신중히 할 것을 당대의 새로운 여성(新しい女)들에게 제언하고자 했던 것은 아닐까?

1.2 행복한 길

「處女의 가는 길」은 1920년 3월『新女子』창간호에 실린 김명순의 단편소설이다. 여학교를 나와 혼인을 앞두고 있는 "춘애 처녀"가 부모가 결정한 결혼에 불복하여 '가출'을 감행한다는 스토리이

---

19 高良留美子(1991), 앞의 게제 논문, p.8.

다. 상대 남성은 "혼수비"로 "오천환"을 보낼 정도의 재력을 갖춘 집안의 자재이다. 따라서 춘애가 부모의 뜻에 따라 결혼을 하게 되면 자신을 비롯해 부모 또한 금전적으로 곤란을 겪을 염려는 없어진다. 그러나 이는 금전에 팔려가는 근대판 심청이에 다름 아님을 춘애는 알고 있다. 따라서 더 이상 자신을 희생해서 '효'를 행하는 유교적 처녀로서의 인생은 사절하고 싶은 것이다. 즉, 이제는 관계의 쇠사슬을 끊고 '자유연애'를 통해 '홀로서기'를 준비할 때라는 것을 자각한 것이다.

청춘남녀의 자유연애가 근저에 깔려있는 만큼 소설의 서두는 생명력 넘치는 봄날로 설정되어 있다. 소설의 구성은 전체가 상중하로 되어 있으며, 어린아이들의 풀피리소리로 시작되는 상에서는 주인공 춘애의 여학교 동급생인 "마리아와 안경 쓴 여자"가 그녀의 결혼이야기를 화두로, 부모의 뜻에 따라야 할 것인가? 아니면 자신의 의지대로 살아야 할 것인가?를 두고 의견이 분분하다. 그러자 "금화봉에 가까운 석양이 건너편 성벽에 부딪쳐 번쩍"이며 춘애의 결사 항전을 예고한다. 소설 중의 무대는 결혼을 하루 앞두고 준비로 분주한 춘애의 자택이다. 춘애는 친구 마리아와 애인 기수청년에게서 온 편지를 양손에 들고 깊은 시름에 잠겨있다. 이윽고 하에서는 고민하던 춘애의 결단과 가출, 그리고 기수청년과의 재회가 그려진다. 상에서 춘애는 친구 마리아에게 쓴 편지에서 만일 부모의 뜻을 받아들여 마음에도 없는 혼인을 하게 된다면 결혼 후 "자살"을 하게 될지도 모른다는 절박한 심경을 토로한 바 있다. 춘애가 자유연애 쟁취에 대해 얼마나 강경한 자세를 견지하고 있는지를 보여주는 대목이다. 이러한 춘애에게 기수청년과 마리아는 편지를 보내 각자 어드바이스를 한다.

지식인 청년 기수는 "목줄에 매인 양"의 처지인 여성들의 입장을 이해는 하지만 여성들이 적극적으로 현실을 타파해가기보다는 "운명에 복종"하는 편이 "상책"이라고 조언한다. 그러나 춘애는 "침묵성"인 그가 지금 당장 해결되지 못한 자신들의 섹슈얼리티를 후일 문학작품을 통해 승화시키리라 기대하며 애써 이해한다.

이와는 달리 마리아의 답장에는 "앞길을 살리려거든" 가출하라며 적극적으로 행동에 나설 것을 제안한다. 그리고 결혼을 거절하는 것은 결과적으로 춘애나 그녀의 부모가 금전에 구속당하지 않게 되므로 양쪽 모두 이를 '자유'로써 보상받게 된다는 점과 자살이라는 극단적 선택으로 부모를 슬프게 해서는 안 된다는 점을 이유로 들고 있다. 이 같은 마리아의 조언은 춘애가 가출을 결심하는데 결정적 계기가 된다.

소설에서는 '행복'이라는 단어가 두 번 사용되고 있다. '행복'은 근대 지식인 여성들의 또 하나의 키워드로 자유연애나 처녀, 성욕 못지않게 유행한 언설 중 하나이다. 춘애 역시 세상에 도전장을 내게 된 근거로 '행복'을 들고 있다. 그렇다면 과연 지식인 처녀 춘애가 꿈꾸며 추구하게 되는 '행복'이란 어떤 것일까?

> 벌써 저녁때가 가까워 온다. 춘애의 처녀시대의 마지막 날이 마저 접히는 것이다. (중략) 운명의 줄에 목이 매여 이리저리 거니는 어린 양이 그 줄을 벗어날 수가 있으면 얼마나 행복일까요, 이런 편지를 보냈을 때에 기수 청년에게서 온 것이다. (「處女의 가는 길」, p.183)

> 두근거리는 가슴을 진정치 못하고 황황히 걷는 춘애의 마음에는 내일 두 곳 혼인집에서 일어날 소동도 모르고 즐거운 장래의 행복도 모르고......(「處女의 가는 길」, p.185)

자신의 결혼에 대해 결혼식 전날까지 고민해 온 춘애는 드디어

가출을 결심한다. 그리고 그 이유로써 "운명의 줄에 목이 매여 이리저리 거니는 어린 양이 그 줄을 벗어날 수가 있도록" 하겠다며 독자들의 이해를 구한다. 마침내 집을 빠져나와 앞을 향해 걷기 시작한 춘애는 "즐거운 장래의 행복"을 쟁취하였음을 독자에게 알린다.

춘애의 '가출'은 "목줄(=운명)" 즉, 구습에 묶여 '개인'이 인정되지 않는 '부자유한 세상'에 대한 항전의 의미를 갖는다. 개인과 자유가 보장되지 않는 삶의 공간에서의 여성은 결코 행복하지 못할 것이라는 것이다. 이를 뒷받침 해 주듯 소설의 마지막 장면에서 춘애와 기수는 확 트인 인왕산 언덕길에서 재회에 성공한다.

"인왕산을 비추던 석양"이 서산으로 넘어갈 무렵 서로를 애타게 갈망하던 춘애와 기수는 춘애의 노력으로 같은 공간에 있게 된다. 기수를 발견하였을 때의 춘애는 "얼굴은 불같이 타고 가슴은 갑자기 더 두근거리"는 신체적 변화를 보인다. 춘애는 이날 밤 "여홍"이 말해주듯 기수청년과 처녀로서의 마지막 밤을 맞이하게 될 것이다. 그리고 유진월의 지적처럼, 춘애는 더 이상 봉건적 억압의 남성 중심적 세계로 돌아가지 않을 것이다.[20]

이처럼 한일 여성소설 『직녀님』과 「處女의 가는 길」은 당시 한국과 일본에서 대유행한 '자유연애'[21]를 통해 선택한 남성과 결혼한다고 하는 시대상을 모티브로 로맨틱러브 이데올로기의 정석을 보

---

20 유진월(2006), 「<신여자>와 근대 여성담론의 형성과정」, 『김일엽의 <신여자>연구』, 푸른사상, p.64.

21 연애가 들어있는 결혼은 도덕이며 연애가 들어있지 않은 결혼은 부도덕이라는 엘렌 케이의 사상은 당시의 동경유학생들에게 많은 영향을 끼쳤으며, 1921년 조선에 소개된 이후로 1920년대에 매우 빈번히 인용되면서 영향력을 행사하였다. (노자영(1921.2), 「여성운동의 제일인자 엘렌 케이, 『개벽』, p.52)

여주는 소설이라는 점에서 일치한다. 소설의 구성 또한 흡사하여, 중매결혼에 대한 주변의 이야기→주인공의 갈등→구습에 대한 항전 등의 순서를 따라 이야기가 전개되고 있다. 또한 두 소설 모두 결혼이 소설의 귀착점이던 전통적 플롯이 바뀌는 '여성의 자기 발견의 서사'단계를 보여준다는 점에서 의의가 있다. 그러나 『직녀님』에서는 오시즈를 '샤미샌을 든 모녀'의 초라한 모습과 오버랩 시키면서 부모를 거역한 여성들의 장래의 모습, 즉 사회적 파장을 예고하고 있지만, 「處女의 가는 길」에서는 해피엔딩으로 끝을 맺고 있어, 부모를 거역한 두 사람의 앞날에 대한 작자의 통찰력이 아쉽다.

라이초나 아키코 역시 "사랑을 전제로 한 결혼만이 '처녀'와 교환가능하다"는 주장을 폈다. 결혼을 전제로 한 '영육일치', 즉, '性과 愛의 일치=결혼'으로 보았던 것이다. 이러한 담론은 순결이데올로기를 낳았으며, 부당하게도 여성의 섹슈얼리티만을 불공평, 불평등하게 문제시하여 여성들의 순결이나 정조 등을 항상 의심하고 비난하는 관념이 되고 말았다.[22]

『직녀님』과 「處女의 가는 길」의 주인공 역시 이러한 당대의 性 담론인 <순결이데올로기>를 성실히 수행하며, 자신들이 선택한 남성에게 순결을 바치고 결혼으로 맺어지겠다는 각오가 뚜렷이 나타나있다. 그러나 여성들이 순결과 정숙으로 무장하면 할수록 性에 대해서는 無知하게 된다. 따라서 개방적인 성문화를 경험하게 되는 남성들에게 있어서 정숙한 처녀는 언제까지나 성적미숙아인 채로 종속적인 존재로 남게 된다.

---

22 川村邦光(1994), 앞의 게제서, p.238.

제3절

정조(貞操)의 탈환

—『보랏빛(裏紫)』과「愛의 追懷」—

원래 '貞操'란 한 지아비를 섬긴다는 말이었다. 그러나 근대과학에 의해 '처녀막(여성 섹슈얼리티의 物象化)'의 존재가 알려지면서 미혼여성이 '처녀'라는 이름으로 특수화되기에 이르렀으며 '처녀의 정조'도 탄생하게 되었다. 그러나 처녀나 정조의 실질적 관리자는 '父'와 '夫'였다. 따라서 여성들은 아버지와 남편으로부터 〈처녀와 정조〉탈환을 감행하기에 이른다.

1.1 해질녘의 외출

히구치 이치요의 『보랏빛』은 메이지 시대의 '간통죄'[23]에 정면으로 도전한 이른바 '간통소설'로 분류된다. 소설의 여주인공 오리

23 일본의 간통죄는 1880년에 포고된 구형법(메이지 13년 태정관포령 제36호) 353조에 규정되어 1907년에 공포된 형법(메이지 40년 법률 제45호) 183조에 승계되었다. 간통죄는 필요적 공범으로서 남편이 있는 아내와 간통 상대 남성의 쌍방으로 성립한다. 간통죄는 남편을 고소권자로 하는 친고죄다. 따라서 고소권자인 남편이 간통을 용인하였을 경우 고소는 무효이며 처벌되지 않았다. 남편이 고소하려면 간부(姦婦)와의 혼인을 해소하거나 이혼소송을 제기한 다음이 아니면 안 된다. 재혼 또는 이혼소송 취하는 고소의 취소라고 본다. 기혼남이 다른 부녀와 간통해도 간통죄는 성립하지 않는다. 1947년 10월 형법 개정에 의해 폐지되었다.

쓰(お律)는 처녀시절 정을 나눈 남성(가난한 대학생)이 있었으나, 딸의 섹슈얼리티의 결정권을 쥐고 있는 부모의 명령에 따라 "서양 물품점"을 상속받아 운영하는 남성과 결혼을 하게 되었다. 그러나 결혼당시 오리쓰는 내심 "형식적으로 결혼은 하지만 절대로 마음은 주지 않겠다."는 결심을 한다. 그리고는 이를 실행이라도 하듯 결혼 후에도 남편을 속여 가며 옛 애인을 만난다.

1896년에 히라가나 『うらむらさき』로 발표된 『보랏빛』은 미완성 작품으로, 작품 중절(中絶)에 대한 연구도 활발히 이루어져 왔다.[24] 그러나 본고에서는 인쇄도중에 바뀌었다[25]는 타이틀의 한자표기 및 미발표 원고를 포함하여 미완성 자체를 하나의 완성품으로 간주하여 논하고자 한다.

먼저 소설 『보랏빛』의 미발표 원고를 포함하여 오리쓰의 행동패턴과 심경변화에 초점을 맞추어 살펴보고 겨울날 '해질녘의 외출'이 의미하는 바를 분석하고자 한다.

『보랏빛』의 타이틀에 대한 의미 분석을 둘러싸고 몇 가지 해석이 있다. 시게마쯔 게이코는 본문에 나온 "부정한 행동(裏道の働き)"이라는 문장을 들어 <간통소설>임을 설명하고 있으며,[26] 하세가와 게이는 우라(裏)는 원래 '깊이 곳'을 가리키는 말에서 '마음'을 나타내며, 무라사키(紫)는 예로부터 여성을 상징하므로 이 둘을 합치면 '여자의 마음'이라고 해석하였다.[27] 그러나 사전적 의미를 보

---

24 塚田満江(1995), 「小説主人公の造型その三ー「裏紫(うらむらさき)」中絶をめぐってー, 『日本文学風土学会記事』, pp.8-19.

25 橋本威(1985), 「一葉『裏紫(上)』ノート」, 『梅花女子大学開学論文集』, p.131.

26 重松恵子(1996), 「「夢と現と」ーー葉小説における「夢」の考察ー」, 『論集樋口一葉』, pp.216-233.

27 長谷川啓(1994), 「恋の狂気が意味するものー『裏紫』を読む」, 『樋口一葉を読みなおす』, p.224.

면, 우라(裏)는 '기준에 어긋나는 것', 무라사키(紫)는 '여자의 상징'으로 해석하여 '기준에 어긋난 여자'라는 해석도 가능하다. 여기에서 중요한 것은 오리쓰(お律)라는 여주인공의 이름이다. 리쯔(律)의 사전적 의미는 '규칙, 규율'이다. 따라서 타이틀과 여주인공의 이름, 즉, '기준에 어긋난 여자'와 여주인공의 이름의 의미인 '규칙과 규율'이 일치하지 않고 반어적이라는 점이다.

이러한 의문점을 풀기 위해 먼저 오리쓰의 심경변화를 분석해 보자. 소설에서 오리쓰는 이름과 같이 바른 생각과 행동을 하는 인격과, 이와는 정반대되는 인격이 교차하여 나타난다.

오리쓰는 언니에게서 편지가 왔다고 남편에게 "거짓말"을 하고 "해질녘"인데도 서둘러 집을 나선다. 그러나 "사람 좋은" 남편에게 "얼굴을 바로 쳐다보지도 못할" 거짓말까지 하여 감쪽같이 속이고 집을 나올 때와는 정반대로 집밖으로 나오자마자 교활하기 그지없는 자신의 행동을 "눈물"이 날 정도로 반성한다. 후자의 이러한 행동이야말로 오리쓰라는 이름에 걸맞은 행동이다. 또한 자신들의 불륜행각이 세상에 알려지기라도 한다면 앞으로 출세를 앞두고 있는 애인 요시오카(吉岡)의 앞날에 누가 될 것까지 걱정한다. 이렇게 생각하며 돌아서려는 순간, "밤바람"이 그녀의 마음을 다시 제자리에 돌려놓고 간다.

여기서 오리쓰가 부정한 외출을 감행한 시간이 해질녘이라는 점에 주목해 보자. 흔히 일본에서 이 '해질녘'은 '오우마가토키(逢魔が時)'라 하여 화(禍)를 부르는 시각이다. 이렇게 보면 오리쓰의 그다음 행동이 화를 부를 개연성이 있다는 추측이 가능하다.

> 두건 속 귀를 손으로 막고 빠른 걸음으로 대여섯 걸음을 옮겼다. 가슴의 고동도 어느새 그치고, 마음은 고요해져 핏기 없는 입술에는 차가운 웃음마저 감돈다. (『보랏빛』, p.209)

익숙한 부엌문을 살짝 열고 들어가 오리쓰는 재빨리 문을 잠갔다. 이내 두건을 벗어던지고 방문을 열자 요시오카는 책상 옆에서 팔베개를 하고 엎드려 누운 채 차가운 문풍지 바람도 아랑곳 하지 않고 잠들어 있다. (중략) 오리쓰는 깨우지도 못하고 다가가 물끄러미 잠든 얼굴을 내려다보며, 연한 복숭앗빛 볼 언저리가 살이 빠지고 눈썹을 찡그리며 꽉 다문 입가에는 한숨이 새어나올 듯해 슬펐다. 틀림없이 기다리다 지쳐서 오지 않을 것이라 단념하고 맘대로 해라하고 책상을 한번 내리치고는 그대로 잠들었지요? 그래도 참아주세요, 하며 하염없이 눈물을 흘렸다. (『보랏빛』 미발표 원고V)

위의 인용은 소설의 마지막 부분과 미발표 원고V의 내용이다. 소설의 끝은 애인에게 가기로(=不貞) 마음을 정한 오리쓰가 사회의 비난에 "귀를 막고" 마음의 "고동(=양심)"소리까지 잠재우며 입술에는 "차가운 웃음"을 띠우는 등 도발적이다. 추측대로라면 애인에게 가기로 한 최종결단에 따라 오리쓰는 선한 마음의 움직임을 방해하는 마(魔)를 만나게 되어 있다. 그리고 그 대상은 요시오카가 된다. 미발표 원고의 인용을 보면, 자주 드나들어 "익숙한 부엌문"을 열고 살며시 들어가 용의주도하게 "문을 잠근" 오리쓰는 기다리다 지쳐 잠든 요시오카를 내려다보며 수척해진 모습에 "하염없는 눈물"을 흘리며 동정한다.

기억을 되돌려보면, 소설의 모두에서는 오리쓰의 "해질녘 외출"이 요시오카가 보낸 편지 한 장에서 비롯되었음을 밝히고 있다. 그녀의 "마음 속의 남편(心の夫)"인 요시오카는 아직 대학생으로 학문에 정진하여 그가 원하는 출판사의 취직에 힘써야함에도 불구하고 "여자 글씨체"로 위장한 연애편지로 기혼녀의 간통을 부추기고 있는 셈이다. 이런 요시오카야말로 〈가정 파괴범〉, 〈철부지 바람둥이〉 등등의 비난을 받아 마땅한 인물이다. 그럼에도 불구하고 요시

오카에 대한 연구자들의 시선은 관대하다.

물론 이에 적극적으로 응한 오리쓰 또한 사회의 비난을 피할 수는 없다. 당사회의 통념에 비추어, <남편을 배신한 여자>, <간통죄>, <바람난 여자> 등등의 수식어로부터 자유로울 수는 없는 상황이다. 더욱이 소설에서는 요시오카보다 오리쓰의 심경변화에 스포트라이트를 갖추고 있으므로 더욱 그렇다.

그러나 당시 『新文壇』 문학관 편집원이었던 도리우미 수코(鳥海嵩香)씨는 "기발한 발상(險怪)" 또는 "뛰어난 작품(高作)" 등등의 칭찬일색인 독자들의 투고 내용을 소개하며 원고를 재촉하고 있다.[28]

그렇다면 작자의 시대 파격적인 섹슈얼리티의 제시가 단순히 근대(=새로운 것, 理性, 知)적인 것으로써 남편에 대한 "의리(義理)"라는 전통을 누른 것일까?

당시의 소설이 대부분 그랬듯이 전근대와 근대라는 이분법적 논리에 서서 작품을 써왔으며 이는 새롭다는 관점에서 독자들에게 받아들여졌다. 어쩌면 히구치 역시 『보랏빛』을 통해 부모에게서 섹슈얼리티를 쟁취한 새로운 여성의 모습을 그리고 싶었던 것은 아닐까? 새롭고 파격적인 것에 집중한 나머지 여성을 '魔がさした女(악녀)'로 형상화하게 되어 결국 미완으로 끝나버린 것은 아닐까?

1.2 흘러내린 머리털

백합화라는 펜네임으로 1920년 4월 『新女子』 2호에 발표된 「愛의 追懷」는 여성문학 중에서도 그다지 연구가 이뤄지지 않은 아웃사이드 작품이다. 여주인공 '정숙'은 시골에 홀어머니를 두고 경성

---

28 坂野晴和(2001), 「お律, お京, そしてお町ー『うらむらさき論考』」, 『名古屋大学紀要』, 再引用.

으로 유학을 와 기숙사생활을 하고 있다. 그녀는 독실한 크리스천으로 다니던 교회에서 이상형의 남성을 만나지만 두 사람의 만남도 잠깐 남자는 곧이어 유학을 떠난다. 정숙은 사랑하는 남자를 잊을 수 없어 5년이라는 세월 동안 정조를 지키며 오매불망 기다린다. 유진월은 「愛의 追懷」가 여성의 내밀한 감정을 섬세하게 표현한 작품이라는 점에서 긍정으로 평가하였다.[29]

소설 서두에는 주인공 정숙이 과거의 사랑을 회상하는 장면으로 시작되고 있다. 정숙은 "5년 전 맛본 연애의 단꿈"을 회상하며 눈물을 흘리는 자못 어둡고 무거운 분위기로 시작되고 있다. '정숙'이라는 이름에 이어 눈에 고인 눈물마저 "이슬"이다. 이는 정숙이 5년이 지난 지금도 순결을 지키고 있는 이슬처럼 깨끗한 처녀임을 말해준다.

정숙은 지금으로부터 5년 전 C여학교 여학생시절에 자신이 다니던 성당에서 P고의 P청년을 만나게 되었다. P청년은 "변설의 재주"가 있어 학생웅변대회에서는 청중을 압도하는 연설로 박수갈채를 받는 장래가 촉망되는 학생이다. 이렇듯 성실한 그를 향한 정숙의 마음은 나날이 뜨거워져 이제는 그와 눈만 마주쳐도 얼굴이 달아오르는 것이었다. 그러나 P청년은 "금단추"가 달린 "검은 교복"으로 자신의 신체(=섹슈얼리티)를 감싸고 모범생의 상징인 "검은 테안경"까지 쓰고 있어 이성에 관심을 보일 여유는 없는 듯하다. 그러던 어느 날 정숙은 P고를 우등으로 졸업한 그가 미국으로 유학을 떠난다는 소문을 접하고 "신산스러운"나날을 보내게 된다. 그러던 중 정숙은 학교에서 피아노 연습 도중 P고 주최의 음악회 초대권을 전달하기 위해 C여학교에 들른 P와 마주치게 된다. P를 만났

29 유진월(2006), 「<신여자>와 근대 여성들의 글쓰기」, 『김일엽의 <신여자>연구』, 푸른사상, p.87.

을 때 비로소 "혈관에 잠긴 피는 돌아 전신을 순환"하고 "온몸의 세포 세포마다 뜨거운 무엇"을 느끼며 정숙의 에로스는 생명력을 발휘하며 발아시점에 도달해 있다. 그러나 아무런 고백도 하지 못한 정숙은 달 밝은 밤에 침대에 누워 "푸르게 흐르는" 에로스의 발동을 "쌀쌀한 냉기"에 몸을 떨어야만 했다. 그로부터 일주일 후 그에게서 기다리던 러브레터가 도착한다.

> 아아 영원히 사랑할 P군이여! 해는 지고 세상은 어두운데 쓸쓸한 밤바람 소리를 들으며 그대를 사모하는 여자가 있음을 잊지 마소서. 그리하여 조선의 화승돈이 되시기를 묵묵히 기도 올리옵니다. (「愛의 追懷」, p.277)

> 밤은 이미 캄캄히 어두워지고 장안만호에 전등이 찬란히 켜지었다. 힘없이 일어나 흘러내린 머리털을 치거스르며, 시가를 바라보니 보이는 것은 금덩어리를 뿌린 듯한 전등불뿐이요 다만 멀리 전차의 차도를 스치고 지나가는 소리가 은은히 들려오는데 시계는 벌써 오후 여섯시를 가르친다. (「愛의 追懷」, p.277)

P청년은 러브레터를 보내 "영의 합치"를 근거로 한 사랑고백을 하며 동시에 미국으로 떠나게 된 자신의 입장을 설명한다. 그리고 정숙에게는 "엔젤"이고 "선녀", 즉, 순결한 처녀로 남아 있기를 요구한다. 정숙은 식민지 치하에 놓여있는 조국의 현실을 걱정하여 개인의 사랑보다 민족주의자를 지향하여[30] 떠나는 조선 남성을 "심란"하고 "신산스러운" 마음으로 배웅한다. 그리고 "눈물"로써 5년

---

30 유진월은 "결국 연애는 사회적 가치의 실현과 양립되기 어려우며 개인과 국가 사이의 가치가 충돌할 때 보다 중요한 가치는 후자"였음을 지적하였다. (유진월(2006), 앞의 게제서, p.87)

을 보내며 정조를 지킨 정숙은 오로지 P청년이 조국의 독립을 이룰 "조선의 화승돈(워싱턴)"이 되어 돌아오기를 빈다. 즉, 작자는 P청년을 떼어놓아 정숙을 성적으로 고독하게 만든 주범을 식민자 일본으로 지목한 것이다.

『보랏빛』의 오리쓰가 간통의 길로 내달리는 것으로써 夫로부터 '정조를 탈환'해 가부장제에 대한 여성의 항거를 그리고 있는 반면, 「愛의 追懷」의 정숙은 사랑하는 애인을 위해 정조를 바치고자 하지만, 정작 상대 남성은 빼앗긴 조국의 "광명"을 위해 유학을 떠나 만날 수가 없다. 따라서 식민지 처녀 정숙의 섹슈얼리티는 식민자 일본에게 억압당한 채임을 알 수 있다.

한일 근대 초기 여성소설 6편에 등장하는 주인공들은 하나같이 신중간층 푸치 부르주아 출신의 여학생들이다. 그녀들은 '소녀'나 '처녀'로 구분되어 당대 한일여성들의 공통관심사이자 생명의 연소인 '연애결혼'과 '정조' 등의 섹슈얼리티를 〈자기결정〉하며 이에 따른 사회적 불합리와 부조리를 글쓰기를 통해 표출해 내었다.

『유체이탈』에서는 젊은 남자의사에 의해 초경을 진단받은 소녀의 불안을 통해, 「四年前 日記 中에서」에서는 처녀의 대담한 '키스' 장면을 연출시키며 관리되는 성에 대한 도발적 시선을 통해 각각 근대과학에 의해 억압되는 섹슈얼리티에 대해 문제제기를 하고 있다. 『직녀님』과 「處女의 가는 길」에서는 공통적으로 자아에 눈뜬 처녀가 '性과 愛의 일치= 결혼'이라는 당대의 로맨틱 러브와 순결 이데올로기를 실현하였다. 純潔은 원래 남성들의 성적 문란에 대한 해결책으로 제시된 것이었으나 결과적으로 여자를 이분화하고 섹슈얼리티를 억압하는 기제로 작용하게 되었다. 그러나 작자에게 이에 대한 자각은 없다. 『보랏빛』과 「愛의 追懷」에서는 처녀들의 '정

조탈환'이 감행되고 있다. 『보랏빛』의 오리쓰는 결혼한 몸으로 혼전 애인에게 몸과 마음을 바쳐 남편으로부터의 정조탈환에는 성공한다. 그러나 그녀가 움직이는 시각을 禍를 부르는 시각(逢魔が時)인 '해질녘'으로 설정해서 미래에 닥쳐올 불행을 예고하였다. 한편 「愛의 追懷」에서는 정숙이 개인의 사랑을 뒤로하고 미국으로 떠난 애인을 5년 동안 눈물로써 기다린다. 따라서 정숙의 정조는 자신의 의지에 달려있다. 그러나 식민지라는 조국이 처한 상황이 애인을 만나지 못하게 한다는 설정으로, 식민자 일본이 식민지 처녀의 섹슈얼리티를 억압하고 있음을 꼬집고 있다.

이처럼 6편의 소설에서 보여준 근대 여성들의 서구문화에 기초한 성적 〈자유〉와 〈자기결정〉은 무엇보다 신체적 점령으로부터의 해방을 의미하였다. 따라서 기존 여성들의 일상성은 부정되고 육신성으로부터 분리되어 〈초월; 자기결정, 자유, 보편〉이라는 남성의 영역으로 상승을 시도하였다. 그러나 한일 양국의 문화적 토양은 서구의 그것과는 달라 유교의 관계성을 토대로 형성된 것이다. 따라서 근대 여성들이 〈따라잡고〉 싶어 했던 서구적인 여성, 즉, '독립적이며 고립된 자율적 개인으로서의 여성'은 애초부터 유토피아적인 것이었다.

2장

/

봉인 해제되는 여자들의 '몸'

제1절

주부의 연극적 자아와 갈등

—『세 마리의 게(三匹の蟹)』(大庭みな子)와 『어떤 나들이』(박완서)를 중심으로—

1960년대 말 전 세계를 뜨겁게 달구었던 급진주의 여성운동인 제2 물결 페미니즘, 이른바 우먼 리브(Women's Liberation)[1]가 활발했던 시기에 탄생한 한일 여성작가 소설 『세 마리의 게(三匹の蟹)』(오바 미나코(大庭みな子), 『群像』, 1968.6)와 『어떤 나들이』(박완서, 『월간문학』, 1971.9)는 우먼 리브의 핵심 항목인 근대가족공동체와 여성, 즉 주부의 일상에 대한 회의와 이에 따른 일탈을 형상화하고 있다는 점에서 주목할 만하다.

주부의 발명은 유럽 산업혁명기로 거슬러 올라간다. 영국을 중심

---

1 급진주의 여성운동은 여성이 남성과 동일한 인간이긴 하지만, 다른 신체구조를 가지고 있고 심리적, 사회적 측면에서 다른 성향과 역할이 기대되며 다른 경험을 하고 있다는 점에 착안, 남성과 여성의 '다름'을 부각시켰다. 제도, 노동보다는 출산, 섹슈얼리티, 문화 등에 초점을 맞추고 '다름'에 의해 유발되는 각종 억압적 현실, 즉 성폭력, 가정폭력, 낙태문제에서 여성의 성적, 재생산적 권리를 확보하는데 집중했다. 또한 남녀 간의 지배/피지배의 권력관계를 만들어내는 '가부장제'에 초점을 맞추고 이로부터 유발되는 남녀 간의 성별적 계급화 현상에 주목하는 한편 자매애와 이성애적 결혼과 가족제도를 거부하는 활동을 펼쳤다. 한편 사회주의 여성운동은 마르크스주의적 여성운동과 급진적 여성운동의 한계를 보완하고 두 경향성을 수렴시켜 자본주의와 가부장제라는 두 가지 억압체제를 모두 여성억압의 중요한 근원으로 파악하여, 좀 더 포괄적 관점에서 여성해방운동을 전개하였다. (장미경(2006), 『한국여성운동과 젠더정치』, 전남대학교출판부, pp.14-15)

으로 한 유럽 선진국에서는 산업혁명 이후 자본주의가 급성장한 결과 도시에 공장이 입립하고 농촌사회로부터 청년들이 도시로 유입되어 새로운 봉급노동자 계급이 형성되었다. 이때 남편이 공장이나 회사에서 퇴근해 돌아오면 가정 내를 편안하고 청결한 공간으로 꾸며놓고 식사준비를 해야 하는 '주부(또는 家婦)'가 발명되기에 이른다. 자본가들에게는 이러한 '가정'과 '가족'이 더 할 나위 없이 필요한 시스템이었다. 주부들은 일터에서 지친 남편의 피로를 풀어주어 다음날 다시 산업전선에 나갈 수 있도록 하며, 차세대 일꾼인 자녀들을 교육시키는 일을 담당하게 되었다.[2]

1930년에 태어나 25세에 결혼한 오바 미나코와 1931년생으로 22세에 결흔한 박완서는 동 시대를 살아온 인물로, 근대 로맨틱러브 이데올로기[3]의 자장 안에서 성장, 이를 실천해온 세대이다. 『세 마리의 게』(38세에 발표)와 『어떤 나들이』(40세에 발표)는 여성작가의 이러한 성장배경을 토대로 한 작품임을 염두에 둘 필요가 있다.

먼저 『세 마리의 게』[4]는 표현방법이나 표현세계가 매우 새롭다

---

2 小倉千加子(2001), 『セクシュアリティの心理学』, 有斐閣選書, p.120.

3 일본은 명치 30년(1897)년 이후 외국인 선교사의 매개로 유입된 근대결혼이데올로기는 "너 아니면 안 돼"의 로맨틱러브를 근저에 깔고 있다. 근대결혼이데올로기 이후 1970년대 초까지 약 80년간 맹위를 떨쳤으며, 한국 역시 근대 일본 유학생들을 중심으로 번지게 된 사랑, 결혼, 섹스가 일체화된 근대결혼이데올로기는 1990년대까지 불멸의 진리처럼 신봉되었다.

4 작품 배경은 근처에 대학이 있는 미국의 알래스카로, 저녁 무렵부터 다음날 아침에 일어난 일들이 중심으로 그려진다. 히로인 유리(由梨)는 산부인과 의사 다케시(武)와 결혼하여 열 살 된 딸 리애(梨恵)를 둔 전업주부로 미국에 10년째 체재하고 있다. 그날 밤은 미국 대학사회에서 자주 행해지는 브리지 파티가 유리의 집에서 열리게 되어 있었다. 브리지 파티에서는 공공연하게 성적 교환이 이뤄지고 있으며, 유리는 미국문학교수인 프랑크와, 남편 다케시는 바라노프 신부 부인과 성적교섭을 갖은 바가 있으며 이 사실을

는 평가를 받으며 제11회 군상신인문학상(群像新人文学賞)과, 1968년도 상반기 제59회 아쿠타가와상(芥川賞)을 동시에 수상하였다.

에구사 미치코(江種満子, 1999)는 논문 「우먼 리브 전야의 섹슈얼리티」에서 "주인공 유리의 구멍 난 스타킹"을 모티브로 리브 운동 당시 주창된 여성들의 섹슈얼리티 문제를 날카롭게 지적하였다.[5]

한편 『어떤 나들이』[6]는 1970년 장편소설 『裸木』으로 작가 데뷔를 이룬 박완서의 초기 소설로 페미니스트 의식이 엿보이는 작품으로 평가된다.[7] 특히 서정자는 「어떤 나들이」를 "일상적 삶에 파묻힌 여성의 삶에 대한 반란"으로 논하였다.[8] 또한 류보선은 주부의 갈등을 "반복되는 일상"에서 찾고 있다.[9]

부부가 인지하고 있다. 파티에 초대된 손님들은 미국의 중상류층의 사람들로 겉으론 솔직한 척 하지만 결코 진실을 말하지 않는 위선자적 모습을 보인다. 이러한 파티 분위기에 염증을 느낀 유리는 쿠키 반죽을 하다 심한 구토증과 함께 위의 통증을 호소한다. 통증을 참다못한 유리는 언니를 만나러 간다는 핑계로 외출을 감행하여 집이라는 공간과 주부의 역할로부터 자유로워진다. 그리고 외출지에서 처음 만난 남자와 '세 마리의 게(三匹の蟹)'라는 삼류여관에서 육체적 관계를 맺는다. 다음 날 아침 그녀는 아무 일도 없었다는 듯 가족들에게로 돌아간다.

5 江種満子(1999), 「「三匹の蟹」着床の場, またはウーマンリブ前夜のセクシュアリティ」, 『文教大学国文』, pp.1-15

6 주인공 '나'는 11평의 집과 굳은 표정으로 정해진 시간에 출퇴근을 반복하는 남편과 세 명의 사내아이들 틈바구니에서 너무나 할 일이 없어 소주를 마심으로써 탈출을 꾀해보는 이야기이다. 남편과 아이들, 심지어는 소금장수 아주머니와도 소통하지 못하는 소외된 인간인 '나'는 돈이 없기 때문에 무슨 변화도 꾀해 볼 수가 없어 시장에 다녀오는 길에 소주를 사들고 와서 몰래 숨겨놓고 마신다. 소주를 마시고 취한 상태로 외출을 해보지만 그녀는 결국 자석에 이끌리는 쇠붙이처럼 11평의 틀로 돌아가고 만다. (박완서, 「어떤 나들이」, 『부끄러움을 가르칩니다-박완서 소설 선집』, 문학동네, 2006)

7 박광숙(2004), 「박완서의 페미니즘 소설 연구」, 단국대학교대학원 석사학위논문.

8 서정자(2001), 『한국여성소설과 비평』, 푸른사상, p.296.

9 류보선(2006), 「계념에의 저항과 차이의 발견」, 『부끄러움을 가르칩니다 해

이상의 두 작품은 첫째, 도시 중산층의 전업주부가 등장한다는 점과, 둘째, 가족 안에서의 소통부재 문제, 셋째, 이로 인해 주부가 가족들로부터 탈출(외출)을 시도하여 섹슈얼리티의 회복을 꾀한다는 등의 유사점이 있다. 작품 속의 주부들은 자신의 고유한 가치를 증명하는 대신에 타자들의 가치에 자신을 끼워 맞추거나 주의 여건에 따라 자신의 모습을 천재적으로 변모시키는 '연극적인 자아' 혹은 철저한 속물근성의 소유자로 살아가고 있다. 그러나 이러한 삶의 추구는 결국 위병과 알코올중독자를 양산하기에 이른다는 점에서 문제적이다. 본고에서는 이처럼 주부들이 보이는 '연극적 자아'에 초점을 맞추어 그로 인해 파생되는 갈등구조를 분석하고자 한다. 주부들의 심리적 갈등은 흔히 우울증이라는 명칭으로 문제시 되어 왔다. 한국여성개발원 연구보고서에서는 "취업주부들이 가정과 직장이라는 이중역할을 동시에 수행하는데서 오는 갈등의 문제가 부각되지만, 전업주부의 경우 사회변화와 함께 개인주의적인 성향이 문화적으로 증가하면서 자립, 자율, 성취 등이 더 큰 가치를 가지게 되는데, 자신들은 그러한 사회를 따라가지 못하고 뒤처지는 느낌에서 오는 좌절감 등이 주부 우울증으로까지 이어지고 있다.[10]"며 사회학적 측면에서 분석하였다. 이에 반해 오구라 지카코는 전업주부의 더블 바인드에 초점을 맞추어 '가정의 수호신'으로서의 주부, '현모양처', '섹슈얼리티의 불가시성' 등의 세 가지 유형으로 분류하여 주부의 정신적 갈등을 심리학적 측면에서 논하고 있어 설득력을 얻고 있다. 이에 따른 세부적인 설명은 다음 항에서 언급하고자 한다.

설』, p.436.

10 장혜경외 1인(2000), 『전업주부의 심리, 정서적 안녕과 갈등요인에 관한 연구』, 한국여성개발원, p.4.

따라서 본고에서는 제2 물결 페미니즘기를 시야에 두고 오구라 지카코(『섹슈얼리티의 심리학』, 2001)론, '전업주부의 더블 바인드'를 바탕으로 두 전업주부의 일상 탈출 배경과 그 원인을 비교분석하여, 연극적 자아의 기형성과 우울증의 상관관계를 심리학적 측면에서 검증하고자 한다.

1. 기혼여성의 더블 바인드(Double Bind)

오구라 지카코(2001)[11]에 따르면, 기혼여성의 더블 바인드(이중구속)를 다음의 세 가지 유형으로 나누어 논하고 있다. 근대적 결혼에 의해 가정이라는 사적영역이 여성들의 공간으로 결정되고 그 때문에 새로이 신경성 갈등이 발생하게 된다. 따라서 영국 빅토리아여왕 시대에는 여성들이 신경쇠약에 걸리는 일이 많았다. 이는 여성이 '근대적 결혼'[12]에 집착한 결과 세 가지 유형의 더블 바인드에 노출되어 있었기 때문이다. 다음 세 유형의 더블 바인드를 살펴보자.

바깥세상은 욕망으로 오염되어 있지만, 가정 안에는 여신(女神)이 자리하고 있어 세상의 더러움이 접근할 수 없는 곳이며, 이러한

11 小倉千加子(2001), 앞의 저서.

12 근대결혼 제도는 19세기 영국의 빅토리아 여왕시대에 처음으로 발명되었다. 빅토리아 여왕은 1840년 앨버트공과 결혼하였으며 두 사람의 결혼초상화가 국민들에게 널리 배포되었다. 여왕은 자신의 결혼이 '연애'에 의해 맺어졌다는 점을 국민들에게 부각시켰으며 자녀도 여러 명 낳아 초상화를 만들어 '근대가족' 모델로 제시하였다. 결과적으로 여왕은 여성들에게 있어서의 참 행복은 이처럼 사랑하는 남편과 귀여운 자녀들로 구성된 생활이라는 이데올로기를 만들어 내게 되었다. (小倉千加子(2001) 앞의 저서, p.119)

사실들을 부인들에게는 알릴 필요가 없었다. 부인들은 가정의 여주인이라는 자부심을 갖게 된 대신에 현실 사회에 대해서는 점점 무지해지게 된다. 그러나 이러한 곳에는 어떤 '독립'성이 존재하였다. 원래 기독교에서 독립이란 처녀성(=순수함)을 의미하였다. 가정 내 여성들이 스스로 순진무구함을 받아들인 대신 경제적, 정치적으로는 완전히 남편에게 종속되는 꼴, 즉 어려운 시사문제는 신문을 읽는 남편으로부터 듣고 또 남편이 가르쳐주는 것이라고 믿으며 종속하였다. 즉 여성은 예외 없이 가정의 수호신으로서의 '독립'과 남편에게 '종속'이라는 더블 바인드(이중구속) 상태에 놓이게 된다. '가사에 관해서는 완전히 책임지되, 자립심은 갖지 말라'는 메시지에 여성들은 갈등하게 되는 것이다. 이것이 기혼여성의 첫 번째 더블 바인드이다.

남편에게 종속한다는 것은 여성에게만 존재하는 '순수함'에 의해 남편을 현명한 사람이 되도록 교화하고 사랑해주는 것까지도 포함한다. 이처럼 종속당하면서 지배, 관리하는 구조이다. 남편을 지배하기 위해서는 주부 역할을 완벽하게 해내지 않으면 안 된다. 남편에게 충분한 영양을 공급해주고, 충분히 휴식하게 만들며, 집안을 항상 청결히 유지하여 남편의 마음을 안정시켜야 한다. 여성이 남편에게 종속하는 일로 몰아 상태에 빠지게 되면, 이른바 남편과 일체감을 맛보게 되고 이에 따라 자신은 완전히 남편의 것이라는 의식의 상실상태에 빠진다. 전근대 신과의 합일(合一)에 의해 맛보았던 의식의 소실상태가, 부부 사이에서 일어나고 있다는 것이야말로 근대 로맨틱 러브 이데올로기의 본질이다. 그러나 정말로 양식 있는 여성이라면 자신의 의존(依存)성을 감지했어야한다. 이러한 자연에 반하는 부자연스러운 의존성 때문에 여성들은 주부라는 역할에 혐오감을 갖게 된다. 여자답다는 말과 어린애답다는 말은 서로 닮아있다. 여자는 아이들처럼 순수해야한다. 세상은 여자가 아이들처럼 순진무구하고 무지하기를 바란다. 그러나 아내로서의 여성적 완전성과 유아적 퇴행은 서로 상충되는 개념이다. 이러한 더블 바인드는 '완벽해라, 그리고 아이처럼 순수해라'를 요구하는 것으로 그 안에 이미 모순을 내포하고 있다. 이것이 두 번째 더블 바인드이다.

세 번째 더블 바인드는 여성의 사적영역으로의 격리가 진행되어 섹슈얼리티가 공적영역으로부터 배재된 점이다. 근대에는 공적인 상황에서 섹슈얼리티를 입에 담아서는 안 되었다. 이로써 섹슈얼리티의 불가시화(不可視化)가 일어나게 된다. 이 때문에 섹스는 비밀스러운 일이 되었으며 공적 장소에서 공공연하게 말하게 되면 외설이 된다. 예전에 섹스는 프라이버시가 아니었다. 그러나 이제는 숨겨야하는 일이 되고 만 것이다. 따라서 남편은 아내에게 '외설'을 요구하지만 아내는 '청순'하고 마치 섹슈얼리티가 없는 것처럼 행동해야하는 기묘한 이율배반이 일어나게 된다. 여성은 성의 대상이면서 동시에 성의 부재자이다. 여성의 신체는 탈 섹스화(여성에게 성욕이 없다는 사고방식)의 여성자신에 의한 내면화가 근대에 생성되었다. 그러나 부부인 이상 섹스는 해야 하므로 남편의 쾌락을 위하여 '성욕이 있는 것처럼 행동하는 성욕 없는 여자가 되어야하는 의무'가 부과되었다. '엄마가 되어라, 그러나 처녀인 채로 있어라'는 주문은 매우 부자연스러운 논리로 이를 행한다는 것은 곤란에 가깝다. '아이의 엄마이면서도 소녀처럼, 성숙한 여자이지만 어린애처럼'이라는 서로 모순되는 행동을 억지로 양립시키고 있는 것이 주부이다. 자연적으로는 불가능한 일종의 기형상태이다. 따라서 주부들의 우울증은 이미 예견된 것일 수 있다.

다음에서 두 소설 속의 전업주부들의 더블 바인드에 대해 구체적으로 검증해보자.

2. 주부, '종속'과 '독립'사이

가족은 그 정의에 따르면 가장의 권위와 권력을 전제로 하는 불평등한 제도였다. 이 정의에는 남편/아버지를 가장, 즉 문자 그대로 '가족 또는 부족의 지도자'로 보는 관념이 본래부터 내재되어 있다. 따라서 가부장제는 권력에 기반을 둔 젠더 관계와 연령 관계이며, 가족들을 이해하는데 본질적이다.[13]

『세 마리의 게』와 『어떤 나들이』는 도시의 중산층 근대가족을 모델로 하고 있다. 남편은 각각 산부인과 의사와 중학교 교사이며 부인들은 가사에 전념하는 전업주부들이다. 『세 마리의 게』의 여주인공 유리, 『어떤 나들이』의 '나'는 시부모의 수발을 들어야한다거나 가정 경제를 원조하기 위해 돈을 벌어야하는 급박한 처지가 아니다. 그럼에도 불구하고 유리는 위병으로, '나'는 술에 의지해야 하는 알코올중독 증세를 보이며 삶에 대한 갈등구도를 드러낸다.

2.1 서있는 아내

먼저 『세 마리의 게』에서는 소설의 무대로 미국 알레스카의 중류가정에서 열리고 있는 "브리지 파티(성적으로 해방된 공간으로 근대이전 일본의 우타가키를 연상)"공간이 설정되어 있다. 파티에는 7명의 손님이 초대되어 있으며 안주인 유리는 10살 된 딸 리에(梨恵)와 함께 주방에서 온종일 선채로 쿠키를 만드는 등 파티

13 다이애너기틴스(1997), 안호용외 옮김, 『가족은 없다』, 일신사, p.60.

준비에 여념이 없다. 이런 와중에도 남편 다케시는 소파에 앉아 위스키를 홀짝거리거나 누드사진집을 펼쳐들고 감상 중이다. 이렇듯 소설은 '서있는 아내와 앉아있는 남편'의 구도를 이용하여, 가정 내에서 남편은 일, 아내는 가사라는 근대의 성역할 분담 모습과 가부장적 일면을 부각시키고 있다. 평소 브리지 파티에 대해 불만을 갖고 있던 유리는 쿠키를 만들던 중 위신경성 구토증을 일으켜 남편에게 통증을 호소한다. 그리고 이를 빌미로 파티에서 탈출하게 된다. 이러한 아내를 향해 남편은 "안주인이 없는 파티가 있을 수 있냐"며 주부의 의무이행을 촉구하지만 다케시의 이러한 태도는 결국 '아내 비하'로 연결된다. 다음은 아내의 인격무시 발언의 대표적인 예이다.

> 왜 참는다고 생각하지? 당신은 참으로 교만해. 당신이 남들에 대해 참는다고 생각하는 것은 자신이 잘났다고 생각하기 때문이야.[14] (『세 마리의 게』, p.212)
>
> "맘대로 해." 다케시는 위스키를 홀짝거리며 밉살스러운 듯 유리를 째려봤다.[15] (세 마리의 게』, p.212)
>
> 음정이 맞지 않는 노래는 그만둬줘. 난 들으면 틀렸다는 걸 금방 알아.[16] (세 마리의 게』, p.213)
>
> 부탁이야, 그 '따라라라' 좀 하지 말아줘. 당신은 카르멘이라도 된 것처럼 노래를 부르고 있지만, 내겐 요들 연습하는 것으로 밖에는 보이지 않아.[17] (『세 마리의 게』, p.214)

---

14 「どうして我慢する、などと思うのだ。君は大体傲慢だ。君が他人に我慢すると思うのは自分が秀れている、と思うからだ。」、번역 필자. 이하 동.

15 「勝手にしろ」武はウィスキーをなめながら憎々しげな眼で由梨を見た。

16 「はずれた歌を歌わないでくれ。僕は耳がいいんだ」。

17 「お願いだから、そのタラララはやめてくれ。君はカルメンになったつもりで歌っているんだろうが、僕にはヨーデルを練習しているとしか聞こえないね」。

인용에서 아내 유리는 그동안의 파티 분위기에 대해 "가식적이었지만 억지로 참아왔다"고 솔직히 털어놓는다. 그러자 남편은 그런 아내의 심중을 헤아리기는커녕 "자신이 잘났다고 생각하기 때문"이라며 "교만"하다고 쏘아붙인다. 남편의 폭언에 유리는 나오려는 "눈물"을 애써 참으며 그간 파티에서 느꼈던 불만을 토로하기에 이른다. 파티에 초대된 손님들의 면면은 대학교수, 가톨릭 신부와 성악가 부인, 화가, 물리학자 부부, 대학원생 등으로 전업주부인 자신이 그들과 어울리지 못하고 "엉뚱한 대답"을 하는 등의 실수로 자존심에 상처를 입었던 경험을 털어놓는다. 그러므로 파티에 불참하겠다는 의사를 내비치자 남편은 "맘대로 해"라고 퉁명스럽게 한마디 던진 뒤 아내와의 소통을 끊어버린다. 그런 후 아내가 흥얼거리는 클래식을 마치 "요들"송 같다며 일일이 지적하여 무안을 준다. 이외에도 손님에게 예를 갖추고 있는 아내에게 "요즘 들어 사교적"이라며 "야유"를 보내는 등 "아내들에게는 가식적인 입발림이 정기적으로 필요하다"는 등 남편의 아내 비하는 그칠 줄 모른다. 이러한 남편에 대해 참다못한 유리는 "다케시, 사람들 면전에서 아내를 모독하면 위자료 액수에 영향을 미칠 거예요."하는 경고성 발언으로 불쾌감을 여실히 드러낸다. 그리고는 "프랑크, 나 좀 위로해주지 않을래요? 남편에게 이런 대접을 받는 여자를"하고 손님 앞에서 애써 감정을 추스르려 노력한다.

다음은 다케시를 비롯해 파티에 참가한 남성들의 여성비하 발언이다.

> 다케시; "그런 이유지. 게이코는 자의식이 강한 여자이므로 데리고 놀기에는 적당치 않을지 모르지만 사샤랑은 즐길 수 있을 거야.[18]

18「そういうわけだ。ケイコは自意識の強い女だから、遊ぶには面白くないかも知れ

(『세 마리의 게』, p.224)

다케시; "그런 칭찬은 남자에게 들어야지. 여자가 여자에게 칭찬 받아봐야 조금도 기쁘지 않지."[19] (『세 마리의 게』, p.225)

프랑크; (공중변소라도 자기 집 화장실보다도 청결할 때도 있지)하고 프랑크는 사샤를 보며 생각했다.[20] (『세 마리의 게』, p.230)

다케시와 프랑크는 하나같이 여자를 "즐기다", "데리고 놀다", "공동변소" 운운하며 여성을 성적대상으로 비하시키기에 여념이 없다. 그러나 열 살 된 딸 리에만은 엄마의 고민을 눈치 채고 있다. 그녀는 엄마에게 "쿠키를 만들기 싫다는 것과 사샤를 싫어한다는 진실을 말하지 않는다."며 꼬집는다. 또한 자신의 나이보다 10살이나 젊은 "26세"로 보이고 싶어 하는 유리에게 "젊어 보이고 싶은 거지? 그렇지만 모두 리에가 있다는 것을 알고 있을 테니까 적어도 열 살이나 젊게 보지는 않을 거야."하며 엄마의 섹슈얼리티에는 부정적인 시각을 드러낸다. 유리는 이런 딸에게서 반사적으로 어릴 적 엄마의 눈을 생각해 내곤 한다. 자신 역시 딸과 같은 눈초리로 엄마를 봐왔던 기억을 떠올리며 이 모든 것이 비단 개인의 문제가 아니라 전체 '여자들의 문제'로 귀결되어 있음을 상기시킨다.

그렇다면 『어떤 나들이』에 등장하는 남편은 어떠할까? 소설의 서두에는 출근하는 남편을 문밖까지 배웅하고 돌아서는 아내의 모습이 그려진다.

んが、サーシャの方は愉しめるだろう」。

19 「そういう讃め言葉は男の方に言わせるもんだ。女は女に讃められたってちっとも嬉しくない」。

20 (共同便所だとしたって、自家用のよりは清潔なことだってあるしな) フランクはサーシャを見ながら考えた。

> 남편이 구두끈을 매는 동안 나는 그의 양복의 먼지라도 좀 터는 척한다. 그가 댓돌을 내려 불과 이 미터 상거의 대문을 밀고 문 밖에 나서면, 다녀오세요, 응. 나는 급히 대문을 팔꿈치로 밀어 닫고 대문에 기댄 채, 심호흡을 한다. 댓돌에서 대문까지 이 미터, 아니 넉넉잡아 삼 미터 쯤-. 아침시간의 그사이가 얼마나 긴지 나밖엔 아무도 모른다. 나는 등을 대문에 기댄 채 그 동안을 잘 견딘 나를 무척이나 대견해한다. (『어떤 나들이』, p.37)

아내는 남편의 양복을 터는 시늉을 하고 가식적으로 "다녀오세요."를 외치며 남편과의 갈등양상을 그대로 드러낸다. 이처럼 아내인 '나'에게 있어 출근하는 남편을 배웅하는 일은 극도의 위선과 인내심을 필요로 하는 일이다.

남편은 가난한 시골 출신으로 서울에서 고학으로 대학까지 마치고 중학교 교사가 된 이른바 "눈부신 출세"를 한 입지전적인 인물이다. '나'는 예비신랑이 "효자"라는 사실이 싫어 "오래오래 울었지만 흙냄새와는 이질적인, 세련된 향수 냄새 같은 도회의 훈향"에 효자 신랑을 통해서라도 가까이 가기 위해, 즉 '지위 획득'을 꾀하며 기꺼이 "열한평의 파수꾼"을 자청하였다.

> 그와 단둘이 된 적도 몇 번인가 있었으나 변변히 말을 주고받지는 못했다. 둘 사이의 이런 침묵을 감미로운 침묵으로 착각하기에는 나는 좀 더 예민했다. 나는 나의 침묵과 그의 침묵 사이에 깊은 간극을 느꼈다. 내 침묵은 많은 할 말을 수줍음과 두려움 때문에 미처 처리하지 못한 때문이었으나, 그는 정말로 할 말이 있을 리 없는 텅 빈 침묵으로 나를 대했다. 그러나 나는 내가 그에게서 느낀 이런 엄청난 간극을 조금도 어쩌지 못한 채 곧 식을 올리고 초야를 맞았다. (『어떤 나들이』, pp.57-58)

'나'는 결혼 당시부터 느낀 남편과의 "간극"을 "침묵"으로 일관하며 못 본채 하고, 남편은 "침묵"으로 아내와의 소통을 거부한다. 이미 시어머니가 지적하였듯이 남편에게 '나'는 일방적인 섹스 상대, 아니면 가사 도우미 그 이상도 이하도 아닌 셈이다. 이러한 부부의 종속관계는 다음의 대화 장면에도 여실히 드러난다.

> "담배가 술보다 몸에는 더 해롭대요. 폐암도 담배 때문이라던데요." "칫 또 아는 척하는군, 뭘 안다구. 음식치고 해롭지 않은 게 있는 줄 알아? 사람들은 그렇게 해서 조금씩 죽어가는 거야. 그렇지만 알코올은 달라. 알코올은 여기를, 바로 여기를 미치게 한단 말야. 쉬 죽지도 않고." 그는 왠지 자기 머리를 두드리지 않고 내 골을 주먹으로 사정두지 않고 콩콩 두드리며 눈엔 독기 같은 게 서렸다. 필경 참담했던 자기의 소년 시절 때문에 주정뱅이이던 아버지를 저주하고 있으리라 짐작하면서도 나는 으스스 소름이 끼쳤다. (『어떤 나들이』, p.59)

담배를 피워대는 남편을 향해 "담배가 해롭다"는 상식에 대해 말하자 남편은 이내 "아는 척"을 한다고 면박을 준 뒤, 지적 우월감을 드러내며 알코올의 폐해를 그럴싸하게 설명한다. 그리고는 "눈엔 독기"를 뿜고 아내의 머리를 "주먹으로 사정 두지 않고 두드리"는 폭력성을 보인다. 이런 남편을 보며 '나'는 "으스스 소름"이 끼치지만 상관인 남편에게 감히 대꾸할 수가 없다. 그런 나날의 연속선상에서 '나'는 오히려 시아버지의 "미친 상태"를 동경하게 된다.

> 그러나 나는 좀처럼 남편과 함께 미친 상태를 두려워하거나 저주하지 않았을 뿐더러 다분히 유혹적 이기조차 했다. 이미 나는 가장 안 미친 상태를 잘 알고 있었고 그 상태가 얼마나 재미 없나를 알고 있었으니까. (『어떤 나들이』, p.59)

어느 겨울날 만취해서 동사한 시아버지의 "미친 상태"를 '나'는 두려워하기 보다는 오히려 "유혹적"라고 생각한다. 그 이유는 "안 미친 상태"가 "재미없기" 때문이다. 이는 다시 말해 지금의 '나'가 매일 술에 의존하여 미쳐버리지 않고서는 사는 재미를 느낄 수 없다는 말이기도 하다. 이렇듯 '나'는 남편과의 소통을 꿈조차 꾸지 못한 채 하루하루 알코올중독자로 전락해 가고 있는 것이다. 술에 취한 '나'는 "참 더러워서 썅것들"하며 의미 없는 지껄임으로 지금의 심경을 대변한다.

그렇다면 '나'는 자식들과는 소통이 되고 있는 것일까? 소설에서는 세 명의 아들 중 맏아들과의 대화가 그려진다. 미래의 가부장인 고등학교 3학년 아들은 입시를 앞두고 있어 신경이 매우 날카로워져 있다. 학교에서 돌아 온 아들은 엄마의 물음에 "퉁명스럽게" 대꾸하며 귀찮아한다. 엄마는 애써 아들과의 소통을 감행하지만 다시 한 번 "나가줘요, 제발"하며 가차 없이 밀어낸다.

이처럼 '나'는 가족 어느 누구와도 소통하지 못한 채 생명력의 불연소 상태가 계속된다. '나'는 급기야 알코올에 의존해 꽃무늬 스커트를 꺼내 입고 외출 준비를 하고 집을 나선다.

2.2 기계적 일상

한편, 두 소설의 주인공들은 '가정의 수호신'으로서의 '독립'적 일면을 지니지만, 매일 반복되는 기계적인 일상은 그녀들을 지치고 병들게 할 뿐이다.

다음 인용은 『세 마리의 게』의 유리가 주부로서의 면모를 보여주는 대목이다.

유리는 쿠키용 밀가루를 반죽하면서 위 내부에 미세한 통증을 느꼈다. 그녀는 기계적으로 달걀을 풀고 버터를 넣어 섞고, 베이킹파우더와 소금을 넣으면서 마치 입덧했을 때와 같이 목구멍까지 신물이 치밀어 오르는 것을 느꼈다.[21] (『세 마리의 게』, p.210)

여보, 이 과자는 말이죠, 만일 제가 긴자에다 개업이라도 한다면 눈 깜짝할 사이에 일확천금을 벌 수 있을 정도로 세계에서 단 하나뿐인 레시피로, 굉장한 고급품 이예요.[22] (『세 마리의 게』, p.214)

커피, 차, 과자 모두 빠짐없이 준비되어 있어요. 서방님 칵테일은 스스로 만드실 수 있지요? 글라스는 마르티니 글라스, 올드 패션, 소프트드링크 등 세 종류가 준비되어 있어요. 냅킨은 항상 쓰는 상자에 들어있어요.[23] (『세 마리의 게』, p.216)

유리는 자신이 파티 때마다 만들고 있는 쿠키는 "세계에서 단 하나뿐인" 오리지널로 "굉장한 고급품"이라고 생각한다. 그녀는 이러한 점을 남편에게 주지시켜 평소에 주부로서 최선을 다하고 있다는 점을 강조하고자 한다. 또한 파티에서 탈출을 시도하는 순간까지도 여러 종류의 차며 술잔 등을 챙겨, 남편의 "안주인이 빠진 파티가 있을 수 있냐"는 등의 항의성 발언에도 굴하지 않고 주부의 역할을 인수인계하는 완벽한 주부의 면모를 유감없이 발휘한다. 그

21 由梨はお菓子の粉を混ぜ合わせながら、胃の奥の方で微かな痛みを感じた。彼女は機械的に卵を割りほぐし、バターをこね合わせ、ベーキング·パウダーや塩をふり入れながらまるで悪阻の時みたいに生唾が咽喉元まで上ってくるのを感じた。

22 「あなた、此のお菓子はね、若しもあたしが銀座で開業したら、たちどころに一財産築ける程の、世界に一つしかない処方箋の素晴らしい高級品なのよ。」

23 コーヒーも、お茶も、お菓子もみんなちゃんと用意して御座いますわ。旦那さま。カクテルは御自分でおつくりになれますわねえ。グラスは、マルティーニ·グラス、オールド·ファッション、ソフト·ドリンクと三種類出してありますからね。ナプキンは何時もの箱に入っています」。

러나 기실 유리의 쿠키 만들기는 매우 기계적인 일상의 반복을 통해 얻어진 결과일 뿐이라는데 문제가 있다.

그렇다면 『어떤 나들이』의 '나'는 어떠할까?

> 순식간에 네 켤레의 양말과 네 장의 손수건을 헹구어 넌 나는 인제 정말 할 일이 없다. (중략) 우선 저녁반찬을 뭘로 할까 궁리할 필요가 조금도 없다. 김치와 두부찌개. 아침엔 콩나물국. 남편의 수입은 꼭 그 정도의 식단을 허용하고 가족의 식성 또한 내가 콩나물찌개나 두부국을 끓이는 창의성을 발휘하는 것을 용납하지 않는다. 나는 아무것도 근심하거나 걱정할 필요가 정말이지 조금도 없는 것이다. (『어떤 나들이』, p.40)

'나'는 출근하는 남편을 배웅하고 근대가족의 크기에 맞춰진 양의 세탁과 음식준비를 한다. 식단 또한 고민할 필요도 없다. 월급쟁이인 남편의 정해진 수입에 맞춰 반찬을 만들고 국을 끓여 상을 차리면 된다. 그야말로 가사에는 빈틈이 없는 전형적인 알뜰주부의 모습이다.

그러나 유리도 '나'도 가정의 수호신으로서의 '독립'된 자신을 기꺼워하지 않는다는데 문제가 있다. 두 사람 모두가 가사를 전담하며 부엌을 장악하고는 있지만 매번 기계적으로 쿠키를 만드는 유리나, "팔자가 좋다는 건 얼마나 구원이 없는 암담한 늪일까?"하고 되뇌면서도 같은 식단을 반복해야하는 '나'의 세계에 더 이상 "창의"란 두 글자는 없다. 그저 지긋지긋하게 반복되는 일상이 존재할 뿐이다. 이러한 반복의 일상은 두 주부를 현실로부터 도망치게 하는 심리적기제로 작용한다.

3. 섹슈얼한 '외출'

두 소설의 히로인은 남편과 자식들 사이에서 심리적 갈등이 극에 달하자 숨 쉴 곳을 찾아 집밖으로 뛰쳐나간다. 그러나 둘은 약속이나 한 듯 외출 시의 차림새가 매우 섹스어필하다. 『세 마리의 게』의 유리는 정성껏 화장을 하고 "가장 마음에 든 초록색 원피스"를 꺼내 입은 후 남자친구에게서 받은 "은색 목걸이"로 멋을 낸 차림이며, 『어떤 나들이』의 '나'는 "대접만한 분홍 꽃이 흐드러지게 핀 옷"에 "흰버선"과 "비닐백으로 성장(盛裝)"을 하였다. 그렇다면 그녀들에게 이러한 차림새를 하게한 원인은 어디에 있을까?

3.1 두 마리에서 세 마리로 - 로맨틱러브의 종연

먼저 『세 마리의 게』에서는 부부의 성생활에 대한 대화가 서두에 묘사되어 있어 의미심장하다. 유리는 남편에게 "저 정말 컨디션이 좋지 않아요. 암 인지, 아니면 아이가 생긴 건지 모르겠어요."하자 다케시는 "컵에 대고 있던 입술을 삐쭉이며 의미 있는 웃음"을 흘리고는 "그것 참 축하할 일이군. 천하태평이네. 그래서 예정일은 언제지?"한다. 유리가 "12개월 후"라고 대답하자 다케시는 "9개월 후라고 하지 그래?"하며 비아냥거린다. 이에 질세라 "당신도 이젠 자신이 없어진 모양이네요. 전 언제나 12개월 후로 기대하고 있거든요."하고 받아친다. 두 사람의 대화가 말해 주듯 유리는 결혼 후 10년이 지난 지금에도 변함없이 남편과의 성생활을 원하고 있다. 그러나 남편에게 아내의 요구는 쉽사리 관철되지 않는다. 유리 또한 아내라는 입장에서 자신의 섹슈얼리티를 당당히 주장하지 못하고 임신을 위해서라는 식으로 진실을 얼버무리고 만다.

한껏 멋을 내고 위선으로 가득한 파티에서 도망치듯 빠져나온 유리는 자동차에 올라탄다. 유리를 배웅하러 나온 론다가 "유리, 외로운 거죠? 그렇죠? 외로운 거죠? 어쩌면 좋아."하고 위로하자 "해결 방법이 없어. 어쩔 수가 없어. 그럼, 론다 놀다 가"하는 인사말을 뒤로 한 채 낯선 도시로 핸들을 튼다.

유원지로 목적지를 정한 유리는 "오페라 하우스" 주차장에 차를 세우고 광고지의 정보를 이용하여 "알래스카 인디언 민예품 전람회장"으로 향한다. 회장 안으로 발걸음을 옮기며 마치 무언가를 암시하듯 "입을 크게 벌리고 신선한 공기를 마시 듯 큰 하품"을 하며 지금까지와는 다른 세상으로 타임 슬립 한다. 유리가 빨려 들어간 "알래스카 인디언 민예품 전람회장"은 폐장을 앞둔 늦은 시간이어선지 한산했다. 그곳에 진열된 전시품은 동물과 인간을 혼합해 형상화한 민예품들이 대부분이었으며 이는 "미개한 인종들 사이에서는 자연계의 나무나 풀, 산, 계곡 등의 동물에 인간의 동화된 생활감정 같은 것이 있고, 서로 간의 의사소통은 신앙처럼 믿음을 갖고 있는 듯"한 느낌을 준다. 이곳에서 유리는 "인간의 기도와 주술, 낮게 깔리는 중얼거림"을 듣는다. 그 신비로운 공간에 "복숭아 색 셔츠를 입은 남자"가 세팅되어 있다. 남자는 "이집트인과 스웨디쉬 등"의 혼혈로 파티에 모인 남성들의 분위기와는 사뭇 다른 부드러운 "복숭아 색"을 띠고 있다. 유리는 남자의 꾸밈없는 상냥함과 편안함에 이끌려 함께 놀이기구를 타며 시간을 보낸다.

> 유리는 고라쿠엔(後樂園)에서 결국 타지 못했던 제트 코스타의 긴 줄을 생각했다. "그만 두죠? 아마도 한 시간은 기다려야 할 거예요."는 유리의 말에 다케시의 눈은 유감스럽다는 듯 흐려졌다. 또 "나 멀미할지도 몰라"라고 유리가 말하자 다케시의 눈에는 그늘이 졌다. 이번에는 "무서워서요." 하자 다케시의 눈이 온화해졌다. 유리는 이처

> 럼 남자의 눈가에 맺히는 작은 그늘에도 민감하게 반응하는 자신에게 지쳐버렸다. 유리는 복숭아 색 셔츠남의 얼굴을 쳐다볼 생각이 들지 않았다. 그녀는 그저 말없이 귀전에 대고 떠드는 그의 말을 흘려듣고 있었다.[24] (『세 마리의 게』, pp.243-244)

유리는 '복숭아 셔츠 남'과 놀이기구를 타기 위해 기다리는 사이 옛날 남편과의 추억을 떠올린다. 적어도 결혼 당시의 남편은 제트코스타를 타려는 순간에 보인 유리의 언행에 집중하며 사랑에 대한 진정성을 보였었다. 유리 또한 남편의 표정 변화를 일일이 체크하며 대응하는 집중력을 보인다. 그러나 한편으로 유리는 "남자의 눈가에 서리는 작은 그늘에도 민감하게 반응하는 자신에게 지쳤다"고 고백하며 로맨틱러브에 기초한 부부관계, 즉 일부일처제에 대해 의구심을 내비친다. 기실 유리는 남편이 관심을 보이고 있는 사샤나 마쓰우라양에게 질투를 느끼며 그녀들을 "돼지처럼 살찌워 심장병이 걸리게 하고 싶다"고 독기를 뿜어내는 등 로맨틱러브가 내면화된 모습을 드러내 보였었다. 그러나 그럴수록 유리에게는 고독감만 더할 뿐 해결책은 없다.

유리는 집을 나와 만난 첫 번째 남자와 밤을 새는 것으로 남편과 아내라는 구조에서는 인정받지 못하는 섹슈얼리티를 되찾으려한다. 남자 역시 부인이 골라 준 "복숭아 색 티셔츠"를 입은 로맨틱러브의 실천세대로 "남편 노릇이 힘들다"고 하소연한다. 유리는

---

24 由梨は後楽園で乗らなかったジェット・コースターの長い列を思い出した。「やめましょう、きっと、もう一時間もかかるわ」由梨は言いながら、武の眼が残念そうに曇るのを見た。それに、わたし、気分が悪くなるかも知れないわ、と言いながら、武の眼が、翳るのを見た。怖いのよ、言いながら、武の眼が、和むのを見た。そして、由梨はそういう男の眼のわずかな翳りに敏感に反応する自分に疲れた。由梨は桃色シャツの顔を見ようという気は起こらなかった。彼女はただ黙って耳の脇で彼の喋る言葉をきき流した。

동세대의 남자에게서 느껴지는 "허무함과 서글픔"에 동류의식을 느끼며 "아무런 말도 생각도 하지 않고" 자연스럽게 남자의 몸을 받아들인다.

남자가 허리에 손은 두르고 키스를 하며 허벅지를 더듬고 있는 사이, 유리는 어린 시절을 회상하며 동성애에 대해 언급한다.

> 두 사람은 대학 기숙사 룸메이트로 어느 정도 동성애적인 면이 있었다. 그래서 유리는 첫 연애에 실패했을 때 일본해의 해변에 위치한 그녀의 집을 찾아 갈 결심을 했던 것이다. 여자대학 기숙사에서 두 사람의 정사는 음흉스러운 것 이라기보다는 어이없고 서글픈 일이었다. 결국 두 사람은 정서가 매우 섬세해서라는 것 외에는 원하는 게 없었다. 그래서 두 사람 모두 결혼했다.[25] (『세 마리의 게』, p.252)

유리는 여자대학생 시절, 룸메이트인 A양과 "동성애" 관계였다. 그러나 일본사회에 있어서 레즈비언의 "정사"는 "음흉스러운" "어이없고 서글픈"일이었다. 결국 두 사람은 동성애를 "섬세한 정서"적 문제로 치부하여 정리하고 이성애를 선택해 남자와 결혼하고 아이를 낳아 근대가족을 형성했다. 그러나 '오로지 너 하나만' 사랑할 수 있다는 로맨틱러브는 가부장제와 맞물려 아내가 남편을 바라보도록 만들었다. 또한 '성욕이 있는 것처럼 행동하되, 성욕 없는 여자가 되어야 하는 의무'인 더블 바인드로 인해 겪게 되는 아내들의 심적 갈등은 주부들의 일탈을 부추기는 요인이 되었다. 이러한

---

25 二人は大学の寮で同室で、いくらか同性愛的なところがあった。それで、由梨は最初の恋に失敗した時彼女をその日本海の海辺の家にたずねる気になったらしい。女子大学の寄宿舎での二人の情事は陰気なものというよりは、滑稽で哀しいものであった。結局二人は正常で、情緒だけが非常に繊細に出来すぎている、ということ以外に求め合うようなものはなかった。だから、二人とも結婚した。

이유로 여성들은 같은 여성일지라도 모두가 성적 라이벌로 밖에 생각할 수 없으며, 이로 인해 유리도 남편이 좋아하는 사샤나 마쓰우라양에게 질투를 느끼고 있는 것이다.

유리의 성적일탈은 <세 마리의 게>라는 여관에서 이뤄진다. 그리고 다음날 아침 유리는 해변을 걷다가 짝을 지어 걷고 있는 <두 마리의 게>를 발견하게 된다. 사람으로 의인화 되어 형상화되는 두 마리의 게는 로맨틱러브에 기초한 일부일처제의 메타포로 성적 일탈을 시도한 여관 <세 마리의 게>와 대조된다. 즉 작자는 <세 마리의 게>에서 유리의 성적 일탈을 통해 일부일처제의 맹점을 지적하고자 한 것은 아닐까? 이를 뒷받침 하듯 유리가 외출에서 가정, 즉 일상으로 돌아가기 위해 버스를 기다리는 곳엔 "보스턴 백"을 든 또 다른 "젊은 남자"가 세팅되어 있다. 젊은 남자는 유리를 에스코트하여 같은 버스에 올라탄다. 이는 로맨틱러브의 종연을 선언한 유리의 제2, 제3의 성적 일탈을 예고하며 일부다처제, 또는 일처다부제로의 가능성을 시사하고 있다고 볼 수 있겠다.

3.2 백 원에 둘씩인 귤

한편 『어떤 나들이』의 '나'는 딸을 위한 어머니의 계획에 의해 시골마을에서는 유일하게 중학교를 졸업하였다. 그 후 같은 마을에서 가장 출세한 남자와 중매로 결혼에 성공하여 초야를 맞이하게 된다.

> 내 애처로운 몸은 조금치의 보살핌이나 위무도 못 받은 채 초야의 신랑의 의무에 거칠게 짓겼다. (『어떤 나들이』, p.58)

남자와 열 살이나 차이가 나는 '나'는 도시로의 데뷔를 꿈꾸며 얼굴도 보지 않고 결혼을 결정하였다. 그러나 결혼 전부터 남편과는 메울 수 없는 젠더 간극이 가로놓여 있었다. "예민한 감성"을 지닌 '나'였기에 이러한 간극을 느끼지 못한 건 아니지만, "수줍음과 두려움"으로 미처 해결하지 못한 채 결혼하게 된다. "들꽃"의 순정으로 '나'가 원하던 초야의 육체적 소통은 의무감에 가득 찬 남편의 "난폭한 정사"로 인해 보상받지 못한 채 스러지고 만다.

결혼 후 중년이 된 '나'는 아내의 섹슈얼리티를 인정하지 않는 남편 때문에 입지도 못하고 보관해야만 했던 "대접만한 분홍 꽃이 흐드러진 웃"을 남편이 출근한 틈을 타 꺼내 입고 "파티에라도 초대"된 듯한 기분으로 "파수꾼 자리를 아들에게 물려준 채" 외출을 감행한다.

버스를 타고 도착한 곳은 대리석 고층건물에서 열리고 있는 K라는 여성 미술가의 개인전 전시회장이다. '나'는 K여사 자신을 "시든 가지"로 표현한 「자화상」이란 글에서 감명을 받은 적이 있다. 그것은 '나'가 자신을 "기미가 군데군데 끼고 촌티를 못 벗은 언 감자"로 생각하고 있었으므로 그녀의 "시든 가지" 발언에 "동류의식"을 느꼈기 때문이었다. 그러나 대리석 고층건물에 "붉은 카펫"이 깔리고 "값비싼 화분"으로 장식된 전시회장이 K여사의 지금의 위상을 대변해 주듯 그녀는 더 이상 "시든 가지"가 아닐뿐더러 '나'의 친구도 또한 친근감의 대상도 아니다. 이런 사실에 '나'는 "분방한 흥겨움"이 사그라지며 의기소침해한다. 그렇다고 해서 '나'의 우울증이 곧 "사회변화와 함께 개인주의적인 성향이 문화적으로 증가하면서 갖게 되는 자립, 자율, 성취 등의 가치 추구적인 사회를 따라가지 못하고 뒤처지는 느낌에서 오는 좌절감"이라고는 단언할 수 없다. 소설 속의 그녀는 '향상심'보다 오히려 '섹슈얼리티'에 갈등하고 있다고 봐야 할 것이다. 결국 '나'는 언덕배기를 올라 숲 속 벤치에 홀로 앉아있는 "바바리를 걸친 청년"에게 이끌리어 다가간다. '나'는 청년에게 군밤을 나눠주며 말을 건넨 후 술기운을 핑계 삼아 그의 어깨에 머리를 기댄다.

다음 인용에 등장하는 "귤즙"과 "귤냄새"는 '나'의 신체적, 정신적 "갈증"을 풀어주는 매개체 역할을 한다.

> 나는 기진맥진한 채 풍성한 귤 손수레 곁에서 멎어버렸다. 백 원에 둘씩인 귤은 나에겐 어마어마한 낭비였으나 귤의 산미를 상상하는 것만으로 참을 수 없을 만큼 다급한 갈증이 왔다. 나는 귤즙과 귤즙이 유발한 타액을 함께 쪽쪽 빨았다. 그러고는 남은 귤껍질을 코에다 대고 깊이 호흡했다. 귤즙보다 더 맛있게 쌉쌀하고 향긋한 껍질의 향기를 탐했다. 치사하도록 오래 탐했다. 실은 나는 귤껍질 나부랭이를 통해 내 생활과는 이질적인 것에 대한 강한 동경을 달래고 있었다. (『어떤 나들이』, p.54)
>
> 이런 '알고 싶다'는 욕망이 술이 깰 임시의 갈증처럼 다급해서 도저히 억제할 수가 없다. 나는 마침내 청년의 입술에 내 입술을 포개려 든다. 청년은 황급히 물러앉으며 내 상반신을 바로 잡아준다. "학생, 학생은 귤냄새를 풍기고 있군." (『어떤 나들이』, p.61)

외출 막바지에 '나'는 귤 손수레를 만난다. "백 원에 둘씩인 귤"은 나에게는 사치였으나 술이 깨기 시작하면서 느끼는 '나'의 갈증을 그야말로 시원스레 풀어준다. 귤의 역할은 여기에서 끝나지 않는다. '나'는 결혼 당시 초야를 치룰 때 떨리는 소녀의 순수함이 남편의 무딘 신경에 의해 무참히 찢겼던 기억을 떠올리며 도서관에서 공부 중에 잠시 머리를 식히러 나와 하늘을 보고 있다는 청년의 "귤 냄새를 풍기는" 상큼한 입술을 훔치고 싶어 한다. 동시에 청년과 패각 속에 갇힌 아들들을 오버랩 시키며 "사춘기 소년, 소녀들의 은밀한 일들"이 알고 싶다는 성적 충동을 강하게 느낀다. 그러나 이러한 꿈도 곧 청년에 의해 저지당하자 '나'는 이내 제정신을 차린다. 이렇게 나만의 파티는 끝이 나고 더 이상 자신의 내부에는 "천진한 즐거움도 뜨거운 격양"도 없는 "굳어"서 "녹슬어 가고 있다"는 사실 만을 확인한 채 가정으로 복귀한다. 이처럼 '나'는 "내 생활과는 이질적인" 로맨틱러브에 대한 향수를 안은 채 "둘씩인 귤"이 말해주듯 일부일처제로의 귀결을 시사하며 귀가한다.

4. '기형'적인 것들

『세 마리의 게』와 『어떤 나들이』에서 작자는 그녀들의 생명력의 불연소와 자연스럽지 못한 삶의 방식들에 대해 문제를 제기하며 모든 부조리한 것들의 메타포로 '기형'을 창출해 내었다.

『세 마리의 게』의 서두에서 유리는 <세 마리의 게>라는 여관에서 나와 바닷가를 거닐다 아직 눈가에 물기가 남아있는 <두 마리의 게>를 발견하게 된다.

> 잠시 눈을 아래로 돌리자 유리의 발끝으로부터 겨우 2, 30센티 떨어진 곳에 게 두 마리가 걸어가고 있는 것이 보였다. 게의 등딱지는 등딱지이지 얼굴은 아니건만 웬일인지 유리에게는 한참동안 그 기형적인 게의 등딱지가 정말로 얼굴로 보이는 것이었다. 게는 물기 젖은 두 개의 긴 눈을 앞세우고 있었다. 두 마리 게는 서로 다리를 얼크러뜨리면서 걷고 있었다. 껍질은 양끝이 뾰족하고 바다 색깔과 똑같이 짙은 등꽃 색이었다.[26] (『세 마리의 게』, p.208)

---

26 暫くして、目を落とすと、蟹が二匹連れ立って由梨の爪先からほんの二三十糎のところを這っていた。蟹の甲羅は甲羅であって、顔ではないのだが、どういうわけだか、由梨は何時でもそのいびつな蟹の甲羅が顔に思えて仕方がないのであ

유리가 발견한 두 마리의 게는 바다에서 나온 지 얼마 안 된 촉촉한 몸으로 모래 위를 기어가고 있다. 서로 부부처럼 다리를 얼크러뜨리고 특유의 게걸음으로 전진하고 있다. 유리에게는 왠지 울퉁불퉁한 게의 껍질부분이 꼭 사람의 얼굴 형상처럼 보인다. 이처럼 남편의 게걸음에 아내가 맞추어 갈지자로 걷고 있는 형상은 마치 인간들의 부부일심동체(夫婦一心同體)를 떠올리게 한다. 이처럼 게의 추하고 못생긴 얼굴은 일부일처제 부부들의 위선적인 모습을, 또한 게걸음은 이 시대 부부들의 부자연스런 삶의 방식을 꼬집고 있는 건 아닐까?

한편 『어떤 나들이』의 남편과 아들들도 이미 인간이 아니다. 그들은 사고와 삶의 방식의 폐쇄성으로부터 "패류"라는 생물로 표상된다.

> 자식들은 내 보살핌까지 멀리하려 들더니 어느 틈에 패류(貝類)처럼 단단하고 철저하게 자기 처소를 마련하고 아무도 들이려 들지 않는 것이다. 나에겐 패류의 문을 열 불가사리의 촉수 같은 악착같고 지혜로운 촉수가 없다. 나에겐 또한 남편이나 자식들의 것 같은 스스로를 위한 패각(貝殼)도 없다. (『어떤 나들이』, p.40)
>
> 숱한 참고서들 - 『완전영어』『완벽수학』『정선XX』『정통XX』. 저런 것들을 아무리 포식해봤댔자 네놈은 패류 이상도 이하도 될 수 없을 게다. 나는 패각 속의 그 완전하고 완벽하고 정선된 세계가 조금도 대수롭지 않다. 도리어 빈정거려주고 싶게 가소롭다. (『어떤 나들이』, p.47)

る。蟹は潤んだ二つの長い眼を突き出していた。二匹の蟹は脚をもつれさせるようにして這っていた。甲羅の両端は尖っていて、海の色とそっくりの暗い藤色の殻であった。

'나'에게 남편이나 아들들은 "패각 속의 패류" 이상도 이하도 아니다. 가족이라 명명되어진 그들은 스스로 자신들만의 "처소"를 마련하고 아내이자 엄마인 '나'와의 소통을 차단한 채 "완전, 완벽, 정선된" 남자들만의 이성적 세계에 합류하기 위해 고군분투중이다. 그러나 '나'는 남자들이 추구하는 이런 가치들이 "대수롭지 않음"을 알고 있다. 그것은 남편과의 성생활 때마다 느끼는 "담뱃진 냄새"와 아들의 "여드름 난 패류"가 대변하듯 자신들의 섹슈얼리티를 도외시하고 있다는 점과, 가족으로서 아내이자 엄마인 자신과의 소통을 도외시하고 있다는 점에서 직감할 수 있다.

이처럼 주부들의 부자연스런 의존적 삶은 온갖 기형적인 것들을 양산하는 매개체 역할을 하고 있다.

이상 두 편의 한일 여성소설 『세 마리의 게』와 『어떤 나들이』에 등장하는 '주부'의 삶에 초점을 맞추어 심리학적 측면에서 분석해 보았다.

1960년대 말 서구와 일본, 한국을 강타한 급진주의 여성해방운동에 의해 여성 '개인'이 논의되었다. 주부 역시 가족의 한 구성원이기 이전에 개인이다. 한일 두 소설 속의 히로인들은 주부로서의 삶에 최선을 다하지만 더블 바인드에 노출되어 갈등한다. 따라서 대부분의 여성들이 이런 현실과 맞서 개인의 희망과 절망을 서사화하기 보다는 '연극적 자아'를 선택하여 삶의 타성에 안주함으로써 더 큰 절망을 자초한다. 이처럼 부인들의 남편에 대한 의존성은 지극히 부자연스러운 것으로 주부라는 역할에 혐오감을 느끼게 하는 요인들이다. 또한 남편과 사회로부터 인정받지 못한 기혼 여성들의 섹슈얼리티는 성적고독을 초래하여 급기야는 한국과 일본의 주부들로 하여금 치장하고 외출하여 성적 일탈을 감행하게 만든다.

그러나 주부들의 섹슈얼리티를 갈구하는 모습은 한일 간에 그 양상이 사뭇 다르게 나타난다. 일본 여성 유리는 남편 외에 여러 남자와 성적교섭을 가짐으로써 일부일처제에 반기를 들어 로맨틱 러브의 종연을 선언하지만, 한국주부 '나'는 오히려 젊은 소년과의 로맨스를 꿈꾸며 로맨틱러브에 대한 갈증을 호소함으로써 일부일처제에 안주하는 지극히 근대적 결론을 제시한다. 이처럼 한국의 페미니즘이 근대에서 한 발짝도 나아가지 못한 데는 1960년대의 국가주의를 앞세운 독재정권이라는 사회적 요인이 크게 작용하였다고 본다. 여전히 전통과 근대가 병존하는 가운데 근대적 개인이 충분히 발전되지 못한 상태로, '개인과 차이'를 강조하는 것은 여전히 공동체를 위협하거나 가족과 사회를 해체하는 것으로 인식되어, 한국 여성들의 삶에서 '결혼과 가정'은 가장 큰 영향력을 행사하고 있다.

그러나 두 소설의 성과는 주부의 더블 바인드에 의한 갈등을 문제시할 때 하나같이 '자립, 자율, 성취'의 부재를 그 원인으로만 보는 시각에서 한 발짝 더 나아가 기혼여성의 '섹슈얼리티의 불가시화'라는 또 하나의 문제점을 제시한 의미 있는 글쓰기라는 점에 있다고 하겠다.

제2절

여자의 <몸>, 갈등과 갱생의 시좌

—1950~70년대 한일 여성소설을 중심으로—

1950년대에서 70년대까지의 한일 양국에 있어서는 정치적으로나 경제적으로 많은 변화가 모색된 시기이다. 한국은 식민지 해방 이후 한국전쟁의 상처를 딛고 폐허가 된 국가 재건에 힘쓴 시기이다. 일본 역시 제2차 세계대전 패전 이후 경제국가로 발돋움하는 도약기를 거쳐 경제대국으로 치달은 시기로, 이러한 시대적 상황은 전통적 가부장제의 약화를 초래하여 가족의 붕괴가 염려되었으며, 정치 불신의 팽배로 인해 여느 때보다 강력하게 개인이 긍정되었다. 한일 여성소설에는 이러한 시대를 살아온 인간들의 生, 특히 여성들의 주체적 삶이 응축되어 그려진다.

한국의 1950년대와 60년대의 소설에는 전쟁 후 집에서 가부장이 사라진 가정과 근대적 문화의 잔재에 고민하는 여성, 젊은이들의 새로운 감각에 의한 성행동(섹슈얼리티)을 둘러싼 性 주체적 여성이 그려진다. 또한 1970년대는 일상에 파묻힌 여성적 삶에 반란을 꾀하며 여성학적 여성의 삶에 회의하는 이야기가 묘사된다(서정자 2001: 289).

일본의 5, 60년대 소설 또한 전쟁기에 겪은 성 억압적 분위기의 반동으로 성을 통한 인간성 회복이 추구되었다(이와부치 히로코외 2005: 245). 오크노는 전후 일본소설에 있어서 성표현의 해방이 일본문학을 본질적으로 변화시켰으며, 폭발적인 성해방 풍조를 묘사한 소설이 등장하였음을 지적하였다(奧野健男 1974). 1970년대의 소설에는 사회의 구성원의 하나로 자리매김한 여성의 개인 추구 경향이 두드러져 나타난다. 또한 산업화에 따른 공해문제, 환경파괴 등의 테마와 늙음의 문제가 서술되었다(이와부치 히로코외 2005: 254).

본고에서는 한일 양국에서 전쟁기 이후 도래한 성해방 풍조에 따른 여성의 <몸>담론과 소설에 표상된 섹슈얼리티의 문제를 재조명하고자 한다. 이를 위해 이상의 시대적 상황을 함축하고 있는 1950년대의 여성소설로서 미망인의 성적고독을 문제시한 한무숙의 『月暈』(『현대문학』, 1955), 엔치 후미코의 『부부의 연 습유(二世の縁 拾遺)』(『文学会』, 1957), 50년대 말 1960년대의 소설로 젊은이들의 정신과 정서를 상실한 이른바 포스트 모던적 연애를 추구한 한말숙의 『신화의 단애』(『현대문학』, 1957)와 고노 다에코의 『뼈의 살(骨の肉)』(『群像』, 1969), 1970년대의 작품으로는 여성을 <나>라는 주체적 시각에서 조명한 서영은의 『살과 뼈의 축제』(『문학사상』, 1977), 가나이 에미코의 『토끼(兎)』(『すばる』, 1972)[27]를 선정하였다.

27 저본: 한무숙 『月暈』(『韓戊淑 文學全集』, (주)을유문화사, 1992), 圓地文子 『二世の縁 拾遺』(『圓地文子集』, 筑摩書房, 1957), 한말숙 『신화의 단애』(『20세기 한국소설』, 창비, 2005), 河野多恵子 『뼈의 살(骨の肉)』(『河野多恵子全集』, 新潮社, 1995), 서영은 『살과 뼈의 축제』(『사막을 건너는 법』, 책세상, 2007), 金井恵美子 『토끼(兎)』(『金井恵美子全短篇』, 日本文藝社, 1992).

1. 性의 재발견 – 『월운』과 『부부의 연 습유』

1950년대의 한국은 식민지 해방과 뒤이은 민족 간의 전쟁이라는 길고 암울한 시기를 거쳐 물질이 고갈되고 정신은 황폐해 진 시기이다. 아들과 남편을 잃은 여성들은 살기 위해 집밖으로 나와 경제적 활동을 서두르지 않으면 안 되었다. '이성'으로 이해하기 힘든 이런 상황 속에서 유일하게 남은 소설이라는 이성은 미망인들의 '성적고독'의 문제를 소설의 테마로 조명하기 시작했다. 일본 또한 패전의 절망을 딛고 군사경기에 힘입어 경제적 기틀을 마련하는 시기이며, 노골적인 젊은이들의 성행동으로 남성성을 과시하는 언설이 환영을 받았다.

1.1 성질서의 전복

한무숙의 『월운』(1955)은 홍 여사가 생명 탄생의 창조적 공간을 통해, "모성을 간접 체험하며 비로소 生과 운명에 대한 성숙한 의식을 갖게 된다는 이야기다. 또한 여성 해방으로의 비전이 제시되며, 생명 잉태로 인한 통합과 조화라는 여성적 본질이 탐사되는 것"(강소연 1998)이라는 평언을 받았다.

그러나 이러한 결론에 앞서 소설의 구성을 자세히 살펴보면 단순히 청산과부 홍 여사의 '모성 체험'으로만 끝나지 않는 구조적 변화가 엿보인다. 즉, <질서>의 전복이 그것이다. 홍 여사의 60평생을 종합해보면, 16세의 어린 나이에 시집와 19세에 남편과 사별한 후로는 부도(婦道)에 따라 여자로서의 삶을 포기한 채 살아왔다. 그 대신 학문을 하고 직업을 가지며 평생을 자아실현을 위해 노력했다. 이렇듯 홍 여사의 삶에는 유교의 가르침에서 비롯된 '전통'의 문제와 개인의 자아실현이라는 '근대'[28]적 요소가 혼합되어 나타난다.

조혜운은 "한무숙은 현실과 그 범주 안에 존재하는 자아의 관계에 집중한다. 즉 인습의 굴레 하에 생활양식과 습속의 내면화로 인해 '전통'이라는 현실의 이중성은 자아의 내부에서 발현된다."고 지적한 뒤 "단순히 과거 지향적 성향을 고집한 것이 아니라 전통 또한 우리가 비판적으로 인식해야 하는 현실 범주로 설정하고 객관적 고찰을 시도하였다."(조혜윤 2005)는 논지를 펼쳤다. 그녀의 지적처럼 소설 『월운』에는 <몸>은 전통의 법도를 따르지만, 정신은 개인의 삶 추구라는 근대의 법칙이 나타나고 있다. 이러한 '전통'과 '근대'를 질서의 차원에서 분석해 보고자 한다.

소설에는 두 가지의 질서가 존재한다. 하나는 성(性)질서이며 다른 하나는 위계질서(位階秩序)이다. 이는 모두 유교적 예법에 기초하고 있으며, 지금껏 홍 여사는 이러한 성질서와 위계질서 속에서 나름대로 안정적인 생활을 영위해 왔다. 그러나 작자는 두 가지 질서를 바탕으로 추구해온 홍 여사의 삶에 문제제기를 하고 나섰다. 다시 말해 두 가지 질서에 대한 전복을 꾀하고자 한다.

소설에는 홍 여사를 포함해 네 명의 여성이 등장한다. 홍 여사를 제외한 나머지 세 명은 가사도우미인 금순이, 문간방 옥네네, 뒷방 색시 등이다. 금순이는 고용인이며 옥네네와 색시는 세 들어 사는

---

28 근대는 지금 우리가 살고 있는 시대전반에 대한 근원적 문제의식을 함축하고 있다는 점에서 현재진행형인 개념이다. 근대는 데카르트에서 칸트로 이어지는 이성에 대한 신뢰를 바탕으로 계몽주의를 추구하며 인간에 대한 새로운 인식인 '주체'에 집중한다. 이성을 가진 인간이 외부 세계를 합리적으로 파악하여 역사를 진보, 발전시킨다는 논리가 바로 근대 담론의 기저가 되며 이는 인간의 '자기의식' 즉 '정체성'을 그 원동력으로 삼는다. (조혜윤(2005),「한무숙 소설 연구–전통과 근대에 대한 비판적 인식을 중심으로–」, p.9)

임차인으로 임대인에 대해 사회 정서상 하위계급이다. 게다가 홍 여사는 나이 또한 이들보다 연장자다. 따라서 어디로 보나 이들에게 홍 여사는 "어른"이다. 이러한 위계질서가 홍 여사 자신 뿐만 아니라 그녀를 대하는 세 여성들의 태도에서도 나타난다. 금순이는 홍 여사를 "선상님"이라고 부르며, 옥네네는 홍 여사의 명령에 따라 "다리미질"을 해야 한다. 또한 뒷방 색시는 "좀 더 떳떳이 굴어도 좋으련만" 홍 여사 앞에서는 항상 "죄진 사람처럼" 주저함이 태도에 배어있다.

그러나 이러한 위계질서가 어느 순간 무너지게 된다. 그러한 조짐은 소설의 서두에서부터 나타난다. 외출에서 돌아 온 홍 여사의 눈에 비친 한껏 어질러진 집안 풍경은 이제껏 질서정연한 공간 안에서 생활해 온 홍 여사의 눈에는 무질서 그 자체로 용납하기 어려운 상황이다. 그것도 서류에 "도장"을 찍기로 한 고아원 인수식을 앞 둔 전날의 일이고 보니 더욱 신경에 거슬린다. 인수식은 "도장을 찍는" 요식행위를 요하는 이른바 질서공간에서의 일이다. 이러한 상징질서는 홍 여사가 일생동안 체득한 아이덴티티이며, 따라서 이를 흔드는 무질서는 홍 여사를 히스테리 컬하게 만들기에 충분하다. 이러한 분위기는 결국 홍 여사에 대한 세 여성의 태도 전복으로 구체화 된다. 문간방 옥네네는 인수식에 입을 옷을 다려 놓지 않음으로써 홍 여사를 거역했으며, 뒷방 색시는 홍 여사를 "숫제 본 척도 안"하고, 금순이 또한 그녀는 "안중에도 없"다. 이처럼 지금까지의 위계질서가 하루아침에 전복되어 버린다. 그렇다면 그녀들을 변도하게 만든 요소가 과연 무엇일까? 의문점을 그대로 간직한 채 다음으로 홍 여사의 성(性)질서의 전복에 대해 살펴보자. 홍 여사는 매우 폐쇄적인 유교적 성질서를 내면화하고 있다.

남편의 이름은 '박우양'이라고 불렸었으나, 정부불견이부(貞婦不見二夫)의 부도가 어엿한 이상, 여사에게는 '박우양'이건 '남우양'이건 매한가지인 것이었다. (『월운』, p.237)

16세의 나이에 시집을 간 홍 여사는 결혼 반년 만에 한 살 아래인 남편이 병을 앓기 시작했지만, "반명가의 법"을 어길 수 없어 제 손으로 병수발 한번 하지 못한 채 3년 만에 남편을 잃었다. 그 후 40평생을 수절하며 정부불견이부(貞婦不見二夫)의 부도(婦道)를 지켰다. 즉, 홍 여사는 유교적 전통에 의해 "과부로서 긴 생애를 지내지 않으면 안 되었던 것"이다. 이러한 홍 여사의 성질서를 흔드는 사건이 이사 온 지 일곱 달 된 "뒷방 색시"에 의해 자행된다. 새들어 사는 "뒷방 색시"는 일명 "남의 집(=첩)"으로 애초에 홍 여사의 성질서로부터 일탈해 있다. 평소에 그녀는 "얌전하고 공순"한 여자다운 여자로 "호랑이 할머니"인 홍 여사에게는 찾아볼 수 없는 섹슈얼한 면모를 갖추고 있다. 이런 그녀를 늘 달갑지 않게 여기던 홍 여사는 어느 날 오후 뒷방 내외의 성교 장면을 목격하게 된다. 그 후로 홍 여사에 의해 뒷방 새댁은 "징그럽고" "잡스러운" 것으로 비하되어 표상된다.

여기에서 홍 여사의 성질서를 교란시키는 요소를 살펴보면, 첫째, 첩의 등장이다. 결혼제도를 거역한 비공식 부부의 등장은 홍 여사를 불쾌하게 만든다. 나아가 비공식 부부가 대낮에 벌인 섹스 장면은 "남자의 살을 몰랐던" 수절 과부 홍 여사에게는 가히 충격적이다. 그러나 이런 평소의 마음과는 반대로 뒷방 색시 부부의 성교 장면을 목격한 홍 여사는 그 길로 안방으로 들어가 눈을 감은 채 "잡스러운" 느낌을 공유하고자 한다. 그리고 얼마 전에 인상 깊게 보았던 자연의 섭리를 연상하다 이윽고 "꽃들은 오들오들 떨다가 견디다 못하듯이 노오란 꽃가루를 호르르 날리"는 장면에서 "가슴이 두근거리고 어찔함"을 느끼며 성의 절정을 맛본다. 이러한 일련의 과정을 거치며 자신의 성질서에 대해 돌아보게 되는 계기를 갖게 된 홍 여사가 뒷방 색시의 출산 공간에 합류하면서 그 해답을 찾게 된다.

> 갑자기 피로가 엄습해 왔다. 그것은 아침부터 뛰어다닌 끝의 피로라기보다 여지껏 겪어온 인생의 피로였을는지도 몰랐다. (『월운』, p.240)

홍 여사는 뒷방 색시의 산고에 소극적으로나마 동참하며 출산의 숭고함을 경험하게 된다. 그리고 그제야 위계질서를 위반한 옥네네나 금순이를 이해하게 된다. 기실 생명 탄생이라는 신의 영역 앞에서 홍 여사가 믿었던 전통이 만들어 놓은 성적 "도덕"과 "질서"는 무용지물인 셈이다. 작자는 유교의 성도덕을 고수하며 성욕을 격리당한 채 살아온 홍 여사에게 "인생의 피로"를 느끼게 하여 에로스가 "자연"의 "진실한 과제"임을 주지시키고 중년의 性을 되찾게 한다.

1.2 승화되지 않는 에로스

윤회설을 부정하는 불교 비판으로 주목을 받았던 『부부의 연 습유』(1957)는 태평양전쟁이 끝난 일본의 전후사회를 배경으로 직업군인이었던 남편을 결혼 1년 만에 전쟁으로 잃고 10년간 외아들을 키우며 살아온 미망인의 이야기를 그린 단편이다. 타이틀 '부부의 연'이란 『봄비전』에 나오는 여러 이야기 중의 하나로, 입적한 스님이 극락왕생을 이루지 못하고 100여년 뒤 사바세계로 돌아와 마을의 한 과부와 부부의 연을 맺는다는 이야기이다. 여기에 작자의 해석을 더해 환골탈태한 소설이 『부부의 연 습유』이다.

소설에서 <나>는 과거 두 명의 남자와 섹슈얼한 관계에 있었다고 고백한다. 그 한명은 남편이고 다른 한명은 누노카와교수다. <나>는 남편을 잃고 10년이 지난 지금에도 노리타케라는 남편의 성을 변함없이 사용하고 있으며, 제자인 자신을 "다마쓰루노 나이시노카미"(玉蔓の常侍)[29]라 부르며 노골적으로 성애를 드러냈던 누노카와교수와는 10년이 지난 지금도 시공간을 함께하고 있어, 이 두 사람에 대한 사랑과 관심이 지속되고 있음을 알 수 있다. 노리타케는 결혼 후 1년이라는 짧은 결혼생활에서 부부의 성생활은 자신을 "생기 넘치고 밝게 해준" 그야말로 삶의 활력소와도 같은 것이었다고 토로한다. 또한 남편과 사별 후 느끼게 된 성적고독을 "죽은 남편과 꿈에서 얼싸안기도 하고 어린 아들의 얼굴에서 제 아버지의 모습을 발견하기도 하는"등의 소극적 방법으로 해소하며 정숙한 여인으로서의 평정심을 잃지 않으려 노력한다. 즉 지금까지 그녀의 삶을 지탱해준 것은 남편에 대한 사랑과 추억이다. 그러나 남편을 추억하는 것으로 정신은 충족될지 모르지만 육체, 즉 성욕은 격리된 채로이다. 노리타케는 지금은 늙고 병들어 대소변도 못 가리는 노인으로 전락해 병상에 누워있는 교수에 대해 한 때는 "꽤나 관심"을 받으며 지냈던 사이라는 점을 상기하며 지난날을 그리워한다. 또한 "그 이상의 접촉"이 암시하듯 교수는 당시 기혼자였음에도 불구하고 제자에게 "입이 딱 벌어질 정도"의 성적어필을 멈추지 않았던 "호색한"이었다. 그러한 그의 성적 행동은 늙고 병든 지금에도 변함이 없어, 나이 어린 미네코(みね子)를 곁에 두고 수

---

29 『겐지모노가타리』에 등장하는 귀부인.

발을 들게 하고 있다. 그러나 노리타케는 교수의 외동딸마저도 이런 그의 행동에 실망하여 외면하고 있음을 지적하며 미네코와 교수에 대한 질투어린 시선을 노골적으로 드러낸다. 기실 노리타케의 교수에 대한 사랑은 현재진행형이었던 것이다. 그런 그녀의 마음을 꿰뚫고 있는 교수는 「부부의 연」 스토리에 심취해 있는 노리타케를 향해 "그렇지 참, 당연한일이지. 너도 부부의 연을 새로 맺고 싶은 게지"하며 그녀의 성적 자립을 촉구한다.

누노카와 교수 역시 그녀에게 한때는 남자로 존재하였으며 지금도 연민을 가장한 사랑을 지속해 왔다. 그런 그녀가 교수의 한마디에 자신의 성적고독을 인지하게 되면서부터, 이야기 속의 입적승 죠스케(定助)의 성에 대한 집요함과 만년의 교수의 성 행동에 공감하기 시작한다. 특히 죠스케는 작가 아키나리의 분신으로, 만년에 자신이 경험한 성욕을 토대로 창작한 이야기여서 더욱더 그녀의 설득력을 얻는다. 혼은 없어지고 형해(形骸)만 남은 입적승에게 금욕을 종용하는 불교의 가르침은 무시되고 육체만 회생한 것이다. 따라서 노리타케가 지금껏 품어왔던 남편에 대한 사랑이나 교수에 대한 연민은 모두 정신을 충족시켜주는 감정으로 그녀의 성적고독을 풀어줄 수는 없다. 노리타케는 이러한 사실을 입적승 스토리를 통해 깨닫게 된 것이다. 생각이 여기까지 미친 노리타케는 지체 없이 남편과 교수에 대한 자신의 감정을 정리하는 수순을 밟는다.

노리타케는 교수와 미네코의 관계가 성욕해소에 기인하고 있음을 깨닫고 남편과의 섹스 장면을 떠올린다. 그 순간 노리타케는 "자궁이 욱찔"하는 경험을 통해 에로스의 부활을 맞게 된다. 미네코와 교수가 그런 것처럼 남편도 자신에 대한 사랑과 일을 별개로 생각했을 것이라는 데까지 생각이 미친 노리타케는 성은 사랑이라는 정신적 개념으로 승화되지 않는 가장 절실한 현실적 문제라는 점을 인지하게 된다. 그 순간 노리타케는 환각을 통해 남편과 교수가 합쳐진 남자와 성적 교감을 갖은 후 두 남자에 대한 정신적 사랑의 짐을 내려놓는다. 압박해 오는 남자를 밀쳐내고 도망쳐 역에 다다른 노리타케는 이전과는 다른 변모된 새로운 성질서를 통해 세상을 읽어나간다.

> 입적승 죠스케가 남자들 안에 살아있다는 것을 감지했다. 그것은 부끄럽게도 조금 전 환각상태에서 겪은 성적체험 이상으로 피를 끓게 하고 마음을 따듯하게 해주는 불안한 설렘이었다. 번역 필자, 이하 동 (『부부의 연 습유』, p.352)

노리타케가 두 남자에 대한 지금까지의 로맨틱 러브에 기초한 정신을 중시한 사랑이 끝나자, "검은" 옷차림의 "판에 박은 듯한" 샐러리맨이라도 "어떤 남자"든 근사하게 보이기 시작한다. 이는 다시 말해, 정신이 강조되고 육체가 격리된 근대의 연애 이데올로기를 부정하고, 죠스케나 누노카와 교수가 보여준 성이 갖는 실존의 심연을 제시함으로써 섹슈얼리티에 대한 변모를 시도한 것이라 볼 수 있다. 이윽고 그녀는 언젠가 죠스케와 같은 상대가 나타나 주리라는 희망을 내비치며 성의 격리상태에서 해방되어 중년의 性을 되찾게 된다.

2. 또 하나의 연애 - 『신화의 단애』와 『뼈의 살(骨の肉)』

전쟁이 끝난 5,60년대의 한국은 전후의 혼란으로 기존의 가치관이 붕괴되면서 정신적인 위기의식을 형성했고, 이때의 여성들은 직접 전쟁을 체험하면서 시대 상황과 인생에 대한 허무함을 느끼게 된다. 작가들은 소설 속에 실존적 분위기를 차용하여 방황하던 여성들이 정체성을 포기하고 현실에 대응하는 모습을 형상화한다(강소연 1999)

한편 일본은 문단 전체에 신세대가 등장하여 새로운 성감각으로 무장한 젊은이들의 성행동을 일제히 묘사하기 시작한다(이와부치 히로코외 2005: 247)

2.1 신화(神話)의 재구축

한말숙의 작가 데뷔작이자 출세작인 『신화의 단애』(1957)는 젊은 여대생의 파격적인 성 행동을 묘사해 주목을 받았던 작품으로, 문단에서 '실존주의 소설' 여부에 대한 논란이 일기도 했다. 한국전쟁이 끝나고 빈곤과 무질서로 어수선해진 사회를 배경으로 미술을 전공하는 여대생 진영은 생계유지와 대학 등록금을 마련하기 위해 명동의 한 나이트클럽에서 아르바이트 댄서를 하고 있다. 그녀가 하는 일이란 매일 밤 나이트클럽 입구에서 서성이며 파트너를 물색하는 일이다. 그러다 손님의 눈에 띠어 낙점을 받으면 동행하여 함께 춤을 춰주고 팁을 받는다. 뿐만 아니라 돈이 되는 일이라면 매매춘이나 계약동거도 불사한다. 어느 추운 겨울날 진영은 운 좋게 "눈이 맑은" 청년에게 "삼십만 환"에 일주일간의 계약동거를 제안 받는다. 당장 먹을 것도 없고 "오늘 밤" 잠자리를 해결해야 하는 절박한 상황에 놓인 진영에게 "생각할 여유"따윈 없다. 육체를 자원으로 얻은 일주일간의 계약동거는 어찌 보면 그녀에게는 횡재인 셈이다. 그러나 그런 육체가 한편으로는 갈등의 대상이기도 하다. 진영은 자신의 육체를 "까마귀의 살"에 비유하며 "진저리"를 치지만, 이 또한 "흔들리는 젖가슴"이 증명해 주듯 살아남기 위한 전략임을 인정한다. 이러한 진영의 일탈적 섹슈얼리티에 대해 서정자는 "성과 사랑에 대한 과도한 집착은 여성들의 자아성찰 내지 자기정체성 추구에 부정적인 결과를 초래할 수 있다"고 경고한다(서정자 1996: 314). 그러나 이러한 결론은 궁핍하고 황폐화된 시대공간에서 살기위해 발버둥치는 여주인공의 삶에 대한 진솔함을 간과한 단편적 언설임을 지적해 두고 싶다.

기실 진영의 일상이란 상상이상으로 억압적이다. 진영은 하숙비를 내지 못해 미술학도에게는 무엇보다 소중한 "화구일체와 책"을 빼앗긴 채 거리로 내몰린다. 그러자 이번에는 흡사 공습경보와도 같은 "통금 사이렌"이 진영을 집안으로 내 몰아 감금한다. 이 "어쩔 수 없"는 시대는 단순히 거리가 가깝다는 이유로 진영에게 애인 경일의 친구인 준섭의 하숙방을 선택하게 만드는 황당함을 연출시킨다. 이처럼 파괴된 시대공간은 한 여성의 일상을 안팎으로 억압하며 단애(斷崖)로 내몰아 숨조차 쉴 수 없게 만든다. 그러나 끊임없이 숨 쉴 구멍을 찾고자 하는 진영의 생명력은 독자들을 공감 시키는 힘을 발휘한다. 진영이 그리워하는 사랑 또한 숨구멍의 하나이다.

> 사랑 사랑… 진영은 그 말의 감각을 느껴보려 했으나, 그 추상명사가 마치 숫자처럼 그의 머릿속에서 나열될 따름이다. <u>사랑이라는 말은 필요치 않았다. 다만, 진영은 지금 경일을 포옹하고 싶을 뿐이었다.</u> 그래서 진영은 경일씨 어서 오세요 라고 편지의 끝을 맺었다. 진영은 베드에서 일어나서 창가에 스케치북을 들고 앉았다. 창밖은 밤이었다. 무수한 불빛이 어둠속에서 별빛처럼 명멸하고 있다. (『신화의 단애』, p.82)

진영에게 “사랑”이란 자본이 충족된 ‘개인’만이 누릴 수 있는 게임이다. 따라서 자본이 고갈되어 버린 진영에게 “사랑”은 비현실일 뿐이다. 그러나 대학의 캠퍼스에서 향유했던 사랑이 “그리움”이란 불씨로 남아 진영에게 또 하나의 숨구멍을 만들어 주고 있다는 점은 희망적이다. 진영이 그리는 “사랑”이란 “말이 필요치 않는” 감각으로, 실제로 경일을 “포옹하고” 느끼는 쾌락의 그 무엇이다. 따라서 기존의 정신적 사랑, 신화(神話)는 이미 그녀에겐 무가치한 개념이다. 그러나 감각화 또한 이념에서 추출된 것이라는 점을 간과해서는 안 될 것이다.

강소연은 진영의 사랑 찾기에 대해 “진실한 ‘인간애’를 갈구하는 여성의식의 좌표 찾기가 끝나지 않음을 시사”(강소연 1999) 한 것이라는 실존주의에 근거한 지적을 하였다.

한편, 이렇듯 가난에 허덕이는 진영에게 어느 순간 자본이 주어진다. “일 년을 넉넉히 살 수 있다”고 판단한 진영이 선택할 수 있는 것들은 과연 무엇일까?

> 진영은 화구를 샀다. 모두 사만 환이다. 갑자기 붓이 들고 싶어진다. 어서 그려야지. (『신화의 단애』, p.81)

계약동거의 계약금으로 진영은 그 동안 억제해온 기본적 욕구를 해소하며 잠시나마 삶의 “즐거움”을 느낀다. 이어서 다가올 아르바이트(=미래)에 대비하여 옷과 화장품을 구입한 후 미술학도답게 “화구”를 챙긴다. 이처럼 진영은 자신의 미래를 스케치하고자 하는 지적욕구를 발동시키며 미래지향적 자세를 견지한다.

강소연은 “진영의 삶은 자신의 성을 도구화하여 목적 없이 사치와 쾌락만을 추구하는 모습”(강소연 1999)이라며 다소 비판적 논지를 펼친다. 또한 이봉범은 진영의 개방적인 섹슈얼리티를 문제 삼아 "그녀에겐 과거도 없고 미래도 없으며 오로지 현재의 순간만이 존재"한다고 지적하였다(이봉범 2005: 288). 그러나 이 또한 앞서 언급한 바와 같이 생사의 갈림길에서 내린 생존의 법칙을 거스를 수 없는 진영의 선택이었음을 간과하고 있다. 또한 그녀의 목표는 쾌락만이 아니라 그림을 그리는 일이다. 기성세대에 의해 구축된 신화(神話)는 절벽으로 내몰린 진영에 의해, "어둠속에서 별빛처럼 명멸"하는 생명력으로 "스케치북"을 앞에 둔 보다 창의적이고 미래 지향적인 '사회적 자신'추구를 위한 삶으로 재구축되는 것이다. 그러나 "사랑"은 필요 없고 "포옹"만이 절실한 진영에게 당분간 정서적 연애를 기대하기란 어려울 것 같다.

2.2 육체의 사상

고노 다에코의 단편 『뼈의 살(骨の肉)』(1969)은 발표 당시 엔도 슈사쿠에게 "'포크로 껍질에 붙은 굴을 파먹는 장면'이 성생활의 취향을 노골적으로 표현"한 것이라는 평을 받았다(엔도 슈사쿠외 2명 1969: 247). 소설은 서두에서 에필로그까지 거의 성적 메타포로 채워져 있어, 性을 인간해방의 문제로 보았던 5,60년대를 대변해 주고 있다. 소설에서는 젊은 남녀가 성적 취향이 같다는 이유로 동거하게 되지만, 점점 변해가는 여자의 성적 취향에 백기를 든 남자는 자신의 짐을 그대로 남겨둔 채 집을 나가 버린다. 남자의 돌연한 행동에 충격을 받은 여자는 오랜 시간 미련을 버리지 못하고 아쉬워한다. 결국 여자는 남자와의 추억을 정리하기 위해 그의 물건을 태우지만, 잿더미 속에서 뼈와 조개껍질이 발견된다.

소설은 시종일관 남녀의 음식을 먹는 방법에 대해 서술하고 있다. 특히 그들은 갈비와 조개를 즐겨 먹는다. 다음은 수동적이던 여자의 성적 취향이 자기 주도적으로 바뀌는 대목이다.

> 여자는 굴 껍질을 까는 데는 선수가 되어버렸다. 처음에는 남자가 까고 여자는 그런 남자를 바라보고 있는 것으로 만족했다. 하지만 힘대로 까다가 껍질을 부수기가 일수인 남자는 어느 것 하나 제대로 성공하지 못했다. 그러므로 여자는 남들에게 배워 와 스스로 굴을 까게 되었다. (『뼈의 살』, p.108)

여자는 처음에는 굴 껍질을 까는 남자를 "바라보는" 것으로 만족하는 수동적 섹슈얼리티를 보인다. 즉 일본의 전통적 성행동을 보이고 있는 것이다. 그러나 어느 순간 "힘대로 까다가 껍질을 부수기가 일수"인 남자의 성행동에 불만을 느끼게 된다. 결국 여자는 "남들에게 배워"오는 적극성을 발휘하여 어느 순간 "선수"로 변모한다. 앞서 언급한 바와 같이 두 사람의 동거가 가능했던 것은 성적취향이 같아서였다. 그러나 여자는 점점 일본여성의 전통적인 소극적 성적 취향에서 벗어나 포크를 사용하는 등 적극적으로 변모한다. 즉 남자는 보통사람처럼 고기를 주로 먹는데 반해 여자는 먹고 남은 뼈에 붙어있는 살을 포크로 파먹으면서 쾌락을 느낀다. 여기서 여자가 성적 취향의 도구로 사용하고 있는 포크는 서양식 집기이다. 다라서 "남들에게" 배워온 여자의 성적취향은 탈 일본적이라고 볼 수 있겠다. 예컨대 섹슈얼리티에 대해 페미니스트들이 내놓은 서양식 사고방식, 즉 적극적 성행동을 실천해 보고자하는 작자의 의도가 엿보이는 대목이다.

또한 여자는 일본여성들의 기존의 소극적 성행동을 적극적인 것으로 바꾸었을 때 "전신에 미감이 느껴"지는 성적 절정에 도달하고 이로 인해 "새로운 생기가 넘치는 듯"하다고 고백한다. 이러한 감각, 즉 "세상에는 없을 것 같은 미각"을 공공연히 표현하고 싶어 한다. 이렇듯 여자는 자신의 성적취향에 대만족이다. 그러나 남자는 이런 여자의 성적 취향을 "네가 먹고 있는 것은 전부 맛있는 부분이지"하며 일정 부분 그녀를 이해하는 듯싶지만, "언제나처럼 맛있지는 않다는 느낌이야. 공복이어서 처음에는 잘 몰랐지만…"하며 결국 그녀의 새로워진 성적취향에 적응하지 못하고 떠나 버린다. 남자에게 거부당한 여자는 식음을 전폐하게 되고 그로 인해 몸은 야위어 간다. 결국 자살까지 생각하게 된 여자는 급기야 마음을 정리하고 남자의 짐을 태우기로 한다. 그리고 그 일을 동네 꼬마들에게 맡기고는 방에 들어와 잠자리에 든 여자는 꿈결에 태우고 난 "잿더미 속에 뼈와 조개껍질이 가득 남아있다"는 말을 들으며 "그랬었구나, 그랬었구나."하며 뭔가를 깨닫는 장면으로 소설은 끝난다.

과연 여자는 타지 않고 남은 "뼈와 조개껍질"에서 무엇을 느낀 것일까? 두 사람의 성생활을 대변하는 뼈와 조개껍질이 "타지 않았다"는 것은 지금까지의 그들의 성생활이 진실이 아닌 허구였음을 말해주는 것은 아닐까? 이는 즉 탈 근대화된 연애, 즉 정서를 누락시킨 육체적 관계에 중점을 둔 현대인들의 연애론을 제시하여, 그에 따른 문제제기를 시도한 것이라 볼 수 있겠다.

제3절

자기 삶의 입법
—『토끼(兎)』와『살과 뼈의 축제』—

한국의 70년대는 남성중심주의의 성폭력을 고발하는 것을 시작으로, 여성작가들의 여성의 삶에 대한 진지한 탐색을 시작했다. 한편 일본의 1970년대의 문단의 화두는 변함없이 성에 대한 언설이었다(서정자 2001: 294). 성은 당 시대를 변혁시킬 수 있는 가장 매력적이고 첨예한 무기로 인지되었다. 성을 통해 인간성을 회복하고 노동중심의 현실원칙 사회를 에로스 혁명에 의해 쾌감원칙에 따른 보다 인간적인 사회를 만들고자 하였다. 성이야말로 현대의 인류 멸망을 전환하는 열쇠로써, 이처럼 성이 대의명분을 갖은 시대는 일찍이 없었다. 정치·경제만능에 대한 반동·반역이자 인간성 부활의 외침이었다(오크노 다테오 1974).

1. 여자의 <동물성>에 대한 환기

가나이 미에코의 글쓰기는 언제나 "문예의 근간을 이루는 허구에 대한 원칙론적인 추구를 핵심"(나카무라 미하루 1992)으로 한다.『토끼』는 이러한 그녀의 <글쓰기>에 대한 여성작가로서의 고민을 토대로 한 작품이다.

예초부터 『토끼』는 현실/비현실, 또는 동화/소설이라는 장르의 법칙을 환기시킨, 메타 예술적 텍스트로서 수용되어 가나이의 대표작으로 평가받았다(나카무라 미하루 1992). 모리야마는 “토끼는 소녀를 아버지와 함께 생활하는 환상적 공간, 나아가서는 쾌락이라고 하는 관념적 세계로 인도한 존재”(모리야마 나치코 2001)라는 평언을 썼다. 또한 다케우치는 결말에서 ‘소녀’의 이야기가 ‘나’의 이야기로 뒤바뀌는 점을 들어 “성의 아이덴티티 폴리텍을 탈구축한 퀴어”(다케우치 가요 2008)라는 논을 펼쳤다. 이처럼 대부분의 선행연구가 소녀의 성에 대해 언급하고 있다. 그러나 소설의 내레이터인 〈나(=작가)〉가 글을 써야하는 작업을 “운명”이라 말하며 “의무”감에서 소녀의 집을 방문한 점과, 소설이 이미 작가라고 하는 〈나〉의 시점에서 출발하고 있으며, 내가 가지고 있는 내부의 〈냄새〉에 대해 매우 신경을 쓰고 있다는 점에 주목해 볼 필요가 있다.

> 그것이 무엇인지는 전혀 알 수가 없었지만 그 냄새는 일종의 구토증이었다. 냄새에 의해 구토증이 일어나는 것도, 구토증에 의해 냄새를 맡게 되는 것도 아닌 나의 육체의 내부로부터 나는 냄새였다. (『토끼』, p.523)

〈나〉에게 “구토”를 일으키게 하는 “냄새”는 다름 아닌 나의 “육체의 내부”로부터 일고 있는 냄새로, 일종의 “새의 냄새”와도 닮은 ‘동물의 냄새’라는 점을 밝히고 있다. 이처럼 작자는 소설 서두에서 〈나〉의 동물성에 대해 언급한 다음, 그에 따른 근원지를 찾아 나서는 형식으로 다음 이야기를 전개하고 있다.

이러한 설정에 따라 소녀의 아버지는 막내딸을 '쾌락'의 대상으로 선택함으로써 가족으로부터 버림을 받게 된다. 그러나 소녀는 그런 아버지를 "가장 좋아한다."고 고백하여 근친상간을 연출한다. 이윽고 집안에 단둘이 남겨지자 아버지는 본격적으로 딸을 대동하고 헛간으로 가서 토끼를 죽이는 일을 계속하여 쾌락을 전수한다. 이윽고 소녀는 토끼의 목을 조르는 아버지의 "큰손"을 동경하게 된다. 아버지의 "큰손"은 넓이와 힘, 잔혹함 등을 갖춘 남성의 상징물이다. 그런 아버지의 큰손이 토끼의 피를 묻힌 채 내장을 끄집어내는 장면은 소녀에게 믿음직스런 남자의 모습으로 비춰진다.

처음에는 아버지의 작업 과정을 지켜보며 즐기던 소극적인 소녀가 어느 순간 쾌락의 주체로 거듭나 스스로 작업을 실행하기에 이른다. 아버지에게 쾌락을 전수받은 소녀는 급기야 "여러 가지 방법"을 통해 쾌락의 강도를 높여간다. 드디어 아버지의 생일날 소녀는 나체로 토끼의 피를 뒤집어 쓴 자신을 아버지에게 바치는 것으로 근친상간을 결행한다. 소녀의 행동에 놀란 아버지는 유리 글라스를 던져 소녀의 눈에 상처를 남김으로써 또 다른 쾌락을 느끼게 한 후 숨을 거둔다.

그로부터 오랜 시간이 흐른 후 〈나〉는 다시 소녀의 집을 찾는다.

> 가까이 가보니 그녀의 오른쪽 눈에 복숭아 빛 날카로운 유리가 꽂혀있고 머리 밑 하얀 털에 <u>피가 흥건히 고여 얇은 막이 생겨있었다.</u> 얇은 막은 마치 비가 개인 후 도로의 물웅덩이에 떠있는 가솔린의 막처럼 반짝반짝 무지갯빛을 발하고 있었다. (중략) 나는 그녀의 몸을 감싸고 있는 하얀 토끼털을 벗겨, 자신이 입고 있었던 옷을 벗어버리고 그 안으로 들어갔다. 그리고 그녀 옆에 놓인 모자와 가면을 쓰고 <u>동물 냄새나는 그 안에서 오랜 시간 가만히 숨죽여 웅크리고 있었다.</u> 그녀와 나의 주위에 장님 토끼들이 모여들어 토끼도 그녀도 나도 정

> 지한 채 움직이려 하지 않았다. (『토끼』, pp.539-540)

〈나〉는 "동물의 귀소본능"과도 같이 허름한 소녀의 집을 다시 찾지만, 소녀는 이미 남은 한쪽 눈에 유리 파편을 맞은 채 숨져있어 주변에 "피가 흥건히 고여 얇은 막"이 형성되어 있다. "엷은 막"은 마치 갓 출산한 동물이 뒤집어쓰고 있는 양수와도 같은 느낌을 준다. 〈나〉는 소녀가 입고 있던 토끼 옷과 모자, 가면을 벗겨 자신이 입고 토끼소녀로 분하여, 〈나〉가 즉 토끼 소녀였음을 대변해 준다. 〈나〉는 소녀가 했던 것처럼 토끼 옷 속에서 "동물 냄새"를 맡으며 "오랜 시간 가만히 숨죽여 웅크리고"있다. 즉 이 "동물 냄새"는 소설 서두에서도 언급된 바가 있으며, 당시는 구역질을 유발하는 싫은 냄새였다. 그러나 〈나〉가 지금은 "동물 냄새"에 매우 적극적으로 대처하고 있다. 그런 그녀의 주위에 "장님 토끼"들이 모여 들어 소녀, 〈나〉, 장님토끼가 삼위일체가 된다. 즉 죽은 소녀의 모습을 하고 있는 한 무리의 장님 토끼들은 〈나〉의 분신이라 볼 수 있겠다.

원래 토끼는 소녀라는 이미지도 있지만 번식력이 강한 점에서 세계각지에서 다산, 풍요의 상징으로 여겨져 왔다(장폴 그레벨 1989). 결과적으로 〈나〉는 출산을 경험한 것이 된다.

이처럼 『이상한 나라의 엘리스』(루이스 케롤, 1865)에서는 토끼 구멍에 빠진 것에 대해 '모태회귀의 간망'으로 분석되고 있으나,(다카하시 고야 1976) 『토끼』에서는 여성의 생물학적 측면을 구명하여 '모성회귀의 간망'을 보여준 것이라 할 수 있겠다.

2 <서먹서먹함>으로부터의 탈출

작가 서영은이 소설에서 일관되게 추구하는 세계인 '왜 사는가?', '어떻게 살 것인가?'를 축약해 놓은 듯하다는 평(김미정 2007: 379-393)을 받은 『살과 뼈의 축제』(1977)는 한 여성이 문득 각성하고 직장을 그만둔 뒤 평범한 일상을 떠나고 남편이나 다름없는 애인을 버리고 종국에는 집을 나간 뒤에야 깨닫게 되는 생의 본질을 추구한 중편소설이다.

수진은 일상에서 "서먹서먹함"을 찾아내기 위해 주변을 관찰하기 시작한다. 즉, 셀러리 우먼이라는 행위자에서 소설을 쓰는 관찰자로 거듭난다. 그러자 여러 가지가 그녀로부터 의미와 가치를 상실하게 된다.

> 그런데 이 서먹서먹한 느낌으로부터의 습격은 비단 오늘만이 아니다. 그것은 마치 복병처럼 어딘가에 숨어 있다가 시간과 장소를 가리지 않고 함부로 나타나서 나를 당황하게 만든다. (『살과 뼈의 축제』, p.258)

수진은 "서먹서먹한 느낌의 습격" 이후로 내부적 변화를 시도한다. 그녀는 여성이기에 요구 당했을 "외양을 가꾸는 일"과 소설가에게 절대적으로 필요했을 "책", 어릴 적 읽은 위인전에 실린 "숭배하던 인물"로부터의 탈출을 감행한다. 그리고는 지금까지 "알고 있는 지식은 존재 그 자체와는 전연 관계가 없다"는 결론에 도달한다. 이를 몸소 증명해보고자 수진은 "완전히 고독해"지기로 결심한다. 그런 후 자신의 내부에 자리하고 있던 "관념"을 해체하는 작업에 돌입한다. 수진은 그 대상을 '어머니', '섹스', '결혼' '글쓰기' 순으로 정하고 자신만의 '입법'을 시도한다. 그 첫 대상은 어머니에 대한 재해석이다. 기실 수진은 직장을 그만두고 집에서 소설을 쓰며 생활하는 동안 수도 없이 어머니의 상식과 부딪쳤다. 수진에게 논리성이 배제된 어머니의 상식은 "강요" 그 자체로 납득되지 않는 차원의 관념이다. 과학을 습득한 "나"에게 "의문"을 갖게 하고 침묵하게 만드는 어머니는 흡사 "고색창연한 탑"인 것이다. 이처럼 수진은 어머니를 이해하고 설득하기 보다는 무시하며 한 없이 부정한다. 그녀는 결국 "여행"을 핑계 삼아 집을 버리는 것으로 어머니를 외면한다.

다음은 '섹슈얼리티'에 대한 관념이다. 수진은 애인 오영민과 3년을 사귄 사이이다. 남자는 일주일에 한 두 번씩 수진의 집으로 찾아와 어머니의 묵인아래 섹스를 하고 일상을 이야기하다 어두워지기 전에 집으로 돌아간다. 그리고 그로부터 다달이 생활비를 받는다. 위와 같은 생활의 반복이 그녀의 연애 내용이다. 이러한 그녀의 성행동이 일견 개방적 섹슈얼리티의 소유자로 보이나 사실은 매우 전통적이고 수동적이다. 수진의 성생활은 남자가 찾아오는 순간부터 똑같은 패턴으로 반복된다. 생활비까지 받고 있는 입장이라 내키지 않은 날일지라도 거절하지 못한다. 그러므로 수진은 점점 "타지 않은 거짓말"들을 내뱉을 수밖에 없게 된다. 따라서 이러한 남자에게 맞춰진 수동적 성생활 역시 재고의 대상이다.

다음은 '결혼'에 대한 관념이다. 수진은 주로 어머니로부터 "너도 이젠 제발 좀 정신 차려서 식이라도 올리고 어떻게 해라. 여자의 본분이야 시집가서 애 낳는 거지 딴 게 뭐 있니?"하는 말로 결혼을 강요당한다. 그리고 애인에게서도 프러포즈를 받는다. 그러나 수진은 "난 변했어요. 내가 당신에게 바라는 것은 섹스와 한 달 생활비 밖에 없단 말에요."하며 거절한다. 결국 애인에게는 결혼 대상으로 후배 여성을 소개해주고 "간혹 섹스를 즐기"는 조건으로 그와 헤어진다.

마지막으로 '글쓰기'에 대한 점검이다. 수진은 직장을 그만둔 뒤 자신의 방에서 "글쓰기"에 전념하고 있다. 그러나 자신이 쓴 소설을 보고 실망하며 "지나친 과장과 억지"로 짜 맞춰진 "조작"에 불과 하다는 결론에 도달한다. 이 후에도 글쓰기에 대한 그녀의 성찰은 계속된다. 수진은 글 속에 자신의 원하는 "핵"을 담고 싶어 한다. 그녀가 말하는 "눈에도 보이지 않고 손에도 잡히지 않는 핵"이란 무엇을 의미하는 것일까? 그것은 어쩌면 글을 쓰고 있는 자신에게서 느끼는, 소설의 모두에 제시된 "서먹서먹함"과 일맥상통한다. 따라서 소설을 계속 써나가는 것은 무리라 생각한 수진은 자신의 모습을 "삶에 처형된 인간"이라 결론짓는다. 글쓰기를 중단한 수진은 그 동안의 자신의 일상을 점검한 뒤 "나는 나 자신과는 상관없는 어떤 힘이 나를 마치 인형 놀리듯 조정하고 있는데 대해 도전하고 싶다."는 생각으로 여행을 떠난다. 그리고 자신이 내린 판단들에 대해 다시금 검증하는 시간을 갖는다. 그런 후 아래와 같은 결론에 도달한다.

> 그렇다. 얼마 전 <해저의 생과 사>란 영화에서 보았듯 아무런 환희도 의미도 없이 묵묵히 고통스런 작업을 수행하던 거북. 웅덩이 수북하게 알을 낳아 놓고 뒤도 돌아보지 않은 채 바다 속으로 되돌아가던 거북. 모든 사람들은 그처럼 의연하게 자기 앞에 주어진 삶을 감당해내고 있다. (『살과 뼈의 축제』, p.374)

수진은 여행길에서 자신을 되돌아보고 지금까지 자신이 불신하며 검증하고 싶어 했던 "서먹서먹함"에 대한 결론을 내린다. 즉 산다는 것은 거북의 산란 시의 모습처럼 "묵묵히 고통스런 작업을 수행"하는 것이라는 걸 깨달은 수진은 차를 타고 다시 글을 쓰며 "사랑"하고 "결혼"하고 어머니가 되는 일상으로 돌아간다. 그러나 그녀가 생각하는 다가올 일상은 외형적으로는 차이가 없어 보이지만 내용은 예전의 그것과는 확연히 다를 것이다. 왜냐하면 그것은 자신이 만든 입법의 테두리 안에서 실행되어질 것이기 때문이다.

이상의 텍스트를 통해 여성작가의 관점에서 포착되어 표상된 여성의 몸이 갈등의 축으로 기능하며, 이를 해결해가는 과정을 통해 갱생의 생명력을 제시한 정황을 읽어내었다.

종교 비판을 저변에 깔고 미망인의 성적고독을 부각시킨 『월운』과 『부부의 연 습유』는 1950년대라는 시대적 배경과 맞물려 설득력을 얻는다. 두 소설 모두 한일이라는 공간을 넘어, 미망인이라는 사회로부터 억압된 성의 격리상태에 있는 여성에 대해, 성이 갖는 실존의 심연을 경험하게 하여 성해방과 인간성 회복 도모라는 결론에 도달한다.

이와 달리 전쟁기에 철저하게 억압되어 관리된 성이 분수처럼 폭발한 5,60년대 젊은이의 섹슈얼리티를 묘사하고 있는 『신화의 단애』와 『뼈의 살』은 각기 다른 결론에 도달하고 있다. 한국 소설 『신화의 단애』는 소설의 에필로그가 증명하듯 '사회적 자신'을 목표로 하는 여성이 자신의 목적을 위해서는 계약동거나 매매춘도 불사하는 등 육체의 자원화가 강조되는 한편, 『뼈의 살』은 좀 더 여성의 육체적 쾌락에 접근한 글쓰기를 선보인다. 일본 여성이 서양 이론에 근거한 자기 주도적 성행동을 보이자, 일본 남성은 여자를 버림으로써 이를 단죄한다. 이는 여성의 쾌락에 대해 억압적인 남성의 시좌와 탈정서적 남녀관계가 보여주는 성의 허구성을 극명히 보여준 결과라 하겠다.

1970년대의 소설, 『토끼』와 『살과 뼈의 축제』는 5,60년대의 소설과 분위기가 사뭇 다르다. 이미 〈나〉인 그녀들은 내안의 여자를 모색하기 시작한다. 『토끼』는 작가라는 직업을 가진 〈나〉가 자신의 내부에서 배어나오는 동물적 냄새에 의문을 품기 시작하면서 근친상간이라는 키워드를 발판으로, 다산의 이미지를 상징하는 토끼의 출현과 함께 모성에 대한 회귀간망을 이끌어낸다. 『살과 뼈의 축제』 역시 소설가로 어느 날 주변의 일상이 서먹서먹하다는 문제제기를 하며 자신을 둘러싸고 있는 궁극적 문제들을 자신의 시선으로 점검하여 거북의 산란과정을 통해 암컷들의 숭고함을 받아들이게 된다. 이처럼 두 소설은 〈나〉라는 주체적 시각에서 일상을 점검하고, 근대 이후 도외시 되어온 여성의 생물학적 측면을 적극적으로 검토한다는 동질의 결론을 내놓고 있다. 이상과 같이 5, 60년대의 여성소설이 여성안의 〈나〉의 모습을 성해방을 통해 발견하려 했다면, 70년대의 소설은 내안의 〈여성〉을 탐구한 결과 생물학적 성을 재발견한 글쓰기였음을 확인하였다.

3장

/

여성,
'가족'을 탐구하다

제1절

우먼리브 자장(磁場)안의 '가족'*

—도미오카 다에코의 『新家族』과 김진옥의 『裸身』을 중심으로—

일본 전후사회의 변모는 전통적인 가족의 붕괴를 초래하였다. 1973년에 경험한 오일쇼크 이후부터 일본의 고도성장신화에 어두운 그림자가 드리워지기 시작한다. 코인로커에 영아를 유기하는 사건이 빈번하게 발생한 것도 이시기였다. 1970년대 중반부터 새로운 가족형태인 '뉴 패밀리'가 등장한다. 이들은 제1차 베이비부머(1947-49)인 '단괴(團塊)세대'가 부모가 되어 형성한 새로운 타입의 핵가족이다. 뉴 패밀리는 부부관계에 있어서는 기존의 부창부수(夫唱婦隨) 형태에서 탈피하여 친구와 같은 관계를 유지하길 원하며, 아내는 남편에 대해서 오로지 회사에만 매달리는 삶보다 취미나 여가생활을 즐기는 마이페이스 인생을 권장한다. 부부간에는 '개인'을 중시하며 자녀들과의 관계에서도 이 같은 가치관을 견지한다. 또한 남편은 아내와 상의하여 스스로 시장을 보며, 가계에도 관여하여 금전관리를 하는 등 '친구가족' '가계의 공동관리' '가족지향'의 특징을 보였다(有地亨 1993: 101).

1970년대의 한국 역시 일본과 크게 다르지 않았다. 1968년부터

* 이 논문은 2009년 정부(교육과학기술부)의 재원으로 한국연구재단의 지원을 받아 수행된 연구임 (NRF-2009-327-A00589)

제시된 정부의 산아제한 정책에 따라 자녀를 몇 명 둘 것인지를 계획하는 '가족계획'이라는 단어가 탄생하였다. 당시의 한국인이라면 익숙한 '딸, 아들 구별 말고 둘만 낳아 잘 기르자'라는 캐치프레이즈 아래 4인가족형태가 강제되었다(장미경 2006: 14-15).

1960년대 말 전 세계를 뜨겁게 달구었던 우먼리브(Women's Liberation)[1] 즉, 급진주의 여성운동인 제2 물결 페미니즘이 활발히 논의되었던 시기에 탄생한 한일 여성작가의 소설로 1977년에 발표된 도미오카 다에코(富岡 多恵子)의 『新家族』[2](『海』, 1977.8)과 김진옥의 『裸身』[3](『우일문화사』, 1978.12)이 있다. 두 소설은 우먼리브의 핵심 항목인 근대가족공동체와 여성, 즉 결혼과 가족에 대한 회의적 시선과 이에 따른 여성들의 성적자기결정에 초점을 맞추고 있다는 점에서 주목할 만하다.

1957년부터 시인으로 활약해 오던 도미오카 다에코(1935.7.28-)는 1970년 10개월간의 미국 외유를 거친 후 시에서 산문으로 장르

---

[1] 1970년 이후 여성해방운동이라는 이름으로 널리 알려진 우먼리브는 1960년대의 정치적 좌익운동, 특히 공민권운동과 반전운동 속에서 탄생했다.

[2] 주인공 '나'는 40대 초반의 독신여성으로 어린이날 동물원에 와있다. 그곳에는 봄이라는 계절에 걸맞게 동물과 사람들의 어린이들로 가득 차 있다. 일명 신가족이라 불리는 인간 가족들은 동물가족들과는 달리 균질화된 가족형태를 보인다. '나'는 20대 초반 모성을 거부하며 지금껏 가족을 만들지 않고 살아왔다. 그러나 언제나 대화 상대가 없어 혼잣말을 하게 되는 데서 고독을 느낀다. 이 때 '나'의 주변을 시종일관 맴도는 남성의 등장으로 모성을 삽입하지 않은 또 하나의 새로운 가족의 탄생을 예고한다.

[3] 『裸身』은 미국에서 결혼하여 아들 한명을 둔 핵가족의 이야기로 시작은 하고 있으나 시어머니가 세상을 떠 상황이 바뀌자 한국의 유교문화를 뛰어넘지 못하고 핵가족은 이내 전통가족체제로 변환된다. 환경이 바뀌었을 때의 수혜자는 남편이다. 남편은 감정이 얽힌 복잡한 현실에서 자신만의 세계로 도피하여 자유를 얻는 반면 아내는 구시대의 상징인 시아버지와의 충돌 속에서 갈등하며 급기야는 남편의 방종을 목격하게 되고 이내 가정은 파괴된다.

를 바꾸어 70년대 후반부터는 페미니즘시점에서 가족과 남녀관계를 소설에 형상화하기 시작하였다. 단편『新家族』은 그러한 작가의 시점이 잘 드러나 있는 페미니즘소설이다. 김진옥(1927-)은 경기여고와 서울대영문과를 졸업하고 1952년 미국으로 유학, 이 후 영국, 프랑스 등지에서 견문을 넓힌 후 1968년 11월 귀국했다. 그 후 1969년 4월 코리아헤럴드》 주최로 열린 셰익스피어 탄생기념 단편콘테스트에서 영문소설을 발표하여 1등에 당선되었다. 그 후 월간문학에 중편『그 한줄기 햇빛』(1971)을 연재하며 소설가로 데뷔하였다. 1978년에는 장편소설『裸身』을 발표하여 '남성본위의 가치관에 도전하는 현대여성의 도약'이라는 평가를 받았다.

한일 두 여성작가 도미오카 다에코와 김진옥은 미국의 우먼리브가 시작되던 1960년 후반에서 70년대 초반에 걸쳐 페미니즘운동의 자장 안에 있었다. 그 후 두 사람은 동시에 페미니즘 소설을 발표하기 시작한다.

본고에서는 우먼리브가 활발히 논의되던 1970년 말에 발표된 한일 페미니즘 소설인『新家族』과『裸身』을 선정하여, 우먼리브의 실천항목이었던 개인의 자기결정을 통한 가족관의 변형과 모성으로부터의 탈출을 시도하는 여성들의 삶을 에코페미니즘[4]적 관점에서 읽어내고자 한다.

---

4 '여성=자연', '남성=문화'의 공식에 대한 대안을 추구하던 페미니스트들은 자연 대 문화의 이원론에 대하여 근본적인 물음을 제기하게 되었으며, 더 나아가서 문화와 자연, 이성과 감성, 인간과 동물 등의 이원론과 남성중심, 인간중심의 사고에 도전장을 던진다. 모든 생명체를 지속시키는 생물학적·문화적 다양성을 존중하며, 생물학적 또는 사회구조적인 산물이라는 논쟁을 극복하고 여성의 타인에 대한 관심과 배려, 유기적 성향은 자연과 인간의 관계에 대한 새로운 패러다임의 기본이 되어야 한다는 것이 에코 페미니즘의 핵심이다. (홍미광(1996),『한국여성소설의 에코 페미니즘적 연구』, 부산대학교 교육대학원 석사논문, p.21)

1. 1970년, 해방(리브)이 키워드

1960년대 후반 이 후 전 세계를 휩쓴 우먼리브(Women's Liberation)는 '새로운 사회운동'의 물결 속에서 출현한 급진주의 여성운동이었다. 지금까지의 여성운동이 주장했던 '같음'의 운동[5]에서 '다름'에 기초한 운동으로 페미니즘운동에 새로운 대 변혁을 가져왔다(장미경 2006: 22). 여성해방(Women's Liberation)의 '해방(Liberation)'이라는 단어는 신좌익 쪽의 라디컬한 여성들이 제3세계나 흑인해방을 여성자신들의 해방과 동일시한 데서 붙여졌다. 1960년대 후반에 '해방'은 절대적 지지를 받은 개념이었으므로 여성운동에도 그대로 받아들여졌던 것이다(リサ・タトル 1991: 428).

"개인적인 것은 정치적이다"라는 이념아래 시작된 급진주의 여성운동은 앞의 두 운동과는 달리 여성이 남성과 동일한 인간이긴 하지만, 다른 신체구조를 가지고 있고 심리적, 사회적 측면에서 다른 성향과 역할이 기대되며 다른 경험을 하고 있다는 점에 착안, 남성과 여성의 '다름'을 부각시켰다. 제도, 노동보다는 출산, 섹슈얼리티, 문화 등에 초점을 맞추고 '다름'에 의해 유발되는 각종 억압적 현실, 즉 성폭력, 가정폭력, 낙태문제에서 여성의 성적, 재생

---

5 근대 자유주의 여성운동은 18세기 자유주의 사상가들의 영향을 받아 출현하였으며 여성과 남성이 동등하게 이상적 존재임을 강조하고 사회구조보다는 법적, 제도적 개선에 중점을 두었다. 뒤이어 출현한 마르크스주의적 여성운동은 여성문제의 근원이 사적 소유제와 계급제도에 기초하고 있는 자본주의체제로부터 발생한다고 보고 여성에 대한 경제적 억압, 성별노동분업, 일부일처제 가족제도 등에 초점을 맞추었다. 이 두 운동은 모두 여성과 남성이 '인간'으로서의 '같음'에 기초하여 출현한 운동으로서 여성이 남성과 동일하게 인간으로 인정받고 공적 영역에 진출해야 하며, 동일한 대우를 받아야 함을 강조했다는 점에서 공통점이 있다. (장미경(2006), 『여성운동과 젠더정치』, 전남대학교출판부, p.15)

산적 권리를 확보하는데 집중했다. 이 운동은 또한 남녀 간의 지배/피지배의 권력관계를 만들어내는 '가부장제'에 초점을 맞추고 이로부터 유발되는 남녀 간의 성별적 계급화 현상에 주목하는 한편 자매애와 이성애적 결혼과 가족제도를 거부하는 활동을 펼쳤다. 또한 사회주의 여성운동은 마르크스주의적 여성운동과 급진적 여성운동의 한계를 보완하고 두 경향성을 수렴시켜 자본주의와 가부장제라는 두 가지 억압체제를 모두 여성억압의 중요한 근원으로 파악하여, 여성운동을 좀 더 포괄적 관점에서 전개하였다(장미경 2006: 15).

일본에서의 우먼 리브 운동은 1970년 '성차별'을 고발하는 데모를 시도하면서 시작되었다. 이어서 '낳고, 안 낳고는 여자의 자유'라는 캐치프레이즈 아래 '모성 환상'을 깨고 나아가 성적자기결정권을 얻기 위한 투쟁으로 전개되었다. 또한 남성에 의한 여성지배하의 사회를 고찰한 케이트 밀레트 『성의 정치학』(1970)[6]이 미국에서 출판되면서 남녀의 성적인 장소에서조차도 권력이 사용되고 있음을 지적하고, 도처에 정치적인 힘이 관통하고 있음을 분석한 해이기도 했다. 이듬해에는 '미혼모'를 선언한 여성들이 등장, 결혼제도를 비판하며 혼외출산을 가치화하는 '비혼모'라는 단어가 사용되기 시작했다. 1972년에는 <리브센터>가 개설되고, 73년에는 극화 『동거시대』를 계기로 혼인의지가 없는 공동생활인 '동거'가 주목을 받았다. 또한 이혼모, 미혼모를 위한 '리브 그룹'이 설립되고, 74년에는 '가정과(家政科)의 남녀 공동 수학을 권장하는 모임'이 결

6 유사 이래 지금까지 계속되고 있는 가부장제 아래서 남녀관계는 가정생활과 사회생활은 물론이 거니와 성행위에서조차도 지배-종속과 억압-예속으로 이루어져왔음을 저자는 논증하였다. 또한 '사랑받는 아내, 착한 아이들, 행복한 가정'이라는 허울 속에서 얼마나 많은 여성이 희생양이 되어 왔는지 저자는 비판하였다.

성되어 그로부터 15년 후에 시행되게 되는 초중고 교육학습지도요령을 개정시키는 성과를 올렸다(岩淵弘子·北田幸恵 2005: 318).

한편 한국의 여성운동은 이러한 세계적 추세에 맞추지 못한 채 자율성을 상실하여 1950년대 후반부터 1970년대 말까지의 독재정권의 통제 하에 장악되고 만다. 서구의 페미니즘과 비교하면 한국의 페미니즘은 개인과 차이에 대한 감수성을 덜 발달시켜온 특징을 갖는다. 서구 선진국에서 페미니즘운동의 제2물결 시까지 주로 성별의 문제를 중심으로 발전해 왔고, 이런 배경 속에서 여성 개인이 가족과 사회 공동체의 가부장성을 해체하고 균열 내는 방식으로 작용하였다. 페미니즘을 말한다는 것은 가족이나 사회, 국가로 환원되지 않는 여성 개인의 문제를 말하는 것이었고, 여성 개인의 정치 사회적 권리, 몸에 대한 권리를 논하는 것이었다. 그러나 한국 페미니즘은 아직 개인과 차이를 중심으로 한 페미니즘의 발달이 상대적으로 지체되었다. 여전히 전통과 근대가 병존하는 가운데 근대적 개인이 충분히 발전되지 못한 상태였다. '개인과 차이'를 강조하는 것은 여전히 공동체를 위협하거나 가족과 사회를 해체하는 것으로 인식되어 있으며, 한국 여성들의 삶에서 '결혼과 가정'은 아직 가장 큰 영향력을 행사하고 있다(장미경 2006: 60). 이러한 특징적 요소는 가족에서도 나타난다. 한국 사회에서 가족 전통의 으뜸은 가족중심주의이다. 산업화는 한국의 전통적 가족중심주의의 기반을 와해시켰지만, 가족을 중시하는 가족중심주의가 완전히 소멸된 것은 아니다. 서구의 경우, 사회로부터의 가족분화가 개인주의의 영향으로 다시 개인분화로 이어졌지만, 한국에서는 산업화에 따른 가족분화가 개인분화로 곧바로 연결되지 않았기 때문이다. 산업화 과정을 통과하고도 살아남은 가족중심주의는 가족의 기능과 역할의 변화로 인해 현재의 핵가족의 이익만을 중요시하는 가치체계로 변용되었다(이영숙외1인 2010: 30).

2. 리브 전야의 섹슈얼리티

『新家族』의 여주인공 ‘나’와 『裸身』의 지영은 각각 40대 초반과 30대 중반의 여성이다. 『新家族』의 ‘나’는 20년 전 영어로 논문을 썼던 영문학 전공의 여대생으로 전공투(全学共闘会議)[7]를 경험한 리브 전야의 세대이며, 『裸身』의 설지영은 60년대 말 미국유학을 통해 리브를 경험한 세대이다. 이처럼 두 여성은 각기 다른 공간에서 제2차 물결 급진주의 여성해방운동을 접하고 있다. 그러므로 이들이 선택해 가는 삶의 방식에서 우먼리브의 체취가 강하게 느껴지는 것은 어쩌면 당연한 일이다. 먼저 그런 그녀들의 20대 젊은 시절의 섹슈얼리티에 대해 살펴보기로 하자.

2.1 야성(野性)의 동경

『新家族』의 ‘나’는 40대 초반의 일하는 독신여성이다. 소설의 모두에서 그녀는 아직 결혼에 대해 현실감을 갖지 못했던 20대 초반에 부모로부터 결혼권유에 시달렸으며, 당시 젊은 여성을 보면 “결혼시키는 것이 무난”하다고 생각하는 기성세대들의 사고방식에 대

---

7 일본의 학생 운동기였던 1960년대(1968～1969)에 걸쳐 각 대학에서 결성된 학생 자치회의 연합체. 〈전일본 학생 자치회 총연합〉으로 학생이 공동투쟁한 조직체. 민주주의 추구를 신조로 한반체제운동에 대해 여성은 일관해서 남성 활동가를 보좌하는 아내역할에 지나지 않는다는 것을 깨달았으며, 반체제운동이라고 하면서도 집단 내에서는 젠더 편향이 지배하고 있었다. 즉 여성의 해방은 남성들에게는 문제가 되지 않음을 알 수 있다. (江種満子(2005), 『日本女性文學史』, ミネルヴァ 書房, p.247)

한 위화감으로 결혼에 대해 “반감”부터 가지게 되었다고 고백한다. 그럼에도 불구하고 ‘나’는 부모의 강압에 못 이겨 스물두 살에 딱 한번 맞선을 본 적이 있다.

> 상대 남자는 이미 결혼이나 가족을 현실적으로 상상할 수 있는 연령과 생활체험을 지닌 사람이었다. 따라서 그 남자의 이야기는 현실적이었다. 그는 자신이 가지고 있는 결혼이나 가족에 대해 현실적 상상 속에 나를 대입시켜 놓고 보고 있었다. 그런 의도가 그의 말에서도 묻어났다. 나에게는 가족이라는 것이 아직 환상이나 상상할 수 있는 것은 아니었다. 나는 그 당시 자기 자신마저도 어쩌면 좋을지, 어떻게 될 건지 조차 가늠하기 힘든 상황이었다. <어머니도 함께 살게 됩니다만>하고 상대남자는 말했다. 남자의 어머니는 내 어머니와 나와 아들, 이렇게 넷이서 식사를 마치고 먼저 가셨다. 50대 중반 정도의 지적인 여성이었다.[8] (『新家族』, p.200)

‘나’보다 열 살이나 위인 상대남자는 결혼과 가족에 대해 “현실적으로 상상할 수 있는 나이”로 여자들이 결혼하면 어떤 위치에서 무슨 역할을 맡게 되는지를 잘 알고 있다. 그가 말하는 “어머니도 함께 살게 됩니다”라는 대사 역시 결혼한 여성이면 가사는 물론이고 시부모 수발까지 들어야하다는 것을 기정사실화하고 있는 가부

---

8 相手の人は、すでに結婚や家族のことを現実的に想像しうる年齢と生活体験のある人であった。したがって、その人のハナシは現実的であった。そのひとは、そのひと自身のもっている結婚や家族への現実的な想像の中にわたしをおいて見ていた。それがそのハナシからよく読みとれた。わたしには、家族というのはまだマボロシにもなってくれない、想像さえできぬものであった。わたしはそのころ自分自身さえどうしていいか、どうなるのかわからないのだった。<母親もいっしょに住むことになるのですが> と相手のひとはいった。そのひとの母親は、わたしの母親をいれて四人で昼食をしたあと帰っていった。五十代なかばくらいに見える、知的な女性であった。

장적 발상이다. 그러나 아직 20대 초반의 '나'에게 가족은 "환상이나 상상"의 정도를 넘어선 미지의 세계이다. 따라서 결혼이나 가족에 대한 '나'의 관념은 매우 불확실하며 부정적이다. 이는 동석한 남자의 어머니가 "지적인 여성"이었다는 말투에서도 짐작할 수 있다. 이는 표면상으로는 고상한 여성이지만 결혼 후 고부관계에 놓이게 되면 이와는 다른 억압적 모습을 보일 수 있다는 것의 반어적 표현이다. 이윽고 맞선장소에 두 사람만이 남겨져 대화를 나누게 되었을 때 '나'는 남녀사이에 흐르는 "외설적 관계"를 직감하고 남자를 똑바로 쳐다보지 못하며, 결혼제도의 표면에서 볼 수 없는 이면을 감지해 낸다.

> 아마도 일생에 두 번 다시 만날 리가 없는 그 남자와의, 성적인 장면을 상상하려고 노력했다. 그러나 그런 상상은 나의 성적 흥분을 불러일으키지 못했다. (중략) 그 사람의 성은 새로운 가족을 위해서 준비되어 있을지도 몰랐다.[9] (『新家族』, p.205)

> 남자는 독한 술을 연거푸 마시면서도 이상할 정도로 전혀 취하지 않았다.[10] (『新家族』, p.206)

'나'는 맞선상대인 남자에게서 보다 동물적인 "성적 흥분"을 느끼지 못한다는 이유로 그와의 결혼을 거절한다. 그러나 남자는 성적발정을 감추기 위해 독한 술을 연거푸 마시며 자신의 성이 마치

---

9 おそらくもう一生二度と会うことのないその男との、性的な場面を想像しようとしていた。しかし、そう想像は、わたしの性的な興奮を呼び起こさなかった。(中略)そのひとの性は、新しい家族のために用意されているのかもしれなかった。

10 強い酒を飲み続けているのに、そのひとは不思議なくらいまったく酔わないのだった。

"가족을 위해 준비"된 것처럼 위장하려하지만 이는 술에 취하지 않음으로써 '나'에게 오히려 부자연스러운 인상만 준다. '나'는 이 맞선을 계기로 '결혼이란 성적발정을 계기로 출발하여 성적발정을 억누르는 장치로서의 계약된 형태'임을 인지하게 된다. 그 후로 20년 동안 '나'는 "단 한 번도 자신의 가족을 만들지 않고" 살아왔다. 이처럼 20대 초반의 '나'는 제도적 결혼에 얽매이기 보다는 개방적인 성적 취향을 내세운 자유로운 삶을 더 동경하였다.

> 그 때, 젊은 나는 발정이 나 있었다. 그런데도 결혼하지 않았다. 맞선을 본 상대는 냉정한 남자였다. 발정 난 암컷인 나는 발정 난 수컷과 자주 섹스를 했다. "사랑해요", "사랑해요"라고 말하자, 발정 난 남자는 "사랑해" "사랑해"라고 말하는 것이었다. 두 사람은 손을 잡고, 팔짱을 끼고, 얼싸안고, 머리카락을 서로 어루만지고 있었다. 아니면 전화로 이야기하고 있었다. 말로 어딘가를 만지고 있는 것이었다. 흡사 원숭이들의 이 잡기(그르밍)와 같았다. 그러나 암컷이 아이를 잉태하자 수컷은 어디론가 떠나가 버리는 것이었다. 그 점이 동물과 다르다. 암컷은 낙태로써 발정 난 뒤처리를 했던 것이다. [11] (『新家族』, p.203)

20대 이후의 '나'는 이성애주의자로 남자와 "사랑해, 사랑해"를 외치며 로맨틱 러브에 몰두한 "야성"에 충실한 삶을 살아왔다. 그

---

11 あのころ、若いメスの私は発情していた。それなのに結婚しなかった。見合いをした相手は冷静な人間の男性だった。アイシテルワ、アイシテルワとわたしはいい、アイシテルヨ、アイシテルヨと発情したメスはいうのだった。ふたりは手をつなぎ、腕を組み、抱き合い、髪の毛をいじり合っていた。さもなければ電話で喋っていた。コトバでどこかをさわるのだった。猿の毛づくろい（グルーミング）とおなじことだった。しかし、メスが子供を孕むと、メスはどこかへいってしまうのだった。そこが動物とちがうところだった。メスは子供を殺すことで発情の後始末をしたのだった。

러나 '나'가 아이를 임신하자 남자는 책임을 회피하고 떠나버린다. 여자 역시 낙태를 선택함으로써 동물들과는 다른 행동패턴을 취하며 스스로 "야성"을 실천하지 못했음을 인정한다.

그러나 그로부터 20여년이 지난 지금의 '나'는 어떠한가? 20대 젊은 시절 남자와 나누었던 "사랑해"가 한자어가 아닌 가타가나어로 표기되어 있는 것처럼 어디까지나 야성적인 교감을 나누었음을 짐작할 수 있다. 그러나 "암컷이 아이를 잉태하자 수컷이 어디론가 떠나가 버린" 점과 "낙태로써 발정 난 뒤처리를 했던"점은 야성과는 거리가 먼 인간들만의 행동패턴이다. 즉 아무리 인간이 동물들의 세계를 동경하더라도 울타리를 넘어 다가갈 수는 없는 것처럼 인간과 동물의 한계를 인정하지 않을 수 없다.

나가이 리카는 "'나'의 결혼과 가족에 대한 거부반응은 젊은 시절과 다름이 없다. 작품을 통해 강하고 철저한 위화감과 단독자라는 존재의 부각이 느껴진다. 작품 속에서 어린이날에 온 가족단위 상춘객들에 공감하는 자세는 보이지 않는다. 독립체로서 살아가겠다는 강한 결의가 나타나 있을 뿐이다."는 지적을 하고 있다(永井里佳 2004). 그러나 20여년이 흐른 지금의 '나'는 이러한 과거를 회상하며 예전처럼 맞선을 보는 사람들을 보고도 "외설적"이라고 생각하지 않게 되었으며, 결혼에 대해서도 현실감을 갖게 되었다. 또한 지금의 '나'가 "줄무늬의 새끼 멧돼지"가 보고 싶어 바쁜 시간을 쪼개어 동물원을 찾은 것에서도 짐작할 수 있듯이, 지금의 '나'의 결혼관이나 가족관은 20년 전과는 확연히 달라져 있음을 알 수 있다.

2.2 동정적 성애(性愛)

반면 『裸身』의 여주인공 설지영의 결혼은 그야말로 동정에 의한 선택이었음을 고백한다. 남편 정재일은 부유한 집안의 외아들로 설지영과 같은 시기에 미국에서 그림을 공부하고 있었으며 유학생회를 통해 서로 알게 되었다. 지영에게 그는 “돈 있고 잘생긴 용모와 체구를 더욱 더 돋보이기 위해 멋 부리고 다니던 사내” 정도로 “섬세한 감수성”이나 “높은 정신”을 겸비하지는 못한 평범한 사람이었다. 전공인 그림에 대해서도 “뛰어난 재질”이나 “탐구열”은 없는 사람으로 아당초 지영의 관심 밖의 남자였다. 그런 그가 어떻게 지영의 마음을 살 수 있었을까?

> 그런데 이 사내가 지영에게 보인 그 열정만은 어떤 남자도 능가하는 가히 비범하다고 할 수 있는 것이었다. 상대도 하지 않는데도 보내오는 편지, 며칠이 멀다하고 배달되는 꽃송이들, 이따금 손수 들고 와서는 문 옆에다 놓고 가는 자그마한 그림들, 그러다가 급기야는 문도 안 열어주는 하숙방에 그는 찾아와서 문을 두들기기 시작했다. 답한 장 안 주고 문도 안 열어주는 그 쌓이고 쌓인 오랜 멸시를 그 남자는 용케 견뎌냈다. 하숙을 옮겨보기도 했으나 허사였다. (『裸身』, p.58)

위의 인용문은 재일이 지영의 마음을 얻어내기까지를 잘 보여주는 장면이다. “상대도 하지 않고 문도 안 열어주는” 여자에게 오로지 “열정”만을 앞세운 그의 스토커(stalker)식 구애는 소설을 읽는 여성독자로 하여금 심한 거부감을 느끼게 한다. 견디다 못한 지영이 급기야 하숙방까지 옮겼지만 허사였다는 대목으로 미루어, 요즘으로 말하면 가히 범죄 수준이었음을 짐작케 한다. 그러나 지영은 이쯤에서 남자에게 무너지고 만다.

> 어쨌거나 차츰 그런 것에 익숙해져가던 지영의 마음에 한가닥 동

> 정심이 일어났고 그 끈질긴 추구에 그녀가 더 견뎌내지 못하게끔 되었을 때 그녀는 그에게 문을 열어주었다. 1년을 두고 그처럼 끈질기게 타올랐던 화염과 같았던 정열, 어느 날 드디어 그녀는 불나비처럼 그 불빛을 향해 뛰어들었던 것이다. 불빛에 현혹되어 그 불길로 자신의 차디찬 몸을 녹이기 위해, 아니 불태우기 위해서… 하지만 불길은 그녀를 녹이지 못했고 육체의 뒤에는 아무것도 없었다. 그 쾌락의 뒤에는 쓴 맛이 남았고 마치 소쿠리로 물이 빠져나가듯 공허했다. 그 공허감속에서 다시 저 잿빛 공동과 마주쳤다. 그리고 준이가 태어났을 때 그녀는 자신의 몸이 묶였다는 것을 깨달았다. (『裸身』, p.59)

결과적으로 지영의 결혼은 남자의 일방적인 스토커식 구애와 "동정심"에 의한 것이었다. 위의 인용에서처럼 재일의 끈질긴 스토킹이 지영에게는 로맨틱하게 보였을까? 어쨌든 그러한 그의 행동이 여자의 마음을 움직인 것이다. 이사까지 해가며 1년을 버티던 지영은 혼전성교를 실천하며 남자를 받아들인다. 이러한 그녀의 성적 행동은 일견 근대적 연애 방식인 '정신에서 육체로'의 프로세스를 뛰어넘은 것으로 우먼리브의 후예다운 성행동으로 해석할 수도 있겠다. 그러나 타의에 의해 유발된 그녀의 성행동은 원하지 않은 임신을 불렀고 이것이 빌미가 되어 어쩔 수없이 결혼을 선택하게 된다. 그런 후 지영은 아들 준이가 "자신의 몸을 묶어버린" 족쇄와 같은 존재라며 쾌락에 반응했던 자신의 몸 또한 적으로 간주한다. 이를 보상받기라도 하듯 지영은 초월적 자세를 견지하며 섹슈얼리티를 포기한 삶을 추구한다. 이러한 그녀의 사고방식은 결혼 후 남편과의 관계에도 적용된다. 재일로부터 "욕망조차 채워주지 못할 만큼, 혹은 채워주지 않고 공부에 몰두하고 있는 아내"라는 넋두리를 듣게 된다. 또한 시누이에게서도 "승복을 안 입었는데도 색을 지워버린, 영화에서 본 어느 먼 서양의 수도승이나 신부"를 연상케 한다는 말을 듣는다.

3. 더 패밀리에서 패밀리스로

1970년대 한일 간 '가족'의 롤 모델은 핵가족(=더 패밀리)이었다. 핵가족 형태는 세상에서 유일무이한 전형적인 가족형태로 여겨져 왔으며 혈연관계가 있는 부모와 두 자녀로 구성되어진다. 『新家族』과 『裸身』은 이러한 핵가족을 소재로 하고 있다. 한일 두 여성작가는 획일화되고 균질화된 70년대의 가족형태의 문제점을 부각시키며 새로운 가족(=패밀리스)을 제안하기에 이른다.

3.1 또 하나의 가족

『新家族』의 여주인공 '나'는 5월의 징검다리 연휴 중에서도 5월 5일 <어린이날> 밖에 시간이 나지 않아 바쁜 일상을 쪼개어 동물원에 와있다. 그녀가 동물원을 찾은 이유는 영아기에 만 줄무늬가 존재한다는 귀여운 "멧돼지 새끼"를 보기위해서이다. 동물원 안은 봄이라는 시기에 걸맞게 동물들이나 인간들이 하나같이 새로운 가족을 만들어 그야말로 어린 생명들로 북적이고 있었다.

이처럼 소설의 서두에는 "어린이날의 동물원"이 설정되어 '나'의 눈에 동물과 인간의 '가족'들이 동시에 클로즈업되어 있다.

> 동물원에는 봄에 태어난 갓난아기나 어린아이들이 늘었다. 동물을 보러 온 사람들도 모두가 어린 아이들과 함께였다. 자녀가 없는 젊은 쌍은 있지만, 나처럼 혼자서 구경 온 사람은 눈에 띠지 않았다.[12] (『新家族』, p.198)

‘나’의 눈에 비친 ‘가족’들의 형태는 동물이나 인간이나 하나같이 부모와 자녀로 이루어진 핵가족(더 패밀리)이다. 편부모와 자녀라든지 ‘나’처럼 단독으로 행동하는 사람은 찾아보기 힘들다. 그들 가족들은 대부분이 부모와 두 자녀로 구성된 4인 가족으로 독신인 ‘나’와는 사뭇 비교되는 설정이다. 이처럼 균질화된 가족형태에 대해 ‘나’는 위화감을 느끼고 있다.

가족의 다양한 형태는 동물 가족을 소개하면서 강조된다.

> 넓은 구릉 안의 동물원에 있는 동물들은 모두 가족과 함께 살고 있었다. 일부일처(一夫一婦)도 있고, 일부다처(一夫多妻)도 있으며 일처다부(一婦多夫)도 있었다. 그들 대부분은 봄에 태어난 갓난아기가 있는 新家族 이었다.[13] (『新家族』, p.201)

동물들은 “일부일처, 일부다처, 일처다부”로 형성된 다양한 가족들로 구성되어 있다. 이와 같이 인간들의 가족과 동물들의 가족은 그 모습부터 다르다. 동물 중에서도 사자와 호랑이의 가족 구성은 ‘나’의 지대한 관심사항이다.

> 나무아래에서 두 마리 아니면 3마리씩 사자가 엎드려 누워있다. 수컷과 암컷도 있고 수컷만 여러 마리가 모여 있는 그룹도 있다. 버스길을 두 마리가 함께 횡단하기도 한다. 수사자는 일을 하지 않는다고 한다. 능력 있는 암사자가 여러 마리의 수사자를 양육하는 것이

---

12 動物園では春に生まれた赤ん坊や子供がふえていた。その動物を見にきている人間も、小さな子供づればかりだった。子供のいない若いふたりづれもいるが、わたしのようにひとりで歩いている人間は見かけない。

13 広い丘陵の中の動物園にいる動物たちはみんな家族で暮らしていた。一夫一婦もあり、一夫多妻もあり一婦多夫もあった。その多くは、春に生まれた赤ん坊を加えた新家族だった。

다.[14] (『新家族』, p.203)

> 호랑이는 과묵했다. 도랑 건너편에 있는 인간들의 新家族에게 눈길도 주지 않았다. (중략) 호랑이의 아름다움과 위엄에 압도되었다. 강철 심과 같이 검게 빛나는 콧수염. 입을 벌렸을 때의 비장한 표정의 옆모습. 나는 호랑이가 사지를 마음껏 벌리고 질주하는 모습을 상상하며 망연자실했다. (중략) 호랑이는 사자처럼 짖지도 않았다. 수컷과 암컷은 떨어져 있었다. 새끼는 없는 것 같았다. 일본의 풍경에는 사자보다 호랑이가 더 어울린다고 나는 생각했다. 사자가 일본 어딘가의 산야를 달리고 있는 모습을 상상하기보다 호랑이가 더 상상하기 쉬웠다.[15] (『新家族』, p.204)

사자는 사회성이 뛰어나 집단생활을 하며 암컷이 수컷을 부양하는 일처다부제이다. 이에 반해 "과묵한" 호랑이는 "인간들의 신가족에게 눈길 한 번 주지 않으며" 암수가 따로 독립해 지내는 등 가족을 만들지 않는다는 점에서 '나'와 삶의 방식이 닮아있다. 이러한 호랑이가 "사지를 마음껏 벌리고 질주하는 모습"은 상상만으로도 '나'를 흥분하게 만든다. 이처럼 '나'는 마이페이스인 호랑이의 위풍당당함에 매료되어 급기야는 일본에는 사자보다 호랑이가 더 잘

---

14 樹木の下で、二頭か三頭ずつライオンは寝そべっている。オスとメスもあり、オスばかり数頭のグループもある。バスの道を二頭がつれだって横切っていくこともある。ライオンのオスは働かないということだ。働きのいいメスが数頭のオスを養うということだ。

15 トラは無口だった。溝のこちらにいる人間の新家族を見もしなかった。(中略)トラの美しさと威厳に圧倒されていた。鋼の糸のように黒く光る口髭。口を開いた時の、横顔のはりつめた表情。わたしはそのトラが四肢を存分にひろげて疾走する姿を想像して茫然となっていた。(中略) トラは、ライオンのように吠えもしなかった。オスとメスは離れていた。子供はいないようだった。日本の景色には、ライオンよりトラの方が似合うとわたしは思っていた。ライオンが、日本のどこかの山野を駆けている姿を想像するよりも、トラの方が想像しやすかった。

어울린다는 결론을 내린다. 즉 '나'는 암사자의 모성보다 호랑이의 독립적인 당당함에 더 끌리고 있음을 알 수 있다.

이와 같은 '나'의 '모성 탈출'적 행동은 소설에서 일관되게 나타나며 '남자보기를 소 닭 보듯'하는 자세에서도 드러난다. 소설 초반부터 등장하고 있는 청바지를 입은 35, 6세의 남자에 주목해보자.

> 사람들이 멈춰 서서 일제히 박수치는 것은 방목되고 있는 수공작이 길가에서 날개를 펼치고 있을 때였다. 날개를 펼친 수공작은 푸드득하고 엉덩이 쪽 날개를 치며 암공작 앞에서 구애동작을 해 보이는 것이었다. 공작의 구혼에 구경꾼들은 일제히 박수를 치며 부추기는 것이었다. 공작의 알록달록한 날개는 맑은 하늘을 배경으로 현란하게 펼쳐져 흔들리고 있었다. 〈동물원인데, 사람이 너무 많군요〉하며 호랑이 우리에서 나에게 말을 걸었던 남자가 또 곁에 서있었다. 남자는 청바지차림으로 35, 6세 정도 되어 보였다. 나는 남자의 말에는 대꾸하지 않고 新家族들의 인파를 헤치며 걷기 시작했다.[16] (『新家族』, p.205)

정체불명의 이 남자 역시 홀로 동물원에 와있다. 소설의 모두에서부터 시종일관 '나'의 주변을 맴돌며 불쑥 나타나 내키는 대로 말을 걸지만 그럴 때마다 가차 없이 무시당하기 일쑤다. 남자는 "동물원인데도 사람이 더 많군요"하며 여자에게는 말을 걸며 관심을

---

16 かれらが立ちどまって、いっせいに拍手するのは、放し飼いのクジャクのオスが道端で翅をひろげている時だった。翅をひろげたオスのクジャクはばたばたと尻の方の翅を鳴らして、メスの前に攻めていくように動いていくのだった。そのクジャクの求婚に、人間はみんな拍手してはやしたてるのだった。クジャクの、玉虫色の翅は澄んだ空を背景に絢爛とひろがってゆらめいていた。〈動物園といっても、人間の方が多すぎますね〉とトラの柵のところでわたしに声をかけた男がまたそばにいた。男はジーパン姿であるが、三十五、六の感じがした。わたしは男には答えず、新家族の人ごみの中を歩き出した。

보이지만, 기실 '자녀 만들기'에는 흥미가 없음을 간접적으로 시사하고 있다.

그러나 결정적으로 남자의 출연이 공작의 구애 장면과 겹치며 독자로 하여금 '나'와 남자의 동반자적 미래를 상상하게 만든다. 수컷 공작은 "알록달록"한 날개를 펼치고 "현란한" 춤을 추며 암컷 공작에게 구혼을 한다. 이를 보고 있는 구경꾼들은 박수를 치며 짝짓기를 부추긴다. 이는 마치 정체불명의 남자가 줄곧 '나'의 주변을 맴돌며 구애를 하는 느낌과도 일치한다. 그렇다면 '나'는 이번에는 동경하는 호랑이의 삶처럼 신가족과 같은 형태에 구애받지 않는 둘만으로 성립된 또 하나의 가족형태를 제시하며 의연한 삶을 선택할 수 있을까? 기실 이러한 상상은 소설 모두에서부터 가능하게 하고 있다. '나'는 새끼 멧돼지 우리를 들여다보며 ""아아, 이미 줄무늬가 없어 졌어"하고 나는 울타리에서 몸을 내밀고 혼잣말을 했으나 아무도 응답하는 사람은 없었다"는 대사는 고독감이 묻어나는 독백이다.

마리아 미스는 자기결정의 함정을 이렇게 말하고 있다. "자기결정은 독립적이고 고립된 자율적 개인으로서의 여성이라는 유토피아를 꿈꾸고 있다"고 지적한 뒤 "여성해방 개념은 모든 공동체적 관계의 단절을 의미"하며 "대도시의 익명성 속에서 홀로 자유롭게 살다가 결국 양로원에서 죽기를 바라서는 안 된다"고 역설한다(마리아 미스·반다나 시바 2000: 280).

이처럼 '나'는 소설의 모두에서부터 끝없이 자기결정에 의한 '모성으로부터의 탈출'을 감행한다. 그러나 나가이의 지적과는 달리 가족관에 있어서는 20대 초반의 젊은 시절과는 달라진 면모를 보여주고 있다. 즉, 현실적으로 독신의 외로움을 표명하며 누군가와의 공동생활을 원하고 있음을 느끼게 한다. 그렇다면 그 누군가는 누구일까? 이는 남편일 수도 있고 자녀일 수도 있겠다. 언급한 바와 같이 소설 속에서 '나'가 한없이 쌀쌀하게 대하는 열 살이나 젊은 30대 중반의 남자는 어쩌면 '나'에게 정자를 제공해 줄 수 있는 대상일 수도 있다. 그렇다면 '나'의 소망은 결혼은 원하지 않지만 아이만을 낳아 양육하며 생활하는 '자발적 비혼녀'의 '모자가족'을 제시하고자 한 것은 아닐까?

3.2 '裸身'으로 거듭나기

주지한 바와 같이 『裸身』의 지영은 임신을 계기로 결혼한 케이스다. 두 사람 모두 유학생으로 당장 귀국할 처지가 아니었으므로 신혼시절을 미국에서 보냈다. 그 후 공부를 끝내고 귀국하여 시아버지의 경제적 원조에 힘입어 "30평짜리 아파트"를 임대, 핵가족을 이룬지 3년이 지났다. 미국의 우먼 리브를 경험하고 돌아 온 지영의 사고방식은 애초부터 달랐다. 그녀는 가족에게 희생하는 전업주부로서의 삶보다도 "어쩌다 한 번 그토록 어렵게 건져내는 너무나 어렵게 걸러내는 시작업"을 위해 필요한 자금을 대학 강의로 채우며, 대부분의 여성들이 실천할 엄두도 못내는 "미지의 길"을 개척해 나갔다. 이렇듯 지영은 우먼리브 세대답게 자기개발을 앞세운 크리에이티브한 삶의 방식을 지향하였다. 그러나 지영의 남편은 자신의 일에만 몰두할 뿐 가족의 공간이 미국에서 한국으로 바뀐 다음부터는 미국에서처럼 가사에 협력하지 않는다. 지영은 어쩔 수 없이 슈퍼우먼이 되어야만 했다. 그러다가 갑자기 시어머니가 돌아가시자 하는 수 없이 시아버지와 시누이를 포함한 확대가족을 꾸리게 된다. 그러던 어느 날 지영은 주부의 본분을 내세우는 시아버지(=구시대적 관습)와의 충돌을 계기로 남편의 화실을 찾게 된다.

남편 재일은 결혼 초부터 집과는 다른 곳에 화실을 얻어 작품 활동에만 전념하고 있었다. 집안일에는 무신경한 남편이지만 미국에서 보인 구애와 신혼초의 행동으로 보아 외도를 할 사람으로는 보이지 않았다. 그러나 지영의 생각과는 달리 남편은 오래전부터 외도를 일삼아 오고 있었다. 그날 화실에서 외도 장면을 목격하고 뛰쳐나간 지영은 술에 취한 채 밤거리를 방황한다. 그리고는 "잃어버린 「나」를 찾기 위"해 거듭날 것을 다짐한다.

> 시간(時間)은 여자의 굴레를 벗기고 그녀를 빛으로 이끈다. 여자도 교육을 받기 시작했다. 그건 눈멀었던 여자로 하여금 빛을 보게 하고 「나」로 돌아가게 하는 첫발을 내딛게 했다. 아아, 잃어버린 「나」를 찾기 위한 길고도 험난한 길에 나선 여자들…모든 군더더기를 떨쳐버리고 몸에 치렁치렁 휘감긴 여자의 옷-속임수로 찬란하게 보이는, 여자의 속성이 돼버린 그 운명의 옷들을 훨훨 벗어던지고 나신(裸身)으로 여명의 밝아오는 빛 속에 서 있는 여자들. 그 옷들을 벗어던지는 것이 힘들었을 만큼 앞으로 몸에 걸칠 새 옷을 찾아 입기를 얼마나 고생해야 할까. (『裸身』, p.62)

작자는 여성들의 기존의 옷(=문화)을 "운명"으로 간주하고 이를 "훨훨 벗어던져 나신(裸身)"으로 돌아가자고 제안한다. 그런 후에 여성들에게 "새 옷"을 찾으려는 노력을 경주해야한다는 조언을 아끼지 않는다.

재일은 사태의 심각성을 눈치 챘는지 이부자리를 펴놓고 지영을 기다리고 있었다. 밤늦게 귀가한 지영은 뒤따라 들어오는 남편을 밀쳐내고 홀로 잠자리에 든다. 그런데 이게 웬일일까? 지영이 잠든 사이 남편이 몰래 들어와 아내를 덮친 것이다. 남편에게 "강간"을 당한 지영은 그 일이 있은 후 두 번째 아이를 임신하게 된다.

그러나 남편과 이혼을 결심한 이상 아이는 더 이상 걸림돌일 수밖에 없다.

「병원에 갔다 왔어요, 오늘…. 겁탈 당하다시피 잉태한 애였죠.」 그녀는 눈을 감은 채 말했다.「그리구 난 오늘 집을 뛰쳐나왔죠. 재일은 이혼 안 해주겠다고 했어요….」(『裸身』, p.122)

준아, 난 너를 넘어서, 이 눈물을 넘어서 내 길을 가야만 한다. 언젠가 넌 나를 이해해 줄 꺼야. 아니 네가 어른이 될 때쯤에는 세상이 조금은 바로 돼서 이런 눈물을 흘리는 여자들이 적어질 꺼야. 난 네게 돌아갈 수 없어. 내 최선을 다해서 널 보살펴주겠지만 네게 돌아갈 순 없어. 내 몸은 이미 껍질에서 거의 다 벗어나왔어. (『裸身』, p.132)

지영은 아들 준이를 돌봐주고 있는 친정어머니에게 그간에 있었던 남편의 불륜사실을 털어놓고 지금까지의 가족형태를 유지할 수 없으며 이혼하겠다는 생각을 털어놓는다. 또한 함께 온 아들 준이를 바라보며 "너를 넘어서" "내 길을 가야한다"며 모성으로 "돌아갈 수 없음"을 스스로 다짐한다. 이처럼 지영은 자신의 주체적 삶인 "내 길"을 개척하기 위해 모성으로부터의 탈출을 자기결정 하였다.

그렇지도 않을 꺼야. 앞으론 그렇게 될 꺼야. 벌써 요즘 10대나 20대 젊은이들 의식구조는 많이 달라졌잖니. 양성(兩性)이 다 달라져가고 있어. (중략) 하지만 어느날 진정한 남녀 양성의 의식구조의 변화와 사회제도의 개혁, 윤리관의 개혁이 이루어져 여자도 전인격적(全人格的)인 생활을 하게 될 꺼야. 어느 누구의 소유물이나 예속물이 아닌, 자신의 구체적인 인격에서 출발하고 그 인격 위에 세워진 인생

> 말이야… (『裸身』, p.154)

아울러 그녀는 "양성(兩性)의 의식구조의 변화와 사회제도의 개혁, 윤리관의 개혁"을 주장하며 우먼리브 다운 면모를 과시한다. 또한 미래에는 여성들의 "전인격적"생활이 가능하리라 믿는다.

남편과 이혼을 결정한 후 지영은 옛 애인 현우와 우연히 조우하며 새로운 삶을 선택한다. 지영의 말대로라면 그는 지금껏 기대했던 자신이 원하는 결혼이 가능한 최적의 상대이다.

> 현우의 눈은 맑고 밝았다. 한 인간이 그토록 파렴치했다면 이 또한 인간은 그처럼 선한 마음, 높은 인성(人性)을 지니고 있었다. 그 두 가지가 다 인성의 두 얼굴이었겠지만 양심이라는 불빛으로 해서 현우의 얼굴은 그토록 밝고 아름다울 수 있었다. (『裸身』, p.144)

지영은 두 남자를 번갈아 떠올리며 남편은 아내를 속인 "파렴치"한 인간으로, 옛 애인 현우는 "양심"을 갖춘 고귀한 품격의 남성으로 판단한다. 따라서 현우와 함께라면 로맨틱러브가 아닌 '합류적 연애'가 가능하다.

> 낭만적 사랑이 서로를 이상화하면서 성적 만족과 행복을 보장한다는 환상을 가득 채워주는 사랑이었다면, 합류적 사랑은 서로에게 자기의 관심과 욕구를 드러내고 서로를 민감하게 이해하는 가운데 서로를 위한 관능의 기술도 포함하여 서로간의 친밀성을 다져가는 사랑이라고 할 수 있다. (손승영외12인 1999: 275)

지영과 재일과의 사이가 소통을 이루지 못한 낭만적 관계였다면 현우와의 관계는 소통에 출발점을 둔 교감상태로 볼 수 있다. 지영은 이러한 상호 교감관계를 바탕으로 또 다른 가족형태를 만들어 낸다.

> 지영이 대충 현우와의 얘기를 들려주는 동안 난희와 옥진은 숨을 죽이고 듣고 있다가 지영이 결혼하지 않고 별거생활을 하기로 했다는 말을 하자 난희가 쏜살같이 물었다.「그렇게 떨어져 살면 보구 싶어서 어떡허니? 노상 보구 싶을 텐데.」「응. 하지만 참아야지 뭐. 늘 서로 매달리고 서로에 낯익으면서 몸에 착 들어맞는 헌 옷처럼 돼버리는 것보다 가끔 입어보는 새 옷이 난 나을 것 같애…」(『裸身』, p.162)

「裸身」에 새로운 옷을 입혀 기존의 여성상으로부터 탈피를 시도하고자 하는 지영은 우선 섹슈얼리티를 "새 옷"으로 포장하고자 한다. 이렇듯 결혼에 대한 새로운 생각을 기존의 여성들은 쉽게 납득하지 못한다. 친구들은 "보고 싶을" 때는 어떻게 할 것인지 반문한다. 그러나 한 공간에서 오랜 시간을 보내며 서로에 대한 환상을 깨기보다는 언제나 연애하는 기분으로 살고 싶다며 별거를 선택한다. 즉, 지영이 새롭게 제시한 가족의 형태는 별거생활을 전제로 한 '비동거가족'인 것이다.

3.3 초월을 꿈꾸며

이처럼 『新家族』의 '나'는 '모자가족'을, 『裸身』의 지영은 '비동거가족'을 제시하며 더 패밀리에서 벗어나 다양한 패밀리스로의 변화된 가족형태를 제시한다. 그러나 두 소설이 지향하는 가족구성원은 조금 다르게 제시된다. 『新家族』의 '나'는 젊은 시절 사랑하는 남자의 아이를 임신했으나 양육에 부담을 느낀 남자가 곁을 떠나버리자 사회생활에 있어서 족쇄가 될 것이 두려워 낙태를 선택함으로써 세상에 반기를 든다. 그러나 40대가 되어 그녀의 가치관은 비혼모 간망으로 변한다. 한편 『裸身』의 지영은 자신에게 진실하지 못했던 남편과 헤어지며 자식과도 이별한다. 아이와의 이별은 자신의 미래를 위해 "넘어야할" 대상으로 생각한다. 이어 지영은 두 번째의 아이를 임신하지만 원치 않은 임신이라는 이유로 낙태를 결정한다. 이처럼 두 소설에서는 여성들의 몸이 한 때 적(敵)으로 간주되며 수난을 당한다.

그렇다면 여성들은 왜 모성을 버거워하게 되었는가? 이에 대해 마리아 미스는 에코 페미니즘 차원에서 다음과 같이 진단한다.

> 시몬느 드 보부아르는 남녀관계를 다음과 같이 설명하였다. 남성은 스스로를 내재성과 분리시키고 여성을 타자로 만듦으로써, 즉 여성의 자율적 존재를 말소함으로써 자유와 초월에 도달한다. 그랬을 때 드 보부아르에게 문제되는 것은 여성이 어떻게 초월에 이를 것인가 하는 점이다. 헤겔이나 싸르트르와 마찬가지로 드 보부와르에게도 초월은 곧 자유와 자기결정을 의미했다. 이는 매일 매일의 일상에 묻혀 있어서는 얻을 수 없다. 여성해방은 가사노동이나 육아가 아닌 직업이나 사회적·문화적 활동처럼 자유롭게 선택한 행위와 계획을 통해 자기결정 즉 초월을 성취하는 것을 말한다. (중략) 그녀는 생명과 자유/자기결정, 자연과 문화 정신과 물질 사이의 이원적이고 위계적인 구분을 유지한다. 그녀는 육체로부터의 소외, 특히 자기결정(초월)을 방해한다고 본 여성신체로부터의 소외를 지속시킨다. 우리의 몸이 우리의 적이라는 것이다. (마리아 미스·반다나 시바 2000: 280)

위의 인용을 빌자면, 페미니즘은 여성들에게 "가사노동이나 육아가 아닌 직업이나 사회적·문화적 활동처럼 자유롭게 선택한 행위와 계획을 통해 자기결정 즉 초월을 성취"할 것을 요구한 것이 된다. 즉 내재성(=일상)을 버리고 초월(=자유와 자기결정)의 추구와 "자기결정(초월)을 방해한다고 본 여성신체로부터의 소외"를 지향하도록 한 것이다.

기실 소설 속의 두 여주인공들은 하나같이 여성성 중 '모성'을 거부한 경력이 있다. 그렇다면 이러한 결정을 하게 된 배경에는 어떠한 요소들이 있었을까? 실로 『新家族』이나 『裸身』에서의 가족들은 '보살피고 양육하는 자질'이 전무하다.

먼저 『新家族』에서의 '나'는 사랑했던 남자의 배신(=양육거부)을 들 수 있다. 따라서 직업을 가진 여성으로서 "낙태"라는 '나'의 선택은 불가피 했을 수 있다. 또한 『裸身』의 남편은 미국에서 생활할 때는 가사나 양육을 분담하였으나 한국에 와서는 돌변하여 남성주의적 시점을 유감없이 드러낸다. 또한 남편을 비롯한 가족들 모두가 가사, 양육 등의 모든 문제를 여주인인 지영에게만 전가하고 분담하려 들지 않는 가족들의 총체적인 '자급적 관점 부족'에도 원인이 있다.

이처럼 여성들의 초월적 삶(=자유, 자기결정)의 추구는 자급적 관점이 부족한 가족들을 짐스럽게 여기게 되었으며, 자식은 걸림돌로 취급하게 되었다. 즉 내재성을 부인하고 초월을 꿈꾸는 여성들은 자신들의 몸, 즉 생식력을 타자화하여 적으로 간주하게 되었다. 이로써 자녀는 가족이라는 틀 안에서 지워지게 된 것이다. 그러나 성적자기결정권을 충분히 행사할 수 있었던 일본여성은 '자녀간망'이라는 결론을, 개인을 충분히 발휘한 삶을 살지 못했던 한국여성은 자녀 없는 생활을 결론지음으로써 양국의 여성해방운동의 간극을 엿볼 수 있게 한다.

본 고찰을 통해 한일 두 여성작가의 소설 『新家族』과 『裸身』은 1970년대 우먼리브의 자장 안에서 탄생하여 다양한 가족상을 제시한 페미니즘소설임을 확인하였다. 『新家族』은 '야성 동경'이라는 젊은 시절의 경험을 토대삼아 중년의 현 위치에서 '모자가족'이라는 가족상을 제시하였으며, 『裸身』은 가족공동체의 강력한 힘 앞에서도 '나'를 찾기 위한 노력 끝에 '비동거가족'이라는 미래가족을 제시하게 된다. 이처럼 두 소설은 '더 패밀리에서 패밀리스'라는 다양성을 담보토 한 변화된 가족형태를 제시하고 있어 고무적이다. 그러나 두 소설이 제시한 가족의 구성원들은 각각 다른 모습이다. 성적자기결정권을 충분히 행사하며 개인을 우선시 한 삶을 경험한 일본여성은 '자녀간망'이라는 결론을, 가족공동체에 눌려 개인을 충분히 발휘한 삶을 살지 못했던 한국여성은 자녀 없는 생활의 동경을 결론지음으로써 양국의 여성해방운동의 간극을 느끼게 한다. 즉, 이러한 부분을 에코페미니즘의 관점에서 보면, 여성들의 모성탈출은 '생식력과 양육'이라는 내재성을 외면하고 남성주의를 동경, 답습하고자하는 초월적 자세에 한 원인이 있음을 알 수 있다. 그러나 일본여성은 한국여성에 한발 앞서 스스로의 생식잠재력을 인정하고 에콜로지의 관점으로 회귀하는 자세를 보여준 반면, 한국여성은 당분간 초월적 삶에 치중한 남성주의적 시점을 견지하게 될 가능성이 크다.

제2절

현대 모계가족의 탄생

—쓰시마 유코 『黙市』와 서영은 『먼 그대』를 중심으로—

최근 빈번히 사용되고 있는 '비혼모(非婚母)'는 가부장적인 가족형태에 대한 거부감 때문에 결혼은 하지 않고 아이만 낳아 기르는 미혼의 여성들을 지칭하는 말이다. 결혼을 하지 않고 아이를 가진다는 점은 미혼모와 같지만 임신과 육아에 대한 적극적 태도는 그들보다 훨씬 강하다는 점에서 엄격히 구분된다. 또한 싱글마더(single mothers)는 이혼이나 남편과의 사별로 인해 어쩔 수 없이 홀로 자녀를 키우는 여성이라는 점에서 차이가 있다. 이러한 비혼모의 특징으로 고학력에 높은 경제력을 꼽을 수 있다. 이는 기계화, 자동화, 디지털 시대가 전개되면서 남성의 노동력은 힘을 잃어가고, 교육받은 여성들은 섬세한 능력을 발휘하면서 경제력을 다시 갖기 시작하면서 생겨난 현상이라고 볼 수 있다. 김현경·이민영의 기준에 의해 비혼모를 재분류하면, 첫째, 결혼 경험이 없는 독신으로서 입양을 선택한 경우, 둘째, 교재 중 갖게 된 자녀를 자발적 의지로 출산 후 양육하는 경우, 그리고 셋째, 정자은행을 통해 임신 출산을 선택한 경우로 나뉜다.[17]

17 김현경/이민영(2008) 「자발적 비혼모의 선택 체험에 관한 연구: parse의 인간되어감 연구방법론을 적용하여」, 한국가족복지학, p.7.

그렇다면 한일 양국에서 이러한 비혼모가 탄생하는 시점은 언제가 될까?

일본에서 우먼리브(Women's Liberation)가 주창되기 시작한 1971년에 '미혼모'를 선언한 여성들이 등장했으며, 이와 동시에 결혼제도를 비판하며 혼외출산을 가치화하는 '비혼모'라는 단어가 사용되기 시작했다.[18] 이와 달리 한국에서는 2000년대에 들어서면서부터 비로소 연구자들에 의해 정상가정 이데올로기에 대한 비판과 동시에 미혼모로부터 비혼모라는 확대된 개념이 적용되기에 이르렀다.[19] 이는 비혼모 문제를 가부장적 사회구조에서 파생된 여성문제로 파악함과 동시에 미혼모라는 어휘에 숨겨진 '사회적 일탈'의 관점에서 탈피하고자 하는 의도를 담고 있다고 볼 수 있다.

1980년대 초반에 이러한 비혼모들의 삶을 형상화한 소설이 등장하기 시작한다. 일본은 여성작가 쓰시마 유코(津島 佑子, 1947. 3. 30-)의 단편소설『黙市』(1982, 7,「海」)를, 그리고 한국은 여성작가 서영은(1943. 5. 18-)의 단편소설『먼 그대』(1983, 5,「한국문학」)를 대표적으로 들 수 있다. 쓰시마 유코의『黙市』[20]는 1982년 7월「海」에 발표되어 이듬해 제10회 <가와바타야스나리문학상>을 수상했으며 작가 자신의 사생활에 기초한 사소설로 분류된다. 1983년 5월「한국문학」에 발표된 서영은의『먼 그대』[21] 역시 제7회

---

18 岩淵弘子·北田幸恵(2005『『日本女性文学史ー近現代編』, ミネルヴァ書房, p.318.

19 김현경/이민영(2008) 앞의 논문, p.7.

20 '나'는 30대 중반의 여성으로 기혼 남성과의 사이에 1남 1녀의 자녀를 둔 비혼모이다. 어려서 아버지가 사망하자 홀어머니 손에 큰 탓으로 그녀에게 있어 아버지의 존재는 채워지지 않는 부족함으로 남아있다. 이러한 경험 때문인지 자신만은 어머니와 같은 삶을 살지 않겠다고 다짐하며 스무살이 되어 독립을 하였지만 그로부터 몇 년 후 두 아이를 데리고 친가 근처로 이사를 오게 된다.

21 문자는 마흔을 바라보는 독신여성으로 출판사의 교정 일을 하고 있다. 기혼

<이상문학상>을 수상하며 페미니즘 소설로서의 가치를 인정받았다.

『黙市』를 오가타 아키코는 "리쿠기엔에 애완동물들을 버리면서 다른 세상으로 방생했다고 생각하는 사람들, 이런 사람들이 그곳을 다른 세상으로 분류하는 한, 어두운 숲의 세계에서 애완동물들은 기형이 되고, 어둠의 세계는 점차 확대되어 인간을 공격하게 되는 시기가 도래할지도 모른다. 그러나 현재는 사람과 숲과 애완동물들과의 거래가 계속되고 있다. 고양이나 개를 숲 속에 버리는 인간. 각자의 가슴 속에 깊은 어둠을 안고 살아가는 인간의 고독이 공명하는 작품이다"[22]라고 평가하였다. 스즈키 마리코는 "쓰시마의 소설 『黙市』에는 '모계가족'의 두 가지 유형이 공존한다. 하나는 어머니가 세대주인 모계가족이고 다른 하나는 여자주인공 자신이 모계가족을 이룬 경우이다. 따라서 쓰시마가 그리고자 하는 어머니상에는 두 가지 성격의 여성상이 존재"하며 이는 "두 여성이 살아 온 사회적 배경이 다르기 때문"이라고 지적한다.[23] 케롤 헤이즈는 쓰시마가 그리는 모자관계는 "인간의 정신과 육체는 하나로 혼합되어 구별하기 어려운 것이며 이는 우주전체와 연결되어 있다"고 보며 일원론적 우주관이 소설의 근저에 있음을 지적하였다.[24]

『먼 그대』를 박혜란은 "서영은 소설을 성 통제기재로서 사랑을 매개로 자신의 자아를 제거하고 자유로부터 도피하여 자신을 타인에게 부탁시킴으로써 안정을 구하는 마조히즘과 통하는 것"으로

자인 한수와 사랑에 빠져 딸을 낳지만 본부인에게 빼앗긴다. 이 후 아이를 빼앗아 간 것도 모자라 사업자금까지 착취해 가는 등, 사랑이라는 이름으로 위장한 한수의 만행은 그칠 줄 모른다. 그러나 문자는 이를 묵묵히 받아드리며 감내한다.

22 尾形明子(1993), 「『黙市』 作品鑑賞」, 『現代短編女性文学』, おうふう, p.178.

23 鈴木マリ子(1994), 「津島佑子の文学」, 『徳島大学国語国文學』 7, p.45.

24 キャロル・ヘイズ(1992), 「男性社会の彼方へ」, 『比較研究』, p.130.

보았다.[25] 송명희 또한 "주인공 문자가 혼외의 성관계를 맺고 있는 유부남으로부터 경제적, 성적으로 착취를 당하며 모성까지 거부당하는 비인간적 대우를 받고 있음에도 그것을 사랑이라는 이름으로 미화하여 주관적 세계로의 도피, 더욱이 자아의 비하와 절멸을 통한 마조히즘을 추구한 작품"으로 평가절하 하였다.[26] 이러한 서영은의 '마조히즘'을 김미현은 "세상(혹은 남성)의 폭력을 견디는 힘"으로 규정하며 긍정의 여지를 남겼다.[27] 그러나 문자의 '진정한 사랑'에 대해 세심한 분석 없이 '마조히즘'으로 규정지어 버리는 이러한 주장들은 비혼모 선택과 모계가족 형성을 가부장제의 굴레에서 탈피한 자유의 쟁취로 보는 페미니즘적 시각과는 다소 거리가 있어 보인다. 한편 진선영은 이들의 담론에 반론을 제기하며 "예술적 관점으로서의 마조히즘이 개인을 억압하는 속물적이고 불순한 세계를 극복하고 비판하는 역동적인 힘이 될 수 있으며 이것이 전복적 글쓰기로 형상화되고 있다"는 새로운 주장을 펼쳤다.[28] 이병순 또한 "작가의 분신으로 보이는 주인공 '문자'는 사랑과 혈육과 소유를 초극한 경지에서 '生의 중심'을 향해 끊임없이 나아가는 사막의 시지프스"로 평가하며 그녀의 삶에 동조를 보인다.[29]

『黙市』와 『먼 그대』에는 1980년대 한일 여성들이 '개인'으로서 선택한 '모계가족 만들기'에 대한 과정과 고민이 잘 포착되어 있다.

---

25 박혜란(1986), 「성으로 본 여성의 실상-80년대 단편소설을 중심으로」, 이화여대 석사논문. pp.36-47.

26 송명희(1988), 「결혼을 거부한 성의 자유」, 『여성해방과 문학』, 지평, p.16.

27 김미현(2002), 「위반의 타자성-서영은 소설에 나타난 '여(女)'와 '성(性)'의 이중소외」, 『현대소설 연구』 17호, p.16.

28 진선영(2005), 「서영은 소설의 마조히즘 연구-『먼 그대』를 중심으로」, 『이화어문논집』 제23집, p.109.

29 이병순(2006), 「서영은의 <먼 그대>론」, 『현대소설 연구』, p.330.

여성의 성적자기결정권을 근저로 한 '낳고 안 낳고는 여자의 자유'를 외치며 모성선택권을 주장하였던 페미니스트 작가들이 이번에는 새로운 성의 표출 형태인 '비혼모'를 창조, 모계가족을 제시하기에 이른다. 본고에서는 비혼모 형성 요인의 하나인 "교제 중 갖게 된 자녀를 자발적 의지로 출산 후 양육하는 경우"에 해당되는 모계가족을 분석하여 그 선택 과정에서 나타난 로맨틱 러브를 점검하고 모계가족 창출 과정을 젠더와 섹슈얼리티의 관점에서 고찰하겠다.

1. 1980년, 우먼 리브(사회)에서 페미니즘(문화)으로

일본의 1980년대는 1970년 이후 시작된 우먼리브운동(사회)이 페미니즘운동(문화)으로 이동해가는 시기였다. 특히 우먼리브운동에서 페미니즘운동으로의 전개는 위로부터의 개혁이 아니라 일본 여성들 스스로가 세계여성들과 연동하면서 수행한 변혁운동이었다. 1975년 <국제부인년세계회의>가 멕시코에서 개최되어 평등, 발전, 평화를 목표로 한 「국제부인의 해」가 채택되어 1976~1985년까지를 「국제부인의 10년」으로 재정하였다. 동년 여성학이 탄생하였다. 이에 따라 <부인문제기획추진본부>를 설치하고 1985년 <남녀고용기회균등법>을 공포하기에 이르렀다. 이로 인해 성별분업을 기축으로 한 결혼관·가정관을 뒤집는 계기가 되어 <여자차별철폐조약>이 비준되었다. 이윽고 아내들의 제소에 의해, 성관계를 강요한 남편이 부부강간죄로 유죄판결을 받기도 했다. 1984년 『이혼백서』에 의하면 이혼이 1968년 이후 16년 연속 최고기록을 갱신하였으며 맞벌이 부부가 증가하였다. 또한 1987년에 발표된 후생성의 「독신자의 결혼관에 관한 전국조사」에서 여성들의 만혼화 희망 여성이 88.5%에 달했다. 동년 <부인문제기획추진본부>에서는 「남녀공동참가형사회」를 주제로 채택하기에 이른다.[30]

한편 한국의 1980년대는 여성운동이 집단적인 여성들의 문제제기를 사회의 공적 관심으로 이끌어내고, 이를 보다 객관적이고 과학적으로 접근할 수 있는 주제로 만들어온 시기이다. 여성문제에 대한 인식의 필요성과 여성운동의 정당화에 대한 주장은, 이후에 '성과 계급' 논쟁으로 발전, 여성운동 집단들 사이에 치열한 논쟁을 불러 일으켰다. 여성문제가 우선적으로 성억압에 있는가 아니면 계급억압에 있는가에 초점을 두었던 이 논쟁은 여성억압의 기원과 본질, 자본주의하에서 여성억압을 규정하는 문제, 여성운동의 목표와 주체를 설정하는 문제 등과 관련하여 깊이 있게 논쟁되었다. 83년에 출발한 <여성평우회>는 '가부장제 성차별 문화 개혁'과 더불어 '남녀 모두가 인간다운 삶을 살 수 있는 사회 건설, 민주통일 사회의 건설'을 목표로 내걸었으며, 1984년 <민주화운동청년연합>의 하위부서로 발족한 <민주화운동청년연합 여성부>도 '민주화운동 투쟁과 기층 여성운동의 지원'이라는 목표를 내세웠다. 해방 이후 한국에서 주도적 영향력을 발휘해온 여성단체들이 모두 '여권 보장'이라는 여성해방적 목표와 더불어 '민주 사회와 통일의 성취'라는 목표를 가지고 있었다는 점은 우리 사회의 페미니즘이 강한 사회개혁적 성격, 그중에서도 국가발전이라는 목표하에 있었다는 점에서, 국가주의의 틀 내에 있었음을 알 수 있다. 이는 서구 선진국과 매우 다른 특징을 보여주는 측면이다.

서구에서 페미니즘은 여권 보장이나 사회의 가부장제나 성차별

30 岩淵弘子・北田幸恵(2005),『日本女性文学史ー近現代編』, ミネルヴァ書房, p.318.

폐지라는 페미니즘 고유의 원리에 기초하여 발전하였고, 제 2기 여성운동에서 가장 핵심적인 이슈도 여성의 낙태 합법화 권리에 집중되어 있던 것과 비교해보면, 한국의 페미니즘은 국가나 사회의 시대적 과제와 일치하는 과제를 주요 목적으로 해왔다. 국가 및 사회 건설적 과제와 분리된 성차별이나 가부장제 폐지와 같은 페미니즘 고유의 문제에 기초한 여성운동과 페미니즘은 쉽게 뿌리내리지 못하였고 크게 성장하지도 못하였다. 또한 한국 페미니즘은 아직 '개인과 차이'를 중심으로 한 페미니즘의 발달이 상대적으로 지체되어 있다. 한국인은 '개인'을 기초로 한 정체성을 발달시키기보다는 '우리'라는 집단적 정체성을 발달시키는 경향이 있다. 개인은 없고 '우리' 즉 민족이나 국민으로 표상되는 '우리'만 존재할 뿐이다. 따라서 개인의 성애 추구와 가족구성의 문제 또한 한국사회에서는 별로 쟁점이 되지 못하고 있으며 담론 화되지도 못하고 있다. 차이에 대한 감수성 부족은 또한 다양한 차원에서의 페미니즘과 여성운동의 발전을 방해하고 획일적인 성격의 문화를 형성한다. 자신과 다르거나 다르게 사는 사람들에 대한 이해가 부족하여, 장애인, 동성애자, 이주 노동자 등을 차별하거나 배제시키는 문화가 주류문화로 나타나게 되는 것이다.[31]

그러나 앞으로의 페미니즘은 국가주의를 넘어서야 할 것이다. 폐쇄적이고 경직된 한계를 가지고 있는 국가주의의 틀 내에 있는 한, 서로간의 차이에 대해 더 폭넓게 인지하고 포용하는 페미니즘을 꽃피우거나 연대로 나아가기는 어렵다.

---

31 장미경(2006), 『여성운동과 젠더정치』, 전남대학교출판부, p.70.

2. 로맨틱 러브, 그리고 '비혼모'

본고에서 다루고자하는 두 작품은 앞서 언급한 비혼모 분류에 따라 두 번째 항목인 '교제 중 갖게 된 자녀를 자발적 의지로 출산 후 양육하는 경우'에 해당한다. 두 소설에는 여성들이 비혼모를 선택하게 된 배경을 '너 아니면 안 돼'라는 로맨틱 러브에 기초한 '일탈적 사랑'에 두고 있다. 그렇다면 그녀들이 빠진 사랑이 소설에서는 어떠한 모습으로 형상화 되고 있는지 살펴보자.

2.1 '사랑에 눈이 멀다'라는 내러티브

『黙市』는 작가 쓰시마 유코의 사소설로, 부친 다자이 오사무(太宰治)의 부재가 중요한 테마로 설정되어 있다. 주인공 '나'는 1세 때 아버지를 여의고, 10세 되던 해에 어머니, 오빠, 언니 이렇게 네 명이 리쿠기엔(六義園)[32] 근처로 이사를 오지만 이듬 해 오빠마저 폐렴으로 사망하여 모계가족을 형성한다. 연이어 남편과 아들을 잃은 '어머니'는 하루하루를 절망에 빠져 지내며 딸들과의 소통을 끊어버린다. 당시 초등학생이었던 '나'는 주로 언니와 소통을 하며 자신보다 훨씬 나이가 많은 남자들과 사귀는 등 매우 조숙한 성적취향을 보인다.

---

32 도쿄도 분쿄구 고마고케 6쵸메에 있는 도립정원. 겐로쿠 8년(1695)에 카가번의 구 교외 별장 철거지를 도쿠가와 쓰네요시로부터 삼가 받은 야나기사와씨에 의해 만들어진 약 2만 7천 평의 평탄한 땅에 흙을 가져다 언덕을 만들어 기복있는 경관을 조성하고 연못을 파 센카와(千川) 물을 끌어다 넣는 등 7년에 걸쳐 만들어진 정원.
(일본 야후 위키 백과사전 http://ja.wikipedia.org/wiki, 2011.10.10)

> 이성 친구를 사귀고 싶어 했던 것도 그 당시뿐이었다. 내가 원하는 것을 소년들은 가지고 있지 않았으며 소년들이 원하는 것은 내게 없었다. (『黙市』, p.164)

> 결국 나는 엄마 집을 나왔다. 18세보다는 조금 늦은 나이었다. 그 후 몇 년인가 흐른 뒤 어린 딸과 갓난아이를 데리고 엄마 집 근처인 숲 옆으로 이사를 왔다. 나도 엄마처럼 자신의 아이들에게 아버지를 느끼게 해주지 못하는 엄마가 되어 있었다. 그 짓만은 절대 하지 말자던 사람이 되어 있었다. (『黙市』, p.167)

사춘기 소녀시절의 '나'의 성적취향은 평범한 또래아이들과는 다르다. 조숙한 소녀였던 '나'가 추구하는 성적취향을 소년들은 충족시켜주지 못했고 나 역시 소년들의 취향에 맞지 않았다. '나'는 성장하면서 '아버지의 부재'를 강하게 느끼며 자랐고 "아이들에게 아버지를 느끼게 해주지 못하는 엄마"를 원망했다. '나'는 "18세 보다 조금 늦은 나이"에 집을 나와 자신의 성적취향대로 연배의 기혼남성과 연애를 하게 된다. 어릴 적 겪은 '아버지의 부재'는 '나'에게 트라우마(trauma)가 되어 부성을 자극하는 나이 많은 남성과의 만남으로 이어진다. 이는 어쩌면 필연적인 결과였을는지도 모르겠다. 그런 '나'의 남자에 대한 사랑은 맹목적인 것이었다.

> 나는 그 남자만을 고집하며 남자와 같은 공간에 있고 싶다는 생각에 집착했다. 아이를 하나 낳아도 남자의 태도에 변화가 보이지 않았다. 남자에게 원망을 들으면서 두 번째 아이를 가졌다.(후략) (『黙市』, p.170)

'나'는 로맨틱 러브의 대표적 현상으로 '너 아니면 안 돼'의 개념인 "그 남자만을"을 고집하며 그와 "같은 공간"에 있기를 희망한다.

그러나 이미 남자에게는 부인과 두 아이가 있어 '나'의 희망은 애초부터 무모한 "고집"이었다. 그럼에도 불구하고 사랑에 빠져버린 '나'는 남자를 곁에 붙잡아두기 위해 낳는성을 무기로 "아이를 둘"씩이나 낳는 초강수를 두는 등 세상의 모든 기혼여성을 적으로 만들어버린다. 로맨틱 러브는 이러한 '나'의 행동에 대해 촉매제 역할을 하고 있다.

그렇다면 근대에 서구로부터 유입되어 대유행한 '로맨틱 러브'란 어떤 것이었는지 사랑에 빠진 '나'의 행동을 칼 융의 심리학적 소견을 통해 분석해보자. 융은 '트리스탄과 이졸데 신화'를 심리학적으로 해석한 『We-로맨틱 러브에 대한 융 심리학적 이해』에서 '로맨틱 러브'에 대해 다음과 같이 분석하였다.

> 로맨스는 무엇인가 독특하고 무엇인가 현실적이지 않은, 그 나름의 고유한 실체이다. 여기가 바로 우리가 탐험을 시작하는 출발점이다. 로맨틱 러브는 사랑이 아니라 사랑에 관한 복잡다단한 태도인데, 순전히 비자발적인 감정과 관념과 반응들로 채워져 있는 것이다. 우리는 트리스탄처럼 사랑의 묘약을 마시고 나서야 우리가 사로잡혔다는 사실을 알게 된다. 이때는 저절로 올라오는 강렬한 반응과 감정들로 인해 마치 종교적인 비전 앞에 노출 된 것 같은 열렬함이 지속된다.[33]

융의 지적처럼 "사랑의 묘약"을 마시고 난 후의 우리들은 "저절로 올라오는 강렬한 반응과 감정들", "마치 종교적인 비전 앞에 노출 된 것 같은 열렬함"으로 인해 황홀경에 빠지게 된다. '나' 역시 예외는 아니었다. 따라서 자신이 이미 경험한 아버지의 부재라는

---

33 칼 융(2008) 고혜경 옮김, 『We-로맨틱 러브에 대한 융 심리학적 이해』, 동연, p.85.

상실감, 사생아라는 사회적 소외감 속에서 성장해야 할 두 아이들의 입장을 고려할 만큼 이성적 판단이 따라주지 못한다.

한편 『먼 그대』의 주인공 문자는 어떠할까?

그녀는 어려서 부모를 잃고 이모에 의지하여 자랐다. 그런 이유에선지 그녀 또한 별 거부감 없이 사랑의 파트너로 나이 많은 남성, 그것도 아버지처럼 잘 대해주는 기혼남성을 선택하게 되었다. 그 후 여자는 남자와의 사이에 딸 하나를 둔 비혼모가 되었다. 그러나 이런 사실을 세상에 떳떳이 말할 수 없는 처지이므로 직장(아동도서 출판사에서 10년째 교정을 보고 있음)에서는 "나이 40을 바라보는 노처녀" 행세를 하며 온갖 억측에 시달리지만 이를 "남들이 눈치 채지 못하는 자기 맘속의 어떤 그윽하고 힘찬 상태"로 인한 "절대 긍정적 자신감", 즉 사랑의 힘으로 이를 감내해 낸다. 그럼 문자의 10여 년 전 사랑을 시작했을 당시의 심리상태와 행동패턴에 대해 살펴보자.

> 그녀가 계단을 내려오는 모습은 마치 몸속에 깃들어 있는 싱싱한 생명의 탄력이 음계를 밟고 있는 듯이 보였다. (『먼 그대』, p.25)

> 그녀로선 무엇을 하든 그 일을 하면서 사랑하는 사람을 생각한 것뿐이었다. 콩나물을 다듬든, 연탄불을 피우든, 지붕위의 눈을 치우든 그를 생각하노라면 어딘가 높은 곳에 등불을 걸어 둔 것처럼 마음 구석구석이 따스해지고, 밝아오는 것을 느꼈다. 그 따스함과 밝은 빛이 몸 밖으로 스며나가 뺨을 물들이고 살에 생기가 넘치게 하는 것을 그녀 자신은 오히려 깨닫지 못했다. (『먼 그대』, p.25)

당시 문자는 남자를 사랑하는 일에 전심전력이었다. 사랑하는 남자를 가슴에 품고 허름한 자취방 계단을 오르내리는 문자는 "생명의 탄력이 음계를 밟고"있는 듯 하며, "콩나물, 연탄불, 눈 치우기" 등의 구차한 일상도 '목하 사랑 중'인 문자의 에너지로 인해 생명력이 충만해진다.

> 문자는 그가 미처 문을 두드리기도 전에 이미 그의 발걸음 소리를 알아듣고 미리 나가서 그를 맞아 들였다. 그녀가 그의 옷을 벗기면 그 옷이 금빛으로 물들었고, 양말을 벗기면 양말이 그러했다. 뜨거운 물이 담긴 대야를 가져와 그의 발을 씻기면 그 발 역시 금빛이 났다. (『먼 그대』, p.26)

연애초기 문자의 귀는 오로지 남자의 "발걸음 소리"를 향해 열려 있다. 또한 그녀의 손이 남자의 물건과 신체에 닿으면 "금빛"으로 바뀌는 연금술을 부린다. 문자는 그야말로 '사랑에 눈이 먼' 로맨틱 러브의 전형적인 모습을 보이고 있다. 융은 사랑에 빠진 이들의 상태를 다음과 같이 진단한다.

> 누군가와 압도적이고 황홀한 사랑에 빠지는 것은 깊은 무의식의 정신에서 일어나는 사건이다. 의도적으로 시도하는 것도 아니고, 그렇다고 감당할 수 있는 강도도 아니고, 더욱이 이해가 되는 것도 아니다.[34]
>
> 사랑의 묘약을 들이키는 순간, 갑자기 로맨틱 러브를 통해 자연적인 세계에 초자연적인 세계가 침입한다는 뜻이다. 우리의 온전함을 향한 본능을 완전한 사랑에 투사한 것이 로맨틱 러브이다.[35]

융에 의하면 '로맨틱 러브'란 "무의식의 정신"에서 비롯되는 행

---

34 칼 융(2008) 앞의 저서, p.106.

35 칼 융(2008) 앞의 저서, p.109.

동이며 "온전함"을 향해 "초자연적인 세계"로 들어가는 것이다. 또한 사랑에 빠진 사람들이 느끼는 "황홀함"은 종교적 체험과도 같다고 언급한다.

그러나 문자의 사랑이란 결국 남자의 아내를 속여야만 성립되는 그런 부자연스런 것이다.

> 그는 이미 아내와 자식들이 있었으므로, 그가 문자와 더불어 지낼 수 있는 시간은 그가 빼어내도 그의 아내가 눈치 채지 못할 만큼의 시간에 한정되어 있었다. (『먼 그대』, p.27)

문자가 남자를 만날 수 있는 날은 "일요일 밤"뿐이었다. 그것도 "아내가 눈치 채지 못할 만큼"의 시간만이 허락되어 있었다. 따라서 미혼인 문자와 기혼인 남자와의 사랑은 시간이 흐르면 흐를수록 문자에게 불리하게 작용한다. 문자는 사랑이란 감정에 절대적으로 몰입할 수 있지만 남자는 가정을 의식해야하므로 한 순간도 이성을 놓아버릴 수가 없기 때문에 순간순간 연기를 하게 된다.

이처럼 두 소설의 여주인공들은 각자의 로맨틱 러브를 실천하게 되지만, 여기서 의문시되는 점은 둘 다 '낳는 성'을 자연스럽게 추구하고 있다는 것이다. 마리아 미스에 의하면 "여성이 '자신이 낳은' 자녀를 원하는 여러 이유 중 하나는 그들 신체의 타고난 창조력과 생명력을 경험하고 싶은 욕구"라고 본다.[36] 두 소설의 여주인공들 역시 이러한 자신들의 욕구에 대해 책임지는 자세를 보인다.

---

36 마리아 미스·반다나 시바(2000) 『에코페미니즘』, 창작과 비평사, p.178.

3. '사랑, 그 후의 소외감

과연 두 기혼남성들의 사랑은 '자아적 사랑'이었을까? 아니면 상대의 행복을 바라는 '진정한 사랑'이었을까? 앞서 언급한 바와 같이 두 작품 속의 연애 상대 남성들은 모두 기혼자이다. 따라서 둘 다 이미 미래를 약속한 부인이 있고 부양해야할 자녀가 있으며 본인 또한 가족의 한 구성원이다. 따라서 애초부터 사랑을 할 자격이 없는 것이다. 그럼에도 불구하고 남자들의 외도는 어느 정도 용서되는 성의 더블 스탠더드에 의해 연애가 성립된 것이다.

융은 다음과 같은 경우는 사랑이 아니라고 본다.

> 우리 각자의 필요나 욕망, 혹은 자신의 꿈을 위해, 혹은 타인의 권력을 탐할 때, 이런 것은 사랑이 아니다. 사랑은 우리 각자 자아의 욕망이나 실력 행사와는 확연하게 구분된다. 오히려 사랑은 선함과 가치와 주변 사람들의 필요를 먼저 보게 된다.[37]

『黙市』의 남자는 자신의 "욕망"을 채우기 위해 젊고 새로운 성적 교감을 나눌 수 있는 파트너가 필요했을 것이다. 이는 아이들 양육을 거부하며 떠난 행동에서도 짐작 할 수 있다. 또한 『먼 그대』의 남자 역시 "필요나 욕망"에 의한 연애였을 뿐이다. 그는 문자를 이용해 성적욕구를 채우고도 모자라 경제적 착취까지 서슴지 않으며 이러한 불평등한 관계를 언제까지나 이어가려 한다. 이들의 사랑이란 결국 '자기기만'에 불과한 가짜 사랑이었음을 알 수 있다.

남자들의 자기기만이 모습을 드러내자 결국 두 여자들의 사랑은 끝난다. 그러나 사랑 후의 그녀들의 선택은 정반대로 나타난다.

---

37 칼 융(2008) 앞의 저서, p.310.

『黙市』의 '나'는 아이들을 데리고 이사하여 남자와 거리는 두는 것으로 정리를 하지만, 『먼 그대』의 문자는 오히려 사랑을 강화시켜 아픔을 극복하려는 초자아적 선택을 한다.

> 아이들에 관한 이야기를 화제로 삼을 수 없다면, 말 그대로 한 마디도 남자에게 할 이야기는 없었다. 이전에 둘이서 나누었던 일들도 추억담으로 말할 수 있는 것들은 못되었다. 가능하면, 꿈속에서 있었던 일로 잊어버리고 싶은 것들이다. 생각하면 할수록 두 사람에게는 고통이었다. (『黙市』, p.172)

> 새로이 눈물이 괴어올라 눈앞이 어룽졌다. 그녀는 이를 악물었다. 그때 그녀 속에서 낙타 한 마리가 벌떡 몸을 일으켜 세우며 외쳤다. "고통이여, 어서 나를 찔러라. 너의 무자비한 칼날이 나를 갈가리 찢어도 나는 산다. 다리로 설 수 없으면 몸통으로라도, 몸통이 없으면 모가지만으로 라도. 지금보다 더한 고통 속에 나를 세워놓더라도 나는 결코 항복하지 않을 거야. 그가 나에게 준 고통을 나는 철저히 그를 사랑함으로써 복수 할 테다. 나는 어디도 가지 않고 이 한 자리에서 주어진 그대로를 가지고도 살 수 있다는 것을 보여줄 테야. 그래, 그에게 뿐만 아니라 내게 이런 운명을 마련해 놓고 내가 못 견디어 신음하면 자비를 베풀려고 기다리고 있는 신(神)에게도 나는 멋지게 복수할 거야!" (『먼 그대』, p.28)

사회와 기혼여성들을 적으로 만든, 기혼남성과 독신여성과의 '일탈적 사랑'은 일반적으로 커다란 후유증을 동반하기마련이다. '나'와 문자의 사랑 또한 마찬가지다. 황홀했던 사랑이 끝나자 두 사람 모두에게 "고통"이 기다리고 있다. '나'는 자신의 사랑에 대해 "잊어버리고 싶은 것"에 불과하다고 평가절하 한다. "고통"에 시달리기는 문자 역시 마찬가지다. 그러나 문자는 '나'의 결단과는 달리,

남자의 "기만적 사랑"에 "항복"하지 않겠다는 결의에 찬 결정을 한다. 자신의 사랑에 대한 진정성을 높인 뒤 남자를 "철저히 사랑"하여 무릎 꿇게 하겠다는 것이다. 선행연구에서도 밝혔듯이 이러한 문자의 태도는 마조히즘으로써 평가된다. 에릭 프롬에 의하면 "마조히즘의 목표는 자신의 개인적 자아를 벗어버리는 것, 즉 자아의 절대적 상실"로 풀이된다.[38]

그러나 문자는 "나는 어디도 가지 않고 이 한 자리에서 주어진 그대로를 가지고도 살 수 있다"는 각오를 보인다. 오히려 개인을 버리기보다는 사랑이 끝났을 때에 느끼는 소외감을 떨쳐버리기 위해 더욱더 "철저히 사랑"하여 더 깊이 있는 개인을 추구하고자 하는 것이다.

융은 사랑이 끝난 후에 느끼는 정신적 충격에 대해 다음과 같이 어드바이스 한다.

> 사랑에 빠졌을 때 황홀경을 맛본다 할지라도, 우리는 대부분의 시간은 진정한 사랑을 할 수 없다는 것과 헌신적인 관계를 맺지 못한다는데 대한 짙은 외로움과 소외감과 좌절감을 느끼면서 살아간다.[39]

'나'와 문자는 사랑의 묘약을 마신 연애 초기에는 "황홀경"에 빠져 이성적 판단이 불가능했지만 두 남자들의 기만적인 사랑을 감지한 순간부터 "진정한 사랑"이 불가능하다는 것을 알고 "외로움, 소외감, 좌절감"에 몸부림친다.

융은 '사랑, 그 후'의 행동을 다음과 같이 주문한다.

---

38 에릭 프롬(1992), 『자유로부터의 도피』, 박진영 역, 육문사, p.100.

39 칼 융(2008) 앞의 저서, p.10.

마법사 여왕은 진기하고 놀라운 약초를 와인에 섞어 사랑의 묘약을 만든다. 묘약의 내용물은 비밀의 약초와 마법의 주문과 천상적인 힘이다. 심지어 브링긴은 이 묘약을 두고 '사랑만이 아니라 사랑과 함께 죽음을'이라고 까지 언급한다. 우리는 누구나 예외 없이 이 묘약을 맛보았고, 사랑의 묘약에 취해 전혀 다른 세계를 탐험해 본 적이 있다. 이전에 우리는 사랑에 빠진 연인들이었으나 이제는 연금술사가 되어야 한다. 와인을 분석해서 약초와 주술을 증류해 낼 것이다. 그 다음에, 우리 각자의 내면에 혼합되어 있는 놀라운 힘은 어떤 것인지, 인간의 사랑과 동시에 신적인 사랑의 가능성을 드러내는 이 힘이 도대체 무엇인지를 이해하게 될 것이다.[40]

융은 사람들에게 '사랑의 묘약'에서 깨어난 후, 마법의 여왕이 제조한 사랑의 묘약인 "와인을 분석해서 약초와 주술을 증류해" 낼 수 있는 연금술사가 될 것을 권유한다. 그리하여 "주술"을 뺀 진정한 약초의 효과를 통해 "인간의 사랑과 동시에 신적인 사랑의 가능성을 드러내는 이 힘"의 실체를 알아보도록 어드바이스 한다.

우리 인류가 어떻게 영성적인 영감, 즉 신을 향한 충동을 인간관계와 뒤섞었는지 뚜렷이 보게 될 것이다. 이것이 바로 로맨틱 러브의 신비 이면에 숨겨진 비밀의 지식이다. 매우 섬세하게 그러나 너무 위험하게 마법의 와인에 섞어 놓은 이 강력한 두 에너지를 어떻게 살아야 하고 또 어떻게 존중할 것인가?[41]

로맨틱 러브가 끝난 후의 우리들에게 주어진 임무는 "마법의 와인"에 섞어 놓은 두 에너지, 즉 "신을 향한 충동"과 "인간관계"를

---

40 칼 융(2008) 앞의 저서, p.92.

41 칼 융(2008) 앞의 저서, p.111.

분리하여 현명한 삶의 방식을 만들어 내야한다.

'나'는 "신을 향한 충동"에서 벗어나 남자와의 연인관계를 미련 없이 정리하고 오로지 '아이들의 생부'로서 받아들이는 선택을 한다. 반면 문자의 결론은 다소 특별하다. 그녀는 남녀관계의 사랑에서 한 단계 승화된 '초월적인 사랑', 즉 부담스런 고행을 선택한다. 그러나 두 여성의 선택 모두 아이를 낳은 여성에게만 고행을 강요하고 있어 매우 이타적이다. 반다나 시바는 '살아있는 관계의 재창조'를 어드바이스 한다.[42] 이는 성관계의 결과를 비롯해 생명에 대해 남성들도 책임을 져야한다는 것이다. 즉 이는 욕망과 부담이 평등하게 공유되는 새로운 양성관계 구축을 의미하는 것이다.

4. 모계가족, 사회와 거래하다

두 여자가 모계가족을 만드는 것에는 성공하지만, 아이들에게 "아버지의 부재"라는 감성을 채워주기에는 역부족이다. 따라서 『黙市』의 '나'는 아이들에 의한 사회와의 거래를 통해, 『먼 그대』의 문자는 제도와 타협하여 해결하려한다.

4.1 아이들의 직거래

『黙市』의 '나'는 남자의 "원망"에도 불구하고 두 아이를 낳아 모계가족을 만들었다. 그러나 남자는 정작 아이들이 태어나자 양육권을 부정하고 여자의 곁을 떠나버린다.

---

42 마리아 미스·반다나 시바(2000), 앞의 저서, p.285.

남자가 아이들의 아버지임에는 틀림없지만 그 아이들을 양육해주는 아버지는 아닌 것이다. 남자에게 자신의 자식은 부인이 낳은 두 아이들 뿐이었다. 남자가 나의 아이들을 만나준 것만으로도 고마워해야할 따름이었다. (『黙市』, p.172)

'나'는 남자에게 아이들에 대한 정신적인 "양육"마저 거부당함으로써 견딜 수 없는 소외감을 맛본다. 그러나 설득 끝에 "남자"가 아이들을 만나주기로 동의한 사실에 "고마워해야할" 따름이다.

한편『黙市』의 서두는 "숲에 고양이가 있다."라는 단문으로 시작되고 있어, 소설 속에서 숲이 하나의 키워드로 설정되어 있음을 알 수 있다. 정원 안에 조성 된 숲은 비좁은 아파트에 사는 두 자녀에게 없어서는 안 될 놀이터이다.

좁은 아파트에 살아 보니 리쿠기엔의 숲은 귀중한 녹색지대였다. 아이들을 데리고 가끔 산책을 나오게 되었다. 아파트에서 기르던 남생이나 금붕어를 연못에 방생하기도 했다. (『黙市』, p.167)

리쿠기엔은 일본전통식 정원으로 수풀이 우거져 숲이 형성되어 있는 곳으로 최근에는 주변사람들이 기르던 펫(pet)을 공공연하게 버리는 장소가 되어있다. 그곳에는 고양이를 비롯해, 거북이, 강아지 등등 여러 종류의 생물들이 매일같이 울타리 밖의 인간들을 경계하며 숨죽여 살아가고 있다. '나'는 가끔 좁은 아파트를 벗어나 아이들과 리쿠기엔으로 산책을 나오게 되었다. 아이들은 나무들을 만지고 금붕어와 남생이를 구경하며 고양이와도 교감을 시도하는 등 자연과 동화되어 갔다. 또한 숲은 그 옛날 어머니가 버린 강아지와 '나'가 버린 남생이, 금붕어 등을 말없이 받아들이는 포용력의 공간이자 온갖 생물들이 어울려 살고 있어 아이들에게 자연탐구의 장을 제공하고 있는 크리에이티브한 공간이다. 이처럼 어릴 적 두려움의 대상으로 전락했던 숲은 아이들을 매개로 '나'에게도 친숙한 공간으로 바뀌었다. 이를 계기로 '나'는 무한한 포용력의 공간인 숲에서 있었던 '마을 청년과 산 사나이와의 위험한 거래'에 대해 생각하게 된다.

> 산 사나이와 마을 청년이 마다나무껍질 1년분과 떡 세 되를 교환했다는 이야기가 있다. 두 사람은 절대로 타협할 수 없는 사이로 얼굴을 마주하는 것조차 두려운 상대이지만 거래를 하고자하면 이처럼 잘 어울리는 상대도 없다. 어떤 신호를 계기로 모습도 목소리도 듣지 않고 어느 새 거래가 성립되어 있다. 이런 거래를 누구나가 바라고 있다. 잡혀 죽는 것도 무섭고, 같은 무리들에게 발각되는 것도 두렵지만. (『黙市』, p.169)

> 산 사나이와 마을 청년과 같은 거래를 암거래라 하는 모양이다. 암거래가 살고자 하는 사람들 사이에서는 조금도 희귀한 일이 아니라는 것을 나도 이해하기 시작했다. 그런 사람들에게는, 예를 들어 나나, 어머니나, 아이들에게는 숲 근처에 산다는 것이 위안이 된다. (『黙市』, p.173)

소설에 삽입된 "산사나이와 마을 청년과의 암거래"에 대한 이 이야기는 사람들이 "살고자"하는 절실함이 위험한 거래를 가능하게 하고 있음을 보여준다. 즉 무언가를 얻고자하는 마음이 절실하고 그것이 생명과 관련될 경우, 아무리 위험한 상대라 할지라도 거래가 가능하다는 것을 보여준다. '나'는 남자와의 연인관계는 이미 끝나 있으나 두 아이에게 아버지의 존재를 느끼게 해주려는 절실한 마음에서 거래를 생각한다. 그리고 아이들이 필요로 하는 '아버지'를 제공해 줄 수 있는 대상으로 고양이를 지목한다.

아이들은 베란다에 먹을 것을 놓아둔다. 그러면 고양이는 대신에 아버지를 아이들에게 제공한다. 이런 거래는 어떠할까? (『黙市』, p.169)

인간의 경우, 태어난 아이를 자신의 아이라고 인정해야만 아버지가 된다는 규칙이 있는 모양이지만 매우 소견 좁은 이야기다. 인정받은 아이, 인정받지 못한 아이, 이렇게 수컷이 마음대로 아이들을 두 종류로 나눠도 된다는 말인가. 필요할 때 아이들이 적당한 수컷 중에서 아버지를 고르는 되지 않을까? (중략) 아파트 베란다로 올라오는 수고양이를 아이들이 자신들의 아버지라고 마음속으로 정해도 수고양이로서는 아무런 지장이 없을 것이다. 아버지가 자신의 아이들 중에서 두 명을 매일 밤 베란다를 통해 보러온다. 그렇게 하기 위해 두 인간 아이들은 베란다에 먹이를 잊지 않고 놓아둔다. 수고양이는 밤이 깊어서야 찾아오므로 깊이 잠들어 있는 아이들은 고양이의 모습을 볼 수도 울음소리를 들을 수도 없다. 그저 베란다에 왔다 갔다는 것을 다음 날 아침 알게 되면 그것으로 만족이다. 꿈속에서 아이들은 고양이 아버지 품에 안겨있다. (『黙市』, p.169)

'나'는 아이들이 숲속의 고양이들에게 관심을 보이며 친근감을 느끼는 모습을 보고 "고양이와의 직거래"를 상상한다. 숲 속 고양이는 숫자가 너무 많아 먹을 것이 부족할 것이다. 따라서 '나'의 생각은 아이들이 고양이에게 먹이를 제공하고 고양이로부터 아버지를 제공받게 하자는 것이다. 이는 혈연에 바탕을 둔 부계중심적 가족체계를 뒤엎는 파격적인 발상이라 할 수 있겠다.

4.2 제도와의 거래

한편 『먼 그대』의 한국의 비혼모 문자의 경우는 어떠할까? 문자 역시 사랑하는 남자와의 사이에서 딸을 낳았다. 그러나 낳은 지 한

달도 못되어서 남자에게 강제로 빼앗기고 만다.

> 문자가 옥조를 낳은 지 한 달도 못 되어서였다. 그는 아내의 등을 떠밀어서 문자로부터 옥조를 빼앗아오게 했다. 아내와의 사이에 일남 일녀를 둔 그가 새삼스레 그 자식이 탐났을 리는 없었다. 그는 옥조를 데려옴으로 해서, 문자를 영원히 자기 곁에 붙잡아 둘 수 있으리라 계산했다. (『먼 그대』, pp.22-23)

> 한수의 아내가 아기를 데리러 나타나기 전부터 문자는 밤마다 아기를 빼앗기는 꿈을 꾸었다. 때로는 아기를 안고 검은 옷의 괴한을 피해 산으로 들로 쫓겨 다니기도 했고, 때로는 아기를 이미 빼앗겨 실성한 듯이 찾아다니다 잠이 깨기도 했다. (『먼 그대』, p.30)

남자는 단지 문자에게서 경제적 착취를 계속하려는 욕심으로 어린 딸을 볼모로 빼앗아가는 파렴치한 만행을 저지른다. 문자가 낳은 아이의 친권자[43]는 부권우위(父權優位)적 법해석에 의해 아이의 아버지가 된다. 따라서 문자는 남자에게 아이를 빼앗기면서도 한마디 저항도 하지 못한다. 문자는 아기를 빼앗기는 충격으로 꿈속에서 "실성한" 상태를 경험하게 된다. 그러나 일개 여자의 몸으로 법을 상대하기에는 역부족으로 사회(제도)와 타협할 수밖에 없다. 문자는 비혼모로서 사회적으로 약한 자신의 입지를 인식하고 이러한 현실을 받아들이고 견뎌내고자 한다. 그럼에도 불구하고 문자는 아이에 대한 그리움으로 고통스런 나날을 보낸다.

---

43 친권자란 친권을 행사랄 수 있는 권리를 가진 자를 말한다. 원칙적으로는 부모 공동으로 행사한다. 구법에서는 부권우위(父權優位)적인 경향이 있었으며 혼인 외의 출생자에 대해서는 일정한 경우에 생모(生母)의 친권을 인정하였다. (다음 백과사전 http://100.daum.net, 2011.10.8)

> "그러면 왜 안 된다는 거지? 나는 그 동안 너무 힘들었어. 연명할 것만 남기고 나는 늘 빈손으로 지냈어. 내 손은 무엇을 움켜쥐는 버릇을 잊어버린 지오래야. 하지만 이제 내 속으로 난 혈육만큼은 놓치고 싶지 않아. 위안 받기를 거부하는 일이 이제는 너무 힘들어! 고통스러워!"그러자 그녀 속에서 또다시 낙타가 우뚝 몸을 일으켰다. "너는 할 수 있어. 도달하기 위한 높은 것을 맘속에 지님으로써 너는 고통스러울지 모르지만, 그 고통이 너를 높은 곳에 이르게 하는 사닥다리가 되는 거야." 그래도 문자는 고개를 가로저으며 계속 신음했다. 그러나 이제 딸의 사진을 보고도 문자는 담담하게 미소 지을 수 있었다. (『먼 그대』, p.31)

"연명할 것만 남기고 나는 늘 빈손으로 지냈어"라는 문자의 넋두리에서 알 수 있듯이 문자는 남자에게 모든 것을 착취당했다. 그러나 문자를 "고통"에 빠뜨리는 것은 정작 빼앗긴 딸에 대한 그리움이었다. 그러나 법적으로 친부가 살아있는 한 아이를 되돌려 받을 수는 없다. 따라서 문자는 자신의 고통을 견딤으로써 "높은 곳(=초자아)"에 도달할 수 있다는 희망을 갖는다. 그제야 딸에 대한 그리움이 사라지고 문자는 마음의 평정을 되찾는다.

본고에서는 로맨틱 러브로 파생된 '비혼모 가족'의 생성과정을 1980년대 초반의 한일 여성소설 『黙市』와 『먼 그대』를 통해 고찰하였다. 주인공 '나'와 '문자'는 성장기에 아버지와 사별하여 '부성부재'라는 상실감을 공통경험으로 가지고 있다. 그런 연유로 두 여성은 나이 많은 기혼남성과 로맨틱 러브를 실천하게 되지만, 이미 가족을 가지고 있는 그들은 가식과 무책임의 경계를 넘나들 뿐이다. 두 여성들은 남자들의 의사와는 상관없이 아이를 낳고 '비혼모 가족'을 만들어 현대의 모계가족을 탄생시키기에 이른다. 그러나 두 여성 모두 ‘부성부재’라는 트라우마를 내재하고 있어, 아이들에게 부성은 필요불가결하다는 점을 인지하고 있다. 이에 따라 『黙市』의 ‘나’는 혈연을 배제한 남성과의 거래, 즉 사회적 통념을 벗어난 은밀한 거래를 통해 부성을 제공하여 아이들의 정서적 교감을 충족시키는데 주력하는 반면, 『먼 그대』의 문자는 아이에게 아버지라는 정서적 교감을 기대하기보다는 사생아라는 사회적 냉대를 더 심각하게 고려하여, 아이에게 애정을 보이지는 않지만 친부의 그늘아래 두는 선택을 한다. 이러한 두 여성의 선택에서 한일 양국간의 혈연중심주의적 문화의 정도를 느끼게 한다.

또한 두 소설은 여성의 시점에서 창작된 만큼 국가를 뛰어넘어 모티브와 구성도 닮아있다. 『黙市』의 ‘나’, 『먼 그대』의 문자는 불같은 사랑을 거쳐 낳는 성을 경험하며 혼돈 속에 빠져든다. 그러나 ‘나’는 ‘리쿠기엔’이라는 혼돈의 메타포를 통해 삶의 해답을 찾고 있으며, 『먼 그대』의 문자 역시 상대남성의 배신에 의해 수없이 정신적 혼돈을 경험하지만 마음속의 ‘낙타’를 통해 갱생을 꿈꾸는 열린 결말을 제시하고 있다.

제3절

1930년대의 시차(時差)적 모성수행

—최정희의 「지맥」과 쓰보이 사카에의 「무 이파리」를 중심으로—

1930년대 후반, 전쟁이 격렬함을 더해가는 가운데 한일 여성들에게는 '모성'이 재편되어 강조되기에 이른다. 이에 따라 신여성들은 보수적인 측면을 드러내며 체제에 타협하는 모습을 보이기 시작한다. 아울러 1930년대 후반에서 40년대 초반에는 모성애에 의한 가정교육이 강조되었으며, 동시에 모성을 제대로 수행하지 않고 사치한 신여성이 비판의 대상으로 부상하였다(가와모토 아야, 1999: 227).

이에 발맞춰 최정희는 시대에 부응하는 '여성의 문제'를 전면에 부각시키며 지식인인 미혼모를 소설의 주인공으로 설정하여 '모성'을 묘사하기에 이른다(황수남, 2000).

여성의 문제를 주제로 한 최정희의 첫 작품은 「흉가」(『조광』, 1937.4)이며, 뒤이어 「지맥」[44](『문장』, 1939.9), 「인맥」(『문장』, 1940.4), 「천맥」(『삼천리』, 1941.1–4)을 잇따라 발표하게 된다. 소설 「지맥」, 「인맥」, 「천맥」은 여성문제를 천(天)·지(地)·인(人)의 우주적 원리에 의해 풀어보겠다는 의지로 창작된 작품으로 당대 문단의

44 이듬해인 1940년 일본어로 번역(이몽응 譯)되어 『朝鮮文學選集 제2권』에 실림.

화제가 되었다(이태숙, 2002: 214–220). '맥 시리즈(「지맥」, 「인맥」, 「천맥」)'는 크게 모성창출인가?[45] 시대 부합용인가[46]하는 논으로 나뉜다. 본고에서는 이병순의 '모성'을 여성의 욕망을 감추는 수단으로 본 「최정희 소설에 나타난 모성 연구」(『여성문학연구』, 2005)의 논지를 발판으로, 구체적인 욕망의 실체와 이에 따른 메타포를 제시하고자 한다.

한편 일본 문단에서 1930년대 후반 '모성의 작가'로 문단에 데뷔한 사람이 쓰보이 사카에(壺井栄, 1899–1967)이다. 쓰보이의 출세작 「무 이파리(大根の葉)」(1938.9)[47]는 아쿠타가와 문학상 후보작으로 선정되기도 한 수작이다. 그러나 선행연구를 살펴보면, 주로 방언의 아름다움을 평가한 논문[48]이 대부분이다. 또한 사기 다다오(鷺

---

45 「지맥」, 「인맥」, 「천맥」 중 모성의 강조가 두드러진 「지맥」과 「천맥」만을 문제적으로 탐구한 김주리의 「비체화된 모성의 우울증과 육친애」(『인문연구』, 2008). 김혜정의 「최정희 「천맥」에 나타난 여성성」(『대동문화연구』, 1992), 방민호의 「1930년대 후반 최정희 소설에 나타난 여성의 의미」(『한국현대소설학회』, 2006), 정순진의 「모성과 여성의 갈등–최정희의 「지맥」, 「인맥」, 『천맥」을 중심으로–」(『한국언어문학』, 1994)와, '모성'과 '친일 협력 문학'의 두 가지 올가미를 씌운 서영인의 「순응적 여성성과 국가주의」(『현대소설연구』, 2005), 신영희의 「식민지 조선에서의 징병제와 '군국모성'–최정희의 1940~1945년 작품을 매개로–」(『대동문화연구』, 2007), 이상경의 「일제말기의 여성동원과 '군국의 어머니'–」(『원우론총』, 1986)가 있다.

46 최정희 소설에서 '모성'을 여성의 욕망을 감추는 위장으로 본 이병순의 「최정희 소설에 나타난 모성 연구」(『여성문학연구』, 2005), 심진경의 「최정희 문학의 여성성」, 『한국근대문학연구』(2006)가 있으며, '여성'으로 '군국'을 위장한 졸자의 「<부름>받은 여성들–최정희「幻の兵士」와 사타이네코 「気づかざりき」의 '응답'」(『일본문화학보』, 41집, 2009)이 새로운 시점의 논문이다.

47 壺井栄, 『大根の葉』, (『文芸』, 1938.9), 『日本文学全集』(1967), 新潮社.

48 関口安義 (1997), 「「大根の葉」ー方言の生かされた会話」, 『国文学解釈と鑑賞』, 須浪敏子(2001), 「壺井栄「大根の葉」論ー子供と小豆島方言の発見」, 『四国学院大学論集』, 西沢正太郎(1997), 「壺井栄ー国民文学としての位置」, 『国文学解釈と鑑賞』, 小田実(1979), 「大きな小説ー壺井栄「大根の葉」」, 『文芸』.

只雄, 2007)는 전쟁과는 무관한 작품으로 분류하고 있기도 하다(鷺只雄, 2007).

본고에서는 '모성의 작가'로 평가받고 있는 쓰보이의 작품에 대해 시대적 상황을 고려해가며 분석을 시도함으로써 '국책 소설'의 단면을 밝히고자 한다.

어머니의 역할을 규정하는 '모성역할'은 유사 이래로 논의되어져 왔다. 한일 양국에서는 근대이전까지의 어머니의 역할이 조선에서는 자식에게 예의범절을 가르치는 엄모(嚴母)로, 일본에서는 자식에게 헌신적인 자모(慈母)로서 존재해 왔다. 따라서 '모성'을 전통과 근대라는 이분법보다는 전근대에서 근대로 이행하면서 전근대적인 성격이 근대적인 것에 복잡한 방식으로 융합된 것이라고 보는 것이 타당할 것 같다. 이러한 관점에서 파악한다면 '현모양처'는 시대와 상황에 따라 그 내용이 달라지는 양상을 적절히 포착할 수 있을 것이다. 본고에서는 이러한 현모양처 사상의 여러 측면 중에서 주로 국가가 여성을 통합하기 위한 도구로 이용된 측면에 주목하겠다. 이를 위해 1930년대 후반에 발표된 「지맥」과 「무 이파리」에 묘사된 여성에 초점을 맞추어 30년대 일제의 모성정책에 나타난 식민지 피식민지 구도와 그에 따른 정치성을 고찰하여, 그러한 것이 한일 양국 소설에 시차(時差)적으로 나타나고 있음을 규명하고자 한다.

1. 이데올로기로서의 현모양처

일본과 한국에서 개화기에 현모양처 사상이 적용된 목적은 근대화를 위한 국민의 양성, 국권회복, 그리고 모성을 발휘함으로써 이루어지는 민족적 후진성의 극복에 있었다. 어머니의 역할이 국가의 성쇠를 좌우하는 것으로 인식되었고, 교육자로서의 여성을 양성하기 위해 여성교육의 정비가 이루어졌다. 그러나 실질적으로 일본이 한국을 식민지화한 1900년대 초반부터 현모양처 사상 적용의 목적에 차이가 보이기 시작한다. 일본에서는 청일전쟁과 러일전쟁을 겪으면서 현모양처사상이 전쟁수행의 목적으로 변용된 반면 주권을 상실한 한국에서는 여성과 어린이에게 민족회복의 기대가 주어졌다(가와모토 아야, 1999: 237).

일본에서 1918년에서 1919년 사이에 집중적으로 이루어진 모성논쟁은 대체로 두 가지 축을 따라 이루어졌다. 모성보호가 궁극적으로 여성의 독립과 배치되는 것이 아닌가 하는 문제와, 여성의 발전이 여성자신을 위한 것인가 아니면 여성이 속한 가정의 복지를 위한 것인가 하는 문제가 그것이다.

『세이토(青鞜)』를 발간한 히라쓰카는 1913년 엘렌 케이(Ellen Key)의 모성보호론을 소개하며, 인간으로서의 부인(婦人)의 권리에서 출발하여 여성으로서의 부인의 권리의 중요성을 역설했다. 즉, 그는 모성애를 포함하여 모성인식을 '자연'으로서가 아니라 권리로서 보고, 모성보호는 국가의 의무라고 규정하고 있다. 이러한 견해에 대해 요사노 아키코가 '의뢰(依賴)주의적 발상'이라며 반격을 가하면서 모성보호논쟁으로 번졌다. 이에 아키코는 무엇보다도 여성의 경제적 독립이 가장 중요하다고 주장하며, 엘렌 케이의 모성편중론을 비판했다. 여성에게 모성을 지나치게 강조함으로써 여성의 활동반경이 좁아지고 따라서 여성의 경제적 독립은 힘들어진다는 것이었다. 다시 말해 여성의 직업범위는 모성보호로 인해 좁혀질 것이 아니라 가능한 한 넓어져야 한다고 주장하여 여성의 철저한 독립을 역설하였던 것이다.

모성역할이 국가에 의해 새로이 주목을 받게 된 것은 근대화단계에서부터이다. 모성역할 담론의 근간이 된 현모양처 사상은 18세기경 서구의 자본주의화에 의한 근대가족이 나타나면서 공사영역의 분리와 함께 형성된 근대사상이다. 한국과 일본에서 현모양처의 관념이 하나의 사회적 사상으로 형성된 것은 20세기 초 개항기에 근대국가의 형성과 그 기반이 되는 국민의 양성이라는 목표 아래 여성을 국가로 통합시키는 과정에서였다(가와모토 아야, 1999: 222).

이러한 현모양처 사상이 1920년대 신여성의 출현으로 약간의 동요를 겪게 된다. 신여성들은 모성과 가족에 대한 관심에서 출발하여 여성자신에 대한 관심을 강조하면서, 여성의 역할을 '현모'보다는 '양처'의 역할에 관심을 집중시켰다. 고학력 도시여성들인 신여성들은 여학교를 졸업하고 당시 여성들에게 가장 문제가 된 결혼, 가족제도, 경제적 독립과 직업문제 등을 고민했었다.

급진적 신여성들은 사회주의 또는 자유주의, 민족주의 사상에 관심을 가지며 여성의 자유와 평등을 성과 사랑의 문제로써 집중적으로 논의하면서, 남녀가 성적으로 평등한 이상적 가정과 결혼관을 내놓았다. 이들이 내놓은 새로운 이상적 가족의 형태는 어머니보다는 아내로서의 여성의 역할을 강조하는, 즉 가족보다는 여성 자체를 강조한 모습이었다(김경일, 1998: 31).

이러한 신여성들의 생각은 1920년대 후반의 경제공황과 30년대 일본 군국주의의 강화로 인해 급속하게 세속화되었다. 1930년대 후반에 들어오면서 신여성은 보수적 측면을 나타내면서 체제에 타협하기 시작하였다. 이 시기 모성과 관련하여 많은 글들이 나오게 되는데, 그 글들은 어머니의 교육자로서의 역할을 국가와 민족을 위한 것과 연결시켰다. 모성애가 애국심과 연결되어 모성애에 의한 가정이 강조되었고, 동시에 모성을 제대로 수행하지 않고 사치한 신여성은 비판의 대상이 되었다.

1930년 후반부터 1940년대 전반은 1937년 중일전쟁의 발발을 계기로 한반도와 일본 모두에게 국민정신총동원 운동이 실시되어 양국 국민 므두를 전쟁체제로 흡수하는 정책이 수행되던 때였으며, 현모양처의 도구적 성격이 뚜렷하게 나타난 시기이기도 하다. 식민지시대 특히 1938년 조선교육령 개정 이후의 여성교육은 '부덕(婦德)의 함양'을 통해 현모양처로서의 자질을 얻도록 하는데 있었다. 1911년에 제정된 조선교육령 제15조에서 "여자고등보통학교는 여자에게 고등한 보통교육을 하는 곳으로써 부덕을 기르고 국민이 된 성격을 도야하며 그 생활에 유용한 지식과 기능을 가르친다."고 했던 것과 비교할 때, 1938년의 교육령 개정은 '충량지순(忠良至醇)한 황국여성'이라는 언어로 표현되듯이 1911년보다 황국신민화정책으로의 의미를 강조하고 있음을 알 수 있다. 이후에는 여성의 근로가 강조되기도 하나 여기서는 여성의 역할이 천황을 위해 언제나 죽을 수 있는 황국신민을 만드는 곳, 곧 남자아이를 낳고 잘 키우는 장소인 가정으로 한정되었다. 그러므로 식민지 여성교육 정책에서 현모양처 사상은 황국신민을 형성하기위한 목적으로 적용되었음을 알 수 있다(가와모토 아야, 1999: 229).

그렇다면 왜 전시에 모성을 강조하는 것이 유용했을까? 그것은 첫째, 어머니상은 전쟁이라는 피와 대량살육에 대한 심리적 보완책으로 불가결하다는 점, 둘째, 모성의 이미지가 민족통합에 대한 기호로서 불가결하다는 점 등이다. 그러므로 모성이나 육아라는 인간적 이미지는, 전쟁이라는 폭력행위가 가져오는 심리적 황폐로부터 국민을 구하고, 모든 국민을 차이를 넘어 하나의 혈육으로 결합시켜, 국민국가, 가족국가로의 이미지로 민심을 통합하는 기호로 활용된 것이라고 이해할 수 있다(若桑みどり, 1995: 99).

즉, 전쟁이 심화되고 일본이 아시아각국에 대한 식민지지배를 강화할 때 식민지보다 일본 국내에서 모성을 더욱더 칭송했던 것은 일본 민족이 우월하다는 논리와 깊은 연관성이 있다고 볼 수 있다. 국가부강을 근본목적으로 하여 근대여성교육이 강조되면서 현모양처 사상이 성립되었을 때는 그것의 근대적 맥락이 강조되었다. 그러나 군국주의, 국가 팽창정책이 진행됨에 따라 모성은 인재제공이라는 맥락으로 강조되었고, 점차 모성은 전쟁에 동원되었던 것이다(가와모토 아야, 1999: 235-236). 이렇듯 국가정책에서 보여주는 식민지와 피식민지와의 정책적 시차(時差)는 그대로 소설에서도 반영되어 나타난다.

2. 집(家)밖으로 나서는 어머니들

「지맥」의 여주인공 은영은 사실혼 관계에서 태어난 두 남자아이의 어머니이며, 「무 이파리」의 여주인공은 법적혼인 관계에서 아들과 딸을 둔 어머니이다. 그들은 각각 사별, 외지 돈벌이 등으로 남편의 부재 속에서도 악착같이 가정을 꾸려가는 시대의 '강한 어머니'들이다. 「지맥」과 「무 이파리」 두 텍스트의 서두에는 '어머니가 집을 나서는' 장면이 동시에 그려져 있다. 「지맥」의 주인공 은영은 남편이 죽고 난 후 남겨진 가족들의 생계를 위해 서울로, 「무 이파리」의 주인공인 겐(健)의 어머니는 선천적으로 시력장애를 가지고 태어난 딸 가쓰코(克子)의 눈을 고쳐주기 위해 고베로 떠난다.

2.1 자기결정의 대가

「지맥」의 은영은 8년 전 동경 M대학의 문학도이던 시절에 방학을 맞아 일시 귀국하여 프롤레타리아 성향의 독서회에 참가하였다. 그 때 당시 기혼자였던 한 남성과 사귀게 되는데 남성의 영향으로 점차 문학보다 정치와 사회주의 이론에 관심을 가지게 되었다. 그 후 두 사람은 연인으로 발전하였으며, 남성은 방학이 끝나 일본으로 돌아가려는 은영에게 동거를 제안하기에 이른다. 은영은 남성의 제안을 흔쾌히 받아들여(=자기결정) "어머니의 반대나 남들의 비웃음"을 뒤로한 채 남성의 고향인 대구로 내려와 사실혼에 들어간다.

소설에 설정된 시기를 환산해 보면 신여성 은영이 기혼인 신남성과 동거를 결정한 시기는 1931년이다. 이 시기의 부르주아적 연애지상주의[49]에 대해 가네모토(金本, 1930: 3)는 다음과 같이 비판을 서슴지 않았다.

> "현대야말로 텅빈 '형식'인 인습이나, 낡은 전통적 도덕이나, 제도가, 완전히 무너져 버린 듯 하면서도 아직도 무서운 힘을 가지고 한 구석에 웅크리고 존재하는 시기도 없을 것입니다. 현대야말로 '형식'만 남은 인습, 도덕, 제도와 '다소의 개인주의적 해방에 의한 자유!'가 부정형으로, 매우 대담한 방종과 아메리카즘의 최첨단적 에로티시즘과 대립하면서도, 또한 사이좋게 동거하며 서로가 적개심을 품은 혼잡한 시기는 일찍이 없었습니다."

그의 지적처럼 조선에서도 일본과 마찬가지로 지식인 남녀 사이에서 '영육일치'의 연애지상주의는 대유행하였다. 은영이 내린 기혼 남성과의 동거라는 '자기결정' 역시 이러한 시대적 배경을 깔고 있다고 볼 수 있겠다.

은영이 두 아들을 낳으며 행복한 생활을 해온 지 8년이 지난 어

49 구리야가와 하쿠손에 의해 제창된 '연애지상주의'는 부르주아 개인주의적 자유사상으로써 신봉되었다.

느 날 갑자기 내연의 남편이 사망한다. “과거 팔년간의 기록”을 지우는 장면으로 시작되는 「지맥」의 서두에는 은영이 두 아들에게 어쩔 수 없이 “거짓말”을 하게 되는 상황이 그려져 있다. 아이들을 재워두고 “세간 정리”를 하는 은영은 자식들을 대구에 남겨둔 채 취직을 위해 선택의 폭이 상대적으로 넓은 서울로 떠나려는 것이다.

> 남편이 죽던 날부터 나는 헌신짝같이 하잘것없는 여자가 되었다. 세상의 도덕이 나를 버리고 인습이 나를 버리고 법규가 나를 버렸다. (「지맥」, p.380)

> 조수와 같이 밀려드는 생활 위협을 면해보려고 남편이 돌아간 후 직업을 구하려고 했으나 그것 역시 남의 등록 없는 아내라는 탓으로, 다시 말하면 나를 증명해 주는 관청의 공증이 없는 까닭에 나는 보통학교 촉탁에서, 학원 선생에서, 회사, 은행 사무원에서 다 거부를 당했다. (「지맥」, p.380)

위의 인용을 보면 지금의 은영을 가시적으로 압박하는 대상은 “세상(=남성 사회)”이다. 그녀는 “도덕”과 “인습”과 “법규”에 저항해 사실혼을 ‘자기결정’[50]하였으나 바람막이였던 내연의 남편이 죽자 그녀의 일탈적 섹슈얼리티는 급기야 세상의 혹독한 심판을 받게 된다.

50 1910년경 『세이토(青鞜)』를 발판으로 대두된 ‘자기결정권’은 먼저 ‘출산’을 둘러싸고 전개되었다. 당시 세이토파이자 일본의 여성운동가인 야마가와 기쿠에(山川菊栄)는 미국의 산아제한 활동가인 M·상가의 ‘자주적모성론’의 영향을 받아 “어떠한 사회에서든 남녀 모두 부모가 될 것인지 아닌지를 결정할 권리, 또 그 시기를 선택할 권리는 엄연히 존재한다.”며 ‘출산의 자기결정권’을 주장하였다. 현대에는 매매춘과 관련하여 ‘성적 자기결정권’이 심심찮게 논의의 대상이 되고 있다.

내연의 남편이 죽자 사실혼 관계에 있었던 은영은 아무런 권리 행사를 하지 못한다. 재산을 분배받는 것은 물론이고 장례에 참석하는 것조차 저지를 당한다. 은영이 무언가 행동을 취하려들면 들수록 오히려 스스로 선택한 삶에 대한 사회의 비난과 조소가 돌아올 뿐이었다. 달콤한 동거가 끝나고 혹독한 시련만이 자신을 신판하기 위해 기다리고 있음을 알게 된 은영은 "희망"도 "용기"도 잃어버리고 궁지에 몰리게 된다.

그러나 은영은 포기하지 않고 사력을 다해 자식들의 생계를 위해 취직에 힘써 보지만 이 또한 "관청의 공증"이 없음을 이유로 가는 곳마다 거절당한다. 이대로라면 굶어죽을 수밖에 없는 판국이다. 게다가 자식들은 사생아라는 올가미가 씌워져 학교에 입학조차 시킬 수 없게 되자, 이쯤해서 권력에 대한 은영의 항변이 시작된다.

> –사생아를 애호하자. 사생아를 구출하자. 부모들의 비합법적 결합의 죄과(?)가 그 자식에게 미치게 되어 있는 것은 그릇된 법이라는 논의가 분분하나, 그것은 한 개의 공론으로 흘러가고 수없이 많은 사생아는 어느 날이나 이 거리 저 거리에 물에 기름처럼 저대로 떠돌아야 하니 이 책임은 과연 누가 져야 할 것인가. 나는 내 잘못을 뉘우치는 한편 이러한 사회에 대한 불평불만이 목구멍까지 치밀어 올랐다. 세상의 온갖 규율, 풍속, 인습, 도덕에의 반발이 일고 증오가 일었다. (「지맥」, p.408)

> "그런데 순이 고 가스내가 나캉 형아캉은 보통학교 몬 댕긴닥 하데." "왜?" "아버지가 없어서 안 된다 카더라." (「지맥」, p.383)

은영이 사실혼 관계에서 출생한 두 아들은 사회로부터 "사생아"

라는 꼬리표가 붙여져 있다. 이러한 작가의 시점은 스웨덴의 여성 운동가 엘렌 케이[51]의 「모성보호론」[52](김효임, 1994)에서 유래되며, 그녀가 결성한 '모성보호동맹회'는 사생아 증대에 대한 대응으로서 미혼모의 경제적 곤란을 막으려는 운동이었다(정진성, 1999: 250). 작가 최정희가 이러한 엘렌 케이의 영향을 받은 것은 이미 선행연구에서 언급된바 있다(김효임, 1994).

은영이 서울로 떠나는 이유는 '생계에 대한 절박함'으로 결론난다. 즉, 은영에게 '자기결정'의 대가로 '생계'라는 문제가 표면으로 불거져 나온 것이다.

> 이것이야말로 한때에 그러한 경솔과 무분별한 행동으로 해서 받은 보수. 그 쓰라린 체험에서 단련된 내 예지의 눈으로 정확히 보아 온 데서 생긴 반발이었고 증오였다. 그런 까닭에선지 반발과 증오는 행동적이 못되고 심하면 심할수록 점점 풀이 죽고 용기가 줄어들고 아무래도 그 세상과 타협해 살아나갈 가망이 없을 것 같은 생각만 들어서 나는 때때로 아이들과 함께 죽음을 생각해 보는 약한 여자가 되기도 했다. (「지맥」, p.408)

---

51 (Ellen Karolina Sofia Key, 1849년 12월 11일 – 1926년 4월 25일)은 스웨덴의 사회사상가, 교육학자, 여성 운동가, feminist. 모성과 아동의 존중을 기축으로 사회 문제를 논했다. 저작에「연애와 결혼」, 「아동의 세기」, 「모성의 부흥」등이 있다. 케이의 저서는 대정 데모크러시기의 일본에도, 여성 문예잡지 「세이토」등을 통해서 소개되어 일본의 여성 운동에 절대인 영향을 가져왔으며, 교육의 중요성을 설파했다.

52 엘렌 케이의 사상을 한마디로 요약하자면, '연애중심론'과 '모성보호론'이다. 케이는 "어떠한 결혼이든지 거기 연애가 있으면 그것은 도덕이다. 가령 어떠한 법률상의 수속을 經한 결혼이라도 거기 연애가 없으면 그것은 부도덕하다."라고 하여 연애중심의 결혼관을 펼치고 있으며, 또한 "여자의 여자된 所以는 그 모성에 있다. 어머니로의 충분한 직능을 다하지 못하면 여자는 기타 어떠한 일을 하던지 결단코 훌륭한 일을 하였다고 할 수 없는 것이다."라고 하여 어머니로서의 의무의 중요성을 강조하였다.

은영은 자신의 선택에 대해 "한때의 경솔"과 "무분별한 행동"에서 기인된 것이라고 자책하며 후회하는 모습을 보인다. 이러한 묘사가 당시의 남성 문인들에게 작가 최정희를 긍정적으로 평가하게 하는 근거가 되기도 했다. 그러나 은영은 마냥 "약한 여자"로 추락할 수만은 없었으므로 급기야 서울행을 결행한다.

2.2 '딸의 어머니'로

1938년 9월에 발표된 「무 이파리」는 백내장에 걸린 갓난아이와 다섯 살 배기 아들 겐을 중심으로, 가가와현(香川県)의 쇼도시마(小豆島) 사투리로 이야기가 전개된다. 대동아공영권을 부르짖으며 표준어 사용을 강요한 시점에서 사투리를 쓴 회화체 형식이 초국가주의적이라는 평가를 받기도 하였다(須浪敏子, 2001: 2-3).

소설에 등장하는 겐(健)의 어머니는 도쿄에 머물며 아직 미취업 상태인 남편을 대신하여 편물점을 운영하여 두 아이를 양육한다. 이러한 겐의 어머니야말로 시대에 부응한 강하고 자애로운 모성의 대표적 모델로 그려지지만 소설에서는 이름조차 부여받지 못한다. 그녀는 만 세살인 아들 겐을 친척집에 맡기고 딸 가쓰코(克子)의 치료를 위해 고베행을 결행한다.

> 겐의 어머니는 오늘 밤 또 갓난애 가쓰코(克子)를 데리고 고베의 병원에 가기로 되어 있다. 필자 번역 이하 동 (「무 이파리」, p.157)

겐의 어머니는 지푸라기라도 잡는 심정으로 그동안 뜨개질과 실을 팔아 모아둔 돈을 들고 고베 병원을 찾아가려는 것이다. 백내장에 걸린 딸 가쓰코를 병원에 데리고 가는 것은 이번으로 두 번째 도전이다. 일전에 의사에게 가쓰코의 동공이 안구운동을 계속하고 있으며 빛에 반응하는 점으로 보아 희망이 있다는 진단을 받았었다.

이처럼 「무 이파리」에는 선천적으로 앞이 보이지 않는 아이, 즉 열생(劣生)을 타고난 아이(딸)에 초점이 맞춰져 있다. 이러한 설정은 근대 초기 일본이 문명국으로 등극하기 위해 만들어낸 우생주의에 크게 반하는 매우 저항적인 요소라 할 수 있다. 일본에서 우생학(優生學)의 영향은 1905년경에는 이미 나타나 있었으며, 한센병자에 대한 격리나 단종정책을 초래한 한센 예방법 제정을 위해 정부 관계자 스스로가 '민족 정화'를 외쳤던 점에서 그 심각성을 짐작할 수 있다.

이러한 어머니와 모성의 강조는 일본여성에게서 출산되는 민족의 우월성을 나타내주는 것이기도 했다. 조선의 황민화 정책에서 모성강조가 일본에서와 같이 강하게 나타나지 않았던 것은 이와 관련하여 이해할 수 있다. 즉, 전쟁이 심화되고 일본이 아시아 각국에 대한 식민지지배를 강화할 때 식민지보다 일본 국내에서 모성을 더욱더 칭송했던 것은 일본민족이 우월하다는 논리와 깊은 연관성이 있다고 볼 수 있다. 이런 식의 모성 강조는 우수한 종(種)을 전면적으로 보호하는 한편, 국가에 봉사할 수 없는, 또는 열등하다고 인식되는 종(種)을 박멸시킨다는 이중적 성격을 띠고 있었다. 그러므로 이 시기의 여성역할 중에서 모성이 특별히 강조되고 광신적 예찬의 대상으로 바뀐 것은, 근대화의 요청과 더불어 여성교육의 필요성이 주장됨에 따라 형성된 개화기의 현모양처 사상과는 거리가 있다. 그런 의미에서 총동원체제에서의 모성예찬은 현모양처 사상의 일종이긴 하나, 그것이 상당히 변용된 모습으로 적용되었다고 해석할 수 있다(가와모토 아야, 1999: 236).

이러한 견지에서, 「무 이파리」는 시대에 부응하여 '모성'을 그리고는 있으나 최후의 보루인 작가적 자존심을 '딸의 열생을 치료'와 '섬 사투리 사용'에서 저항의 흔적을 남기는 것으로 보상받고 있다.

또한 근세 일본의 어머니들은 이에(家)제도 아래서 상속자인 아들을 낳아 가업을 물려주고 혈연집단을 이어가는 역할을 맡고 있었다. 근대 국민국가 체제에서도 역시 국민(남자)을 낳아 교육하는 사람으로서의 현모(賢母)의 역할이 주목받게 되었다. 이러한 어머니의 역할은 아들을 낳아 대를 잇고 입신양명을 바라는 조선의 어머니의 역할과 크게 다르지 않다. 즉, 한일의 어머니들은 줄곧 '아들의 어머니'였던 것이다. 이러한 점에서 겐의 어머니가 수행하는 딸의 열생을 치료하는 모습은 '딸의 어머니'로 거듭나는, 국책과는 상반된 자세의 글쓰기를 보여주고 있다. 그러나 소설에는 이러한 모습을 달가워하지 않는 구습에 의한 가치관이 묘사되어 이와 대비된다.

겐의 어머니는 고베 병원에 가기위해 겐을 큰아버지 가족과 사촌형제들이 함께 살고 있는 이웃마을 할머니 댁에 맡겼었다. 2차 치료를 마치고 돌아 온 겐의 어머니는 수술결과에 대한 보고와 겐을 데려오기 위해 곧장 할머님 댁으로 향한다. 어머니의 보고에 의하면 가쓰코의 2차 수술 결과는 좋았지만 다시 한 번 수술을 받아야만 잘 볼 수 있다는 것이었다. 이 말을 들은 시어머니는 둘째 며느리의 행동을 못마땅하게 생각하며 "백내장은 못 고친다"는 사회통념으로 포기하도록 설득한다. 그러나 겐의 어머니는 눈물로써 자신의 신념과 의지를 피력하며 설득한다.

> 어머니는 눈물을 흘리며, 가족들을 향해 두 손을 집고 무릎을 꿇었다. "아무쪼록 가쓰코의 눈 수술에 관해서만은 저에게 맡겨주세요. 저는 가쓰코가 더 이상 눈이 보이지 않는다고 하더라도 할 수 있는

데까지는 해주지 않으며 포기가 안 됩니다. 제가 죽을힘을 다해 돈을 벌겠습니다. 부탁드립니다, 다시 한 번 수술을 받게 해 주세요.

(「무 이파리」, p.185)

더 이상 수술은 안 된다는 시어머니의 반대에 부딪힌 겐의 어머니는 눈물로써 가족들을 설득하기 시작한다. 그러자 그녀의 의지가 강하다는 판단을 한 시아주머니가 선뜻 수술비를 원조하겠다고 나선다. 이에 겐의 어머니는 가까스로 한 숨을 돌리며 고마움을 표시한다. 그리고 겐을 등에 업고 집으로 돌아오는 길에 다음과 같이 아들에게 속삭인다.

이번 한 번만 더 수술을 받으면 가쓰코는 뭐든지 잘 보인데. (「무 이파리」, p.187)

겐의 어머니는 모든 일이 생각대로 풀려 딸이 한 번 더 수술을 받을 수 있게 된 사실을 매우 다행스럽게 생각한다. 그리고 등에 업힌 아들 겐에게 여동생이 곧 앞을 볼 수 있다는 사실을 알리며 기쁨을 함께 나눈다. 그리고는 '딸의 어머니'로 거듭난 스스로의 모성 역할에 만족해하며 소설은 막을 내린다.

3. '양처'와 '현모'의 변주곡

근대 서구로부터 유입된 여성정책이 일본에서는 '양처현모'로, 조선에서는 '현모양처'로 명명되어 현대까지 이어지고 있다. 1910년 신여성들은 개인을 인정받을 수 있는 '양처'를 수용하였으며, 이타주의를 근저에 깔고 있는 '현모'를 거부하였다. 그러나 일본은 근대 국민국가에 필요한 '국민 만들기'에 초점을 맞추고 '현모'를 강조하여 동원하기 시작했다. 1930년대 후반이 되면 희생하는 자비로운 '자모(慈母)'의 형태가 강조되고 '양처'는 지양되었다. 그러나 이러한 양상은 식민지와 피식민지라는 공간에서 다르게 나타나고 있음을 주목하고자 한다.

3.1 성적고독의 표출, 그리고 '현모'로

소설 전반부에서 묘사되는 은영이 '집을 따나는' 이유는, 사실혼을 '자기결정'한 은영에 대한 사회의 응징에 의해 생계가 위협을 받고 있어 부득이 떠날 수밖에 없다는 내용이었다. 그러나 그런 것은 표면적 이유에 불과하고 소설의 심층을 들여다보면 또 하나의 원인이 복선으로 깔려 있음을 알 수 있다.

「지맥」의 서두에는 어디까지나 '양처'이고 싶어 하는 은영의 심적 갈등이 묘사되어 있다. 이는 과부가 된 은영의 '성적고독'에 따른 '성욕'을 묘사하는 장면에서 두드러진다.

세상의 바람막이가 되어주던 남편이 어느 날 갑자기 세상을 뜨자 미혼모에 대한 사회의 냉혹한 현실에 정신이 번쩍 든 은영은 8년의 기록을 지우는데 열중하고 있다. 가족의 생계를 위해 어쩔 수 없이 집밖으로 나가 돈을 벌지 않으면 안 되겠다고 판단한 은영은 세간을 정리하고 남은 휴지로 불쏘시개를 하여 장작불을 지폈다.

> 쉽게 안 댕기던 장작이건만 불쏘시개가 많은 탓인지 수월히 훨훨 붙으며 <u>시뻘건 불길</u>이 무서운 짐승의 혀끝같이 날름거리는데 그것이 전신을 아궁이 속에 삼키려는 것 같아서 무서웠다. 솥의 물도 이내 끓어 번져서 소리와 불길이 한데 나를 위협했다. 나는 부지깽이를 집

어 던지고 허둥지둥 방으로 달려들어 왔지만 널름거리는 불길은 끊이지 않았고 끓어 번지는 물소리도 여전히 들렸다. (「지맥」, p.378), 밑줄 필자, 이하 동.

위의 장면이 묘사된 시점은 은영이 집을 떠나기 위해 세간을 정리하던 날 밤이다. 그렇다면 은영의 외출 전에 묘사되는 "시뻘건 불길"과 "끓어 번지는 물소리"는 무엇을 암시하는 것일까? 이는 혹시 은영의 내면을 대변하고 있는 건 아닐까? 즉, "불"과 "물소리"는 생명력의 메타포로 내일이면 가족을 뒤로하고 집을 떠나게 되는 은영의 등을 떠밀며 뭔가를 부추기는 듯하다. 그러나 정작 당사자인 은영은 도리어 강한 생명력에 눌려 "허둥지둥 방으로 달려들어와" 버리고 만다. 그렇다면 은영은 자신의 내면과 맞대할 용기가 없는 것일까? 작자는 그 원인을 "세상"때문이라고 규정하였다. 은영은 "세상"의 손가락질 때문에 자신의 내면을 쉬이 바로 볼 수 없는 것이다. 그렇다면 은영의 '내면', 즉, 속내는 과연 무엇일까?

가와무라(1994)는 1930년대의 키워드의 하나로 '성욕'을 제시하였다.

> '성욕'이라는 단어가, 1910년대 경부터 빈번하게 사용되었다. 1920년대, 30년대에 이르면, 이른바 유행어, 시대의 키워드가 되었다고 해도 과언이 아니다. 성욕은 컨트롤 불가능한 추접한 것, 부도덕한 것으로 치부되어 위험시 되었지만, 그 뿐 아니라 생명의 근본, 종족 보존의 원천으로서 예찬되기도 했다. 엠비발렌트한 '힘'으로써 근대인의 심신을, 혹은 두뇌를 지배했던 것이다. (중략) 성욕이 크나큰 문제가 된 것은 미혼 청춘남녀 사이에서 뿐만 아니다. 기혼자, 특히 아내의 경우가 문제시되었던 것이다. (중략) "여자"로서 정숙하고, 아내로서 정조를 지키며, 어머니로서 자애로워야 하는 사실은 자명한 것이었다. 이른바 "현모양처"라는 규범이다. 성욕 따위는 완전히 도

외시되었다고 해도 좋다. 그러나 이윽고 성욕의 문제가 클로즈 업 되게 된다. "낳는 여자"라는 점에서 뿐만 아니라, 이 시기 연애는 예찬과 동시에, 기혼 여성들의 연애로 스캔달라스한 사회 문제로써 매스미디어를 뒤흔들었다. 성욕과 연애는 배리한가, 일치한가가 매스 미디어의 토픽이 되었다(川村邦光, 1994: 222)

가네모토(1930) 역시 미혼젊은이들의 '성적고독'을 문제적 시점에서 다음과 같이 역설하였다.

지금은 한 끼의 빵문제와 실업문제가 중대 문제 이듯이, 미혼 남녀의 성적고독의 문제가, 사회적 성질을 지닌 중대한 문제의 하나임에 틀림없습니다. 그것은 아마도 현대만큼 성적고독이 도처에, 길가나 지붕 밑에 뒹굴고 있는 때는 없었을 것입니다(金本洋文, 1930: 3).

즉, 은영은 성적고독 상태에 있었다고 볼 수 있다. 그렇다면 은영은 왜 하필 "서울"을 선택한 것일까? 식민지 도시 서울은 백화점과 다방, 카페가 즐비하고 모던걸과 모던보이가 거리를 활보하던 '소비'와 '관능'의 도시였다. 실제로 은영이 서울에 와서 경험한 일이란, 남자 손님과 뒹군 흔적이 역력한 기생의 옷을 세탁해서 손질해 주고, 남편에게 팔려와 사랑하지도 않은 남자의 아이를 임신해 고민하는 첩의 생활상을 듣고, 사랑의 도피행각을 벌인 여학생 하순을 지켜보는 등 한없이 섹슈얼한 자장 안에서의 생활이었다. 그러던 중 은영은 생활고를 빌미로 급기야 옛 애인 "상훈"과 재회하며 "나"를 찾기 위해 관능을 부활시킨다.

북악 근처의 푸른 경치도 나를 위해 있는 것 같고 태양이, 푸른 숲이, 아니 온 우주가 모두 나를 위해서 있는 것 같았다. 끝내 나는 상훈을 찾아가고야 말게 되었다. (「지맥」, p.411)

"은영 씨!" 나는 고개를 숙이고 눈을 감아 버리고야 말았다. 그의 눈을 주체할 수 없었다기보다 내 얼굴에 일어나는 경련을 막기 위해서였다. 눈을 감았으나 상훈의 심원한 표정, 목조 같은 얼굴, 굵직한 말소리며 적당한 체구, 이 모든 것들이 더 한층 또렷해지고 방안 공기와 색과 기온과 그 방안에만 있는 특유한 냄새까지 전부 내 폐부 속에 스며드는 것이었다. (「지맥」, p.412)

은영은 자신의 내면의 소리에 솔직하게 귀기우린 결과, 그 동안 잊고 있었던 '관능'을 회복하기에 이른다. 그리고 상훈과 둘만의 공간에서 "눈을 감은" 채 몸의 감각만으로 숨을 쉬듯 남자를 느낀다. 즉, 은영의 몸은 말로써 형언할 수 없을 만큼 달아올라 있으며, 그녀는 이러한 몸의 변화를 있는 그대로 받아들이고 있는 것이다. 마침내 미혼인 상훈이 아이가 둘이나 딸린 은영에게 프러포즈하기에 이른다.

"미망인의 재혼을 어떻게 생각하십니까?" "네?" "미망인의 재혼을 허용하십니까?" "아뇨." (「지맥」, p.413)

내면에 대한 솔직함도 여기까지로, 상훈의 프러포즈에 당황해하며 거절해버린 후 은영의 감정은 더 이상 한 발짝도 나아가지 못한다. 더 나아갔다가는 또다시 사회의 따가운 눈총을 받을 것이라는 것을 은영은 경험으로 잘 알고 있는 것이다. 따라서 "양심"과 "신부님의 말씀"을 핑계로 자신의 내면을 속이고 세상의 기준과 타협한다.

(전략) 해주로 떠나는 바로 직전까지도 나는 플랫폼에서 전송하는 신부님의 눈을 피해 가며 행여 그가 나왔을까 하고 수없이 찾았던 것이나 신이 아닌 그가 어떻게 사실을 알고 나와 주랴. (「지맥」, p.417)

그러나 그녀의 양심은 이내 다시 흔들리고 해주보육원으로 떠나는 플랫폼에서 상훈의 모습을 찾고 있는 자신을 발견하고 만다.

> 잃어버린 무엇을 찾고자 헤매는 것 같기도 했다. 그러니까 무수한 별들은 어느 하나도 땅에 떨어지거나 몸부림을 치거나 하지 않고 오직 제 몸을 불사르며 캄캄한 밤하늘의 궤도를 지키고 있는 것 같이 보였다. 나는 그러한 별들을 보는 사이에 문득 엄숙해져야 할 것 같은 충동을 받았다. 별이 하늘의 궤도를 벗어나지 않을 인내와 극기와 성실과 용기를 준비해야 되겠다는 생각을 가졌다. (「지맥」, p.417)

> (전략) 그것들이 자는 옆에서 그들을 잘 성장시키는 것이 내게 던져진 운명이요, 내가 벗어나지 못할 지상의 궤도라고 마음속에 다짐했다. (「지맥」, p.418)

드디어 은영은 차에 올라 '양처'를 포기하고 "제 몸을 불사르는 밤하늘의 별"의 모습을 본받아 땅에서도 인륜의 궤도를 벗어나지 않을 "운명"의 어머니 역할(=賢母)을 수행하기 위해 해주보육원을 향해 내달린다.

1920년 일본의 여성 운동가인 야마카와 기쿠에(山川菊栄)는 진정한 여성해방을 '연애의 자유'와 '모성 선택권'에 두고 역설하였다.[53] 기쿠에는 '여성해방'을 위해서는 <연애의 자유>와 <모성 선택권>의 2대 요소가 중심이 될 것이며, 특히 모성 선택권을 위해서는 '바쓰 컨트롤(birth control)'이 필요하다고까지 주장하였다. 기쿠에의 주장처럼 은영이 추구하는 당대의 여성해방은 자유로운 연애에 의

---

53 말하자면, 연애의 자유와 모성에 대한 선택권은 부인(婦人)해방의 가장 기초적인 2대 요소입니다. 연애의 자유는, 경제적 사회적 압제를 푸는 사회주의의 실현에 의해 보장되겠지만, 모성에 대한 선택권은 산아조절 수단을 통해 확보되는 것입니다(山川菊栄, 1920: 286).

한 '관능'을 실천하는, 그러면서도 '모성'을 저버리지 않는 그러한 여성상이 아니었을까?

3.2 자모(慈母)의 체현

앞서 언급한 바와 같이 「무 이파리」의 서두에는 겐의 어머니가 여동생을 데리고 고베로 떠나는 장면이 그려져 있다. 외출 채비를 서두르는 어머니의 모습을 보며 다섯 살 배기 겐은 자신도 함께 외출할 수 있다는 기대감으로 가슴이 부푼다. 그러나 어머니가 자신의 소지품을 따로 챙기자 그만 불길한 예감에 울상이 되고 만다. 겐은 평소와 다른 어머니의 외출을 이해하지 못하고 같이 가겠다며 떼를 쓴다. 하는 수 없이 다섯 살 배기 겐을 상대로 한 어머니의 설득작전이 전개된다.

> 이윽고 엄마는 겐 곁으로 와서 얼굴을 들여다봤다. 겐, 설을 쇠었으니 몇 살이지? 자애로운 목소리다. 이제 할머니 집에 보내는 것을 포기한 것 같은 표정이었다. 겐은 그만 넘어가고 말았다. "다섯 살" "가쓰코는 몇 살이지?" "두 살" "겐과 가쓰코 중에서 누가 더 크지?" "겐" "그러면, 겐과 가쓰코 중 누가 더 영리하지?" "겐!" 겐은 의기양양해졌다. (중략) 엄마는 더욱더 싱글벙글거리며 가까이 가서 겐의 어깨를 양손으로 감쌌다. "겐과 가쓰코, 누가 더 엄마 말을 잘 들을까?" "겐!" "좋아! 그렇다면 겐은 할머님 댁에 가는 거네." 어머니는 논리적으로 따지고 들었다. 그만 무심코 대답해 버린 겐은 당황하여 발을 동동 구르며, "아니야, 아니야, 겐 고베에 갈 거야. 할머니 집에 안 갈 거야, 안 갈 거야, 가쓰코에게 가라고 해, 겐은 안 갈 거야." (「무 이파리」, pp.159-160)

> 어머니는 관음산을 가리켰다. 겐도 어머니가 가리키는 쪽을 돌아다봤다. 산 정상에 흰 구름이 흘러가고 있었다. (「무 이파리」, p.165)

어머니가 어린 아들을 달래어 설득해가는 위의 광경은 「지맥」에서 은영이 아이들에게 "거짓말"을 해서 위기를 모면하는 그것과는 사뭇 다르게 안정적이다. 한사코 헤어지지 않으려는 아들 겐을 상대로 절대로 윽박지르거나 겁을 주지 않고 어디까지나 "자애로운 목소리"와 "논리"적 어투로 납득시켜가는 모습은 참으로 자애로움을 바탕으로 한 '자모(慈母)'의 표상이라 아니 할 수 없는 장면이다. 이러한 사실을 반증이라도 하듯이 어머니는 겐에게 "관음산"을 가리킨다.

이렇듯 한일 근대에 있어서의 '현모양처' 사상은 서구로부터 유입되어, 아이의 인격을 존중하는 모성의 형태로 정착되었다. 서구의 어머니처럼 아이의 감정적 요구에 민감하게 반응하여 공감하는 어머니가 바로 그것이다. 「무 이파리」에는 그러한 자애로운 어머니상을 토대로 한 시대에 부합한 '모성'이 제시되고 있는 것이다.

앞서 언급한 바와 같이 「지맥」의 은영은 '현모'의 중요성도 인정하지만 '양처'로서의 꿈도 포기하지 않고 끊임없이 자신의 내면과 맞대면해온 점을 언급하였다. 그에 반해 「무 이파리」에서는 겐의 어머니가 자신의 이름을 부여받지 못한 것처럼 '에로스' 또한 표면으로 부각되지 않는다. 그렇게 함으로써 독자들에게는 오로지 '현모'의 역할만이 각인되게 되고, 정부정책에도 반한지 않은 글쓰기가 되는 이중효과를 가져 온다.

소설에서는 독자에게 남편에 대한 정보가 딱 한번 주어진다.

> 아버지는 가끔 집에 오셨으나 곧바로 떠나버리곤 하므로 겐의 가족은 언제나 3명이었다. (「무 이파리」, p.162)

"가끔" 집에 들르는 남편의 동향과 딸의 출산은 겐의 어머니의

'양처'로서의 역할이 존재함을 대변해준다. 그러나 「무 이파리」에서는 철저하게 여성의 '현모'의 역할만이 강조되며 '양처'의 역할은 언급되지 않은 채 심층으로 감춰진다. 이 또한 국책에 부응하는 '모성 체현'을 앞세운 작가적 전략으로 읽을 수 있겠다.

고베 병원에서 돌아온 어머니는 친지들에게 3차 수술이 필요하다는 보고를 하게 되고, 일시적으로 시어머니의 반대에 부딪쳤다. 그러나 딸의 수술의 필요성을 눈물로 호소한 결과 시댁의 승낙을 받아 낸 어머니는 기쁨을 감추지 못한다.

> 어두운 바다 위에는 천천히 흐르는 어선의 횃불이 오른쪽으로 왼쪽으로 움직이고 있었다. 오랜만에 보는 하늘은 가을의 밤처럼 별이 빛나고 있다. "어머나, 예쁜 별, 봐보렴 겐!" (「무 이파리」, p.187)

어머니는 딸의 밝은 미래를 상상하며 등에 업힌 겐과 기쁨을 나눈다. 강하고 자애로운 어머니의 '모성 체현'을 응원이라도 하듯 하늘에는 "별"이 빛나고 있다. 우연찮게도 「지맥」과 「무 이파리」 이 두 소설의 라스트 신은 '모성=자연의 섭리'라는 일치된 결말을 보인다. 「지맥」의 은영이 '모성 수행'을 별을 인용해 자연의 섭리로 해석한 것처럼, 「무 이파리」의 겐의 어머니 또한 동일한 생각을 보이고 있다는 점에서 당 시대의 문화적 동질감을 느끼게 하는 장면이다.

윤택림(2001: 6)은 '모성'을 '어머니 노릇'으로 재해석해 현대를 살아가는 이 시대의 어머니들에 대해 다음과 같이 주문한다.

> "어머니 노릇은 여성들이 여자로 태어나서 해야만 하는 것이 아니라, 여성이 선택할 수 있고, 자기 성장의 일부로서 즐겁게 할 수 있는 것으로 생각하길 바란다. 그래서 여성이 자기 삶의 주체로서 어머니

노릇을 괴롭게 만드는 사회적, 제도적, 구조적 기제들에 어머니들이 도전하여, 자기 성장뿐만 아니라, 양성 평등한 사회, 민주적인 사회를 만들어 가는데 기여하길 바란다."

전쟁으로 얼룩진 근대의 1930년 후반이라는, 여성들의 이상(理想)을 실현시킬 수 없는 혼돈의 사회였음을 감안하면, 한일 두 여성작가의 이러한 '작은 저항'은 큰 의미가 있다 할 것이다. 그러나 「지맥」이 끊임없이 여성의 에로스를 포기하지 않고 언급하며 '양처'의 역할을 주장하고 있는 것과 달리, 「무 이파리」에서는 국책에 거슬리는 '양처'는 감추어지고 '현모'만이 부각된 점에서 모성에 대한 시차(時差)를 읽을 수 있게 한다.

이상 1930년대 후반에 발표된 「지맥」과 「무 이파리」에 주테마인 '모성'에 대해 분석하였다. 그 결과 두 텍스트에는 이데올로기에 의한 '양처'와 '현모'가 강약을 두고 나타나고 있음을 알 수 있었다. 1939년에 발표된 「지맥」에서는 서울로 떠난 은영이 옛 애인과 재회하는 등 과부가 된 여성의 에로스를 표출시키며 개인을 추구할 수 있는 '양처'의 역할이 강조되고 있는 반면, 1938년에 발표된 「무 이파리」에서는 오로지 '현모'만 강조될 뿐 '양처'에 대해서는 '가끔 귀가', '딸을 출산' 등으로 간접적이고 전략적 글쓰기 형태를 취하고 있었다. 그러나 국민(=아들)을 교육해야하는 어머니의 역할과는 거리를 둔 '딸의 어머니'로서의 모성 창조와 정책적으로 도쿄 표준어와 일본어가 강요되었던 시대에 쇼도섬과 대구 '사투리'를 사용한 부분은 국책에 반한 저항으로 평가하고 싶다. 이렇듯 두 소설이 추구하는 '모성'에는 식민지, 피식민지라는 구도 속에서 일정한 시차(時差)를 보이고 있음을 알 수 있었다.

제4절

포스트 프롤레타리아 여성

— 백신애의 「적빈」과 이북명의 「벌거숭이 부락(裸の部落)」을 통해 본 '능부(能婦)'의 재탄생 —

1930년대 들어 카프소설(프롤레타리아 문학)은 이전과 다른 새로운 양상을 띠게 되는데, 이것은 이전 프로소설이 결하고 있던 혹은 간과했던 문제들을 인식해나가는 과정이었다. 논쟁과 작품 창작을 통해 카프계 작가들은 문학이 단순히 정치적 과제를 번역하는 것이 아니라 독자적으로 이 현실과 인간의 운명을 탐구해야 한다는 생각을 가지게 되었다. 그래서 이들은 이전에 범했던 정치주의의 흔적을 일소하는데 큰 힘을 기울였고, 그동안 편협한 국제주의의 이상에 매달려 식민지 자본주의의 조선 현실을 제대로 파악하지 못하고 진정한 국제주의로부터 오히려 벗어났던 것에 대해 반성하면서 조선적 특수성을 차츰 깨달아나가게 되었다.[54]

식민지 자본주의의 현실 속에 살고 있는 인간의 운명을 제대로 탐구하지 않고 근대적 노동자계급의 삶과 실천을 제외해서는 현실의 온전한 모습을 그려내기 어려웠던 것이다. 이런 점에서 노동자 생활을 직접 경험하며 소설을 썼던 이북명의 등장은 프로소설계에 경이로 받아들여졌다.

---

54 김재용(1996), 「카프 신인의 등장과 소설 영역의 확대」, 『한국현대대표소설선』, 창작과비평사, p.474.

이북명은 젊은 시절의 질소비료 공장 체험을 바탕으로 쓴 단편 소설 「질소비료공장」은 1932년 《조선일보》에 연재되나, 검열에 의해 2회로 중단되어 1935년에 『文學評論』에 「初陣」이라는 타이틀을 붙여 일본어로 재발표 되었다. 또한 1937년 2월 『文學案內』에 발표된 단편 「벌거숭이 부락(裸の部落)」을 비롯해 일본어 소설을 여러 편 남겼다.[55] 이북명은 1930년대 중반 이후 일제의 탄압이 날로 심해지자 이를 피해 함남 장진의 수전촌으로 들어가 생활했으며[56] 시기적으로 「벌거숭이 부락」은 이 때 완성된 것으로 보인다.

백신애 역시 1925년부터 <조선여성동우회>[57]에 참가하고 있었으며, 사회주의적 여성 운동[58] 전개에 노력했던 작가이다. 1927년에는 사회주의 체험을 위해 시베리아 행을 감행 했지만, 두만강 국경에서 일본 경관에게 잡혀, 심한 고문을 당해 불임의 몸이 되었다고

55 「初陣」(『文学評論』, 1935.5), 「鉄を掘る男」(『国民文学』, 1942.10), 「鳳さん」(『国民総力』, 1944) (布袋敏博(2004), 『近代朝鮮文学日本語作品集』 解説, p.327)

56 Daum백과사전, http://enc.daum.net/dic100, 2008.9.18

57 1924年 5月 4日서울 세종동 조선여자강습원에서 발기 총회를 가졌다. 발기인으로는, 박원희·정종명·김필애·정칠성·김현제·홍순경·오수덕·우봉운·지정신·주세죽·최정삼·허정숙·이춘수 등 당시 사회주의여성 활동가들이 참가했다. 동년 5月 23日 서울 경운동 천도교에서 열린 창립총회에서 신사회건설과 여성해방운동에 참가하는 여성을 양성한다는 강령을 채택해, 여성해방을 위해서는 부인들의 경제적 독립이 필요하다는 주장이 제기되었다. 경찰 감시 하에서 적극적인 활동은 불가능했으나 최초 여성 사상단체로서 전국에 70개 이상의 지부를 결성했다.
(Daum백과사전, http://enc.daum.net/dic100, 2008.9.18)

58 마르크스주의는 자본주의 사회의 착취 구조를 분석하지만, 마르크스주의 페미니즘은, 사회 계급뿐만이 아니라, 나아가서 '성 계급'도 분석대상으로 한다. 즉, 여성차별의 기원이 자본주의적인 가부장제 속에 있다고 주장한다. 노동과 가족의 분리, 생산 노동과 가사 노동의 분단, 그리고 전자의 우위성이라고 하는 뿌리 깊은 이데올로기 속에서 여성차별의 복합적 요인을 찾고자 하였다. (リサ·タトル(1991), 『フェミニズム事典』, 明石書店, p.230)

한다.[59] 그 때의 경험을 바탕으로 단편소설 「코레이(고려인)」(『新女性』, 1934)를 발표했다.

「적빈」(『開闢』, 1934.11)과 「벌거숭이 부락」(『文學案內』, 1937.2)은 두 프롤레타리아 작가들이 조선의 현실을 직시하여 완성한 소설이라 할 수 있다.

「적빈」은 백신애의 대표 소설로, 무능하고 게으른 두 아들과 며느리를 보살피는 노모의 생명에 대한 애착을 그린 작품이다. 작자는, 어떠한 곤경 속에서도 살아남으려고 고군분투하는 모성을 형상화하여, 무능력한 남자들을 내조하는 강한 생명력을 그려내고 있다.

「벌거숭이 부락」은 가난에 찌든 순남 가족과 하층민의 일상을 그린 작품이다. 순남 가족은 K읍 가까이의 매립지 부락에서 살고 있으며, 순남 아버지는 경제적으로 무능력한 주정꾼으로 가정을 돌보지 않는다. 이 때문에 아버지를 대신해 어머니가 바다를 메우는 매립 작업장에 매일 같이 나가 함지로 자갈을 나르는 일을 하여 가족을 부양한다.

송지헌(1996)은 「적빈」을 "매촌댁 노녀와 벙어리 며느리를 통해 묘사되는, 여성의 수난에 대한 관찰과 고발"로 평가하였다.[60] 서정자(1999)는 "모성의 원형을 보여준 작품"이라고 평하며, 덧붙여 "매촌댁 노녀의 분배 전략을 치가(治家)의 원리"로 논하였다.[61] 또한 다소 비판적 시선인 아오야기 유코(青柳優子, 1997)의 "아들 손자의 탄생을 자연스럽게 받아들이며 지나치게 기뻐하는 장면은, 무능력한 아들의 재생산이라는 시점을 작자는 외면하였다."는 지적[62]

59 青柳優子(1997), 『韓国女性文学研究』, お茶の水書房, pp.71-76.

60 송지헌(1996), 『페미니즘 비평과 한국소설』, 국학자료원, p.134.

61 서정자(1999), 『한국근대여성소설연구』, 국학자료원, p.221.

등 대부분의 선행연구가 페미니즘 비평적 시점에 치우쳐 있다.

「벌거숭이 부락」은 월북 작가의 소설인 점이 작용한 때문인지 호테이(布袋)에 의해 발굴되기 전까지는 그 존재조차 알려지지 않았다.[63] 따라서 선행연구 또한 전무하다.

「적빈」과 「벌거숭이 부락」에는 1930년 당시 조선의 하층민들의 삶과 유교적 여성상이 언급되어 있다. 이러한 점에 초점을 맞추어, 1920년대의 신여성, 1930년대 초반의 투쟁하는 공장의 프롤레타리아 여성에 이어 형상화 된 유교적 여성상인 '능부(能婦)'의 삶을 재조명 하고자 한다.

1. 유교적 女性像

근대에 들어 1910년대 신여성들이 주창한 여성상인 '자립한 개인'의 개념에는 결혼한 여성은 포함하지 않고 있다. 나혜석은 단편 「경희」(1918)를 통해 결혼 후 겪게 되는 구습(=유교)의 폐단을 지적한 다음, 자신은 결혼하지 않겠다는 각오를 보인다. 김명순 역시 단편 「돌아다 볼 때」를 통해 여주인공이 며느리 되기를 거부하고 사랑을 택하는 장면이 연출된다. 김일엽도 소설 「자각」(1926)을 통해 구여성의 혹독한 시집살이(=유교 규범)를 폭로하며 이혼을 결심하기에 이른다. 더욱이 1930년대의 프롤레타리아 여성들조차도 '사회의 구성원으로서의 여성'을 지향하며, 대부분 결혼하기 전의 공동체안의 여성의 모습을 형상화하고 있다. 이렇듯 한국에서 결혼한

62 青柳優子(1997), 앞의 저서, p.75.

63 권영민(2004), 『한국현대문학 대사전』과 권영민(1990), 『한국근대문인대사전』에는 누락되어 있다.

여성으로 살아간다는 것은 곧 유교적 규범을 실천하는 일이며, 그것은 곧 강력한 유교문화 속에서 한 평생을 살아야 하는 이른바 구속을 의미하였으므로 여성 작가들은 이에 강한 반론을 제기해 왔던 것이다. 이러한 측면은 현대를 살아가는 결혼한 한국 여성들의 삶 속에서도 쉽게 찾아볼 수 있다.

그렇다면 과연 이러한 유교적 규범은 어떠한 방식으로 담론화 되었을까?

조선 후기인 17세기 이후 조선의 사대부들은 자녀교육을 위한 가훈서(家訓書)를 편찬하게 되었으며, 이 과정에서 '여훈서(女訓書)'가 탄생하였다.[64] 김언순(2005)은 사대부들이 편찬한 여훈서의 특징을 세 가지로 분류해 논하였다.[65] 첫째, 조선 여성의 삶을 시집살이 중심으로 구조화하였다. 이를 위해 조선 유일의 출가외인(出家外人)논리를 창출하였다. 사대부 여훈서 『규범』(작가와 연대 미상)에는 출가외인에 대한 다음과 같은 구절이 명시되어 있다.

> 여자가 출가하면 원부모(遠父母) 이형제(離兄弟)하고 시집이 즉 내 집이 되나 니 시부모를 극진히 섬겨야 며느리 도리를 잃지 아니 하나니라.[66]

즉, 여성이란 존재는 출가하면 부모와 멀어지고 형제와 헤어지는 남이라는 의식이 성립하는 것이다.

둘째, 제가(齊家) 중심의 기능적 여성상을 강조하였다. 즉 유교 가부장제 유지를 위한 현실적인 필요에 따라, 여공(女工;음식과 의

64 그 전에 이미 중국에서 들어온『典範』여훈서가 기초가 되었다.

65 김언순(2005),「朝鮮時代 女訓書에 나타난 女性의 正體性 연구」, 한국학중앙연구원 박사학위논문, p.150-153.

66『규범』「사천지도라」, p.102, 김언순(2005)논문 재인용.

복 만드는 일)과 치산(治産;재산의 관리)에 능한 능력 있는 부인 즉 '능부(能婦)'[67]라는 새로운 기능적 여성상을 탄생시켰다. 능부는 내조(內助)의 개념을 넘어서는 것이다. 또한 능부는 남성의 완성을 위해 보조하는 단계를 뛰어넘어 가정경제를 확실하게 책임지는 것이다. 이것은 여성의 세계가 수신제가(修身齊家)에 머물렀던 유교사회에서 여성이 자신의 성취를 가져오는 하나의 방법이 되기도 하였다. 조선사회의 유교 가부장제는 효부와 열녀를 통한 관념적인 지배 위에, 능부의 현실적인 참여에 의해 유지되었다.

셋째, 불투기(不妬忌)를 강조하였다. 성리학의 엄격한 욕망의 통제는 남성들의 외도와 축첩이라는 현상을 낳게 되었으며, 그로 인한 가정불화를 해소하기 위해 여성에게 불투기라는 규범을 요구한 것이다. 불투기의 덕목은 자유로운 욕망의 발산이 제한되어 있던 유교적 질서 속에서 남성의 성욕을 해소할 수 있는 출구를 제공하였던 것이다.

이와 같이 유교의 禮를 바탕으로 세워진 조선시대의 禮教的 여성상[68]은 생존을 위한 수용이라는 형태로 내면화 되었다. 이러한 유교적 여성상이 1930년대 후반에 발표된 문학 작품 「적빈」과 「벌거숭이 부락」에서 부활한 점은 매우 흥미롭다.

「적빈」의 서두를 보면 매촌댁에 대해 다음과 같이 묘사된다.

> 그의 둘째 아들이 매촌(梅村)이라는 산골로 장가를 간 후로는 그를 부를 때 누구든지 '매촌댁 늙은이'라고 한다. 늙은이라는 꼭지에다가 '매촌댁'이라고 특히 댁(宅)자를 붙여 부르는 것은 은진 송씨(恩津宋

67 능부(能婦)는 고려말기 신흥 사대부들을 일컬었던 '능문능리(能文能吏)'에서 따온 개념이다.

68 禮가 잘 실현된다는 의미는 인간이 각자의 처해진 분수 즉 차별적인 사회질서에 순응함을 의미하는 것이다.

氏)로서 송우암(宋尤庵)선생의 후예라고 그 동리에서 제법 양반 행세처럼 해 오던 집안이 늙은이의 친정으로 척당이 됨으로서의 부득이한 존칭이다. (「적빈」, p.459)

매촌댁은 다름 아닌 우암 송시열(1607-1689)의 후손이라는 사실이 소설 모두에 명시되어 있다.

성리학자 송시열은 조선여성의 최초의 사대부 여훈서인 『우암션생계녀서』(이하 『계녀서』로 칭함)를 편찬한 사람이다. 그는 출가를 앞둔 큰딸에게 아버지로서 성공적인 결혼을 위한지침을 기록한 『계녀서』를 펴냈다. 『계녀서』의 목차는 다음과 같다.[69]

1. 부모셤기ᄂᆞᆫ도리라
2. 지아비셤기ᄂᆞᆫ도리라
3. 싀부모셤기ᄂᆞᆫ도리라
4. 형졔화목ᄒᆞᄂᆞᆫ도리라
5. 친척을화목ᄒᆞᄂᆞᆫ도리라
6. ᄌᆞ식가라치ᄂᆞᆫ도리라
7. 졔사밧드ᄂᆞᆫ도리라
8. 숀디졉ᄒᆞᄂᆞᆫ도리라
9. 투긔ᄒᆞ지말나ᄂᆞᆫ도리라
10. 말ᄉᆞᆷ을조심ᄒᆞᄂᆞᆫ도리라
11. 지물존졀리쓰ᄂᆞᆫ도리라
12. 일부지런이ᄒᆞᄂᆞᆫ도리라
13. 병환모시ᄂᆞᆫ도리라
14. 의복음식ᄒᆞᄂᆞᆫ도리라
15. 노비부리ᄂᆞᆫ도리라
16. 꾸이고밧ᄂᆞᆫ도리라
17. 팔고사ᄂᆞᆫ도리라
18. 비슈원ᄒᆞᄂᆞᆫ도리라
19. 종요로온경계라
20. 옛ᄉᆞᄅᆞᆷ착ᄒᆞᆫ행실말이라

『계녀서』는 순 한글로 되어 있으며 내용이 간결하고 일상생활에 요긴한 내용을 담고 있어 손쉽게 필사를 통해 확산되어 나갔을 것으로 추정된다. 위의 내용에서 특히 불투기를 강조한 것은 축첩으

69 『우암션생계녀서』(국립중앙도서관장본), 『내훈·계녀서』, 김종권 역주(명문당, 1986).

로 인한 가정 내의 갈등을 미연에 방지하기 위한 것으로 보이며, 팔고 사는 도리와 꾸고 받는 도리는 규범을 벗어나 현실적인 생활의 지혜를 담고 있음을 알 수 있다. 이렇듯 송시열은 조선 여성의 유교화에 지대한 영향을 미친 인물이다.

프롤레타리아 작가 백신애가 1930년대 후반에 「적빈」을 통해 제시한 여주인공이 송시열의 후손이라는 점과, 이북명이 「벌거숭이 부락」를 통해 형상화한 유교적 여성상은 프로 여성의 대체 캐릭터라는 점에서 매우 흥미롭다. 다음 항에서 유교적 여성상인 능부(能婦)의 삶을 살펴보고자 한다.

2. 능부(能婦)의 삶

2.1 내조하는 여성

「적빈」의 여주인공 매촌댁 노녀에게는 두 아들이 있다. 큰아들은 오래전에 죽은 남편과 닮아 욕심이 많고 심술이 사나워 마을에서 "돼지"라는 별명으로 불리며 사람구실을 못한다. 그나마 둘째아들은 일찍 결혼한 덕에 다년간 남의 집 고용살이로 돈을 벌어 가계에 보탠다.

> 그리고 둘째아들만 하더라도 남의 집에 고용살이로 있을 때는 그의 아내와 늙은이는 날만 새면 남의 집으로 돌아다니며 일해주고 밥얻어먹고 무명베 짜는 집에 가서는 베 매어주고 옷감 얻고 하여 고용살이해서 남긴 돈은 그대로 소롯이 모아두게 되었었다. 모아둔다 치더라도 그까짓 일년에 십원 내외에 불과한 돈이지마는 늙은이는 천냥 만냥같이 귀중히 여기고 든든하였다. '어서 몇 십원 모이면 남의

논이나 밭을 대지(貸地)로 얻어서 제 농사를 지어 보리라.'하는 희망에 즐거워하며 남의 집에 가서 뼈가 녹게 일해주고 천대받고 업신을 받아도 재미가 있었다. (「적빈」, pp.461-462)

매촌댁이라는 호칭은 둘째아들이 매촌으로 장가를 들었기 때문에 붙여진 이름이다. 따라서 "매촌댁"은 장래성이 없는 큰아들 대신 둘째아들에게 희망을 갖는다는 의미에서 남아선호사상은 유지되고 있으나 장자(長子)선호사상은 부정된다. 매촌댁은 둘째아들이 고용살이를 해서 벌어 온 돈은 아들 내외의 장래를 위해 "소롯이 모아"두고 대신에 둘째며느리와 허드렛일을 하여 생활비를 충당하는 지혜를 보인다. 이렇게 해서 모은 돈으로 매촌댁은 드디어 "흙담집" 한 채를 구입하게 되었다. 그리고 나머지 돈으로는 꿈에 그리던 논을 사려는 계획을 세우지만, 이도 마을 노름꾼의 말에 솔깃해 속아 넘어간 둘째아들의 과욕 탓으로 하루아침에 날리고 만다.

옛적부터 기쁜 일이란 오래 계속되지 않는 법이라고 하지만 이렇게 맹랑한 일이 또 어데 있으리라고 늙은이와 매촌이 부부는 밤낮 이를 갈고 애꿎은 담뱃대만 두들겨 분질러도 한 번 낚인 그 돈이야 돌아올 리가 만무하여 늙은이는 목을 놓고 울었다. (「적빈」, p.462)

이처럼 믿었던 둘째아들마저 매촌댁을 한 없이 실망시키자 "목을 놓고" 우는 것으로 감정을 정화시킨다. 그러나 엎친 데 덮친 격으로 첫째 아들이 사방공사를 해놓은 산에서 나무를 도둑질해오다 들켜 구류를 사는 대신에 마을에서 쫓겨나는 등 악재가 되풀이 된다.

이렇듯 어려운 상황 속에서도 매촌댁은 두 며느리가 동시에 임신을 해 산달이 가까워지자 "아마도 너희 둘이 모두 아들을 낳을 게다."하며 스스로에게 희망의 메시지를 보낸다. 그리고 이번에는 며느리들이 출산 때 사용할 미역과 쌀을 확보하는데 온 힘을 쏟는다. 이런 매촌댁에게 마을 사람들은 입을 모아 "늙은이는 그런 것들을 자식이라고 걱정을 해? 제 입추신도 못하면서 자식 만들 줄은 어떻게 알어."하며 비아냥거렸지만 이럴 때마다 그녀는 몇 안 되는 이를 드러내며 "히에."하고 "고양이처럼" 웃어넘기며 현실을 긍정한다. 이런 그녀의 모습은 소설 전반에 걸쳐 일관되게 묘사되어 있다.

> 늙은이는 지긋지긋하게도 망나니인 두 아들을 원망이나 미워나 하는 것도 이제는 면역성이 되어 그대로 잠자코 방안으로 들어갔다. (「적빈」, p.465)

> 바가지의 밥을 덜어서 돼지를 주고 자기는 손가락에 묻은 밥알만 뜯어 먹었다. (「적빈」, p.470)

> "대체 해산을 하면 뭐를 먹을려고 이러고만 있어?" 늙은이는 목에 말라붙은 것 같은 작은 소리로 노하지도 않고 말하였다. "일하러 갈래두 배가 고퍼서…" "그렇다고 누웠으면 하늘에서 밥이 떨어지나? 젊은것은 어데 갔노." "뒷산에 나물 캐러…" (「적빈」, p.465)

매촌댁은 이제 더 이상 "지긋지긋하게도 망나니"인 두 아들을 원망하거나 미워할 기력도 없다. 그런 두 아들을 낳은 게 죄라도 되는 듯 "잠자코" 현실을 감내할 뿐이다. 한심한 아들들에게 그다지 "노하지도 않고" "그렇다고 누웠으면 하늘에서 밥이 떨어지나?"하며 얼리듯 나무란다. 그런 후에는 "바가지"로 자신의 밥을 나누어 주거나 쌀을 퍼주며 한없는 모성애를 보인다.

한편 「벌거숭이 부락」에 등장하는 순남 어머니 상황 또한 매촌댁과 별반 다르지 않은 여성이다. 순남 가족은, 아버지 문성도, 어머니, 장녀 순남, 차녀 금남, 장남 복돌, 차남 복남 등 여섯 식구이며, 이들은 함경남도 어느 해안에 조성된 매립지 부락에서 토지를 빌려 집을 짓고 생활하고 있다.

> 가정을 돌보지 않는 술주정뱅이 남편과 돼지 새끼들 같은 아이들을 혼자 힘으로 부양하고 있는 엄마는, 이 조상대감제가 최대의 위안이었다. 맑은 날, 흐린 날은 매립지 공사장에 나가 함지로 모래와 자갈을 날라다 주고 60전을 받아, 어둑해진 골목길을 파김치가 되어 집으로 돌아 왔다.[70] (「벌거숭이 부락」, p.120)

40대인 순남 어머니는 "가정을 돌보지 않는 술주정뱅이 남편"과 "돼지 새끼들 같은" 먹성 좋은 자식들 부양을 위해, 매일 같이 매립 공사 현장에서 "함지"로 골재를 날라 하루에 60전의 임금을 받아 온다. 일이 끝나면 언제나 "파김치가 되어 집으로 돌아"오지만, 남편에게는 한마디의 불평이나 불만도 표하지 않은 채 묵묵히 현실을 감내한다. 게다가 한심한 무능력 남편의 안녕을 위해 무당을 불러 조상에게 제사를 올리는 것을 "최대의 위안"으로 삼는다.

> 이번 조상대감제 비용 일금 5원을 엄마는 개똥 아줌마 집에서 육부 이자를 주고 빚을 내 왔다. 남편 나이가 기수인 해에는 반드시 닭을 신에게 바치는 습관이 있었다. 남편은 금년에 47세이다. (중략) 엄마는 밥 두 그릇과 고기 전부를 함지에 담아 순남을 시켜 성인 무당에게 갖다 주도록 일렀다.[71] (「벌거숭이 부락」, p.121)

---

70 生活を知らない、酒呑みの夫と、豚の仔見たいな餓鬼達を、自分の手一つで養って行く母にはこの祖上大監祭が最大の慰安であつた。照る日曇る日、埋立工事場に傭はれて、ハムジで砂、砂利を運んでは、六十銭貰つて、薄暗くなつた小路をクタクタに疲れて帰つて来た。

그녀가 이렇게 빚을 내서까지 조상에게 제사를 지내는 이유는 "자손의 번영"과 "가문의 융성", "지긋 지긋한 밑바닥 생활로부터 벗어나기"위해서이다. 즉 문씨 집안의 가업을 일으키기 위함이다. 여기에다 남편의 나이가 홀수인 해에는 닭을 잡아 상에 올리는 관습에 따라 상차림이 달라진다. 이렇게 정성을 다한 조상대감제가 끝나면 아이들이 그토록 먹고 싶어 해도 주지 않았던 귀한 음식을, 막노동에서 쓰던 "함지"에 담아 신처럼 믿는 "聖人무당"에게 몽땅 바치는 등 마지막까지 정성을 다한다.

순남 어머니는, 자신의 인생은 오로지 가족을 위해서 존재하며 그것이 곧 자신을 위하는 길이라 생각한다. 그러므로 술주정뱅이이자 게으름뱅이인 무능력한 남편에 대해서도 직접적으로 불만을 토로하지 않고 묵묵히 내조를 다한다. 그러나 그녀의 치적은 여기까지로, 기실 그녀는 소설에서 이름조차 부여받지 못하며, 딸을 기생으로 팔아넘기는 비정한 엄마로 형상화된다.

> 매립지 주민 모두가 거지로 나섰다. 그러나 순남 어머니는 아무래도 신시가지로 거지로 나서기는 싫었다. 그래서 그날 밤 남편 성도에게 성인 무당의 본 순남의 점괘에 대해 꺼내며 딸을 팔자고 하였다. 남편도 찬성했다. (중략) 성도는 고주사에게 머리를 벅벅 긁으며 생활난을 빌미삼아 순남을 점괘대로 어딘가에 팔겠다고 어렵사리 말을 꺼냈다.[72] (「벌거숭이 부락」, p.127)

---

71 今度の祖上大監祭費、一金五圓也を、母はケトンバーの母の所に行つて、六分利子で借用して来た。夫の年齢が、奇数成る年には必らず鶏を神に供へる習慣であつた。夫は今年四十七である。(中略) 母は御飯二サバリと、魚肉類全部をハムジにのせて、順男に聖人巫女の家に持つて行かせた。

72 埋立部落民全体が、乞食に早変わったからであった。しかし順南の母は、どうしても新市街の方に、飯貰いに行く気にはなれなかった。それで或夜、夫の成道に、順南を占った聖人巫女の占卦を話してから、相談を持ち出した。夫も賛成し

순남은 16세로 야학[73]에서 2년간 공부한 덕에 더듬거리기는 하지만 한글을 읽을 수 있으며, 평소 세탁과 물 길러오기, 동생들 돌보기를 헌신적으로 행하는 어머니의 조력자이다. 그런 그녀를 홍수로 생활난에 허덕이게 되자 남편을 부추겨 비밀 창기 소개업자라인 고주사 부부에게 팔아넘긴 것이다.

이처럼 「적빈」과 「벌거숭이 부락」에는 매촌댁과 순남 어머니에 의해 '내조'하는 유교적 여성상이 표상되어 있다. 두 여성은 하나같이 삼종지도(三從之道)를 내면화하고 있지만, 자식과 남편에게 '내조'의 부덕을 몸소 실천하는 적극적인 유교적 여성상을 유감없이 보여준다.

그렇다면 과연 유교가 조선의 결혼한 여성에게 원했던 '내조(內助)'란 구체적으로 어떻게 해서 생겨난 이념일까?

유교에서 주창한 유교적 여성관은 덕녀(德女)이다. 이는 중국의 반소가 말한 사덕(四德; 婦德, 婦容, 婦言, 婦功)을 충실히 수행하고, 남편과 시부모에게 순종하며, 남편의 생사와 무관하게 평생 절개를 지키며, 가정을 화목하게 이끌고, 부지런하며 검소한 여성이다. 그러나 조선의 유교는 여성에게 삼종지도와 불경이부(不更二夫) 담론으로 여성을 가족 내에서 배제하는 한편, 가문과 국가를 완성한다는 차원에서 여성들의 생성의 힘에 주목하여 '내조'라는 참여의 이

た。(中略) 成道は高主事の前で、ゴシゴシ頭を掻きながら、云い憎くそうに生活難を訴え、順南を聖人巫女の占い通り何処かへ、世話してくれと頼んだ。

73 농민 조합 강령에는 '국고 지원 탁아소와 무료 산파원 설치, 농촌 여성을 위한 정치, 사회적 차별 철폐, 여성을 위한 야학 설치, 일제 어용 단체인 여자 청년단과 부인단의 즉각 해체' 등의 사항을 명시해, 농촌 지역에 잔존해 여성을 억압한 모든 악법과 구태 폐지를 주장했다고 되어 있어, 1930년대에는 하층계급의 사람들을 위한 야학이 많이 설치되어 농촌 여성들의 큰 반향을 불렀다. (전경옥외 3인(2004), 『한국 여성 정치 사회사』, 아시아 여성연구소, p.306)

념을 만들어 냈다. 중국의 유학자 유향은 『열녀전』[74]을 통해 여성을 집안에 머물게 하면서 남편과 아들을 통해 여성의 능력을 가정 경영은 물론, 국가 경영에까지 미치게 하는 방법으로서 내조를 구상하였다. 이러한 적극적인 내조는 삼종지도로 규격화된 수동적인 여성에게는 기대하기 어려운 항목이다. 유향이 제시하는 여성상은 한편으로는 유교적 여성상을 충실히 내면화하면서도, 또 다른 한편으로는 지혜라는 형식을 빌려 능동적으로 남성을 완성시키는 모습이다. 이처럼 어머니로, 아내로, 그리고 딸로서 사리를 일깨우고 재앙을 대비시키며, 적극적으로 남성을 이끄는 '내조하는' 여성상을 제시하였다.[75]

매촌댁은 "망나니"인 두 아들을 위해 살아가는 지혜를 몸소 실천을 통해 가르친다. 큰아들에게는 임신한 아내를 배려하는 가르침을, 둘째아들에게는 사리를 일깨워 가정을 일구어가는 방법을 가르치며 내조의 덕을 유감없이 발휘한다. 순남 어머니 또한 가문의 번성과 47세인 남편의 앞날을 위해 조상에게 제사하며 내조한다. 그

74 유향은 한나라 성제(成帝) 때의 관록대부로 조비연 형제가 임금의 총애를 믿고 권서를 부리는 것을 보고 이 책을 지었는데, 여인의 덕과 선악이 국가의 안정·혼란과 관계가 있다고 했다. 이를 송나라 왕회(王回)가 모의(母儀)·현명(賢明)·인지(仁智)·정순(貞順)·절의(節義)·변통(辯通)·얼패(孼嬖)의 7전으로 나누었다. 〈대명회전 大明會典〉의 기록에 따르면 이 책은 세종 초에 우리나라에 들어온 것으로 보인다. 어숙권(魚叔權)의 〈패관잡기 稗官雜記〉에서는 1543년(중종 38) 유항(楡沆)·신정(申珽)이 번역했다고 한다. 국립도서관의 필사본과 1918년 태화서관에서 발행한 활자본 〈렬녀젼〉이 전한다. 필사본은 송(訟)과 찬(贊)을 생략한 것 이외는 유항의 〈열녀전〉 37편을 그대로 완역했으며, 활자본은 총 66회로 유항의 열녀전에서 32명, 한대 이후부터 송대까지의 인물 34명을 싣고 있다. 신분, 가계를 언급하는 부분과 〈시경 詩經〉 등의 구절을 인용한 평가 부분이 생략되어 있고 여인의 행적만을 기술, 전(傳)의 형태를 벗어나서 소설의 형태로 바뀌는 모습을 엿볼 수 있다. (Daum백과사전, http://enc.daum.net/dic100, 2009.1.24)

75 김언순(2005)의 앞의 논문. pp.83-84.

러나 그녀의 내조는 오로지 남편과 아들을 위해서만 발휘되며, 평소에 헌신적으로 가사를 도왔던 순남이는 딸이라는 이유로 매정하게 버려진다.

2.2 바구니와 함지로

「적빈」의 매촌댁과 「벌거숭이 부락」의 순남 어머니는 영락한 집안으로 시집와 무능력한 남편과 자식들을 위해 가사는 말할 것도 없고, 기울어 가는 가정 경제에까지 발 벗고 나선다. 이러한 그녀들의 사고의 저변에는 가족을 위해 희생하는 한 가정의 아내와 어머니로서 가족 부양에 몸을 사리지 않는 '강한 어머니상'을 내포하고 있다.

> 그는 그 길로 바로 단골로 다니며 일해 주던 집들을 돌아다니며 사정이야기를 하고 얼마라도 꿔주면 그만치 두고두고 일을 해주리라고 애원을 해보아도 한집도 시원케 대답해주지 않았다. (「적빈」, p.464)

> 그래도 그는 행여나 하는 생각으로 또 한 집을 들렀다. 그는 남들의 천대함을 슬퍼할 줄도 몰랐고 낙심할 줄도 몰랐다. (중략) 쌀 한 되, 보리쌀 두 되, 명태 두 마리, 미역 한 쪽을 두 말없이 내어주는 것이었다. (중략) 그는 아무 고맙다는 인사도 하지 않고 여러 가지를 바구니 속에 넣어가지고 머리에 이었다. (「적빈」, pp.464-465)

> 늙은이는 지금까지 먹으라고 주는 것을 사양해본 적이 없는 터이라 김치 중발을 넓적 받아 국물부터 후루룩 삼켜보는 것이었다. 그의 몸뚱이는 곯아 배틀어졌어도 오직 창자만은 무쇠같이 억세고 튼튼하여 지금까지 배앓이란 것을 해본 적이 없었다. (「적빈」, p.468)

매촌댁은 출산을 앞둔 두 며느리들을 위하고, 무능력한 두 아들을 대신하여 남의 집일을 해주기로하고 가불을 요청하지만 여의치 않자 동냥도 마다하지 않는다. 한때는 양반 가문의 후손으로 대접받던 그녀지만 몰락한 가문의 각박한 현실을 극복하기 위해서는 허드렛일도 동냥질도 모두 사양할 수 없는 처지이다. 그런 그녀는 "남들의 천대함을 슬퍼할" 겨를도 "낙심할" 여유도 없이 지금까지 "배앓이" 한 번 하지 않은 무쇠 같은 천한 몸으로 거듭나, 동냥 받은 물건을 한꺼번에 "바구니 속에 넣어" 머리에 이고 집으로 가져온다. 이 후에도 손자를 맞이하기 위한 노녀의 치산(治産) 활동은 계속된다.

> 이날은 이 집에서 이것저것 치워도 주고 앓는 아이의 시중도 들고 하여 저녁까지 잘 얻어먹고 돌아오려 할 때 마누라는 수고하였다고 치맛자락에 보리쌀 두어 되를 부어주었다. (「적빈」, p.468)

이렇게 남의 집 일로 마련한 음식은 노녀의 지혜의 잣대에 따라 두 며느리들에게 적당히 배분된다. 노녀는 다년간 허드렛일을 한 결과 여러 가지 생활의 노하우를 쌓아 마을에서 병이 나면 으레 매촌댁을 찾았다.

> 평생에 하도 많은 남의 집에를 돌아다닌 늙은이는 남의 앓는 것도 많이 보고 고치는 것도 많이 보고 듣고 해온 터이라 지금 와서는 웬만한 서투른 의원보다 아는 것이 많아 체증도 내려주고 '객귀'도 물려주고 조약도 가르쳐주고 하여 동리에서는 앓는 사람이 있으면 약방의 감초같이 반드시 불려가는 것이었다. (「적빈」, p.467)

이는 매촌댁이 유교적 여성상을 내면화하고 '내조'와 '치산'에 최선을 다한 결과 얻어진 명성이다. 그러나 그녀의 현실타개적 삶의 자세 또한 살아남기 위한 생존 전략의 하나로써 수용한 결과라고 볼 수 있겠다.

이러한 노녀의 억척스러움은 소설의 후반에 가서 클라이맥스를 이룬다.

> '저까짓 보리쌀 두 되를 가지고 몇 날을 지탱할까.'하는 생각에 그의 두 다리는 가리가리 힘이 빠지고 돼지와 매촌이의 못난 것이 새삼스럽게 얄미웠다. 그리고 눈앞에는 오늘 난 아기의 두 다리 사이에 사내란 또렷한 그 표적이 어릿어릿 나타나고 사라지고 하였다. 그는 이윽히 걸어가는 사이에 몹시 뒤가 마려워서 잠깐 발길을 멈추고 사방을 둘러 본 후 속옷을 헤치려다가 무엇에 놀란 듯 재빠르게 걷기 시작했다. '사람은 똥 힘으로 사는데…' 내일 아침까지 굶고 자야 할 처지이므로 지금 똥을 누어버리면 당장에 앞으로 꺼꾸러지고 말 것 같았던 까닭이었다. (「적빈」, p.471)

노녀는 돼지와 매촌이의 "못남"을 내조하며, 갓 태어난 손자를 부양하기 위해 "똥 힘"까지 비축하는 등 다시 한 번 자신에게 기합을 넣는다.

그렇다면 「벌거숭이 부락」의 순남 어머니의 억척스러움은 어느 정도일까? 소설 서두에는 순남 어머니의 모습이 다음과 같이 묘사된다.

> 몇 분 뒤 꼬마들이 달려 나왔던 골목에서 무서운 형상을 한 40대 여성이 굵직한 버드나무가지를 꺾어 들고 맨발로 달려 나왔다. (중략) 소리 안 나는 총 어디 없을까.(중략) "이 간나새끼 벼락이나 맞아죽어라."[76] (「벌거숭이 부락」, p.119)

순남 어머니 역시 넷이나 되는 아이들의 교육과 어려운 가계를 책임지다보니 "무서운 형상"의 주인공이 되고 만 것이다. 자식들을 향해 직설적으로 내뱉는 욕설은 그녀가 처한 긴박한 처지를 대변해 준다.

앞서 언급한 바와 같이 순남 어머니는 "매립지 공사장에 나가 함지로 모래와 자갈을 날라다 주고 60전을 받아, 어둑해진 골목길을 파김치"가 되어 돌아올 정도로 전력을 다해 여섯 가족을 부양하고 있다. 게다가 제사에 쓸 음식을 준비하는 일마저도 남편의 도움을 필요로 하지 않는 억척을 보인다.

> 점심때가 지나자, 어머니는 복순을 빨래터에 보내고 어린 자식들을 밖으로 내쫓고서야 혼자서 닭을 잡아 삶고, 밥을 짓고 생선을 구웠다.[77] (「벌거숭이 부락」, p.121)

이처럼 순남 어머니는 여자의 몸으로 "혼자서 닭을 잡아" "조상대감제"에 올릴 제수를 손수 마련하고, 행여 방해가 될까 "어린 자식들을 밖으로 내쫓고" 정성을 다해 음식을 만든다. 그러나 그 해에도 순남 어머니의 지성은 조상님들에게 닿지 않아, 또 다시 궁핍한 생활이 계속된다. 그러던 어느 날 순남 어머니는 겨울 땔감을 마련하기 위해 부엌돌 어머니와 복돌 어머니를 동행하고 여느 때처럼 석탄 도둑질에 나선다.

---

76 数分後、この餓鬼等が出て来た同じ小路を、すごい形相をした四十婦が、太い柳の枝をシカと右手に握って、素足のまま走ってゐた。(中略)音のしない銃は、ないかいな。(中略)此畜生(カンセキ)奴、落雷にぶつかって、焦げうせろッ。

77 昼過ぎ、母は福順を洗濯にやり、餓鬼達を外へ追ひ出してから、独りで鶏を殺して煮、ご飯をたき魚肉をやいた。

아줌마들은 산 밑 어둠 속에서 웅크리고 앉아 복돌에게 명했다. 복돌은 익숙한 솜씨로 네발로 기어 철망 경계선까지 가서 울타리 기둥의 못을 빼고 옆으로 제꼈다. 그러자 철망이 늘어져 출입구가 생겼다. 잠시 후 복돌은 아줌마들이 기다리는 곳으로 가서 망보는 영감이 없다는 것을 알렸다. 세 아줌마들은 함지를 들고 앉은걸음으로 철망 안으로 들어갔다. 그녀들은 어둠 속에서 석탄더미를 향해 한 걸음 한 걸음 나아갔다. (중략) 그녀들은 땔감을 이렇게 해결하고 있었다. 막다른 곳까지 내몰린 그들에게 죄책감은 제삼의 문제였다. 잡히더라도 먹여는 주겠지 하는 것이 그녀들의 마지막 위안이었다. 죽느냐 사느냐 하는 절박한 전투 앞에 인정, 도덕, 청렴…이 다 무슨 소용인가?[78]
(「벌거숭이 부락」, p.125)

성남 어머니를 비롯한 동네 아줌마들은 복돌이를 앞세우고 "함지"를 지참한 채 일상처럼 석탄을 도둑질해 땔감을 충당해 왔다. 그녀들은 궁핍한 생활을 탓하며 "잡히더라도 먹여는 주겠지"하는 배짱으로 "죄책감"이라고는 느끼지 않는 그야말로 억척 아줌마들이다.

이처럼 예순셋의 매촌댁과 사십대 중반의 중년 여성인 성남 어머니는 하나같이 어려운 가정 경제를 책임지며 억척스러움을 유감

78 母達は、山の崖下の闇の中に、うづくまると、福突に命じた。福突はもうこの手には馴れたと見えて、四這ひに這ふて車庫の針金の境界線まで行くと、柵の一つの釘を横にひねった。すると針金が緩んで、出入り口が出来た。しばらくすると福突は母達の所に戻って来て、見張爺の居らない事を知らせた。三人の母はハムジを持ったまま、居行這いで柵内に入って行った。彼女達は、暗がりの中で、今、粉炭の小山の方へ、抜き足、さし足で一歩一歩近づいて行くのである。(中略)彼女達は薪炭問題を斯うして解決した。切羽詰った状態に置かれてゐる彼女等には、罪悪は第三の問題であった。何、つかまったら、食わせるだろうーこれが彼女等の最悪の場合の慰安であった。ノルカソルカの関が原の戦いの前に、人情、道徳、清廉…があってたまるものか！皆無のドン底に喘いで居る彼女等には、自分達の行動の全部が、当然のように思われた。

없이 발휘하며 살아간다.

그렇다면 이러한 억척 여성상은 단지 집안이 궁핍했기 때문에 생겨난 유형일까? 또한 조선 시대 후기에 창조된 이른바 사대부 집안의 능부(能婦)와는 어떤 유사성이 있을까?

김언순(2005)은 능부에 대해 다음과 같이 언급하였다.

> 능부(能婦)는 내조(內助)의 개념을 넘어서는 것이다. 능부는 남성의 완성을 위해 보조하는 단계를 뛰어 넘어 가정경제를 확실하게 책임지는 것이다. 이것은 여성의 세계가 수신제가(修身齊家)에 머물렀던 유교사회에서 여성이 자신의 능력을 발휘하고 고양시키는 계기가 되었으며, 성취감을 느낄 수 있는 하나의 방법이 되기도 하였다. 조선사회의 유교 가부장제는 효부와 열녀를 통한 관념적인 지배위에서 능부의 현실적인 참여에 의해 유지되었다 해도 과언이 아니다. 조선의 여성들은 한편으로는 삼종지도를 내면화하면서도 가정 경제에 대한 책임을 위해 능동적이고 적극적인 강한 여성의 모습을 발휘하였다. 조선사회에서 능부에 대한 요구는 여성에게 실질적인 권한을 부여하지 않은 채, 힘든 노동위에 가정 경제까지 책임져야 하는 이중의 수탈이 되기도 하였지만, 한편으로는 강한 여성상에 대한 정체성을 형성하는데 기여하였다.[79]

다시 말하자면 이러한 능부의 형태는 이타주의(利他主義)를 원칙으로 한다는 점에서 "개인"을 강력하게 부르짖었던 근대초기 신여성들의 계몽정신과는 배치되는 이념이다. 따라서 이러한 가부장제적인 유교적 관념은 구습(舊習)으로 치부되어 신여성과 엘리트 신남성들에 의해 철저히 부정되어 왔다. 그러던 것이 국가경제는 말할 것도 없고 세계경제가 파산을 맞이하게 된 1930년대가 되자, 사

79 김언순(2005)의 앞의 논문. p.152.

회 속에서 투쟁하는 프롤레타리아 여성의 모습은 자취를 감추고, 다시 한 번 능부라는 유교적 여성상이 문학작품을 통해 부활하게 된 것이다.

이러한 '능부'의 부활은 오늘날 여성의 몸의 수신(修身)차원에서 재고되고 있다. 이은선(2000)은 "여성과 남성간의 복잡한 사회적 관계와 불평등을 생물학적인 또는 전(前)사회적인 몸으로 환원시키는 방식은 지금까지 사회학적 페미니스트들에게 결코 생산적이거나 효과적인 것으로 간주되지 않았다. 그러나 페미니즘이, 몸과 性이 사회체계 안에서 갖는 중요성을 진정으로 받아들이고 온전히 이해하려면, 이 자연적 몸이 사회적 관계에 기여하는 바를 고려해야하며, 우리의 신체가 사회적 관계의 기초를 형성하는 것을 진지하게 수긍해야 한다."[80]고 주장한다.

오늘날 페미니즘은 우리에게 몸이 우리 존재의 근원성임을 일깨워주었다. 이러한 일깨움을 통해서 여성들은 이제 자신들의 몸과 성의 주체가 됨을 알게 되었고, 그리하여 지금까지 그들에게 금지되었고 억압되었던 性과 쾌락의 언어를 더욱 주체적으로 사용할 수 있게 되었다. 또한 몸의 언어는 항상 다시 부패할 수 있고, 오히려 우리를 더욱 더 비인간화하는 기제가 될 수 있음을 경험하였다. 그래서 다시 주체적인 '몸의 기획'을 이야기하게 되었고, 유교 전통의 다양성으로부터 陽明의 대안적인 몸닦기의 의미를 제고하기에 이른 것이다.[81] 즉, 유교 전통을 통해서 관계맺음의 중요성을 인지하고 여성의 몸을 희생으로 삼지 않는 유교예식을 개발해 나가야한다는 것이다. 이러한 관점 또한 페미니즘의 성찰적 견지에서 재고

80 이은선(2000), 「유교적 몸의 修行과 페미니즘」, 『유교와 페미니즘의 만남 Ⅱ』, 한국유교학회, p.14.

81 이은선(2000), 앞의 논문, p.27.

의 여지가 있다고 하겠다.

매촌댁과 순남 어머니의 생명력 넘치는 억척스러운 모습은 사대부들의 몰락이 사회문제화 되었던 조선 후기에 요구된 내조에 치산을 더한 능부의 정신을 이어 받고 있으며, 그 대상이 서민층으로 확대 되었다는 느낌과, 보다 더 서민적인 모습으로 탈바꿈 된 그야말로 오늘날의 "아줌마"의 모습을 엿볼 수 있게 한다. 오늘날 아줌마라는 호칭은 당당하다 못해 뻔뻔하고 주책없으며 성적 매력이 없는 억척스런 여성의 대명사가 되었다.[82] 그러나 이 호칭이 능력 있는 여자 즉 능부에서 변용된 개념이라는 것을 안다면 아줌마들에 대한 시선도 달라지지 않을까?

3. 소외되는 性

3.1 '금반지'의 속내

한편 「벌거숭이 부락」의 순남 어머니를 비롯해 결혼한 부락의 중년 여성들은 하나같이 가정 경제를 책임지고 노력하는 "능부"로 그려지지만, 그녀들에게서 성적 매력이란 찾아 볼 수 없다. 게다가 2년 전 매립 부락으로 이사와 남편의 사고로 졸지에 과부가 된 한 중년 여성은 부락 남성들을 통해 성적 욕구를 해결한다. 이렇듯 「벌거숭이 부락」에는 기혼 여성의 탈성화, 과부의 성적 욕구 해소와 이에 따른 매매춘이 문제시 되고 있다.

먼저 순남 어머니의 섹슈얼한 모습은 소설을 통틀어 단 한번 묘사된다. 그녀는 40대 여성으로 평소 화가 날 땐 "무서운 형상"으로

82 여성을 위한 모임(1999), 『제3의성-중년여성 바로보기』, 현암사, p.26.

"굵직한 버드나무가지를 꺾어 들고" 입에 담기도 힘든 욕설을 퍼부으며 아이들을 교육하는 그야말로 여자로서의 성적 매력이라고는 찾아보기 힘든 캐릭터이다. 그런 그녀에게 어느 날 30원이라는 거금이 생긴다.

> 그날 밤 엄마는 개똥아줌마의 빚을 갚고 남은 돈으로 신시가지에 있는 금방에 가서 한 돈 오부의 금반지를 19원 50전에 사서 끼웠다. 성도는 저녁도 먹지 않은 채 밖으로 나갔다. 그대로 그날 밤에 돌아오지 않았다. 5전 갈보 집에 가서 잔 것이다.[83] (「벌거숭이 부락」, p.128)

어느 해 여름, 장마로 부락 전체가 물에 잠겨 벌이가 없어지자 순남 어머니는 남편 성도를 설득해 딸 순남을 기밀창기업자인 고주사에게 80원을 받고 판다. 딸의 몸값인 80원을, 아버지 성도와 어머니는 각각 50원과 30원씩 나누어 갖는다. 그녀는 그길로 시내 금방에 가서 배분받은 돈의 절반 이상을 투자하여 금반지를 사서 끼고 남편 앞에서 멋을 부린다. 그러나 남편 성도는 이런 아내의 속내를 아는지 모르는지 눈길한 번 주지 않고 "저녁도 먹지 않은 채" 매매춘을 나가 외박까지 한다.

다음은 부락의 중년 여인들이 석탄 서리를 나서면서, 남편에게 여자로서 취급받지 못하는 자신들의 고충을 우회적으로 한탄하는 장면이다.

---

83 その夜嬶あはケトンバーの母の借金を返済すると残りの金を持って新市街の或る金房に行って一匁五分の金指輪を十九円五十銭で買ってはめた。成道は夕飯も食べずに出て行つたが、そのまゝその夜家へ帰らなかつた。五銭ガルボの家に行つて寝たのであつた。

칠성녀의 엄마는 "저 미련한 놈, 5전 갈보 집에 썩은 XX냄새 맡으러 매일 밤 간데요. 퉷"[84] (「벌거숭이 부락」, p.124)

"남자들이란 정말 개와 한가지야. 저런 더런 간나에게 홀려서…."[85] (「벌거숭이 부락」, p.125)

부락의 중년 여성들은 하나 같이 남편에게 성애의 대상에서 소외당한 쓸쓸함을 "5전 갈보"를 비난하는 것으로 해결하려 한다.

그렇다면 유교는 결혼한 여성의 성을 어떻게 이념화해 통치해 왔을까? 조선 사회가 유교 이념에 근거해 유지되는 방식은 바로 예비례(禮非禮) 담론이었다. 내면의 도덕적 완성과 차별적인 사회질서에 순응하는 것이 도덕적이며, 인간다움의 실현이라는 담론은 사회 구성원들의 자발적인 동의를 이끌어 내어 효과적인 통치를 가능케 했다. 조선의 禮敎가 지향하는 이상적 여성상은 여중군자(女中君子)로 다음과 같은 특징을 지닌다.

첫째, 예교적 여성은 中性的 혹은 無性的인 존재로 性性이 완전히 배제된 존재이다. 유교에서는 경국지색(傾國之色)이라는 논리로 여성의 性을 매우 불온시 하였다. 따라서 성적 존재로서의 여성이라는 자각은 금기 사항이었다. 특히 며느리는 생물학적인 성을 매개로 가문에 편입되나 실제 생활 속에서는 성적 기능을 배제 당한다. 며느리의

---

84 七星女の家の前に来た時、七星女の母が夫と何か口論してゐる声がきこえた。(中略)「こんなに夜遅く、何んの喧嘩ですの?」副突の母が、歩きながら訊いた。「あのトンチキ野郎、五銭ガルボ奴め (カンナ) の所に、腐つたXXの匂嗅ぎに、毎晩行くよつ、ペツ」(中略)「あの梅毒 (ナチル) でもうつつたら、大変ですよ。わしもう死んでも、あのトンチキ野郎とは寝ないわよ」.

85 男の奴つて全く犬ハンガジ (同じ) だよ。あんなキタナイ女奴め (かんな) に惚れて…。」

성은 출산의 도구로서만 의미를 지닐 뿐 여성으로서의 존재를 일깨우는 조건(성욕)으로서는 주목받지 못한다. 즉 며느리의 성은 출산을 통한 가문의 승계를 담당하는 가문의 도구인 동시에 출산을 통해 가문 내 며느리의 존재를 확인시켜주는 도구이기도 하다. 여성에 대한 정절의 강조나 재가금지 모두 이차원에서 설명이 가능하다.[86]

그러나 왜인지 푸념은 하지만 정작 그녀 자신들의 성적 매력을 갈고 닦아 남편의 마음을 돌리려는 자주적 노력은 그다지 보이지 않는다.

양은영(1995)은 유교적 문화 속에서 결혼한 여성들은 "정숙한 아내" "얌전한 아내" "알뜰한 아내" 콤플렉스에 빠져 있다고 지적하며, 적극적인 성생활을 위해 아내들에게 도 변화를 요구한다. 또한 "여자의 성감대는 육체에 있기보다는 정신적인 부분에 있다. 여자를 무시하고 존중해주지 않는 남편은 결코 아내를 성적으로 만족시킬 수 없다."[87]고 일침을 놓기도 한다.

한편, 부락의 중년 과부의 성생활을 살펴보자. 그녀는 2년 전 매립지 부락으로 이사와 졸지에 아이들과 남편을 잃었다. 부락에서 "제일의 미인"인 그녀는 남편을 잃고 성적 외로움을 해소하기 위해 "대차 십장"과 하룻밤을 보낸다.

5전 갈보! 그녀는 부락에서 제일의 미인이자 성병 매개자였다. 공장지대로 나와 두 명의 아이를 잃고 게다가 남편이 작년 여름 대차를 밀다가 대차가 넘어지는 바람에 깔려 무참히 죽은 후 그녀는 먹고 살 방도가 없었다. 대차 십장에게 하룻밤을 허락 한 뒤 그녀는 자신의 육체를 파는 것 외에는 생활의 방도가 없었다. 그녀가 이 부락에 온

86 김언순(2005)의 앞의 논문. p.38.

87 양은영(1995), 『아줌마는 야하면 안 되나요?』, 다솔, p.28.

것은 작년 가을이었다. 이 부락에서 처음으로 그녀의 몸을 산 사람은 고주사였다. 그 때 고주사는 그녀에게 얼마라도 쥐어 주려고 지갑을 열어보니 5전밖에 없었다. 그거라도 담배를 산다며 그녀는 받았다. 그 때부터 모두들 그녀를 5전 갈보라고 불렀다.[88] (「벌거숭이 부락」, p.124)

그 후 돈 많은 고주사가 5전에 그녀의 몸을 산 것을 계기로, 그녀는 몸을 자원화 한다. 그녀가 상대한 남성들은 칠성녀의 아버지, 박돌 아버지, 호민 아버지, 미혼자 마당돌, 게다가 순남 아버지까지 그 숫자는 이루 헤아릴 수 없을 정도다. 매매춘으로 그녀는 성적 욕구도 해결하고 경제적 여유도 누린다.

부락민들이 대홍수로 대지 임대료를 재촉 받고 있으나 먹을 것이 없어 굶어 죽는 사람이 늘어나는 판국이라 모두들 임대료를 낼 엄두도 못 내고 있지만 그녀는 여유롭다.

15일 정오까지 대지임대료를 지불한 집은 겨우 성도네와 5전 갈보 두 집뿐이었다.[89] (「벌거숭이 부락」, p.128)

부락에서 임대료를 낸 집은 성도네와 5전 갈보네 뿐이다. 성도는

---

88 五銭ガルボ！彼女は部落一番の美人であり、性病の媒介女であつた。工場地帯に出て来て、二人の愛児を失ひ、その上昨年の夏、トロッコ押しの夫が、トロッコにひかれて無惨な死を遂げると、彼女には、生活の途が絶えた。トロッコの什長に一夜を許すと、彼女は自分の肉を売るより、生活の途がないと云ふ事を知つた。彼女がこの部落に来たのは、昨年の秋であった。この部落で、最初彼女の肉を買ったのは高主事であった。その時高主事は、彼女に幾らか持たせてやらうと思って財布を探すと、生憎五銭白銅一個しかなかった。それでもタバコを買うといって、彼女は受け取った。この時から皆は、彼女を5銭ガルボと呼んだ。

89 十五日の昼までに貸地料を支払った家は僅か成道と五銭ガルボの二軒しかなかった。

딸을 기생으로 팔아 서 받은 돈으로, 5전 갈보는 몸을 팔아 번 돈으로 임대료를 낸 것이다. 그러나 작자는 그런 그녀를 내버려두고 보지는 않았다. 성에 대해 무지한 그녀를 성병인 매독에 걸리게 한 것이다. 국가로부터 위생적으로 관리 받지 못한 그녀는 매독에 걸려 부락 남성들에게 옮기는 매개자로 전락하여, 3차 감염원인 부락 여성들에게 미움의 대상이 된다.

> 거저 매독이라도 옮기는 날에는 큰일이요. 나는 죽어도 저 미련퉁이 하곤 잠자리 같이하지 않을 거요."[90] (「벌거숭이 부락」, p.124)

이처럼 결혼한 여자들의 성은, 아이를 만드는 '낳는성'과 '쾌락의 성'으로 이분된다. 이러한 이분화에 의해, 아내라는 이름의 그녀들은, 쾌락의 성에서 배제되고 입장이 반대되는 여자끼리의 라이벌 의식이 조장된다. 쾌락의 성에서 제외된 매립 부락의 그녀들은 상대편을 "갈보", "썩은 XX", "부정한" 등으로 비하하기를 서슴지 않는다.

3.2 빛바랜 '몽당치마'

「적빈」의 매촌댁은 오래전에 남편이 죽고 홀로 살아가는 이른바 과부다. 예순셋의 노인인 그녀는 오로지 두 아들을 내조하는 일에만 몰두할 뿐, 그녀의 性적 매력은 철저히 배제된다. 문중에서 그녀의 모습은 다음과 같이 묘사된다.

> 늙은이는 혼자 생각다 못하여 노란 것, 흰 것, 검은 것이 한데 섞

90 「あの梅毒（ナチル）でもうつつたら、大変ですよ。わしもう死んでも、あのトンチキ野郎とは寝ないわよ」.

인 몇 가락 안 되는 머리를 손가락으로 쓰담아 꽁져 찌르고 누덕누덕 걸어 맨 적삼에다 걸레 같은 몽당치마를 입고 빨리 집을 나섰다. (「적빈」, p.464)

모두들 비웃고 핀잔주고 놀려주고 할 뿐이라 늙은이는 이지러지고 뿌리만 남은 몇 개 안 되는 이빨을 드러내어 "히에."하고 고양이 같이 웃어 보이는 수밖에 없었다. 웃으면 곯아 배틀어진 우엉뿌리 같은 그 얼굴에 누비질한 것같이 잘게 깊게 잡힌 주름살이 피어지며 온 얼굴이 흰 줄로 밭 골진 것같이 보였다. (「적빈」, p.464)

늙은이는 남은 밥을 벙어리에게 먹여놓고 차마 어린것을 싸놓은 치마를 벗기지 못하여 떨어진 속옷 바람으로 어둡기를 기다려 자기 집으로 보리쌀을 가지러 가는 것이었다. (「적빈」, p.470)

그는 흘러내리는 옷을 연방 움켜잡아 올리며 코끼리 껍질 같은 몸뚱이를 벌름거리는 그대로 뒤가 마려운 것을 무시하려고 입을 꼭 다문 채 아물거리는 어두운 길을 줄달음을 치는 것이었다. (「적빈」, p.471)

위의 인용을 종합해 보면 매촌댁은 "노란 것, 흰 것, 검은 것이 한데 섞인 몇 가락 안 되는 머리"와 "이지러지고 뿌리만 남은 몇 개 안 되는 이빨"과 "웃으면 곯아 배틀어진 우엉뿌리 같은 그 얼굴에 누비질한 것같이 잘게 깊게 잡힌 주름살이 핀" 얼굴에 "코끼리 껍질 같은 몸뚱이"를 하고 있다.

여기에 매촌댁이 걸치고 있는 "걸레 같은" "몽당치마"는 노녀의 쇠퇴한 섹슈얼리티를 대변해 준다. 예로부터 치마는 입는 방법에 있어 반인(班人)계급은 좌(左)로, 서민계급은 우(右)로 여미어 입어 반상을 가렸고, 색상에 있어서는 출가하여 아이를 낳을 때까지는 다홍치마, 중년이 되면 남치마, 노년이 되면 옥색·회색 계열의 치마를 주로 입었다. 개화기에는 여성들의 사회활동으로 짧은 통치마가 나타났고 이에 맞추어 저고리의 길이는 늘어났다. 오늘날 예전의 짧은 치마류는 양장으로 대신하게 되었고 긴 치마는 한복으로 계속 유지되고 있다.[91]

그러나 노녀의 치마는 더 이상 여성성을 나타내고 미를 더해주는 물건이 아니라 "갓 태어난 손자를 싸"고 마을 사람들이 던져주는 보리쌀을 받는 용기 대신으로 쓰인다. 게다가 이제는 몽당치마마저 갓 태어난 손자에게 빼앗기고, 속옷 차림으로 길을 나서는 탈성화 된 노녀의 모습은 안쓰럽기까지 하다.

> 늙은이는 무표정한 얼빠진 듯한 얼굴로 체머리만 바쁘게 쩔레쩔레 흔들며 연 방 콧물을 잡아 뜯듯이 닦았다. (「적빈」, p.465)

더욱이 매촌댁은 나이가 들어 "체머리"를 흔들기 까지 한다. 이러한 "체머리" 증상은 체력이 떨어지고 기력이 허해 머리까지 기운이 잘 미치지 못하는 경우가 대부분이며 머리까지 힘이 잘 미치지 못하게 되니 흔들흔들 거리게 된다는 게 병리적 해석이다.[92] 이렇듯 소설 속에서 노녀는 무능한 남편과 아들 부양에 평생을 보낸 탓으로 기력이 쇠잔해 진 탈성화된 모습으로 묘사된다.

김기영(2005)은 노년의 性에 대해 "여성들은 어려서부터 '순결주의'를 강요받았고 결혼 후에는 '여필종부'의 이념에 따라 스스로의 욕망과 쾌락을 남성에 맞추어 억제해왔다. 이러다보니 자녀와의 관계에서나 가족에 대한 여성들의 충성도와 집착은 상당히 높다. 흔

---

91 Daum백과사전, http://enc.daum.net/dic100, 2007.9.18.

92 남상천 한의원 (https://www.medcity.com)

히 '모성'이라고 불리는 여성적 특징은 어떤 면에서 바로 스스로의 욕망과 쾌락을 억제하고 제한한 것을 대가로 해서 주어진 것이라 볼 수 있다. 사회적으로 성의 개방 풍조에 대해 여성들은 대체로 비판적이다. 그리고 그 이유의 대부분을 '가정파괴'에서 찾는다. 이는 자기 욕망을 부정하고 쾌락을 스스로 금지해왔던 여성의 희생이 '가정'을 지킬 수 있었던 원동력이었기 때문에 여성들은 배우자인 남편에게도 가정에의 충성을 요구하는 것이라 볼 수 있다. 즉, 성의 개방 풍조(성산업이나 상업화)에 대한 격렬히 항의하는 보수적인 여성들의 밑바닥에는 공평한 희생에 대한 생각이 깔려있는 것이다. 이렇게 사회적으로 형성된 여성 성욕의 특징은 억제, 금지, 희생이다. 이것을 바꾸지 않으면, 이런 관념과 관습을 고스란히 갖고 있는 여성 노인의 경우 아무리 노년의 성을 이야기한들 달라질 것 같지 않다."고 역설하였다.[93]

그녀의 주장처럼, 사회주의 운동가와 프롤레타리아 문학자로서 31세에 요절한 작가 백신애에게도 역시 여성 노인의 섹슈얼리티에 대한 시선은 없다. 보수적인 아버지와 첩 문제로 괴로워하던 어머니를 곁에서 지켜보며 성장한 그녀에게 개방적 성애의 시점을 요구하는 것 자체가 무리일까?

「적빈」의 매촌댁의 섹슈얼리티 역시 이러한 작가의 체험과 문화적 기반위에서 그려지고 있으며, '강한 모성'을 발휘하는 대신 성적 욕망을 억제한 탈성화 된 노인의 모습이 적나라하게 형상화 되어 있다. 그러나 성숙된 사회라면 성적으로 소외받는 이들의 불만 섞인 목소리를 들어야 한다.

---

93 김기영(2005), 『다시 찾은 性의 renaissance』, 선미디어, pp.193-195.

한국의 대표적 프롤레타리아 작가 백신애와 이북명의 체험적 소설「적빈」과「벌거숭이 부락」을 포스트 프롤레타리아의 여성상 제시라는 관점에서 고찰해 보았다.

「적빈」과「벌거숭이 부락」의 무대는 각각 가난한 농촌마을과 매립지 부락이며 하층민을 그리고 있다는 점에서는 프롤레타리아 문학의 정서를 계승하고 있다. 그러나 소설에 형상화되는 여성들은 더 이상 현실을 부정하거나 권력과 맞서 투쟁하지 않는다. 즉, 그녀들은 저마다 자신의 처지를 긍정하며 무능한 남편과 아들을 위해 조상에게 제사를 지내고 남의 집 허드렛일로 가족을 부양하고 내조하는 지극히 탈정치적인 인물로 묘사된다. 또한 여성의 삶은 결혼 후의 '시집살이'에서부터 시작된다는 유교의 가르침을 내면화하여 살아 온 구여성들의 삶이 재현되어 있다. 이는 삼종지도를 내면화한 '내조'하고 '치산'하는 조선 전통의 유교적 여성상인 능부(能婦)의 모습이다.

이러한 여성상은 개화기부터 일관되게 추구되어 온 자립한 '신여성'의 이미지로부터도 권력과 투쟁하며 '노동자를 위해 죽어갔던' 프로 여성의 이미지로부터도 크게 벗어난 독자적인 것이다. 이러한 능부의 재탄생은 김재용의 지적처럼 1930년대의 프로 작가들이 '조선의 특수성'을 직시하고 '조선 현실'을 그리려 했던 것에서 얻어진 결과라 생각된다.

그러나 두 소설에는, 가난에 맞서는 여성들의 치열한 삶이 생명력 넘치는 필치로 그려지지만, "금반지"와 "몽당치마"로 대변되듯 性 역시 유교적 시점에서 자유롭지 못하다. 그녀들의 성은 결혼한 여성의 성, 노년 여성의 성이라는 점에서 탈성화 되고, 낳는성과 쾌락의 성으로 이분화 되어 소외된다.

4장

/

경계에 선 여성, 여성들

제1절

쓰시마 유코(津島佑子)와 한강 문학의 마지널(marginal)성

—『웃는 늑대(笑いオオカミ)』와 『채식주의자』를 중심으로—

마지널(marginal)한 인간이란 과연 어떤 사람을 가리키는가? 마지널한 인간이란 중심에서 봤을 때 주변에 위치된 사람이기는 하다. 그러나 과연 사회적 일탈자(Outsider)로서의 역사일까? 기존의 주변인 개념인 아웃사이더(Outsider)란 이미 어떠한 집단적 축(=인사이더Insider)[1]이 정해져 있기에 비로소 묘사 가능한 영역의 개념이다. 반면 마지널 인간의 역사란 그런 것이 아니다. 즉 어떠한 도형을 그릴 때 그에 따른 아웃트 라인을 묘사한 후 다음 순서가 이어지듯, 마지널 인간의 역사를 묘사한다는 것은 그렇게 함으로써 비로소 그런 존재들을, 마지널한 것들로서 규정되는 어떠한 집단을 묘사할 수 있게 되는 그런 역사를 쓰게 되는 것이 아닐까? 이러한 관점은 '경계선상=점이지대', 즉 주변적 집단(=아웃트 라인)이 먼저 윤곽 지워지면서 비로소 어떤 형태가 결정된다는 점에서 아

1 서구 철학의 이항대립에서 언제나 우세한 쪽은 이성과 연결시켰고 열등한 쪽은 자연으로 표현했다. 이러한 이원론은 식민지화의 논리로, 중심에 있는 이성적인 주체는 대조와 배제를 통해 타자를 주변화하고 지배자가 된다. 플라톤 철학에서 이와 같은 이성과 지배의 결합을 발견한다. 여기서 주인 주체는 여성뿐만 아니라 노예(인종, 계급, 성차별의 복합체), 동물, 자연을 차별하고 배제하면서 구성된다.

웃사이더의 역전된 시각이다.[2] 포스트구조주의(post-structuralism) 젠더(gender) 역사가인 조앤 스콧(Scott, J.W.)은 "'여자'라는 카테고리를 '아무것도 들어 있지 않으며, 동시에 많은 의미를 내포'하는 유동적인 존재"로 정의한다.[3] '여자'라는 보편적이고 수미일관된 실체적 동일성 같은 건 존재하지 않는다는 것이다. 이처럼 '여자'라는 카테고리(category)의 허구성을 폭로한 스콧이 역사학에 바라는 것은, 그런 카테고리 자체의 역사적 구축과정을 분명히 해주는 연구이다. 그러한 관점에서 여성작가의 작품, 또는 작품 속의 여성 표상에 초점을 맞추는 작업은 매우 유의미한 일이 될 것이다.

본 논문에서는 여성과 동식물 표상에 대한 기존의 중심 개념인 아웃사이더(중심을 전제하는 주변인)로서가 아닌, 개체의 유동성에 기인한 마지널한 관점에서, 스토리를 통한 그들의 역사적 구축과정을 조명하고자 한다. 이를 위해 동시대에 작품 활동을 했으며, 마지널성을 모티프로 차용하고자 했던 한일 여성 작가, 쓰시마 유코와 (津島佑子 1947. 03~2016. 02)와 한강(韓江, 1970. 11~)의 작품을 분석·고찰하고자 한다.

쓰시마 유코의 장편소설 『웃는 늑대(笑いオオカミ)』[4]는 패전 직후 인간이 만든 적자생존의 논리가 만연된 일본을, 동화 『정글북』[5], 『집 없는 아이』[6]의 모티프를 차용해, 미성년인 소년소녀를

---

2 小松佳代子他(2003)「マージナルな女を / が語るということ」『流通経済大学論集』17-34, 流通経済大学編集部, p .17.

3 Scott, J.W著 荻野美穂 訳(1992)『ジェンダーと歴史学』, 平凡社, p.85.

4 初出;「新潮」2000년 4월호~9월호(2001년 第28回 大佛次郎賞 수상)

5 러디어드 키플링 작(1894). 이야기의 배경은 인도이며 모글리라는 늑대 모글리가 역경을 이겨내어 결국 인간 마을로 되돌아간다는 내용의 작품이다. 우리가 알고 있는 모글리 내용은 모글리의 형제들, 카아의 사냥, 호랑이! 호랑이! 라는 세 작품의 내용이다. 그 외에 하얀 바다표범, 발루와 타인의, 코끼리들의 투마이, 여왕 폐하의 신하들 등의 내용이 담겨 있는데 저 네 이야

스토리의 중심에 배치하며 어른들의 세계를 스케치해 형상화한 쓰시마 유코의 최신작이다.[7] 선행연구는 아직 미미하나 동물의 표상에 대해 분석한 이토 히로미(伊藤比呂美, 2012)의 논문 「津島佑子『笑いオオカミ』-よいかりを」[8]가 있다.

한강의 『채식주의자』(창비, 2007. 10)[9]는 가정주부인 영혜가 돌연 육식을 끊겠다고 선언하면서, 이를 부당하다고 생각하는 남편을 비롯한 가족의 시점에서 이야기가 전개된다.[10] 주인공 영혜는 따분한 일상을 영위하는 전업주부로, 육식과 음성(의사소통이 불가능할 만큼) 대신 오로지 채식을 하며 꿈에 의해 자신을 드러낸다. 이로

기는 우리에게 거의 알려지지 않았다.

6 말로 작(1898). 기구한 운명으로 기아(棄兒)가 된 소년 레미가 순회 서커스단에 팔려 온갖 어려움을 겪지만 용기를 잃지 않고 살아가다가 마침내 어머니를 만난다는 내용이다.

7 소설은 늑대에 대한 정보를 제시하면서 시작된다. '니시다 미쓰오', '유키코'였던 소년소녀가 여행을 떠나면서, 아켈라와 모글리, 레미와 카피로 개명하며, 몇 번이고 새로운 캐릭터로 거듭난다. 묘지에서 자란 '니시다 미쓰오'와, 여중에 다니는 '유키코'가, 과거/현재, 현실/꿈, 사내 아이/여자 아이, 사람/동물 등의 모든 경계를 허무는 기차여행에 나선다. 불과 십여 년 전의 전쟁의 상흔을 묻고 앞만 보며 달려가는 일본을 횡단하는 두 소년소녀. 그들을 통해 쓰시마 유코는 전후 일본사회의 피폐한 풍경을 생생하게 그려내고, 더 나아가 이제는 멸종된 '늑대'로 형상화되는 근대 일본이 잃어버린 고고한 무엇에 대한 증언을 시도한다. 인칭과 화자, 사실과 환상을 자유로이 넘나드는 과감한 서술로 겹겹이 쌓인 죽음과 부조리를 드러낸다.

8 伊藤比呂美(2001) 「津島佑子『笑いオオカミ』-よいかりを」55(3), 文学界, p.22.

9 初出; 「채식주의자」(『창작과비평』, 2004년 여름호), 「몽고반점」(『문학과사회』 2004년 가을호), 「나무불꽃」(『문학판』 2005년 겨울호), 단행본 『채식주의자』는 『창비』, 2007년 발표(2016년 맨부커상 인터내셔널부문 수상)

10 2004년에 발표한 <채식주의자>와 <몽고반점>은 1997년에 발표한 <여자의 열매>를 출발점으로 하여 쓴 소설이다. 특히 <몽고반점>은 몸이 내포하고 있는 아름다움과 순수함을 탐색하고 몸이 내제된 삶의 의미를 연구하며, 몸을 뒤덮은 아름다운 꽃 페인팅의 상징적 의미를 추구했다는 점에서 몸 담론의 정수를 보여준다는 평가를 받는다.

인해 타자와의 소통은 끊어지지만 예술가를 매개[11]로 가까스로 자연의 영역에 진입한다. 본 연구에 관련된 선행연구로는, 몸 담론을 중심으로 분석한, 한정희(2012)의 「한강 소설 연구: 몸 담론을 중심으로」[12]와 에코페미니즘 관점에서 연구한 주은경(2012)의 「<채식주의자>, <몽고반점>, <나무불꽃> 그리고 에코페미니즘」[13]이 있다.

두 작품은 각각 여성과 동식물이라는 마지널성에 초점을 맞춰 형상화하고 있다는 점에서 비교분석할 가치가 있다고 본다.

1. 마지널한 의미장

1.1 묘지의 법칙

『웃는 늑대』는 일본에서 지금은 사라진 늑대에 대한 정보를 제시하면서 시작된다. 소설 타이틀에 적힌 늑대의 표기가 오오카미(狼)가 아니라 가타가나 표기인 オオカミ인 것도, 멸종되어 더 이상 일본에는 생존하지 않는다는 정서적 거리감으로 읽힌다. 작자는 먼저 프롤로그에 늑대이야기를 삽입하여 동물들의 법칙을 조명한다. 그런 다음 인간들이 사는 세상을 정글에 비유하며 그곳에 존재하는 법칙을 확인하고자 한다. 소년 미쓰오(みつお)는 전후 "묘지

11 예술작품은 자연의 부름으로 성립되고, 역으로 그 근원적인 자연으로 불러들인다는 이중 동향을 갖는다. 이 때 신체를 통해 자연과 교감하는 예술가가 그 운동의 매개항으로서 중시된다.(ジャック・デリダ著 谷徹他訳(2005)『デリダ, 脱構築を語る』岩波書店, p.191)

12 한정희(2012)『한강 소설 연구: 몸 담론을 중심으로』한국교원대학교 석사학위논문, p.10.

13 주은경(2012)『<채식주의자>, <몽고반점>, <나무불꽃> 그리고 에코페미니즘』조선대학교석사학위논문, p.15.

만큼 청결한 곳은 없다"는 아버지와 묘지라는 마지널한 의미장[14]에서 생활하며 유아기를 보냈다. 그의 아버지는 "남자들은 강제로 트럭에 실려 홋카이도 탄광으로 보내진다는 소문"을 들어서인지 세상의 부조리를 피해 숨죽여 살다가 어린(당시 4세) 아들을 남기고 "천천히 죽어가는" 삶을 택한다. 그러한 삶과 죽음이 교차하고 인간과 동식물이 어우러진 묘지에서의 삶이 소년에게 '자연의 법칙'을 감수하는 계기가 된다.

> 회색의 직사각형 돌들로 둘러싸인 땅바닥 한구석에 낙엽을 모으고 그 속에 몸을 묻으면, 땅 밑의 습기와 함께 곰팡이와 진흙 냄새가 피어올랐다. 그 탁한 냄새가 아이와 아버지의 냄새였다. (『웃는 늑대』, p.18)

> 돌기둥은 나무들 사이에 얼마든지 있었다. 작은 나무와 큰 나무들이 집단을 이루어 늘 수런거렸다. 그 소리들 틈으로 갖가지 새의 울음소리가 들려왔다. (중략) 아버지는 곧바로 새를 모닥불에 구워 아이에게 주었다. 질긴 힘줄투성이였고 고기는 조금밖에 없었다. 아이는 오랫동안 고기를 씹고, 뼈를 입 안에 넣고 빨았다.[15] (『웃는 늑대』, p.19)

---

14 마르쿠스 가브리엘은 영역을 의미장으로 규정하고자 한다. "대상은 반드시 의미장 안에서 나타나야만 한다. 그렇다면 의미장 역시 홀로는 존재할 수 없다는 결론이 나온다. 의미장 역시 나타나기 위해서는 또 다른 의미장을 필요로 한다. 이런 식으로 의미장은 끊임없이 맞물려 나간다. 우리는 결코 마지막에 이를 수 없다. 모든 게 나타나는 마지막 의미장, 곧 세계는 얻어지지 않는다. 오히려 세계는 늘 거듭 밀려 나가며 계속 새로운 의미장을 펼쳐 보일 뿐이다."라는 마지널한 관점을 제시한다.(마르크스 가브리엘(Markus Gabriel)저 김희상 옮김(2017)『세계는 왜 존재하지 않는가』열린책들, p.133)

15 번역은 쓰시마 유코 저 김훈아 옮김(2010)『웃는 늑대』, 문학동네, pp.1-419 사용, 이하 동.

미쓰오가 기억하는 묘지 주변은 "소리"와 "냄새" 그리고 동식물과 인간이 적당히 뒤섞여 살고, 또 죽는 삶과 죽음이 위화감 없이 혼재하는 원형적 의미장이다. 이 모든 현상에는 '자연스러움'이라는 "살아있는 법칙"이 작동된다.

> '아켈라'의 생각이 친근한 묘지의 세계로 옮겨간다. 그때는 아무것도 '두렵지' 않았다. '두려움'을 느끼기에는 너무 어렸기 때문일까. 죽은 사람들의 뼈를 모아둔 곳, 묘지에는 스스로 죽어가는 사람들도 있었다. '모글리'의 아버지처럼, 살아 있으면서 죽은 무리들도 어슬렁거렸다. '아켈라'의 아버지도 예외는 아니었다. 하지만 거기에 '두려움'이 지나가는 일은 없었고, 부글부글 거품을 일으키며 속삭이는 소리도 듣지 못했다. 들리는 것은 나무들의 술렁임과 지저귀는 새소리. 갓난아기 우는 소리와 개 짖는 소리뿐이었다. 거기에는 '법칙'이 살아있었다. 그래서 '두려움'의 그림자가 다가오지 못했던 걸까. 죽을 자는 죽고 산자는 산다. 오직 그것뿐인 간단하고 조용한 세계였다. (『웃는 늑대』, p.98)

> '법칙'은 '어린이집'에도 있었다. 하지만 묘지의 법칙과는 전혀 다른 법칙이었다. 여섯시에 기상, 일곱시에는 아침식사, 일어나면 이불을 개어 정리하고, 식사당번, 다함께 청소 (중략) 어디서 자라든 어른이 있으면 마찬가지야, 라고 진짜 가족을 아는 같은 반 친구가 말했던가. '모글리'도 어머니 곁에 있는 것이 즐겁다면 이렇게 간단히 '아켈라'를 따라오지 않았을 것이다. (『웃는 늑대』, p.99)

묘지에서의 생활에는 "두려움"이라는 감정이 스며들 여지가 없는 "간단하고 조용한 세계" 즉 자연의 규칙만이 영원 회귀되는 의미장이다. 그러나 아버지가 죽자 곧바로 시설에 맡겨진 미쓰오의 생활은 엄격하고 규칙적인 '부자연스러운', 묘지의 법칙과는 대조적인 '죽어 있는 법칙'이 지배했다. 이에 촉발되어 소년은 고아원에서 독립한 후 몸으로 간직했던 "친근한 묘지의 세계"를 떠올리고, 급기야 '세상의 법칙' 탐험에 나서게 된다.

미쓰오가 일본이라는 공간을 정글삼아 모험심을 자극받게 된 배경에는 이러한 "살아있는 법칙/죽어 있는 법칙"이라는 대비된 상황을 경험하면서 움트게 된 것이라 볼 수 있겠다.

1.2 탈 육식냉장고

『채식주의자』에서 주부[16]인 영혜의 일터는 부엌과 그 주변이다. 특히 부엌은 조리공간으로 생명체의 지속이라는 '막대한 임무'를 수행하기 위해 존재한다. 그중에서도 영혜네 '냉장고'는 두 가지 특성을 띤다. 하나는 식재료를 다량으로 장시간 보관한다는 일반적 기능이며, 그 두 번째는 식재료가 오로지 남편의 식성을 고려한 육식재료 중심으로 채워지고 운영된다는 특수한 기능이다.

기실 "육식의 이면에는 인간중심주의 철학에 자리 잡고 있는 퇴행적 나르시시즘이 깔려 있다. 즉 동물의 학살에는 철학적인 정당화가 자리하고 있다. 서구 철학은 타자로서의 여성, 야만인, 노예들을 동물로 등치해왔다. '날 것의 생'만을 가진 이런 타자들은 정치

16 주부의 발명은 유럽 산업혁명기로 거슬러 올라간다. 영국을 중심으로 한 유럽 선진국에서는 산업혁명 이후 자본주의가 급성장한 결과 도시에 공장이 임립하고 농촌사회로부터 청년들이 도시로 유입되어 새로운 봉급노동자 계급이 형성되었다. 이때 남편이 공장이나 회사에서 퇴근해 돌아오면 가정 내를 편안하고 청결한 공간으로 꾸며놓고 식사준비를 해야 하는 '주부(또는 家婦)'가 발명되기에 이른다. 자본가들에게는 이러한 '가정'과 '가족'이 더 할 나위 없이 필요한 시스템이었다. 주부들은 일터에서 지쳐 돌아온 남편의 피로를 풀어줘 다음날 다시 산업전선에 나갈 수 있도록 하며, 차세대 일꾼인 자녀들을 교육시키는 일을 담당하게 되었다.(小倉千加子(2001)『セクシュアリティの心理学』, 有斐閣選書, p.120)

공동체로부터 원천적으로 배제되어 왔다. 정치공동체로 들어올 수 없는 생은 생물학적으로는 살아있지만 상징적으로는 죽어 있는 것이나 다를 바 없다. 동물의 생으로 타자화된 이들에게는 무엇보다 신의 속성인 이성이 없다는 것이다. 동물에게는 불멸의 영혼, 의식, 언어, 반성적인 사고가 없으므로 동물의 죽음은 정당하다."[17]는 오류를 범한다.

남편의 진술에 의하면 식재료 관리자 영혜는 "모노톤의 삶을 연출해내는 평범한 여자"이다. 그러한 양처 캐릭터 덕분인지 불과 얼마 전까지만 해도 그들의 가정은 "평온하고 소박한" 기운이 유지되고 있었다. 또한 그러한 분위기를 남편은 매우 흡족해했다. 그러나 영혜의 실상은 "아침 난 얼어붙은 고기를 썰고 있었지. 당신은 화를 내며 재촉했어. 제기랄, 그렇게 꾸물대고 있을 거야? 알지. 당신이 서두를 때면 나는 정신을 못 차리지. 다른 사람이 된 것처럼 허둥대고, 그래서 오히려 일들이 뒤엉키지. 빨리, 더 빨리. 칼을 쥔 손이 바빠서 목덜미가 뜨거워졌어. 갑자기 도마가 앞으로 밀렸어. 손가락을 벤 것, 식칼의 이가 나간 건 그 찰나야."(p.26)의 독백처럼, 부부의 위계가 드러나며, 매일 팽팽한 정신적 긴장을 요하는 상황이 연출되고 있었던 것이다. 때문에 영혜는 오만하고 독선적인 인간중심사고에 대해 문제제기 하기에 이른 것이다. 냉장고의 식재료를 둘러싸고 부엌은 돌연 아내의 '저항'과 부부의 '불통'이 소용돌이치는 '대립'의 장으로 변모한다.

> 아내는 꼼짝 않고 서서 냉장고를 마주보고 있었다. (중략) 안방과 달리 부엌은 꽤 쌀쌀했다. (중략) 마치 냉장고가 있는 자리에 내 눈에

---

17 임옥희(2008) 「사이버시대에 나타난 육식에 대한 윤리적 불안과 가족의 구조변동」 『탈근대와 여성주의』 1, 전남대학교출판부, p.3.

안 보이는 사람이-혹은 귀신이라도-버티고 있는 것 같았다. (『채식주의자』, p.13)

아내는 어젯밤과 똑같은 잠옷차림으로, 부스스 헝클어진 머리를 늘어뜨린 채 쪼그리고 앉아 있었다. 그녀의 중심으로 희고 검은 비닐봉지들과 플라스틱 밀폐용기들이 발 디딜 데 없이 부엌바닥에 널려 있었다. (『채식주의자』, p.16)

자신의 삶에 대해 왠지 모를 거부감에 휩싸인 영혜는 꿈에서 받은 영감에 촉발되어 가장 먼저 냉장고를 개조한다. 평소 냉장고에는 주로 남편의 식습관에 맞춰진 '육식' 재료로 가득 차 있었다. 그리고 그녀는 결혼 후 5년이나 이러한 환경에 자신을 맞추며 지내왔다. 그러나 남편의 진술에 의하면 "아기를 갖기로" 계획한 바로 그 시점에서 아내는 이런 위계구조에 위화감을 노골화하며 문화의 승계를 거부하기에 이른다. 이러한 변화는 영혜가 기존의 질서에 대해 자신의 의지를 관철시킨 첫 번째 사례로, 급기야 자신이 원하는 것들(주로 채소)로 냉장고를 채워 스마트하게 변신시키기에 이른다. 다음으로 두 번째의 액션이 결행된다.

넥타이를 머플러처럼 걸치고, 양말을 신고, 수첩과 지갑을 챙기는 동안에도 아내는 부엌에서 나와 보지 않았다. (중략) "미쳤군. 완전히 맛이 갔어." (『채식주의자』, p.17)

"냉장고에 그것들을 놔둘 수 없어. 참을 수가 없어." 도대체 저렇게 자기중심적일 수가. 나는 아내의 얼굴을 똑바로 내려다보았다. 눈을 내리깔고 있는 그녀의 표정은 어느 때보다 차분해 보였다. 뜻밖이었다. 그녀에게 저토록 이기적이고 제멋대로인 구석이 있었다니. 저렇게 비이성적인 여자였다니. (『채식주의자』, p.20)

냉장고를 개조한 후의 그녀는 일상생활에서도 변화된 모습을 보인다. 평소 남편의 취향을 우선시해서 육식냉장고를 관리해왔던 '순종하는' 아내는 이제 어디에도 없다. 남편의 눈에 비친 그녀는 타자중심에서 "비이성적"이며 "자기중심적"인 사람으로 변모해있다. 남편은 권력자답게 질서유지권을 발동하며 가족과 합세하기에 이른다. 안타깝게도 그녀의 항거는 질서의 정점에 위치한 남편, 아버지 등의 기득권층들에 의해 저지당하고, 순식간에 가족불화 및 가정파괴범으로 전락한다. 그럼에도 불구하고 영혜의 질서 전복 의지는 "표정"에 드러나듯 "어느 때보다 차분"하고 확고하다. 잠시나마 영혜의 의지대로 육식냉장고는 채식냉장고로 바뀌었지만, 더 이상 가정의 관리자가 아닌 질서 '파괴자'로 규정된다.

2. 표상되는 마지널 여성

여성사(女性史)연구가 '여자의 시점'이나 '여자의 경험'을 강조한 나머지 "결과적으로 여성사를 보편사, 일반사와는 무관한 특수한 주변적 분야로서 게토(ghetto)화 할 위험성을 내포한다."고 오기노미호(荻野美穂)씨는 지적한다.[18] 그러한 위험성을 내포한 채로 지금 이 시점에서 마지널한 여성을 둘러싼 언설에 착목하는 것은, 그러한 관점에서야말로 기존의 질서공간이 증식되는 양상을 감지하기 쉽기 때문이다. 포스트 콜로니얼리즘(post-colonialism)은, '여자'라는 차이는 나이브하게 공유되는 것이 아니라 '여자 안의 차이'를 명확히 해야 한다는 필요성을 제기한다. 또한 마지널한 여성이라는

18 野千鶴子(2001)「歴史における構築主義」『構築主義とは何か』, 勁草書房, p.146.

시점은 여성의 복수성(複數性)에 착목할 수 있게 한다. 본 장에서는 카테고리로서의 타자인 '여성' 내부의 또 다른 타자 즉 "타자 안의 타자(the other of the other)"에 초점을 맞추고자 한다.

2.1 법칙 안팎의 여자들

『웃는 늑대』는 정글북을 연상시키는 구성으로, 주인공들인 소년 소녀들의 이름과 캐릭터도 동화에서 기인한다. 작자는 특히 어린 소녀에서부터 성장한 여성들까지를 연이어 묘사하는데 많은 지면을 할애한다. 소설 역시 성장한 소녀의 시각에서 재구성된다.

> 날카로운 여자 목소리에 잠을 깬 적도 있었다. 처음에는 밤새의 울음소리라고 생각했다. 그 새된 소리는 하늘 위로 퍼졌다가 아이의 몸을 향해 날카롭게 떨어졌다. (중략) 여자는 둘이었을까. 그들은 흙 위에 배를 깔고 누워 있었다. 희뿌연 긴 다리가 몇 개나 굼실거리고 있었다. (중략) 여자들의 몸 위에 남자들의 검은 형체가 보였다. 남자들의 하얀 엉덩이가 움직였다. 여자들의 소리가 한층 높아졌고 남자들은 입을 꾹 다물었다. 여자들이 웃고, 소리치고, 신음하고, 기묘하게도 노래까지 부르기 시작했다. (『웃는 늑대』, p.28)

> 여자는 화가의 애인으로 당시 임신한 상태였다. 또한 남자는 시베리아 수용소에서 풀려난 퇴역군인으로 여자의 남편이었다. 남자는 자기 아내를 화가에게 빼앗긴 것을 알고 두 사람의 뒤를 따라다녔다. (중략) 그 세구의 시체-여자는 아직 살아 있었지만-가 도대체 누구의 시체였는지 찾아볼 생각이 든 건 아이가 중학생이 되고 나서였다. (중략) 한 남자는 조용했고, 또 다른 남자는 가늘게 피리 같은 소리를 내고 있었다. 나머지 한 사람은 여자였다. 여자는 낮은 신음소리를 내며 몸을 꿈틀거리고 있었다. (『웃는 늑대』, p.31)

마지널한 의미장인 묘지에서라면 바깥세상에서의 금기는 해제된다. 이곳에서는 성적 교섭이 그룹으로 행해지기도 하고, 삼각관계의 반윤리적 연애구도도 여과 없이 제시된다. 기혼여성의 '불륜'이 적나라하게 드러나는가 하면 갈등 또한 그로테스크하다. 행위 자체에 있어서도 남자들은 "입을 다물"고 있는 반면에 여자들은 "소리" 높이 "신음소리"를 내다 "노래까지 부르"는 등 감정 표출에 적극적이고 능동적이다. 불륜 여성 또한 "임신"이라는 능동적 자기표명으로 단순한 외도가 아닌 연애의 진정성을 판돈으로 내건다. 이렇듯 "정글의 법칙" 안에서 만물은 거칠고 원색적이며 자유롭고 거침이 없다. 다음은 정글의 법칙이 적용되지 않는, 묘지 밖에서의 여성 표상이다.

> 소녀는 만원 전차 안에서 자신의 목면 팬티를 더듬던 낯모르는 남자 어른의 손가락을 떠올렸다. 그 손가락이 팬티 속으로 들어오려고 했다. 아직 초등학생이었던 소녀는 몸을 비틀어 그 손가락으로부터 도망쳤다. 울면서 전차에서 내린 적도 있다. 공원에는 바지 앞섶을 내리고 서 있는 남자도 있었다. (『웃는 늑대』, p.29)

> 소녀가 초등학생 때, 학교 1층에 있는 변소가 베니어판으로 봉쇄되었다. 근처 초등학교 변소에서 여자아이 한 명이 외부에서 들어온 남자에게 살해되었던 것이다. 폭행을 당한 후에 살해되었다는 말을 듣고, 소녀는 남자가 여자아이를 때리고 걷어찬 거라 생각했다. (중략) 조금씩 무너져가는 작은 주검. 귀를 기울이면 베니어 저편에서 여자아이의 울음소리도 들려왔다. (『웃는 늑대』, pp.29-30)

> 같은 종족 중 자기보다 약한 상대를 죽이는 녀석은 적어도 정글에는 없다. (중략) 새끼를 낳는 암컷은 어떻게든 살아야 한다. 그것이 바로 '정글의 법칙'이다. (『웃는 늑대』, p.229)

소설 속 소녀들은 “만원 전차”에서 ‘성추행’을 당하고, 초등학교 “변소”에서 외부인에 의해 ‘성폭행’을 당하는 등 무방비인 채로 어른 남성들의 범죄에 노출된다. 사회로부터 보호받지 못하는 그녀들의 방어는 고작해야 성추행을 피해 “몸을 비틀”거나 겁에 질려 “울음”을 터트릴 뿐 무력하다. 이처럼 작자는 정글의 법칙이 통용되지 않는 의미장에서 마지널한 여성들의 상황을 끝없이 포착해낸다. 또한 소녀는 “세상에는 그런 부분들이 가려져 있다. 하지만 소녀도 그런 조짐을 이미 감지하고 있었다. 아무리 도망치려 해도 거기서 도망치기 어렵다는 것도.”(p.29) 알고 있다. 이러한 현실적 이유 때문에 유키코 역시 미쓰오의 권유대로 남장이라는 탈성화 전략을 택해 여행을 이어간다.

2.2 특권적 타자, 그녀들의 인정 방식

『채식주의자』의 영혜의 육식 거부가 ‘남성들의 법칙’에 대한 저항으로 읽힌다는 점에서 등장 여성들의 공분을 클로즈업해 묘사한 부분은 흥미롭다. 남편의 직장 상사 부부 모임에 반강제로 끌려 나간 영혜가 육식을 꺼리는 모습을 보이자 사장은 “호탕한 어조로” “그러니까, 채식주의자시군요?”하고 물으며 “외국에는 엄격한 채식주의자들이 더러 있죠. 우리나라에선 좀 형성돼가는 것 같아요. 특히 요즘엔 언론에서 하도 육식을 공격해대니…오래 살려면 고기를 끊어야 한다는 생각을 하게 되는 것도 무리가 아니죠.”하며 나름의 공감을 표한다. 이와 달리 상사 부인들은 기존질서 파괴자인 영혜에게 엄격하다. 사장 부인은,

> “아무리 그래도 고기를 아주 안 먹고 살 수 있나요?” (중략) “얼마 전에 오십만 년 전 인간의 미라가 발견됐죠? 거기에도 수렵의 흔적이

> 있었다는 것 아닙니까. 육식은 본능이에요. 채식이란 본능을 거스르는 거죠. 자연스럽지가 않아요." (『채식주의자』, p.31)

하며 사장의 관점에 검증 불가능한 논리로 반론을 제기하고, 성급하게 육식을 "본능"으로 규정짓는다. 이에 전무부인이 장단을 맞추며 거든다. 그녀는 시종일관 노브라인 영혜의 "젖가슴을 흘끔 거리"며 여성들의 '탈코르셋'[19] 주장에 노골적으로 반감을 내 비추며 내면화된 젠더규범을 유감없이 드러낸다.

> "골그루, 못 먹는 것 없이 먹는 사람이 건강한 거 아니겠어요? 신체적으로나, 정신적으로나 원만하다는 증거죠."(중략) "채식을 하는 이유가 어떤 건가요? 건강 때문에…아니면 종교적인 거예요?" (『채식주의자』, p.31)

전무부인은 "골고루"와 "원만"을 최대의 가치로 내세운다. 이는 인간을 길들이는데 매우 필요한 전략적 용어로 이에 저촉되는 영혜는 심신이 '불건강'한 사람으로 규정된다. 결국 두 여성은 동성의 항거에는 무신경한 채 오로지 권력자의 하수인으로서 '질서 위반자' 처단에 광분한다. 가족들은 또 어떤가? 아버지는 "고기를 안 먹어요."라는 딸의 "뺨을 때리며" 폭력으로 제압하려는 권력자의 전형적인 해결방식을 보인다. 이런 가부장의 단호한 처사를 지켜본 가족들은 이에 응답해 능동적으로 처신한다.

---

19 탈코르셋 운동이란 벗어나자는 뜻의 '탈'(脫)과 여성 억압의 상징 '코르셋'(체형 보정 속옷)을 결합한 말로 다이어트, 화장, 렌즈 등 '꾸밈 노동'으로 상징되는 여성 억압적 문화로부터의 해방을 부르짖는 운동이다.(네이버 위키백과, https:// ko.wikipedia.org/ 검색일 : 2018.07.08)

“저는 딴 사람인 줄 알았어요. 얘기는 들었지만, 그렇게 몸 상해가면서 채식하는 줄은 몰랐지 뭐예요.” (『채식주의자』, p.46)

흑염소야. (중략) 그냥 한약이라고 하고 영혜한테 먹여봐. 약재를 많이 넣어서 역한 냄새도 없을 거야. 안 그래도 귀신 같이 마른 게, 그렇게 피를 흘렸으니2… “그녀의 끈질긴 모성애라는 것이, 나는 그만 기가 질렸다. (p.57) (『채식주의자』, pp.56-57)

가족 중 적어도 여성들은 영혜의 편에 서줄 것 같으나 실상은 그렇지 않다. 처남댁과 언니, 그리고 어머니는 가부장제의 피억압자이지만 영혜의 절규에 귀를 막으며, 철저하게 권력자의 하수인으로서의 역할을 충실히 수행하는, ‘타자 안의 타자’일 뿐이다.

영혜는 격렬하게 저항했다. 응급요원의 팔을 거세게 물었고, 알아들을 수 없는 새된 고함을 질렀다. 몸부림치는 영혜의 팔뚝에 주삿바늘이 꽂혔다. (중략) 영혜는 폐쇄병동에서 나오지 못했다. 첫 발광 이후 잠시 말문을 열었던 영혜는 다시 침묵했다. (『채식주의자』, p.168)

언니 인혜는 육식 거부자이자 남편의 상간녀인 동생 영혜에게 급기야 ‘정신 이상자’라는 진단을 받아내고 정신병원에 감금시킨다. 환자인 영혜는 치료라는 명목으로 교화되고 갱생대상자로 관리된다. 그렇다면 과연 무엇이 ‘정상’과 ‘이상’을 구분하는가? 정상적인 여성이란 누구며 그렇지 않은 여성은 무슨 근거로 그렇게 결정되는가? 인혜를 포함한 소설 속 여성들, 즉 ‘사장 부인’, ‘전무 부인’, ‘처남댁’, ‘엄마’, ‘인혜’ 등은 영혜의 반질서적 행위를 적극적으로 지적하고 제지한다. 즉 타자를 언급하며 증언대에 올린다. 그녀들은 영혜의 행위를 언어로 규정짓는 이른바 특권적 타자로 존재한다. 그녀들의 단호함에는 영혜 남편마저도 “기가 질려”한다.

마지널 인간이란 이미 결정된 불운한 인간이 아니다. 영혜야말로 ‘주어=주체’라는 자기언어를 갖지 않으며, 동시에 마지널 인간으로서의 존재를 둘러싼 언설이 부여되면서, 즉 특권적 타자의 인정에 의해 다양한 형식으로 만들어지는 창조된 인간이다.

3. ‘교란’이라는 전략

3.1 자기부정의 전말

『웃는 늑대』는 궁핍하고 어수선한 패전 직후의 일본을 무대로, 아버지를 모르는 12세 소녀가 어머니를 모르는 17세 소년에게 이끌려 일본 전국을 여행한다는 이야기다. ‘니시다 미쓰오(西田みつお) ‘유키코(行子)’였던 소년과 소녀가 여행을 떠나면서, 늑대 아켈라와 아이 모글리, 레미와 카피로 개명하고, 몇 번이고 새로운 캐릭터로 거듭난다. 그 과정에서 가장 먼저 가족과 연결된 것들의 단절을 시도한다. 소년 소녀는 가출한 후 부모와 자식 간의 관계에 의구심을 품기 시작한다.

> 친엄마라는 게 그렇게 좋은 걸까? 그렇다면 그런 걸 모르는 나 같은 사람은 정말 불행한 거네? 그렇지만 아무리 생각해도 그건 아닌 것 같아. 그렇담 거짓말일까? 거짓말이라면 왜 이다지도 많은 말들을 만들어 냈을까? 어떤 의미가 있을까? (『웃는 늑대』, p.242)

> 그러니까, 그런 건 거짓말이라구! 그런 말들을 만들어내는 사람들은 아이들이 아니라 부모들이니까 그렇지. (『웃는 늑대』, p.243)

아동용 동화책의 결말이란 대부분 '집으로 돌아간다'는 이데올로기가 내재되어 있어, 사실 이런 구성은 좀 식상하다. 또 다른 <정글북>에는 모글리가 엄마를 만나지만 진짜 자기의 엄마인지는 밝히지 않는다. 레미는 진짜 자신의 가족과 만나서 행복했다는 결말도 있다. 실은 비탈리스 할아버지처럼 객사하는 편이 진정 고고한 죽음이 아닌가 싶기도 하다.

> 카피는 그렇게 오래 살까? (중략) 특별한 개라서 언제까지나 죽지 않아…그런 개가 어딘가에 있을지도 모른다고 생각하면 부모가 없는 아이들은 안심을 하지. (『웃는 늑대』, p.313)

『정글북』이나 『집 없는 아이』는 '집을 나와 모르는 사람들과 관계를 맺는' 이야기이다. 이는 집을 나오고, 여행을 하고, 먹고 자고 다시 집으로 돌아가는 단순한 구성일 수도 있다. 일견 동반자살 분위기를 풍기기도 하지만, 자살하지는 않는다. 이렇게만 보자면 마치 유유자적 관광처럼 보일지 모르지만, 그리고 실제로 소녀는 모험여행에 지나지 않지만, 당시의 상식으로 이해하자면 시설을 도망쳐 나온 부랑아가 5세 연하의 여자 아이를 유괴해 끌고 다닌 셈이 된다. 이야기는 소년과 소녀가 경찰에 체포되어 소녀가 도쿄로 돌아가는 것으로 끝나는, 즉 소년이 가해자이며 소녀가 피해자가 되는 것으로써 사건은 일단락되는 듯하지만, 소녀의 심리적 사실로는 전혀 그렇지 않다. 도행(道行)은 공간을 이동하는 여행이지만, 시간 역시 움직여 두 사람은 많은 죽음과 만나고 스스로도 죽음을 향하기도 하고 다시 회복되기도 하며 그곳을 통과해 간다. 17세 소년도 여기서는 어린애다, 몽정도 하고 수염도 자라나지만 마스터베이션도 하지 않으며, 12세 소녀에 대해 성적 충동도 느끼지 않는다. 여행을 떠난 후로는 제대로 먹지도 못하고 사람들이 보는 앞에서 먹

고, 대변을 보는 일이 대단한 일로 다가온다. 소녀는 "변소에 가고 싶어"라고 하는 그 변소는 당시(1959년)에는 매우 불결하기 짝이 없는 열악한 환경이었다. 모글리는 끊임없이 "설사"를 한다. 설사의 의미는 무엇일까? 설사는 우선, 의지로 멈추게 할 수 없다. 또한 냄새도 그다지 심하지 않다. 그리고 창피함도 덜하다. 제어되지 않는 신체 운동을 통해 감성이 순환됨을 느끼게 한다. 또한 이들이 주로 먹는 것은, 오야코동(親子丼), 타닌동(他人丼), 가쓰동(カツ丼), 카레라이스 등 가정식이 아니다. 이는 완곡한 부모 죽이기 욕망으로 볼 수 있겠다. 더욱이 이름도 자주 개명되고, 성(性)도 바뀐다. 사람이 개가 되기도 하고 죽음과 시체가 뒤섞이고, 죽었는지 살았는지조차도 애매해진다. 유키코(行子)라는 이름처럼 모든 게 시간을 따라 흘러간다. 이처럼 소설 속 소년과 소녀의 끊임없는 자기부정이라는 '교란의 전략'은 패전 후 일본의 정치·사회적 상황과 맞물려 시사하는 바가 크다.

3.2 음성 소거, 리스트 컷

『채식주의자』는 3편의 단편으로 구성되어 있다. 그곳에서 영혜는 한 번도 진정한 화자인 적이 없다. 「채식주의자」에서는 남편이, 「몽고반점」은 형부, 「나무 불꽃」은 언니 인혜가 일인칭 관찰자시점으로 구성된다. 다시 말해 영혜에게는 '주체=주어'의 상황이 성립되지 않으며 '음성' 역시 소거된 채로이다. 다만 소설에 삽입되는 '꿈 이야기'를 통해 영혜의 목소리를 들을 수 있다. 그러나 이러한 구도는 음성, 즉 남성중심의 기존의 언어를 사용하지 않겠다는 의도로도 읽힌다.

어두운 숲이었어. 뾰족한 잎이 돋은 나무들을 헤치느라고 얼굴에,

팔에 상처가 났어. 분명 일행과 함께였던 것 같은데, 혼자 길을 잃었나봐. 무서웠어. 추웠어. 얼어붙은 계곡을 하나 건너서, 헛간 같은 밝은 건물을 발견했어. (『채식주의자』, p.18)

그렇게 생생할 수 없어. 이빨에 씹히던 날고기의 감촉이. 내 얼굴이, 눈빛이. 처음 보는 얼굴 같은데, 분명 내 얼굴이 아니었어. 아니야, 거꾸로, 수없이 봤던 얼굴 같은데, 내 얼굴이 아니었어. 설명할 수 없어. 익숙하면서도 낯선… 생생하고 이상한, 끔찍하게 이상한 느낌을. (『채식주의자』, pp.18-19)

그 꿈을 꾸기 전날 아침 난 얼어붙은 고기를 썰고 있었지. 당신은 화를 내며 재촉했어. 제기랄, 그렇게 꾸물대고 있을 거야? 알지. 당신이 서두를 때면 나는 정신을 못 차리지. 다른 사람이 된 것처럼 허둥대고, 그래서 오히려 일들이 뒤엉키지. 빨리, 더 빨리. 칼을 쥔 손이 바빠서 목덜미가 뜨거워졌어. 갑자기 도마가 앞으로 밀렸어. 손가락을 벤 것, 식칼의 이가 나간 건 그 찰나야. (『채식주의자』, p.26)

인용과 같이 영혜의 마지널한 실재적 상황이 꿈을 통해 재구성되어 독자에게 강렬한 이미지로 각인된다. 영혜의 저항은 리스트컷을 통해 최고조에 달한다.

문제는 그동안 '정상적인 주부'에 전념해 온 영혜가 돌연 육식거부를 선언한 '식문화에 대한 컨플릭트(conflict)'가 초래된 정황이 밝혀져야 한다는 것이다. 그녀의 이러한 행동 배경에는 주부라는 역할이 가져온 권력배분의 불평등, 사회적 시선과 편견, 여기에 "독서"를 통한 자기고양이 관여되어 있다고 본다.

4. 동·식물의 마지널성

『웃는 늑대』는 늑대 관련 에피소드를 서두에 삽입하면서 시작된다. 전술했듯이, 소설의 타이틀은 오오카미(狼) 대신 가타카나 オオカミ를 차용해 사라진 늑대를 표현하고 있어, 인간중심사고의 결말을 말해주는 듯하다. 역설적이게도 인간은 동물이 시야에서 완전히 사라졌을 때 동물해방을 논하고 육식에 불편한 감정을 드러내는 것 같다. 자신을 정글의 제왕이라 칭한 소년 미쓰오는 늑대인 아켈라로, 남장한 유키코는 캡틴의 뜻을 가진 개 카피로 각각 변신하며 정글의 법칙을 내면화하고자 노력한다. 반면 대중은 다소 비하적인 의미에서 원숭이로 명명된다. 이렇듯 소설에서 동물은 소년과 소녀라는 정서의 눈높이에 맞춰 자연스럽게 등장하며 교감한다. 『채식주의자』의 영혜는 어느 순간 육식의 세계를 거부하고 채식을 선택한다. 종국에는 '나무-되기'를 동경하다 죽어간다. 작자는 그녀의 죽음을 통해 인간이 자연을 초월하여 존재할 수 없고, 자연과 차이점뿐 아니라 공통점도 가진 채 지구에서 공존하고 있다는 메시지를 던진다.

> "뭐야, '아켈라'를 몰라? 늑대들의 보스. '정글의 법칙' 그 자체인 고독한 제왕 있잖아. 그 제왕이 자기가 지배하는 늑대 무리에 인간의 아이 '모글리'를 받아들인 거라고. (『웃는 늑대』, p.65)

> "둘론 '카피'는 개지만 '레미'보다 훨씬 머리도 좋고 계속 '레미'를 지켜주잖아. (중략) 카피는 이탈리아 말로 '캡틴'이라는 뜻이래. 우리 둘은 지금부터 '인간의 둥지'에서 살아남아야 해. 정글의 법칙을 잊지 말고 정글의 은혜와 함께. 알겠지?" (『웃는 늑대』, p.211)

소년과 소녀는 정글 밖의 장에서 여행하며 살아가고 있지만, 그들의 규범은 '정글의 법칙'이다. 이에 따라 두 소년소녀는 번갈아가며 보스를 역임한다.

> 깊은 산비탈의 외딴 자리에서 영혜는 마치 비에 젖은 나무들 중 한그루인 듯 미동도 하지 않고 서 있었다고 했다. (『채식주의자』, p.153)

> 언니, 내가 물구나무 서있는데, 내 몸에 잎사귀가 자라고, 내 손에서 뿌리가 돋아서 땅 속으로 파고들었어. (『채식주의자』, p.156)

> 조용히, 그녀는 숨을 들이마신다. 활활 타오르는 도로변의 나무들을, 무수한 짐승들처럼 몸을 일으켜 일렁이는 초록빛의 불꽃들을 쏘아본다. 대답을 기다리듯, 아니, 무엇인가에 항의하듯 그녀의 눈길은 어둡고 끈질기다. (『채식주의자』, p.221)

나무가 되고자 했던 영혜는 결국 "물구나무"를 서서 온몸에 잎사귀가 돋아나는 환상을 본다. 또한 몸 안의 피를 쏟아내 식물의 초록빛으로 교환한다. 이로써 영혜는 나무로 자신의 몸을 전면 개조하기에 이른다.

『웃는 늑대』, 『채식주의자』에는, 늑대와 개, 그리고 원숭이, 나무 등의 동식물에 마지널성을 부여하며 묘사하고 있어 동일한 시점이 확보된다. 정글의 법칙에 근거한 늑대의 감성은 자연성 그 자체로 인간의 그것을 능가하는 감동과 가르침을 준다. 식물 또한 굳게 홀로 서서 광합성을 통한 대자연과의 소통을 보이며 공격보다는 수용의 자세를 선사한다. 이로써 인간은 물론이고 자연에 존재하는 타 존재들도 의지와 목적과 자주성을 가질 수 있음을 인정하고 존중하는 관점이 요구된다.

두 소설은 기존의 중심(=이성)/주변(=감정)의 이분법적 시선을 완화하기 위한 전략으로 생물체의 마지널성을 부각하고 있다. 그에 따라 감지된 주변부(콜레라 귀국선, 조선인 귀향선)의 상황은 '교란'과 '비결정성'이 충만한 자연성으로 꿈틀대고 있음이 포착된다. 인간의 자연성 회복의 매개체인 예술가는 죽거나 사라지지만, 미쓰오의 "중앙 알프스의 봉우리들이 빛의 덩어리처럼 나타난" 광경을 보고, "왜 저런 산들은 신이라는 말을 연상하게 하는 걸까? 이 세상 모든 것에 대한 대답이 저기에 있는 것처럼 보인다. 내가 왜 살아가고 있는지에 대한 정답도…"하는 중얼거림과, 인혜의 "활활 타오르는 도로변 나무들의 초록빛 불꽃"을 쏘아보는 날카로운 눈빛에서, 자기 주체성을 회복할 때까지 멈추지 않을 거라는 사실과, 인간의 자연성 회복을 매개하는 예술가의 복귀를 희망적으로 읽을 수 있다. 인간 중심의 모순에서 자연성 회복을 꾀하고자 한 두 소설은 자아의 본질을 깨닫고 상호주체성을 회복해야 현대 사회의 자연 파괴와 여성억압 등과 관련된 수많은 문제를 해결할 수 있다는 강한 메시지를 전달한다.

제2절

가와카미 미에코(川上未映子)와 황정은 문학의 프레카리아트

—'휘발하는 몸'의 역설을 중심으로—

몸은 80년대를 전후해서 하나의 키워드로 부상했다. 육체 페미니즘이라는 패러다임을 마련한 철학자 엘리자베스 그로츠(Elizabeth Grosz 1947-)는 몸에 대해 가장 투철하게 고찰한 연구자로 꼽힌다. 탈 구축 이론을 적용해 섹슈얼리티를 고찰한 연구자가 쥬디스 버틀러(Judith Butler, 1956-)라면, 그로츠는 심신(心身)의 문제를 차이의 철학에서 재 정의하였다.

몸은 모든 가치들을 존재하게 만드는 토대로서 역할 한다. 토대는 그 중요성에도 불구하고 화려한 가치들의 진열 속에 가려져 보이지 않거나 부수적이고 도구적인 것으로 여겨지는 것이 보통이다. 그로츠는 몸이 가치들을 현전시키면서 그 자신은 평가절하 되고 비가시화 되는 현상을 '몸의 휘발성'이라 일컬었다.[20] 이러한 몸의 새로운 규정은 천대받는 토대역할을 했던 여성의 위치에 대한 부당성을 비판하는데 효과적으로 기여할 수 있다. 특히 현대 소비사회에서 이례적인 몸에 대한 강조는 이러한 평가 절하된 몸을 권리 회복시키는 것이 아니라, 몸을 더욱 더 철저히 도구적인 것으로 휘

20 엘리자베스 그로츠(2001)『뫼비우스 띠로서 몸』 임옥희 옮김, 여이연, p.30.

발시키기 위해 자본주의적인 시장이데올로기에 의해서 부추겨진 것이라는 점에서 몸에 대한 평가절하 역사의 최절정을 이룬다.

본 연구에서는 90년 이후 새로이 등장한 계층인 프레카리아트를 여성의 관점에서 형상화한 일본작가 가와카미 미에코(川上未映子 1976–)[21]와 한국작가 황정은(黄貞恩 1976–)[22]을 선정, 프레카리아트 계층의 여성들의 '몸'이 사회·문화·역사의 공간으로 작동되는 기제와 그 억압의 역설을, 가와카미 미에코의 『젖과알(乳と卵)』[23]과 황정은의 『계속해보겠습니다』[24]를 통해, '몸의 휘발성'의 관점에서 분석해 보고자 한다. 이러한 일련의 작업들은 프레카리아트라는 계층화의 실재성에 주목하며 이에 대한 재인식은 물론이거니와, 이로 인해 휘발되는 여성들의 몸 담론은 '계층화의 유연성'이라는 역설적 측면에서 재고될 것이다.

가와카미 문학의 선행연구 분석 결과 주요 논점의 키워드는, 크

---

21 가와카미 미에코는 등단 이래 프레카리아트 여성의 몸과 언어에 착목한 글쓰기를 계속해왔다. 현대 일본문단에서 주목받고 있는 가와카미 미에코는 고등학교 시절부터 공장, 편의점, 서점 판매원 등 각종 아르바이트를 전전하며 밤에는 클럽의 호스티스까지도 섭렵한 경력을 지닌다. 그녀의 이러한 비정규직 노동자로서의 경험은 자연스럽게 작품에 녹아들어 있어 독자들의 호응을 이끌어낸다.

22 황정은은 작금의 격차사회를 토대로 완성된 단편소설「마더」가『경향신문』(2005) 신춘문예에 당선되면서 등단하였다. 황정은의 소설은 현실의 고통과 부조리를 고발하는데, 환상적 장치는 이러한 현실성을 극대화한다는 점에서 특징적이다. 작중 인물 대부분은 삶의 주변부에 위치한 존재들로, 전형적으로 느껴지는 불우한 처지에 놓여있다. 그러나 소설에서 이들은 대상화되기 보다는 고유한 존재들로 생생히 묘사된다. 따라서 비슷하게 불행할 것처럼 보이는 존재감 없는 인물들은 독자적인 존재로 거듭나고, 평범하고 전형적인 불행은 비범해진다.

23 初出 : 川上未映子「乳と卵」『文學界』2007. 第139回 (2008年上半期) 芥川賞受賞

24 初出 : 황정은「계속해보겠습니다」『창비』2014. 2015년 제23회 대산문학상 수상. 이하「계속」.

게 '니힐리즘' '여성의 몸' '모녀 관계' '연대(solidarity)' '빈곤' '니체 철학' 등으로 정리할 수 있겠다. 먼저 '모녀 관계'를 주제로 연구된 논문에는, 千野帽子(2008) 「母と娘の物語－母 / 娘という呪い。母と格闘する娘たち－文芸ガーリッシュ的な九つの断章」와, 大石千晶(2017) 「川上未映子『乳と卵』 論：形なきものをどう伝えるか」등의 두 편이 픽업되었다. 다음으로 '빈곤'을 주제로 연구된 논문에는, 宮本阿伎(2011) 「格差と貧困の文学現代編「乳と卵」」과 川本三郎(2008) 「同時代を生きる視点いま格差社会の片隅で－川上未映子『乳と卵』、桜庭一樹『私の男』」가 있으며, 유사한 시점인 '연대'에 관한 연구는, 棚沢健(2008) 「明治と平成が「厭」で重なる『乳と卵』(特集 「生きにくさの時代」のなかで－ソリダリティへの眼差し)」가 있다. 연구에는 주로 가와카미 미에코의 소설 『乳と卵』, 『あこがれ』, 『ヘブン』 등이 텍스트로 사용되고 있으며, 여성들끼리의 연대를 새로운 라이프 스타일로 제시한 신작 소설 『ウィステリアと三人の女たち』도 연구되어지고 있음을 알 수 있다. 소설 작품에는 가와카미의 개인적 체험이 소재로 채택되고 있어, 대체적으로 싱글맘 가족, 아버지의 부재, 빈곤, 약자 이지메 등 아웃사이더, 즉 주변부들의 모습이 제시되고 있다. 따라서 가와카미 문학 연구는 대부분 빈곤과 계층 갈등, 니힐리즘 등이 포스트모더니즘적 관점에서 탐구되어지고 있다고 볼 수 있다. 그러나 프레카리아트의 '몸의 휘발성(Volatile Bodies)'이라는 해체주의적 관점에서의 문제제기는 발견되지 않는다. 황정은의 문학 연구는 아직 미미하다. 그러한 와중에서도 본 연구의 주제인 프레카리아트의 캐릭터 분석을 시도한 한지혜(2017)의 「황정은 소설의 작중 인물 연구」는 본 연구의 소중한 정보를 제공한다. 그 외 대부분의 논문 주제는 작품의 '환상성'에 맞춰져 있어 황정은 문학 연구 역시 그 주제의 범위가 매우 협소하다는 점을 지적해두고 싶다.

1. 프레카리아트의 등장

최근 신자유주의경제 정책의 여파로 수입이나 재산에 의해서 인간 사회의 구성원에게 계층화가 발생, 나아가 계층 간의 천이(遷移)가 곤란한 상태에 있는 사회인, 즉 사회적 지위의 변화가 곤란하고 사회이동이 적으며 폐쇄성이 강해 소통부재로 이어지는 격차사회가 강화되고 있다. 이러한 상황 속에서 파생된, 불안정한 삶을 강요당하는 노동자 계급인 프레카리아트(precariat)('불안정한'(precarious)과 '노동자 계급'(독일어 proletariat)을 조합한 언어로, 1990년대 이후에 급증한 불안정한 고용·노동 상황에 있어서의 비정규고용자 및 실업자)가 사회문제로 대두되었다.[25] 프레카리아트의 노동의 불안정성과 비인권적 삶은 문학의 주요 주제로 차용되고 있다. 그중에서도 계급과 몸이 크로스 되면서 더블 스탠더드(Double standard, 대상에 따라 적용기준을 달리하는 이중기준)에 의해 억압된다. 이렇듯 몸은 사회적 기능과 자연적 욕망의 기제로 대상화되며, 동시에 성매매, 낳는성의 소외, 모녀간의 젠더 계승 문제 등으로 얽히면서 모종의 가해자로 지목된다. 프레카리아트의 궁핍한 생활은 몸을 통해 더욱 극명해진다.

『젖과 알』의 모자가정 마키코는 딸 미도리코를 키우며 주점에서 파트타임으로 근무 중이다. 여성의 성적매력을 요구하는 직업 특성상 40을 바라보는 그녀로서는 그 일자리조차도 위태롭다. 그럼에도

25 가이 스탠딩(2014) 『프레카리아트』 김태호 옮김, 박종철출판사, p.23.

불구하고 미도리코의 교육을 위해, 그리고 자신들의 안정된 미래를 위해 항상 최선의 선택을 꿈꾼다.

『계속』에는 나나, 소라, 나기가 주요 등장인물이다. 그 중 나기는 소라와 나나 자매가 믿고 의지하는 유일한 남자이다. 이들 셋은 어릴 적부터 한 지붕 아래 기거하는 두 가족으로 가난을 공유하며 형제나 다름없는 관계를 형성해오고 있다. 나나는 건설 현장이라는 남성들의 문화가 공간을 채우고 있는 곳의 경리로 기가 죽어지내며, 돈을 벌기 위해 일본의 공사판으로 떠난 나기는 2년이 지난 어느 날 "가르마 부근의 머리털이 둥글게 빠져" 돌아와 지금은 혼자서 가게를 경영 중이다.

이렇듯 두 소설 『젖과 알』, 『계속』에는 비정규직 노동자 이거나 1인 운영 소상공인으로, 산업사회의 시민으로서 대우받지 못하는 불안정한 일상을 영위하는 프레카리아트 계층이 등장한다.

2. 휘발하는 몸, 몸들

여성의 몸은 단단한 영토화·양극화·이분화 위에 범람하여 새로운 지도를 덧그리는, 그래서 기존의 경계선을 침수시키고 모호하게 흐리는 공간이다. 이 경계 흐리기가 단단한 영토화를 주장하는 남성들에게 두려움을 불러일으킨다. 그것이 여성적인 몸의 정치학이 될 수 있다는 것이다.[26]

26 엘리자베스 그로츠(2001) 동 저서, p.23.

2.1 유방의 변형

프레카리아트의 궁핍한 생활은 몸을 통해 더욱 극명해진다. 앞서 언급했듯이 『젖과 알』의 마키코는 보다 안정적인 현재를 상상하며 "유방확대수술"을 원하고 있다.

> "너도 앞으로 아이를 낳을지 안 낳을지 모르겠지만, 지금의 네 그것이 없어지고, 자꾸자꾸 모양이 변해가는 이것, 유두에서 점점 빠져나간 전부, 어디에 간 걸까. 그래서 남은 건 결국 이것. 납작해져서, 이런 유두만 붙어가지고 여기 봐봐. 쭈그러들어서는 아무것도 없어. 여기는 이제." (『젖과 알』, p.60)

> 그런데 엄마는 부풀리고 싶어서 전화로 유방확대수술을 이야기한다. 병원사람과 이야기한다. (중략) 아이를 낳은 후부터요, 라는 늘 하는 대사에 모유를 먹여서요를 덧붙였다. (『젖과 알』, p.81)

마키코는 자신의 사회생활을 위축시키는 유방변형의 원인을, "아이를 낳은"것과 "모유"수유 등으로 판단하고 있다. 그렇다면 마키코는, 생명체를 얻었을 때의 '창조'에 대한 희열이나 '모유' 수유를 통해 얻게 되는 일체감 등, 경험에 의해 축적되었을 감각을 가시화 시키지 못하는 걸까? 통상 출산을 경험한 여성들이 유방의 변형을 논할 때 거론되는 동일한 원인, 그리고 그런 원인에 의해 '몸이 휘발'되고 있는 것이다. 이점을 마키코도 인지하지 못하고 있다. 한편, 소설 속 여자들이 유방확대수술에 대해 나눈 대화문은 매우 진지하고 철학적이다. 좀 길게 인용하겠다.

> 그러나 아마 "가슴을 크게 하고 싶다는 거 아니니?" 어쩌고저쩌고. 남자를 즐겁게 해주기 위해 자신의 몸을 개조하는 것은 아니라고 봐,

식의 말을 냉랭한 어조로 했지, 아마도. 그러자 가슴을 크게 하고 싶다는 여자 아이는 "그런게 아니라 가슴은 내 가슴이고, 남자와 관계없이 가슴이란 내 몸에 붙어 있는 것이니까, 이건 나 자신의 문제야. 물론 몸에 이물질을 넣는 것은 진지하게 생각 해 봐야 한다고 생각하지만" 어쩌고저쩌고 대답하자, "그러니? 대체로 가슴이 컸으면 좋겠다고 하는 너의 그 소박한 가치관이 세상에도 만연해 있지. 그것은 이미 우리가 사물을 생각하기 위한 전제라고 해도 좋을 정도로 남성중심 사고를 경유한 산물에 지나지 않기 때문이야. 실제로 네가 깨닫지 못하는 것뿐이지"하고 그럴듯한 말을 했다. 가슴을 크게 하고 싶은 여자 아이는 거기에 대해, "단순히 여기에 붙어 있는 내 가슴을 크게 만들고 싶다고 하는 단순한 소망을 어째서 그렇게 본 적도 건드린 적도 없는 남성 중심 사고니 하는 것하고 멋대로 결부시키는 거야? 설령 그 남성 주의인지 남근 정신인지가 네가 말한 대로 있다고 해도 말야. 내가 그걸 경유했다면 너의 그 생각 역시 남성 중심 사고란 걸 경유한 거 아냐? 나하고 너하고 뭐가 달라?"하고 대답했다. 그러자 차가운 여자는 "그-러-니-까, 자신의 가치관이 대체 어디에서 발생한 건지 그런 것에 문제의식을 느끼면서 의심을 한다고 할까, 질릴 때까지 그걸 자각하는 것과 자각하지 않는 것과는 큰 차이가 있다고 말하는 거야." 이렇게 말하고, 그 비판에 대해 가슴을 크게 하고 싶은 여자는 "흥, 뭐가 그렇게 다른지 나는 통 모르겠지만, 내가 지금의 작은 가슴에 불만이 있다는 것, 그리고 큰 가슴에 대한 동경 같은 것이 있다는 것은 처음부터 끝까지 내 문제란 말야. 그런 문제 가지고 남성정신 운운 하면서 이야기 복잡하게 만드는 건 너고, 실은 네가 그 남성정신 자체인 거 아냐? 적어도 나는 남자와 섹스를 할 때, 예를 들면 가슴을 만질 때라든가, 아아, 이 남자를 더 흥분시키기 위해 가슴이 컸더라면 좋았을 걸, 이런 생각은 하지 않는 것만은 분명해. (『젖과 알』, pp.41-42)

본문에서는 "가슴을 크게 하고 싶다"는 여성의 "욕망"에 대해,

"자신의 가치관"의 문제라는 '가슴을 크게 하고 싶은 여자'의 의견과, "남성 중심 사고의 산물"이라고 일반화해 해석하는 '차가운 여자'의 논리가 팽팽하게 맞서고 있다. 결국 논점이 '욕망의 출처'가 '개인의 가치관'에서인지, 아니면 '남성 중심주의 문화의 수용'에서인지로 옮아가고 있다.

몸은 문화적·성적·인종적으로 특수한 몸임과 동시에 문화적 산물이라는 점에서 유연하고 변화 가능한 어휘이다. 인간의 몸은 근본적으로 내재된 조건과 그 결과로 인해 문화적인 완성에 유기적으로 열려있을 수밖에 없다. 몸 그 자체가 지닌 '본성'의 일부는 유기체적이고 존재론적으로 "불완전"한 것이거나 종결이 없는 것이며 그렇기 때문에 사회적인 완성과 질서와 조직에 따라 수정될 수 있다.[27] 또한 마키코가 '유방확대수술'을 고집하는 이유는, '유방'의 역할이 '도유수유'라는 종래의 역할에 더해 '성적어필'이라는 요소를 추가해야 한다는 판단에서였을 것이다. 이러한 변화는 남성고객이 주 대상인 지금의 호스티스라는 직업을 유지하고자하는 의지의 발로이다. 이렇듯 마키코에게 '생활의 붕괴'는 곧 '육체의 붕괴'와 다르지 않다. 마키코는 위태롭게 밸런스를 유지하며 겨우 버티고 있는 붕괴 직전의 생활을 바로 세우기 위해서는 성형으로 육체의 밸런스를 잡는 것이 선결문제인 것이다. 마치 유방확대수술에 의해 '생활의 붕괴'를 일으켜 세우는 게 가능하기라도 한 것처럼, 성형하면 미래가 바로 서기라도 하는 양 망상에 사로잡혀 있다. 이처럼 몸을 삶의 유용한 자원으로, 도구로서 규제되는 것에 대해 들뢰즈&가타리는 "인간의 몸을 탈자연화시키고 그것을 타자의 몸과 다른 사물들의 흐름이나 분자와 직접적인 관계 속에 위치시키려는 시도"

27 엘리자베스 그로츠(2001) 동 저서, p.40.

로 '기관(器官)없는 몸' 개념을 역설하며, 몸의 조직화와 구조화에 반대하였다.[28]

2.2 또 하나의 몸

『계속』의 나나, 소라, 나기의 대화이다.

> 간장을 싫어하는 나나. (중략) 간장을 좋아하는 소라. (중략) 이게 나. 나는 간장이 좋지도 싫지도 않은 검은 것. (중략) 다 달라. 사소하게도 다르고 결정적일 때도 다르지. 말하자면 나는 간장에 무덤덤한 부족, 소라는 간장을 좋아하는 부족, 나나는 간장을 싫어하는 부족. (『계속』, p.53)

> 빨갛고 금빛인 다른 금붕어들 틈에서 그것만, 먹을 뭉친 듯 검은 빛깔이었습니다. 검은색이라서 불길했습니다. (중략) 그 짧은 몸부림에 막대에 눌렸던 지느러미가 찢어지고 작은 조각이 뜯겨져나왔습니다. (중략) 내가 너를 때렸으니까 너는 아파. 그런데 나는 조금도 아프지 않아. (중략) 이걸 잊어버리면 남의 고통 같은 것은 생각하지 않는 괴물이 되는 거야. (『계속』, pp.129-131)

나기는 소라나 나나와는 다른 "간장에 무덤덤한 부족"으로 새로이 분류해 명명하고 "다르다"를 강조하며, 이분법적 세계를 재정의한다. 이들의 대화 속에는 블랙컬러인 "간장"과 "검은색 금붕어"가 클로즈업되고 이는 "불길함"으로 낙인화 된다. "검은색이라서 불길"하다는 나나에게 나기는 "남의 고통"에 둔감하면 "괴물"이 되는 거라고 충고한다. 기실 나기는 14세 때부터 '너'와 동급생으로 만난

---

28 들뢰즈&가타리(2003) 『천개의 고원』 김재인 옮김, 새물결, p.153(재인용).

후 "나는 너를 기다린다"며 그를 향한 그리움을 드러내고 있다.

> 사람을 납득하게 만드는 눈이었지. 가장 온순할 때도 가장 난폭할 때도 이런 눈을 한 사람이니 그럴 법하다고 여기게 만드는, 이상한 눈, 실은 모르겠다. 나는 너를 때리고 싶었나. 만지고 싶었나. 너의 목을 조르고 싶었나. 만지고 싶었나. 나는 너를 기다린다. (『계속』, p.172)

> 열네 살 때 나는 너를 만났다. 나보다 몸이 작았고 아이들 사이에서 말도 행동도 별다르게 튀는 일이 없는 소년이던 너는 자주 멍든 채로 등교하는 동급생이었다. (『계속』, p.174)

> 내가 너를 마지막으로 본 것도 그런 새벽이었다. 너는 그날 다친 채로 돌아왔다. 왼쪽 눈은 퉁퉁 부은 채 닫혀있었고 눈썹뼈 부근이 빨갛게 찢겨 있었다. (중략) 나는 네 손을 잡아 자리에 앉히고 상처를 자세히 들여다보았다. 물수건으로 닦아야 할 곳은 닦고 연고를 발라야 할 곳엔 발랐다. (중략) 나는 다가갔다. 멈추고 다가가고 멈추고 다가가서 너의 가칫한 입술에 내 입술을 댔다. 너는 잠자코 있었다. 나를 내버려두었다. 차가운 혀. 성냥불 같은 그 맛을 느끼고 눈을 감았을 때 나는 뒤로 밀려 넘어졌다.(『계속』, p.215)

나기는 "너"에게 "납득" 당한 후 마음을 쉽게 드러내지 못한 채 자신의 근황을 지속적으로 알리며 연결의 끈을 이어갔다. 그러다 일자리를 얻어 일본으로 건너온 나기는 허름한 아파트에서 '너'와 극적으로 조우하게 된다. 그로부터 '너'와의 동거가 시작되게 되고, 영문은 알 수 없으나 어느 날 "상처"를 입고 귀가한 '너'를 '케어'하게 된다. 그러다 결국 숨겨둔 마음을 주체하지 못하고 "입술을 대"며 감정을 드러내고 만다. 여기에서 젠더 퀴어(queer)[29]라는 나기의 성정체성이 노출된다. "검은 금붕어"가 "검은색이라서 불길"하다는 나나의 말처럼, 퀴어는 사전 상으로도 '괴상하다'는 뜻을 지닌다.

> 나기는 이년 뒤에, 떠날 때와 다름없는 가방을 가지고 돌아왔는데, 그 모습은 차마 다름없다고 할 수는 없을 정도로 변해있었다. (중략) 가르마 부근의 머리털이 둥글게 빠져 있었고 위쪽 송곳니 하나가 없었다. (『계속』, p.55)

집을 떠나 2년이 지난 어느 날 나기는 궁핍한 생활을 짐작케 하는 "가르마 부근의 머리털이 둥글게 빠져" 돌아왔다. 잃어버린 "송곳니"는 나기의 고백을 수용하지 못한 "그"의 응징이 남긴 생채기였을 것이다. 그토록 험난한 현실의 장벽을 경험하고도 "웃을 뿐 말하려들지 않았던"건 성소수자에 대한 한국사회의 경직성을 익히 알고 있기에 내린 반응이었을 것이다. 이렇듯 나기의 몸은 '프레카리아트와 성소수자'가 교차하는 지점이었다.

3. 여성에서, '여성으로-되기'

플라톤에서부터 라캉에 이르기까지 욕망은 결핍으로부터 탄생한다는 이론이 정설이었다. 그러나 들뢰즈·가타리에게 욕망은 결핍을 충족시켜줌으로써 획득되는 것이 아니라 스스로 생산하는 것이며, 욕망은 내면의 환상과 깊이의 재현이 아니라 욕망 자체가 생산이

---

29 성소수자를 지칭하는 포괄적인 단어로, 레즈비언(lesbian)과 게이(gay), 바이섹슈얼(Bisexual), 트랜스젠더(transgender), 인터섹스(intersex), 무성애자(asexual) 등을 두루 일컫는 말이다. [네이버 지식백과] 퀴어 (시사상식사전, pmg 지식엔진연구소) 2019.3.30.

며 실천이라 말한다. 욕망은 그들이 말하는 충만이나 현존 등과 같이 자아정체성을 위한 침전물이 아니라 오히려 '되기(becoming)'이다. 여성, 그들은 규정된 여성에서 '여성으로-되기'로 탈주를 시도한다. '되기'는 결코 비결정적이거나 총칭적인 것이 아니다. 되기는 언제나 무엇으로 되는 것이다. 되기는 언제나 특수한 운동이며, 특수한 동작과 휴식, 속도와 느림, 강도의 급소이자 흐름의 특수한 형식이다. 그것은 언제나 다수성이며, 이 '것(thing)'에서부터 이것과는 전혀 다른 저것으로의 운동이거나 변형이다. 이것은 상징화의 문제이거나 혹은 은유적인 재현의 문제가 아니라 정신적인 주체와 대상과 동굴 사이에 설정된 관계의 문제이다."[30] 그로츠 역시 가장 특권적인 되기 양식은 '여성으로-되기'라 지적한다. '여성으로-되기'를 통해 그 밖의 모든 되기가 가능해진다는 것이다.

3.1 란(卵) 퍼포먼스

문제는 근본적으로 몸이다. 대항할 수 있는 유기체를 직조하기 위해 그들이 우리들에게서 훔쳐간 몸이 문제다. 몸은 무엇보다도 우선적으로 소녀들에게서 강탈된다. 『젖과 알』에서 하이라이트는 단연 란(卵) 퍼포먼스이다. 이 시점은 미도리코가 다시 '글'에서 '말'을 회복하며 소통하게 되는 지점이어서 더욱 그렇다. 앞서 언급한 바와 같이 미도리코는 반년 전부터 엄마를 비롯한 타인과 필담으로 의사소통을 하고 있다. 말을 하지 않게 된 원인제공자가 어쩌면 "엄마"일 것이라는 것 외에는 이유가 불분명하다. 소설은, "난자는 난세포로 불러야 옳다. 그런데 왜 '자(子)'라는 글자가 붙는가하면, 정자라는 말에 맞추기 위해서 '자'를 붙인 것뿐"이라는 소녀 미도리

30 엘리자베스 그로츠(2001) 동 저서, p.336.

코의 몸에 대한 페미니즘적 시각이 제시되면서 시작된다. 이후에도 미도리코의 필담 노트에는 소녀의 2차 성징이 나타나는 '몸', 특히 '초조(初潮)'나 '생리', '난자' 등에 대해 고민하는 내용으로 채워져 있다.

> 만약 나도 생리를 한다면, 그리고 그것이 끝날 때까지 몇 십 년이나 매달 가랑이에서 피가 나오게 된다면, 정말 끔찍하다는 생각이 든다.(중략) 도대체가 책에서는 생리를 너무 좋게만 써놓았다. (『젖과 알』, pp.30-31)

> 요전에도 학교에서 이동할 때 누군가가, 여자로 태어났으니까 언젠가 아이를 낳고 싶다는 식의 말을 했다. 단순히 거기에서 출혈을 했으니 여자가 되었다는 것이 되고, 그리고 여자로서 생명을 낳아야 한다느니 하는 그런 거창한 기분이 드는 것은 어째서일까. 그것이 정말로, 정말로 좋은 거라고 생각하는 걸까. 나는 아니라고 생각한다. 나는 그게 싫다. 이런 책을 읽든가 읽히든가 해서 그런 사고를 갖게 된 것 뿐이지 않나. 나는 멋대로 배가 고프고, 멋대로 생리를 하는 이런 몸속에 내가 갇혀있다고 생각한다. (『젖과 알』, p.32)

미도리코는 여자로 태어났으니까 "생명을 낳아야" 한다는 논리에 대해, 스스로를 "몸속에 나를 가두는" 행위라 비판하며 "싫다"고 강한 어조로 밝힌다. 문제의 논점이 여성의 '몸의 특수성'이라 여겨졌던 '낳는성'을 정면으로 겨냥하고 있어, 독자에게 뜨거운 논쟁거리를 제공한다. 또한 "지금부터 난자에 대해 쓴다. 태어나기 전부터 내 속에 사람을 낳는 근원이 있었다."고 언급하며, 몸의 자연성을 정면에서 문제시한다. 여성의 몸의 기능을 단순히 이어가야 한다는 사고, 즉 문화의 형성은 "책(=지식)"이 그 원인을 제공하고 있다고 일갈한다. 비혼인 이모 나쓰 역시 이와 비슷한 고민을 하고 있다.

생리 직전의 허리 통증도 뻐근함도 나도 모르는 사이에 없어지고, 주기가 흐트러지며 느닷없이 생리가 시작된다. (중략) 팬티에서 다리를 빼면서, 항생제를 먹으면 체취가 없어진다는 이야기는 정말일까? (『젖과 알』, p.77)

아뇨, 이번 달에도 다음 달에도 수정은 예정에 없습니다, 하고 나는 멀거니 음이 없는 목소리로 대답한다. (『젖과 알』, p.79)

나쓰가 겪고 있는 "생리"에 대한 경험은, "생리통", "체취", '"주기의 흐트러짐" 등으로 인한 심리적 불안' 등 불유쾌함 그 자체이다. 더욱이 "수정 예정"이 없기에 더욱 고통스럽다. 한편 전남편을 만나러 외출한 마키코의 예정된 귀가시간이 지나고 휴대폰마저 연결되지 않자 상황이 급반전한다. 미도리코의 엄마를 걱정하는 심리적 불안은 극에 달한다. 이때 마키코는 예정시간을 4시간이나 넘겨 술에 취해 귀가한다.

미도리코는 한참 마키코를 보고 있다가, 아무 말도 하지 않고 전자사전을 들고 부엌으로 가서 서랍에 되돌려 놓고, 불도 켜지 않은 어두운 싱크대 앞에 서서 물을 트는 것 같았다. (중략) 프렌치 어쩌고 쓰여 있지만 맛도 기억나지 않는 그 새하얗고 걸쭉한 액체는 곳곳에 응어리가 져있어서, 나는 은색 스테인리스 위에 동글동글 원을 그리면서 내용물을 버렸다. 미도리코가 그걸 보았는지 수돗물의 물줄기를 약하게 하여, 버린 드레싱과 졸졸 나오는 가는 물줄기가 섞여서 배수구로 빨려들어 가는 것을 보았다. (『젖과 알』, p.97)

그래서 나는 무서워, 모르겠어, 눈이 아파, 눈이 괴로워, 눈이 계속

괴로워, 괴롭다고. 눈이 아프다고 엄마, 싫어, 싫어, 어른이 되는 건 싫어. 그렇지만 어른이 되지 않으면 안 돼. 괴로워, 괴로워, 이러느니 태어나지 않는 게 좋았어. 모두 세상에 태어나지 않았더라면 아무 일도 없을 테니까, 아무 일도 없을 테니까 하고 울부짖으면서 이번에는 양손에 계란을 들고 그걸 동시에 힘껏 내리쳤다. 껍데기가 주위에 흩어졌다. 미도리코는 티셔츠 목둘레선, 안면에 흰자가 걸쳐지고 샛노란 덩어리가 무늬가 되어 곳곳에 묻은 채 서서, 지금까지 내가 들은 목소리 중에서 가장 큰 목소리로 울고 있었다. (『젖과 알』, p.103)

엄마와 딸이 격하게 계란을 깨는 장면이 시작되기 직전 '나'가 배수구에 버리는 "새하얗고 걸쭉한" 드레싱은 정자를 의미한다. "난자와 정자, 그 둘을 합치는 일 따위 모두 그만두었으면 좋겠다"고 말한 미도리코의 의도가 실현되는 장면으로, 우선은 정자가 단독으로 폐기된다. 이어서, 미도리코는 위화감의 근원인 란(卵)을 자신의 몸에다 '과격하게 깨는 것'(=욕망의 강도)으로 지금까지 수기에만 적고 내부에 침잠시켜왔던 몸에 대한 의문점이 결론에 도달한다. 소녀 미도리코는 엄마 마키코(巻子)에게 휘둘리고 싶지 않아(巻き込まれたくない) 란(卵), 즉 난자(卵子)를 수정하지 못하게 깨버린 것이다. 소설의 타이틀이 다마고(玉子)가 아니라 란(卵)인 이유이다. 낳는 몸에 대한 거부감은 "쥐어뜯고 싶다", "마구 두들겨 패주고 싶다" 등으로 이미 미도리코의 노트 안에 수두룩하게 서술되어 있지만, 그것이 정작 실행되어 표면화 되었을 때, 글 안에 고립되어 있었던 미도리코의 말도 "엄마"를 초성으로 회복된다.

3.2 세상의 '미스터리 홀'

『계속』의 나나는 임신 중이다. 아이의 생물학적 아버지는 같은 회사 동료인 '모세씨'. 현재 나나의 몸은 끊임없이 '양수'가 생성되며 "신체에서 모체"로 변화 중이다.

> 임산부, 라고 말하자니 어색하네. 임산부의 부는 부(婦). 나는 나나일뿐 아직은 며느리도 아내도 아니라서 어색하게 여겨지는지도 모르겠습니다.(『계속』, p.87)

> 대답하겠습니다. 왜 낳겠다고 결심을 했냐면, 꿈을 꿨으니까.(중략) 아이를 낳고 부모로서 영향을 주고 그 아이가 뭔가로 자라가는 것을 남은 평생 지켜봐야 한다는 거... 무섭지 않아? 하고 말입니다. (『계속』, p.122)

> 하지만 생각했어. 이렇게 열심히 꿈을 보내올 정도로 태어나고 싶은 아이로구나, 하고. (『계속』, p.123)

소설에서는 나나가 왜 낳는성을 선택했는지에 대해서는 자세히 설명되어 있지 않다. 그러나 임신이 계획에 의한 것이 아닌 점을 감안하면, 심리적으로 기댈 수 있는 권력관계를 염원한 결과라 볼 수 있겠다. 그러나 아이를 가진 여성의 선택 코스인 "며느리"나 "아내"의 역할에 대해서는 "어색"하다고 말한다. 그럼에도 불구하고 임신 후 태아와 "태몽"으로 소통을 이어가며 엄마가 되려는 준비는 현재진행형이다. 그런 후 소설은 왜 '여성'에서 '여성으로-되기'에 돌입하게 되는지에 대해 상세히 보여준다. 그녀의 임신 소식을 접한 가부장제사회의 반응은 어땠을까? 나나는 모세씨 부모님을 뵙기 위해 본가를 방문하게 되고, 그런 소통 과정에서 모세씨 집안의 "불가사의"를 인식하게 된다.

> 아버지가 요강을 사용한 뒤 손수 비우지 않고 남의 손을 사용해서 비운다는 거였어. (중략) 불가사의한 구멍 같은 것. 미스터리 홀. 그

게 그 집안의 경우엔 요강인 거지. (『계속』, p.115)

> 모세씨도 가족인데, 모세씨도 요강을 비워본 적 있나요.(중략) 부부사이에 그 정도는 있을 수 있는 일 아닌가? (『계속』, p.148)

모세씨의 집에서는 전근대의 상징인 "요강"을 아버지가 주로 사용하며 뒤처리는 아내인 어머니가 한다는 점이다. 이러한 "요강" 사용법은 결국 유교의 남존여비사상을 대변하고 있으며, 엄격한 주종관계가 존재하고 있음을 방증한다. 나나에게 "요강"은 "불가사의한 구멍"이며 "미스터리 홀"로 규정한다. 더욱이 "가족"은 남이 아니라는 인식과 부부이므로 남편의 배설물을 아내가 비우는 게 당연하다는 모세씨의 의견이 나나를 실망하게 한다. 이러한 시각 차이가 결국 결혼(=가족 만들기)이라는 일생일대 프로젝트에서 나나가 한발 물러서게 되는 결정적인 요인이 된다. 또 하나의 요인은 모세씨 어머니의 '예비 며느리'를 대하는 위계적 태도이다.

> 모세씨의 어머니는 그날이 좋다니까 그날 배를 열어야죠.(중략) 섬뜩하고 무섭습니다. 그렇게 하면 아프잖아요? 그렇게 묻자 전화기 저편에서 무슨 말이냐는 듯 코웃음을 치는 소리가 들려왔습니다. 어차피 겪을 거잖아요? (『계속』, p.144)

나나의 출산을 세상의 논리에 따라 시간에 맞춰 "배를 열어"야 한다는, 타인에 대한 지극히 무감각하고 무신경한 시각에 적이 실망한다. 나나는 그 순간 "남의 고통을 잊으면 괴물이 된다"라고 했던 나기의 충고를 떠올렸을 것이다.

> 나나도 모세씨의 가족이 되면 남이 아니게 되는 걸까. 모세씨네 이

상한 텔레비전 시청, 그것은 시청이라고 해야 할지 대화라고 해야 할지. 어쨌든 남이 아닌 사람들. 보통의 가족이란 그런 걸까. (『계속』, p.148)

> 강한 충격으로 모세씨의 손이 떨어져나가고 다리에 힘이 풀려 바닥에 주저앉았습니다. 손아귀에서 풀려난 뒤로도 기도가 묶인 듯해 숨을 쉬는 것이 곤란했습니다. (『계속』, p.160)

나나가 결혼을 단념하게 되는 결정적인 사건은 모세씨의 '육체적 폭력'이다. 나나는 목이 졸려 "기도가 묶인 듯해 숨을 쉬는 것이 곤란"한 최악의 극한 상황을 경험하게 된다. 그 사건 후 나나는 전통적인 부계가족을 거부하고, 소라와 나기오빠를 포함한 모계가족을 상상한다. 여성에서 '여성으로-되기'의 선택이다.

어떤 사람이 여성이라고 한다면, 그 사람은 가부장적인 권력 관계가 요청하는 응집·경직화·강제성 등에 문제를 제기하는 방식의 하나로 여성으로 되기가 언제나 필요하다. '여성'은 다름 아닌 (남성의) 환상이 투사된 것이며 리좀학이나 여성으로 되기의 문제 틀은 그와 같은 환상적인 형식을 붕괴시키는 방식이 될 수도 있다.[31]

가와카미 미에코와 황정은의 프레카리아트 문학 『젖과 알』, 『계속해보겠습니다』를 여성의 '몸의 휘발성'이라는 관점에서 고찰해보았다. 두 작품에는 빈곤과 불안정한 미래를 살아내야 하는 프레카리아트 계층들의 몸이 삶과 연동되어 '푸석'하다. 특히 여성들은 사회·문화·역사로부터 규정된 '여성'을 강요당하고 있어 몸과 마음을 앓고 있다. 소설에 등장하는 프레카리아트 여성들은 각자의 방식으

31 엘리자베스 그로츠(2001) 동 저서, p.342.

로 삶으로부터 파생되는 불연소를 제거하기 위해, '요양원 치료', '유방확대', '모계가족', '커밍아웃' 등 자구책 마련으로 그야말로 치열하다.

한편 두 소설에서는 가부장제의 조력자인 애자씨는 '압도적인 모성'이었다는 이유로, 모세씨의 어머니는 '수동적 케어담당자'였다는 점에서 그녀들의 삶은 가시화되지 못한 채 "미스터리 홀"의 동조자로 낙인찍히는 아이러니를 보여주기도 한다. 스토리 또한 기존의 모녀간 또는 고부간의 '여-여 갈등구도'로 진행되고 있어 진부하다. 결재권과 경제권을 쥔 남성들의 시선(=규정)에 맞춰진 여성들이 프레카리아트 계층으로 전락하는 건 시간문제다. 따라서 새로이 젠더감수성을 장착하고 시도하게 된 '여성으로-되기'는 결국 기왕의 여성의 몸(=역사)을 부정하고 견제하며 휘발시킬 수밖에 없다는 역설을 낳는다.

제3절

무라타 사야카(村田沙耶香)와 김애란 문학의 비체(abject)성*

—『편의점 인간』과 『비행운-하루의 축』을 중심으로—

메리 더글러스(Mary Douglas 1921-2007), 줄리아 크리스테바(Julia Kristeva 1941-), 엘리자베스 그로츠(Elizabeth Grosz 1947-) 등의 페미니스트들은 "비체(卑/非體 abject)"라는 개념을 사용하여 '혐오'를 설명하고자 한다. 더글러스의 영향 아래 크리스테바는 콧물, 침, 분비물 등의 "비체"가 더럽다고 혐오되는 이유는, 그것이 "동일성이나 체계의 질서를 교란시키는 것" 때문이라고 설명한 바 있다. 여기서 더럽다는 것은 경계를 공고히 허문다는 것이고, 순수하다는 것은 경계를 공고히 한다는 것이다. 비체는 흐르는 것이자 경계를 넘나드는 것이며 고체화되지 않기에 어떤 규정, 어떤 언어로도 잡히지 않는다. 비체가 대상(object)이 아닌 이유는 그것이 주체의 모든 규정성을 넘어서기 때문이다. 비체는 손에 잡히는 착한 대상이 아니다. 비체는 경계를 넘나드는, 그래서 더럽다고 여겨졌던 것이며 잡힐 수 없기에 공포스러운 것이다.

또한 비체는 철통방어라고 여겨졌던 경계에 구멍이 있다는 것을

* 이 논문은 2020년 대한민국 교육부와 한국연구재단의 지원을 받아 수행된 연구임 (NRF-2019S1A5B5A07093641)

알리는 존재이며, 따라서 특정 사회적 질서와 동일성을 강화하려는 자들에게 경계를 위협하는 비체는 공포를 넘어 혐오의 대상이 된다. 서구의 수많은 철학자, 사상가들이 여성을 '알 수 없는 존재', '예측할 수 없는 존재'로 간주해 온 것은 여성들이 대상으로서의 역사가 아니라 비체로서의 역사를 써나가고 있음을 보여준다.

본 연구는 여성문학자의 관점에서 형상화한 소설을 통해, '비체성'의 통과지점인 '몸'을 해석하는 일이다. 이를 위해 동시대의 정서를 공유하는 한국과 일본의 주목받는 젊은 여성작가 중에서 무라타 사야카와 김애란을 선정, 두 작가의 프레카리아트[32]소설 『편의점 인간(コンビニ人間)』, 김애란의 『비행운-하루의 축』을 중심으로, '비체성'이라는 문제제기를 육체페미니즘[33]적 관점에서 분석·고찰하고자 한다.

무라타 사야카(村田 沙耶香, 1979.8.14.-)[34]의 소설 『편의점 인

---

32 최근 신자유주의경제 정책의 여파로 수입이나 재산에 의해서 인간 사회의 구성원에게 계층화가 발생, 나아가 계층 간의 천이(遷移)가 곤란한 상태에 있는 사회인, 즉 사회적 지위의 변화가 곤란하고 사회이동이 적으며 폐쇄성이 강해 소통부재로 이어지는 격차사회가 강화되고 있다. 이러한 상황 속에서 파생된, 불안정한 삶을 강요당하는 노동자 계급인 프레카리아트(precariat)('불안정한'(precarious)과 '노동자 계급'(독일어 proletariat)을 조합한 언어로, 1990년대 이후에 급증한 불안정한 고용·노동 상황에 있어서의 비정규고용자 및 실업자)가 사회문제로 대두되었다. (가이 스탠딩(2014) 『프레카리아트』 김태호 옮김 박종철출판사, p.23)

33 엘리자베스 그로츠(Elizabeth Grosz)는 몸에 관한 페미니즘의 입장 중에서도 '성차'에 주목하여 육체 페미니즘(Corporeal Feminism)이라는 이론적 영역을 개척하였다. 순수한 성차가 존재하지 않듯이, 자연적이고 원초적인 백지상태의 몸이 존재하지 않듯이, 우리의 몸이 겪어내는 경험들도 결코 객관적이거나 중립적이지 않다. 경험은 재해석 되어야만 하며, 그러한 경험이 형성되기까지 작동한 권력을 분석해 내야 한다고 주장한다. (엘리자베스 그로츠(2001) 『뫼비우스 띠로서 몸』 임옥희 옮김 여이연, p.30)

34 무라타 사야카는 일본 지바현에서 태어나, 타마가와대학 문학부에서 예술학과 예술문화를 전공했다. 2003년 『수유(授乳)』로 제46회 군조 신인문학

간』[35]은 36세의 독신여성 '후루쿠라 게이코(古倉恵子)'가 18년의 시간을 편의점 아르바이트로 보낸 결과 새로운 생물로 변하게 되는 경위를 그린다. 한편 김애란(1980-)[36]의 『비행운-하루의 축』[37]에서는 인천국제공항의 청소노동자인 50대 중반여성 '기옥 씨'가 20여 년 간에 걸쳐 축적한 '모성'의 재현을 냉소적으로 묘사하고 있다. 두 소설에 등장하는 여성은 결혼, 연애, 육아 등 주체적 관점에서 규정한 여성의 역할이나, 정규직 회사원이라는 이른바 사회가 부여한 '성공'의 가치에 부응하지 못하는 경계인들이다. 세상으로부터 '이물(異物)질', '혐오의 대상'으로 전락해 손가락질 당하는 주체의 대상(object)으로서의 아웃사이더(프레카리아트)들이다.

무라타 사야카 문학의 선행연구 분석 결과 중점 키워드는, 크게 '환상', '미래의 세계', '고독', '가족', '보통', '차이의 소멸', '성' 등으로 정리할 수 있겠다. 그 중에서도 『편의점 인간』에 대해 '젠더와 퀴어'로 연구한 논문으로, 飯田祐子(2019)의 「村田沙耶香とジェンダー・クィアー『コンビニ人間』、『地球星人』、その他の創作」가 있다. 이이

상을 수상하였고, 2009년에 『은색의 노래(ギンイロノウタ)』로 제31회 노마문예신인상을 수상, 제22회 미시마유키오상 후보에 올랐다. 2010년 『별이 마시는 물(星が吸う水)』로 제23회 미시마 유키오상 후보에 올랐다. 2016년 『편의점 인간(コンビニ人間)』으로 제155회 아쿠타가와상을 수상했다.

35 초출; 村田 沙耶香(2016.6) 「コンビニ人間」 『文学界』, 2016년 7월 『文藝春秋』에서 단행본으로 출간.

36 김애란은 2002년 제1회 대산대학문학상에 「노크하지 않는 집」이 당선되어 문단에 데뷔했으며, 2005년 대산창작기금과 같은 해 최연소로 제38회 한국일보문학상을 받았다. 「칼자국」으로 제9회 이효석문학상을 수상, 「침묵의 미래」는 2013년 <이상문학상>대상작으로 선정되었다. 1980년 인천에서 태어나 한국예술종합학교 연극원 극작과를 졸업했다. 일상을 꿰뚫는 민첩성, 기발한 상상력, 탄력 있는 문체로 "익살스럽고 따뜻하고 돌발적이면서도 친근"(문학평론가 김윤식)한 작품들을 선보이고 있다.

37 초출; 김애란(2012.4) 「하루의 축」 『문장웹진』, 2012년 7월 소설집 『비행운』에 수록.

다는 논문에서 '이성애중심주의'에 대한 시각에서 진일보한 무라타의 상상력과 파괴력에 대해 평가하였다.[38] 또한 矢野千晶(2017)의 「差の消滅ー村田沙耶香「授乳」から「コンビニ人間」まで」에서는 '남성우위 사회의 상식에 의문을 갖고 항의하는 작품으로 평가했다.[39] 그 외 논문에서는 '현재를 극복'하고 '미래를 상상'해 본다는 시각의 주제가 다뤄지고 있다. 그러나 본 연구자가 다루고자 하는 여성의 몸과 비체성이라는 관점의 논문은 발견하지 못했다.

한편 김애란 문학에 대한 연구는 아직 그 성과가 미미하다. 그중에서도 서은경(2018)의 「'가족모티프'의 측면에서 바라본 김애란 소설의 변모 과정」[40]에 대한 연구는, 소설 속 '어머니'가 "모든 살아있는 것들의 근원"으로 부각되고 있다는 점을 지적하고 있어 매우 시사적이다.

1. 직조되는 이(異)공간

『편의점 인간』의 '편의점'은 기존의 가치관과는 "다른 세계"이며, 『비행운-하루의 축』의 '인천공항'은 외부와 "소리가 소거된" 공간으로 묘사된다. 이러한 공간은, 여성들의 삶이 집중 조명되며 기득권의 논리와 충돌해 발생하는 부조리와 억압, 이에 대항한 진혼과 서러움의 한풀이 장소로 직조된다.

---

38 飯田祐子(2019) 「村田沙耶香とジェンダー・クィアー『コンビニ人間』, 『地球星人』, その他の創作」 『超域的日本文化研究(10)』, pp.48-63.

39 矢野千晶(2017) 「差の消滅ー村田沙耶香「授乳」から「コンビニ人間」まで」 『同志社女子大学日本語日本文学 (29)』, pp.121-137.

40 서은경(2018) 「'가족모티프'의 측면에서 바라본 김애란 소설의 변모 과정」 『돈암어문학』, p.70.

1.1 노(能)의 본무대(本舞台), '편의점'

『편의점 인간』의 도입부는 매우 인상적이다. 다음은 주인공 후루쿠라 게이코가 그로부터 18년간 근무하게 될 편의점(コンビニエンスストア)[41] 히이로마치(日色町) 역전점과의 조우 장면이다.

> 혼자 집으로 돌아가는 도중에 길을 잘못 들었는지, 어느 결에 한 번도 와 본 적이 없는 빌딩가에 들어와 있었다. 문득 정신을 차리고 보니 어디에도 인적이 없었다. 하얗고 깨끗한 빌딩이 빽빽이 늘어선 거리는 도화지로 만든 모형처럼 가짜 같아 보였다. 마치 유령도시 같은 빌딩뿐인 세계. 일요일 낮, 거리에는 나 말고는 누구의 기척도 없었다. 다른 세계에 잘못 들어와 버린 듯한 감각에 사로잡힌 채 빠른 걸음으로 지하철역을 찾아 걸었다. 겨우 지하철 표지를 찾아내어 안심하고 달려간 그곳에서 나는 새하얀 오피스빌딩 1층이 마치 투명한 수조처럼 놓여있는 것을 발견했다.[42] (『편의점 인간』, pp.23-24)

후루쿠라는 대학 1학년인 1998년 5월 1일, 학교행사인 노(能)공연 관람이 끝나고 혼자 돌아가던 길에 "도화지로 만든 모형처럼 가짜" 같은 공간에서 "길을 잘못"든다. 이렇게 "유령도시 같은" 빌딩 숲을 지나 "다른 세계"에 접어들어 '편의점'을 발견하게 된다. 기실 주인공 후루쿠라가 당도한 "다른 세계"는 노무대(能舞台)로, 여기에 "새하얀 오피스빌딩 1층에 자리한 투명한 수조"와도 같은 시라수(白洲)가 배치된다.

---

41 1927년 미국에서 태동해, 1970년도 중반에 일본으로 수입되었다. 그 후 POS시스템을 장착하며, 장소와 시간을 무한 제공하는 일본식 24시간 경영 형태로 발전했다. '독신자'층을 비즈니스타깃으로 탄생했으며, '셀프 서비스'를 기본으로 하며, 공간은 '클린'하고, 쇼핑은 '편리', 점원은 '친절'하다는 이미지가 정착되어 있다.

42 번역본은 김석희 옮김(2016) 무라타 사야카 『편의점 인간』 사용.

> 편의점은 소리로 가득 차 있다. 손님이 들어오는 차임벨 소리에, 가게 안을 흐르는 유선방송에서 신상품을 소개하는 아이들의 목소리. 점원들이 부르는 소리, 빵 봉지 쥐는 소리, 가게 안을 돌아다니는 하이힐 소리. 이 모든 소리들이 뒤섞여 '편의점의 소리'가 되어 내 고막(鼓膜)에 거침없이 와 닿는다. (『편의점 인간』, p.9)

또한 소설의 첫 문장이 "편의점은 소리로 가득 차 있다."라는 연출은 노(能)의 하야시(囃子)에 해당한다. 소설 전반에 걸쳐 언급되는 '소리'에 대해 여위청(呂衛清)은, '음(音)의 메시지 성'에 주목하며, 소리가 후루쿠라에 영향을 주고 있다고 지적했다.[43] 노(能)에서 하야시는 "謡や能をはやしたてること(요와 노를 부추기는 역할)"에 해당하므로 적절한 주장이라 볼 수 있겠다. 여기에 편의점의 '매뉴얼'은 각본인 요우쿄쿠(謡曲)에 해당하며, 이는 후루쿠라를 '점원'일 수 있게 한다. 다시 말해 후루쿠라는 노(能)의 등장 통로인 하시가카리(橋掛り)를 지나 노의 무대인 "다른 세계", 즉 '사후세계'로 이동한 것이다. 따라서 편의점은 노(能)의 본무대(本舞台)이며, 후술하겠지만 후루쿠라는 세상에 강한 집념을 갖는 원령(怨靈)인 시테(シテ)라는 형식을 취한다. 반면 시라하(白羽)는 방랑하는 떠돌이 중(旅僧)인 와키(ワキ)이며, 이는 집요한 질문공세로 후루쿠라의 정체를 밝혀내는 역할이라는 점을 봐도 알 수 있다. 아울러 시라하(白羽)라는 이름에서, 일본의 속담 '시라하의 화살이 서다(白羽の矢が立つ)'[44]와도 관련되어 후루쿠라를 희생양 삼겠다는 캐릭터와 합치

43 呂衛清(2017)「音から声へ - 村田沙耶香の『コンビニ人間』を読む -」『比較日本文化学研究』第10号, p.169.

44 白羽(しらは)の矢(や)が立(た)・つ の解説 ;《人身御供 (ひとみごくう) を求める神が、その望む少女の家の屋根に人知れずしるしの白羽の矢を立てるという俗説から》多くの中から犠牲者として選び出される。また、一般に多くの中から特に選

된다. 노(能)는 '몽환노(夢幻能)'의 형식으로, 전장(前場)에서는 원령이 정체를 드러내지 않다가 후장(後場)에서 자신의 정체를 밝히고 세상의 불합리함을 하소연하는 형식이다. 이와 동일하게 후루쿠라 역시 자신의 처지를 시라하에게 털어놓는다. 편의점을 전통극 '노(能)'의 무대로 본 선행연구로는 佐藤康智(2016)의 「水槽としてのコンビニー『コンビニ人間』論」이 있다.[45] 이처럼 편의점은 전통극 '노(能)'의 세계를 빌려 '사후세계'와 '현실세계'를 대비시키며 진혼(鎮魂)을 행하는 공간이다. 아울러 소설의 마지막에 흘러나오는 음악은 기리노(切能)형식을 보여준다.

1.2 놀이패들의 공간, '인천국제공항'

한편 『비행운-하루의 축』은 추석을 하루 앞둔 50 중반의 여성이 보낸 '하루'의 표정을 전지적 작가 시점에서 묘사하고 있다. 주인공 '기옥 씨'는 남편과는 사별하고 외아들을 홀로 키워온 모자가정으로 직업은 '인천국제공항'의 하청업체 청소원이며, 오전에는 '전단지 알바'까지 겸하는 전형적인 프레카리아트 계층이다. 소설에 설정된 공간은 "대낮에도 볕이 들지 않는" 반지하방에서 "빛으로 꽉 찬" 인천국제공항으로 이동하며 대비된다. 소설 서두에는 기옥 씨의 빈한한 실생활이 반지하방의 주변 환경과 함께 적나라하게 스케치된다. 안방의 형광등은 비좁은 공간에 제자리를 못 잡고 마치 "설치미술"과도 같은 모양새이며, "변기에 팔꿈치와 허벅지가 닿지 않도록" 몸이 규제당하는 비좁은 화장실 풍경 등 그야말로 "남루와 수치"를 매정하게 들춰낸다. 기옥 씨는 오랜 기간에 걸쳐

び出される。(야후재팬 지식백과 검색일 : 2020.11.28.)

45 佐藤康智(2016) 「水槽としてのコンビニー『コンビニ人間』論」 『群像』, p.183.

형성된, 몸이 기억하는 추석의 감성을 반추해줄 음식들을 준비하고, 직장인 인천국제공항으로 발길을 재촉한다.

그녀에게 공항은 일터일 뿐 아니라 아들의 "호주 유학"을 실현시켜줄 희망의 장소이기도 하다. 소설은 공항의 안과 밖을, 그리고 실내공간을 채우고 있는 감성에 대해 차례로 언급하며 묘사하고 있다. 먼저 공항의 바깥에서 바라본 인천국제공항의 풍경이다. 현대의 거대한 시스템으로 이뤄진 "문명의 꽃"인 인천국제공항은, 비루한 현실 세계와는 거리가 먼, "무탈", "안심", "아름다움"의 감성을 자극하는, 자부와 신뢰의 공간이다. 커다란 항공기라도 "얌전히" 관제탑의 지시를 기다리며 질서정연하게 움직이면, 그 대가로 비행할 자격이 주어진다. 이윽고 비상에 성공하면, 임무를 완수했다는 "안도의 한숨"인 "비행운"이 그려진다. 다음으로 공항 안쪽에 대한 묘사이다. 공항 내부는 "햇살", "형광등 빛", "가을볕 광채" 등 그야말로 "터질 듯한 명도"를 연출하며, 생명력의 최고조를 보여준다. "내장이 훤히 비치는 물고기"의 상태를 유지하기 위해 수백 명의 청소원들은 "과도한 공"을 들이고 있다. 이처럼 공항 밖에서는 "소리가 소거 된"채, 비루한 현실세계와 단절되어 있지만, 안에서는 청소원들의 희생 아래 희망과 생명력이 넘실대는 이(異)공간이 연출되고 있다.

그러나 모처럼 한가롭게 추석을 맞이하려던 기옥 씨는 교도소에서 날아 온 "엄마, 사식 좀!"이라는 아들의 편지를 읽고 하는 수 없이 야근을 선택한다. 생명력 넘치던 공간은 기옥 씨의 서러움이 섞이면서 추석의 전통인형극 '꼭두각시놀음판'으로 화한다. 기실 소설의 구성은 한국의 대명절인 추석에 행해지는 전통인형극 '꼭두각시놀음판'[46]으로 짜여있다. '꼭두각시놀음'은 '탈춤'과 함께 고전극의 하나이며, 주인공의 일대기를 줄거리로 보여주고 '일가의 파탄과 구원'이라는 주제를 일관되게 다루는 특징을 갖는다. 따라서 소설은 주인공 기옥 씨의 비루한 삶을 내레이터인 '산받이'를 통해 하소연한 다음, '인천공항'에서 놀음판을 벌려 세상을 조롱하고, 심적 구원을 받는다는 구성이다. 삶의 덧없음을 풍자적으로 묘사한 '꼭두각시놀음'이 시작된 것이다. 꼭두각시놀음은 경기지방에서 행해지고 있으며, 꼭두각시의 '꼭두'는 인형을, '각시'는 색시를 이른다. 전체 8막으로 이뤄지며, 1막은 자기소개, 2막은 파계, 3막은 구사일생, 4막은 부정(不淨), 5막은, 일부처첩제(一夫妻妾制)로 인한 가부장적 가족제도의 모순과 서민층의 생활상, 6막은 지배계급의 타락상과 횡포, 7막은 지배계급에 대한 풍자와 조롱, 8막은 종교의 귀의 등이다. 이해를 돕기 위해 다소 길게 인용해 보겠다.

> 오늘이 어떤 날인지 모른 채 지금 막 한국에 온 방글라데시 청년은 생전 처음 겪는 추위에 두 눈을 동그랗게 뜬 채 주위를 둘러보았고, 자기 신랑이 틀림없이 좋은 사람일 거라 믿는 베트남 처녀는 목을 길게 뺀 채 마중 나온 한국 남자를 찾고 있었다. 늘어난 비행기 대수나 자연 감소분만큼 인원을 충원하지 않아, 점점 피로해져가는 한 비행사는, 조금 전 유니폼 단추가 떨어진 징조를 의식하지 않으려 애썼고, 출장 뒤 부정(不淨)의 죄책감을 덜기 위해 아내에게 줄 스카프를 산 중년 남성은 면세점 카드기기에 이제 막 서명을 하고 있었다. 심드렁한 얼굴로 아이패드를 들여다보던 초등학생은 학교에서 숙

46 <꼭두각시놀음>은 주로 경기·충청·전라·경상 등 중남부일대에서 남사당패에 의해 많이 공연되었는데, 현존하는 연희자들의 본적도 대부분 경기·충청·전라도이다. <꼭두각시놀음>은 남사당패가 하는 여섯 종목의 놀이(풍물·버나·살판·어름·덧뵈기·덜미) 중 끝놀이 이며, 이들 연희자들은 인형극을 '덜미'라고 부르는데, 이 명칭은 인형의 목덜미를 잡고 노는 데서 비롯되었다고 한다. 남사당패가 직업적인 유랑예인집단이었으므로 관람료를 받았고, 포장막을 치고 공중무대를 세워서 공연하였다. [네이버 지식백과] 꼭두각시놀음 (한국민족문화대백과, 한국학중앙연구원) (검색일 : 2020.11.28.)

제로 내준 '옷은 시집올 때처럼, 음식은 한가위처럼'이란 속담의 뜻을 막 '터치'하고 있었고…… 근처 유흥가 한복판에서 두 팔을 번쩍 든 파키스탄 사내는 '부대찌개' 네 글자가 쓰인 판자를 벌서듯 들고 있었다. (중략) 추석에도 마트에 나가야 되는 엄마를 둔 한 초등학생이 본사 홈페이지에 들어가 '18, A마트, 내일 하루 종일 정전돼서 좆망해라' 라고 게시글을 쓰는 사이. 탑승 게이트 곳곳에서는 '사요나라(さようなら)', '톳진스(Totziens)', '굿바이(Good bye)', '잘 가', 그리고 '안녕'이란 말이. 전화하겠다는 말, 편지한다는 말, 그만 들어가라는 말, 울지 말라는 말이 간간이 들여오고 있었다. (『비행운』, p.202)

위의 인용문에 제시된 상황묘사를 통해 '꼭두각시놀음'과 중첩되는 상황과 주제어로 먼저 부정(不淨)을 들 수 있으며, "출장 뒤 부정(不淨)의 죄책감을 덜기 위해 아내에게 줄 스카프를 산 중년 남성"의 에피소드, 다음으로 지배계급의 횡포를 연상시키는 "베트남 처녀"의 국제결혼 에피소드, 또한 지배계급에 대한 '조롱'으로 "18, A마트, 내일 하루 종일 정전돼서 좆망해라" 등을 들 수 있겠다. 이처럼 인천공항은 생명력 넘치는 공간에서 세상을 향한 풍자와 조롱의 공간으로 재편성되며, "그만 들어가라는 말, 울지 말라는 말"이 스스로를 '꼭두각시'라 느꼈을 기옥 씨에게 들려오며 억누른 '서러움'을 달래주고 '위로'한다.

『편의점 인간』과 『비행운』의 공간은 '국적과 인종'을 초월한, 현대적이고 첨단시설이 구비된 곳이다. 게다가 역전편의점과 인천국제공항이라는 땅길과 하늘길이 무한히 열린 미래지향적인 공간이기도 하다. 이와는 달리 그녀들의 현실세계는, 미래가 불투명하고 불안정한 편의점 아르바이트와 하청의 공항청소원이라는, 세상의 톱니바퀴에 아슬아슬하게 맞물려 존재마저 사물화 되는 처지이다. 그야말로 "입국과 출국"의 기능밖에 모르는 이분법적 사회의 아웃사이더들인 그녀들은 그럼에도 불구하고 세상의 경계를 허무는 몸부림을 멈추지 않으며, 자국의 전통문화 공간으로 돌아가 그 해답을 제시한다. 새로운 문화 탄생의 희망을 걸고 직조되는 그녀들의 이(異)공간은 이분법을 넘어선 비체적 장소이다.

2. 각인되는 몸, 몸들

『편의점 인간』의 후루쿠라는 세상이 정한 여자들의 '정상'과 '보통'의 역할에 직면하여, '이물질'로 각인된다. 『비행운-하루의 축』의 기옥 씨는 희생과 헌신의 공식에 따라 실행해 온 '모성'이 "수박만한 탈모"를 남겨 '얼룩'으로 비체화 된다. 그렇다면 그녀들의 선택과 실천이 몸을 통해 각인되는 과정을 살펴보자.

2.1 '이물질'화 되는

『편의점 인간』의 후루쿠라는 유치원 시절 부모나 선생님으로부터 세 번의 사건을 통해 몸의 감정들을 통일하도록 강요받은 경험이 있다. 첫째는, 죽어있는 새를 "이거 먹자"라고 한 일, 둘째는 난폭한 친구를 제압하기 위해 삽으로 내리친 일, 셋째는 여선생님의 행동을 멈추기 위해 스커트와 팬티를 강제로 내려버린 점 등이다. 세 건의 사건에 대해 어른들의 판단은 달랐다. 예를 들어 어른들은 죽어있는 새를 보면 보통 슬퍼하거나 불쌍히 여기는 게 정상이라고 했으며, 친구를 제압하기 위해 삽이라는 도구를 쓰는 것은 여자아이로서는 예상할 수 없는 행동이라는 것이었다. 마지막으로 여선생님의 훈시가 지겨웠다고 해서 성추행에 가까운 행동을 해 수치심을 준 것은 비윤리적이며, 제자로서 하극상에 해당되었다. 이처럼 어려서부터 어른들에게 사사건건 '보통'을 요구 당한다. 그러나 후루쿠라는 이러한 문제의 해결 과정에서 기성세대들의 크나큰 모순을 발견하게 된다. 즉 죽은 새의 경우, 아빠는 슬퍼하기는커녕 매번 술안주 사용하고 있으며, 선생님은 폭력은 안 된다면서도 정작 자신은 권위를 휘두르고 있다는 점이다.

> 아버지와 어머니가 슬퍼하거나 여러 사람에게 사과해야 하는 상황은 나의 본심이 아니었기 때문에, 나는 집밖에서는 가능한 한 말을 하지 않기로 했다. 다른 사람 흉내를 내거나 누군가의 지시에 따르기만 하고, 스스로 움직이는 것을 일절 그만두었다. (중략) 입을 다물고 잠자코 있는 것이 최선의 방법이었고, 살아가기 위한 가장 합리적인 처세술이었다. (중략) 두 살 아래인 여동생은 나와 달리 '보통'아이였다. (『편의점 인간』, p.20)

이분법적 세상의 논리적 모순에 대항하기에는 힘이 부족한 어린 아이는 감정을 통일하기로 마음먹고 "다른 사람 흉내"를 내거나, 누군가의 "지시에 따르기만 하고, 스스로 움직이는 것을 일절 그만두는", 살아가기 위한 "합리적 처세술"을 몸에 익히게 된다. 따라서 '매뉴얼과 제복'으로 통일된 편의점 문화의 선택은 '보통'을 담보하는 후루쿠라의 몸에 잘 맞는 옷이었을 것이다. 한편 편의점 아르바이트를 계기로 세상과 대면한 후루쿠라는 어릴 적 친구들과도 종종 만나고 동창회에도 참가했다. 이를 계기로 이른바 '정상'적 삶을 영위하고 있는 현실세계의 여성들과 재회하게 된다. 그녀들은 '이성애적 연애결혼', 그리고 여성의 '낳는성'에 대한 세상의 '보통'을 리트머스시험지 삼아 후루쿠라를 평가하기 시작한다.

정신을 차리고 보니, 모두 초등학교시절의 그때처럼 조금 물러나서 나에게 등을 돌리고, 그래도 어딘가 호기심이 섞인 눈길만은 기분 나쁜 생물을 보듯 내 쪽으로 향하고 있다. 아, 나는 이물질[47]이 되었구나하고 멍하니 생각했다. (중략) 정상 세계는 대단히 강제적이라서 이물질은 조용히 삭제된다. 정통을 따르지 않는 인간은 처리된다. 그런가? 그래서 고치지 않으면 안 된다. 고치지 않으면 정상인 사람들에게 삭제된다. 가족이 왜 그렇게 나를 고쳐주려고 하는지, 겨우 알 것 같은 기분이 들었다. (『편의점 인간』, p.102)

후루쿠라는 동창생들과의 재회를 통해, 이제껏 자신이 고수해 온 삶의 방식으로는 결국 혐오의 대상인 “이물질”로 화할 수밖에 없다는 점을 깨닫고 전율한다. 아울러 이물질은 “정상 세계”가 지닌 “강제”성에 의해 “삭제”될 것을 우려한 가족들의 염려를 겨우 이해하기 시작한다. 이를 계기로 세상 사람들을 대상으로 펼쳐왔던 ‘보통 인간’ 연기는 막을 내리게 된다. 橋本夏希(2019)는 「村田沙耶香『コンビニ人間』 論ー「普通」と「異常」の間でー」에서 ‘육체가 편의점으로 동화해 궁극적인 세계를 묘사’ 하였다고 평가했다.[48] 그렇게 세상과 타협하려는 한편, 여전히 “완전히 기능을 발휘하고 있는 ‘세상’이라는 게” “가공의 것”이 아닐까하는 의구심을 떨쳐버리지 못한다. 그 후 여동생에게 ‘위장동거’라는 사실까지 들키게 되면서 후루쿠라의 삶의 방식은 대 전환기를 맞는다. 이때 “가게의 ‘소리’” 즉 하야시에 “잡음이 섞이게”되면서 편의점 소리는 조율이 되지 않는다. 결국 그녀는 편의점을 그만두고 미래의 삶에 대해 생각하는 시간을 갖기로 한다. 그렇게 무직자가 된 후 오랜만에 맞이한 “고

47 밑줄 필자.

48 橋本夏希(20019)「村田沙耶香『コンビニ人間』論 -「普通」と「異常」の間で-」『玉藻(53)』, p.46.

요"이지만, 그 조용함을 "할퀴듯" 시라하의 무게가 바닥을 울리며 그녀의 삶 속으로 비집고 들어온다.

2.2 '얼룩'을 감추고, 지우는

『비행운』의 기옥 씨는 동이 터도 "볕이 들지 않는" 반지하방에서 "마음의 캄캄함"을 밥통의 "보온" 불빛으로 간신히 견디고 있다. 어딘가 궁지에 몰린 듯한 그녀의 심리상태를 짐작할 수 있다. 그 중에서도 "수박만한 탈모"는 버스 안 여중생들에게까지 경멸당하면서 비루함의 농도는 한층 진해진다. 그 때문에 기옥 씨는 "머리를 다 덮어주는 챙 넓은 모자"로 신체의 "얼룩"을 위장하며 감추기 바쁘다. 기실 그녀의 탈모는 아들의 배신으로부터 시작되었다. 아들 "영웅"은 기옥 씨가 서른 넘어 "어렵게 얻은 외동아들"이었으며, 집안일에는 무관심한 남편이 놀러갔다 실족사해 "온갖 궂은일"을 해가며 여자 혼자의 힘으로 키워냈다. 다행히 아들이 "말수가 적고 성실"해 조금이나마 힘듦을 망각하게 했지만, 그런 아들이 지금은 "교도소"에 있다.

> 평생 말썽 없이 자란 아이인데, 대학을 졸업하고 군대까지 갔다 온 녀석이 남의 집 택배를 훔쳐 졸지에 전과자가 되었다. 초범이니 가볍게 넘어갈 수 있었던 걸, 쫓아오는 택배 기사를 보고 당황한 나머지 발로 차서 내친 모양이었다. 영웅이는 절도에 폭행이 붙어 실형을 받게 되었다. 나중에 들은 말로 아들 녀석은 장물을 인터넷에 올려 어학연수비를 마련하려 했다고 했다. (『비행운』, p.195)

아들을 대학에 보내고 군대 뒷바라지까지 하며 완벽하게 엄마의 역할을 수행했지만, 아들은 아이러니하게도 "어학연수비" 때문에 범법을 저지르며 보기 좋게 엄마를 배신한다. 아들의 배신은 "스트레스성 탈모"로 몸을 통해 나타났다. 그러나 그녀는 자신의 이런 모습을 아들은 물론이고 직장 동료들에게도 철저히 감춘다.

> 탈모가 심각하게 진행되고부터 기옥 씨는 직장에 항상 머릿수건과 모자를 쓰고 다녔다. 대부분의 직원들이 '탈(面)'이 좋은 이곳에서, 모든 것이 깨끗하고, 환한 공항에서, 자신이 단 하나의 얼룩[49]처럼 보이지 않을까 마음이 쓰여서였다. 더군다나 기옥 씨는 청결의 제1원칙이 얼룩을 지우는 거란 걸 알고 있었다. (『비행운』, p.191)

대부분의 "탈 좋은" 직원들 사이에서 기옥 씨 자신의 탈모가 "얼룩"이 될 수 있다는 각성을 한다. 얼룩 지우는 일이 직업인 그녀로서는 아이러니한 일일 뿐이다. 그러나 얼룩의 은폐도 잠시잠깐, 곧 그 얼룩이 아들의 사식비를 벌기 위해 야근을 해야만 하는 예기치 않은 상황이 발생하면서 베일을 벗게 된다. 이처럼 여성의 몸은 단단한 영토화 양극화 이분화 위에 범람하여 새로운 지도를 덧그리는, 그래서 기존의 경계선을 침수시키고 모호하게 흐리는 공간이다. 이 경계 흐리기가 단단한 영토화를 주장하는 남성들에게 두려움을 불러일으키게 된다.

『편의점 인간』의 후루쿠라는 '정상 세상'을 거역한 벌로써의 '이물질'로, 『비행운-하루의 축』의 기옥 씨는 세상과 영합한 벌로써의 '얼룩진 자아'라는 형태를 획득하게 된다.

---

49 밑줄 필자.

3. 선택된 비체(abject)

『편의점 인간』의 후루쿠라와 『비행운』의 기옥 씨는, 세상이 정한 '정상'과 '보통'의 여자의 역할에 직면하여, 각각 모종의 선택을 강요당한다. 후루쿠라는 '정상'으로부터의 '탈주'를, 기옥 씨는 하는 수 없이 '정면승부'를 선택한다. 이 과정에서 그녀들은 자신이 선택한 '비천'한 삶을 드러내며 객체인 '대상'을 넘어선 인격, 즉 '비체(abject)-되기'[50]를 감행한다.

3.1 '육체의 개조'를 통해

『편의점 인간』의 후루쿠라는 여동생과 부모의 걱정을 사지 않기 위해 일단 시라하와 동거에 들어간다. "제수" 씨로부터 금전 압박을 받은 시라하는 그녀의 선택을 노골적으로 반기며, "처녀", "독신", "편의점 알바"라는 삼중고에서 해방되고 "주위에서 보기에 정상적인 인간"이 될 거라는, 이른바 여성의 대상화로 만들어진 문화의 추종자로서의 발언을 서슴지 않는다.

일본의 여성학자 우에노 치즈코에 따르면, "여성을 남성과 동등한 주체로 절대 인정하지 않는 이러한 여성의 객체화 타자화 - 더 직설적으로 말하면 여성멸시-를 여성혐오라고 한다."[51]며 위계적 젠더 이분법이 존재하는 한 여성혐오의 논리를 벗어날 수 없다고

---

50 질 들뢰즈(Gilles Deleuze 1925-1995)에 의하면, '되기'는 언제나 무엇으로 되는 것이다. 되기(becoming)는 언제나 특수한 운동이며, 특수한 동작과 휴식, 속도와 느림, 강도의 급소이자 흐름의 특수한 형식이다. 그것은 언제나 다수성이며 이 '것(thing)'에서부터 이것과는 전혀 다른 저 것으로의 운동이거나 변형이다. 앞의 책 엘리자베스 그로츠(2001) 동 저서, p.336.

51 우에노 치즈코(2010) 나일등 옮김 『여성 혐오를 혐오한다』 은행나무, p.37.

역설한다.

시라하는 후루쿠라를 취직시켜 자신은 백수로 맘 편하게 살겠다는 얄팍한 속내를 드러내며 "구인 광고"를 검색한다.

> "역시 편의점 알바는 나를 부양하기에는 불안정해. 그러니 백수와 알바가 같이 살면, 백수인 내가 비난을 받게 마련이야. 석기시대에서 빠져나오지 못한 자들은 당장 남자한테 불평을 하지. 하지만 후루쿠라 씨만 정규직에 취직하면 나는 더 이상 그런 피해를 받지 않아도 되고 후루쿠라 씨한테도 도움이 되고, 일석이조야!" (『편의점 인간』, p.175)

편의점을 그만두고 "세상으로부터 단절"을 경험하며 "아무 소리도 들리지 않게" 되어 버린 후루쿠라. 한편 시라하는 오로지 자신의 처지가 사회적 비난을 받을 것이라는 예감에서 그녀를 정규직 사원으로 취직하기를 종용한다. 이 부분은 앞서 언급한 희생양으로서의 후루쿠라의 처지를 잘 나타내고 있으며, 그녀의 집에 '시라하의 화살이 서있는(白羽の矢が立つ)' 경우에 해당된다.

후루쿠라의 고민은 이제부터다. 그녀는 "나도 인간이라는 동물이니까, 가능하면 아이를 낳아서 종족을 번성시키는 것이 옳은 길"이 아닐까 하는 여성의 낳는성에 대한 고민을 하지만, "알바와 백수"의 주니어는 사회가 용납하지 않는다는 "제수"의 충고를 수용해 단념한다. 잠시나마 '정상'을 위장해 "가공의 생물"을 연기하며 세상을 속이려 했던 후루쿠라는 이미 편의점 인간이 되어버린 자신의 몸이 편의점을 떠나서는 점점 더 침잠해갈 뿐이라는 사실을 깨닫게 된다. 과연 그녀는 상황을 극복하기 위해 어떠한 돌파구를 만들게 될까?

“아니, 누구에게 용납이 안 되어도 나는 편의점 점원이에요. 인간인 나에게는 어쩌면 시라하 씨가 있는 게 더 유리하고, 가족도 친구도 안심하고 납득할지 모르죠. 하지만 편의점 점원이라는 동물인 나한테는 당신이 전혀 필요 없어요.” (중략) 편의점의 ‘목소리’에 좀 더 완벽하게 따를 수 있도록, 육체의 모든 것을 개조하지 않으면 안 된다. (『편의점 인간』, p.194)

다시 편의점 점원으로 돌아가려는 후루쿠라는, 인간의 이성(정상)의 소리가 아닌 “편의점의 목소리”에 좀 더 완벽하게 따를 수 있도록, “육체의 모든 것을 개조”해야 된다는 결론에 도달한다. 따라서 시라하가 지적한 후루쿠라의 핸디캡, 즉 암컷으로서의 낳는성과 엄마로서의 모성을 거부한 “처녀”, “독신”을 고수하여 스스로를 이분법의 세계로부터 해방하고, 주체의 대상이 아닌 비체(卑/非 abject)로서의 “편의점 인간”으로 다시 태어나고자 결심한다.

나는 갓 태어난 조카를 만났던 병원의 유리창을 생각하고 있었다. 유리창 저편에서 나와 아주 비슷한 밝은 목소리가 들린다. 내 세포 전체가 유리창 저편에서 울려 퍼지는 음악에 호응하여 피부 속에서 꿈틀거리고 있는 것을 나는 분명히 느끼고 있었다. (『편의점 인간』, p.195)

소설의 마지막 장면은 조카의 탄생 장면을 회상하며 새로운 생물체의 탄생이 오버랩 되며, “음악”이 울려 퍼져 기리노(切能)의 형식으로 마무리된다.

시라하의 희생양에서 벗어난 후루쿠라의 선택은 곧 기존의 여성들에게 부과된 사회적 역할을 거부하고, “육체를 개조”하여 새로운 “세포”로 변이된 생물, 즉 ‘비체’로 재탄생하는 것이었다.

3.2 꼭두각시로 화한 '모성'

『비행운-하루의 축』에는 단어나 상황이 대조를 이루면서 내레이터의 '냉소적인 시각'이 스토리를 관통하고 있다. 예를 들어, '수형자'인 아들의 이름이 "영웅"이라는 점, 어머니의 이름이 집을 세운다는 기옥(起屋)과 부조리한 세상에 소송을 건다는 기옥(起獄)이 대조적인 점, 주 무대인 공항이 생명력과 희망의 빛으로 가득한 장소에서, 온갖 부정과 위선을 드러내는 이야기 공간으로 끝맺음하는 전개가 그렇다.

그렇다면 기옥 씨 그녀의 모성은 어떤 대조적인 모습을 보여줄까? 아들의 범죄로 동전탈모가 시작되어 지금은 "수박만"해 진 그녀지만, 애써 감추며 부(父)의 부재를 메꿔주려 안간힘을 쓴다. 일례로 신문에 난 "16세 영국 소녀 스키로 남극 도달", "눈먼 11세 일본소녀 열네 시간 달려 마라톤 완주", "청각 장애인 최초 공학박사 탄생" 등의 기사를 오려 교도소 아들에게 부쳐주곤 한다. 그러나 자신의 이런 행동을 아들이 "끔찍이 싫어"한다는 걸 모른 채로이다. 사소한 의견충돌로 2주째 면회를 가지 않자, 아들이 편지를 보내온다. 그러나 기대와는 달리 "몇 십 개"의 줄이 그어진 편지지에 달랑 "엄마, 사식 좀"이 적혀있다. 이를 본 기옥 씨는 "온갖 궂은일"을 마다 않고 애지중지 길렀지만, 잘 계시냐는 안부인사도 보고 싶다는 애틋함도 없자 참았던 실망감에 분노가 치밀어 오르는 것을 어찌할 수 없다. 순간 하루 종일 한 끼도 안 먹은 입에서 "쓴내"가 느껴져, 손님이 흘린 "마카롱"을 꺼내 한입 깨 물으며, "왜 이렇게 단가. 이렇게 달콤해도 되는 건가"하며 웅얼거리는 장면은 쓰디쓴 현실과 강한 대비를 이룬다.

> "그 일…… 제가 하면 안 될까요?" 기옥 씨가 그 얘길 꺼내기 전부

> 터 파트장의 얼굴은 이미 흙빛으로 변해 있었다. 기옥 씨는 그걸 의식하지 못한 채 천진하게 눈을 끔뻑였다. 아들의 편지를 읽은 뒤 정신이 멍해져, 본인이 방금 전 벤치 위에 두고 온 게 무엇인지 알아채지 못한 까닭이었다. 기옥 씨는 그저 자신이 윗사람에게 의견을 묻고 있는 중이라 생각했지만, 파트장의 눈에, 이 광경은 가운데 머리가 통째로 없어 마치 암 환자처럼 보이는 여자가 다짜고짜 자기를 찾아와 야근을 해도 되느냐고 묻고 있는 상황이었기 때문이다. 기옥 씨의 얼굴을 모르지 않는 파트장은 당황한 기색을 숨기려 했지만 동공만은 몹시 크게 벌어져 파르르 떨리고 있었다. 마치 놀라운 게 아니라 무서운 걸 보기라도 한 듯. (『비행운』, p.201)

결국 몸이 원하는 추석의 들뜬 감성을 포기하고, 아들의 사식을 위해 야근을 택한 기옥 씨. 순간 이를 부탁하려는 급한 마음에 벗었던 모자를 되돌리지 못해 기괴함이 통째로 드러나고 만다. 파트장 앞에는 "놀랍고, 무서움" "암환자" 같은 '혐오스런 모성'이 서있다. 파트장은 순간 "당황한 기색"을 보이지만 그녀의 처지를 감안해 야근을 허락한다.

한국의 여성에게 부과된 '헌신적 모성'이라는 철저히 타자중심적인 이데올로기를 기옥 씨는 적극 수용하며 살아 왔다. 그런 그녀이기에 아들이나 동료, 사회 등 그 어떤 무엇으로부터도 추석의 감성을 보상받지 못한 채 오로지 아들의 사식비를 벌기 위해 기꺼이 야근에 전념하고 있다. 그리고 그 시각 공항에서는 기옥 씨의 '냉소'를 대신하듯 꼭두각시놀음을 소환해 세상의 '모순과 부조리'함을 폭로하는 정화의 공간으로 화한다.

그곳에는 헌신적 모성이 몸으로 전이되어 '수박만한 탈모'로 비체화 되지만, 꼭두각시의 한풀이로 마음을 달래며, '마카롱'의 달콤함을 재현해내고자 하는 비행운(=안도의 한 숨 자국)의 걸레질이 한창이다.

『편의점 인간』과 『비행운-하루의 축』의 그녀들은 각각 '정상'과 '보통'의 세계에서 제시되는 여성의 역할을 오로지 몸의 감각만으로, '거부'하거나 '수행'하는 삶을 살고 있다. 여성들의 모성(낳는성)을 강요하는 이분법의 세계를, 거부한 여성은 '이물질'로, 수용을 택한 여성은 '수박만한 탈모'의 '얼룩'으로 각자 '혐오의 대상'이 된다. 그러나 그녀들의 생명력은 현실세계에 대한 원망만으로 그치지 않는다. 두 소설 모두 전통의 공간인 '노(能)'와 '꼭두각시놀음'을 소환하여, 현실공간을 새롭게 직조하며 돌파구를 찾는다. '이물질'의 그녀는 가족과 주변인들의 강압적 시선에 굴복해 "다른 세계"에서 나와 이분법의 '현실세계'에 발을 들여놓지만, 이런 선택을 몸은 허락하지 않는다. 이러한 점을 깨닫고 여성은 비체를 재전유하며 제3의 생물인 '편의점인간'으로 변이한다. 한편 이분법의 세계를 수용하며 '모성'을 실천해 온 여성은, 남편과 아들이 안겨준 실망감으로 인해 "수박 탈모"를 겪으며 '꼭두각시'와도 같은, 벗어날 수 없는 타자적 삶에 몸서리를 친다. 그러나 다시 한 번 '혐오스런 모성'을 재전유하면서, 지금까지 형성된 몸의 감성인 '추석'에서 소환된 '꼭두각시놀음'을 통해 한풀이를 한다. 이처럼 몸은, 동물적이거나 수동적인 것이 아니라, 의미와 의미화 작용과 재현체계가 직조되고 구성되는 곳이다. 따라서 이러한 지점이 바로 주체의 대상으로서가 아닌, 비체성이 긍정되는 지점이라 볼 수 있겠다. 두 소설의 여성들은, 이분법의 방식으로 여성들에게 '모성'을 강제하여 '가족'이라는 보편성의 영역에 끼워 넣고자 하는 현실세계에 절망하지만, 오히려 적극적으로 '비체'를 재전유하며 기꺼이 세상과 소통하고자 한다.

제4절

각인되는 장소로서의 몸

—가네하라 히토미 「하이드라(ハイドラ)」,
김금희 「너무 한낮의 연애」를 중심으로—

자연적인 몸이란 없다. 몸은 '몸 표면의 각인' 효과로(무엇보다 다이어트) 간주된 것일 뿐만 아니라, 또한 몸은 다양한 꾸미기 형태에 의해서도 각인된다. 운동과 습관적인 운동 패턴을 통해, 도시든 농촌이든 몸이 처한 환경과의 협상을 통해, 의복과 화장을 통해, 어느 정도 표시됨으로써 문화적인 요청에 적절한 몸이 되거나 혹은 경우에 따라 부적절한 몸이 된다. 육체적인 각인이 발생하는 이처럼 다른 절차는 근본적으로 생물학적으로 주어진 몸에 단순히 덧붙여지거나 장식되는 것이 아니라는 사실에 주목하는 것이 중요하다.[52]

몸을 각인하는 다양한 절차와 다른 몸과 범주와 유형과 규범을 표시하는 다양한 절차는 외부로부터 개인에게 단순히 강제된 것이 아니다. 이런 절차들은 억압적으로 기능하는 것이 아니라 추구되어지는 것이다. 이런 절차는 흔히 자발적으로 착수되고 대체로 주체에게 능동적으로 공모하기를 요구한다. 이를 푸코는 자아생산의 테크닉으로 보았다.[53]

---

52 엘리자베스 그로츠(2001) 『뫼비우스 띠로서 몸』, 임옥희 옮김, 여이연, p.283.
53 엘리자베스 그로츠(2001) 앞의 저서, p.284.

본 연구에서는 한일현대문학을 통해 '몸'을 논하고자 한다. 이에 문학자와 작품을 선정, 몸 메타포에 초점을 맞춰 행간 읽기를 시도한다. 2000년 동시대를 공유하는 한국과 일본의 현대 여성작가 가네하라 히트미(金原ひとみ, 1983–)[54]와 김금희(金錦姬, 1979–)[55]를 선정, 그녀들의 소설 「하이드라(ハイドラ)」(2007)[56]와 「너무 한낮의 연애」(2015)[57]를, '각인되는 장소로서의 몸' 관점에서 고찰하고자 한다.

'몸 공간'에 대해 연구된 대표적 논문에는, 陳 晨(2015) 「身体を望ましき混沌として「書く」: 金原ひとみ『マザーズ』における不機嫌な女たちをみる」와 武藤 功(2004) 「身体の自由と不自由--金原ひとみ著『蛇にピアス』」가 있으며, 본 연구를 진행함에 있어 감성과 신체에 대한 중요한 관점을 제공해준다. 그 외의 논문에서는 여성의 삶을 조명하며, 현재를 극복해 미래를 상상해보는 주제가 다뤄지고 있다. 그러나 가네하라 문학 연구에서 연구자가 목표로 하는 연구 주제인 '몸의 장소성'에 관련된 논문은 발견하지 못했다. 김금희 문학의 선행연구 분석 결과 주요 논점의 키워드는, '연애', '마음', '감정', '노마디즘' 등으로, '몸의 장소성'이라는 관점 연구는 전무하다.

---

54 가네하라 히토미는 도쿄 출신으로, 초등학교 4학년 때부터 학교에 가지 않고, 호세이대학 사회학부교수이자 번역문학가인 아버지가 사다준 책들을 읽다가 열두 살 때부터 소설을 쓰기 시작했다. "피부로 생각하고, 뇌로 느끼는 소설"을 쓰는 일본 문단이 주목하는 문제적 작가로, 2003년『뱀에게 피어싱』으로 스바루 문학상을 수상, 이듬해 동 작품으로 아쿠타가와상을 수상, 2013년『TRIP TRAP』으로 27회 오다 사쿠노스케상을 수상했다.

55 김금희는 부산에서 태어나 인천에서 성장했다. 인하대 국문과를 졸업하고 2009년 한국일보 신춘문예에 단편소설 「너의 도큐먼트」가 당선되어 문단에 데뷔했다. 2015년·2017년 문학동네 젊은작가상, 2016년 제7회 젊은작가상 대상 수상, 2017년 제62회 소설부문 현대문학상을 수상했다.

56 초출;『新潮』2007年 1月号.

57 초출;『21세기문학』2015년 가을.

1. 몸이 처한 환경

가네하라의 「하이드라(ハイドラ)」와 김금희의 「너무 한낮의 연애」는 몸글쓰기를 통해 몸이 처한 환경에 따른 의식의 변화를 섬세하게 그리고 있다. 먼저 「하이드라」는 사키(早希)를 중심으로 그녀의 동거인이자 고용주인 신자키(新崎), 「물뱀」의 작가이자 극의 조종자인 후지사키(藤崎), 그리고 후지사키의 동성연인 리쓰(リッ)가 등장한다. 문제는 사키와 리쓰가 신자키와 후지사키에게 각각 공간적, 경제적으로 예속되어 있다는 점이다. 사키는 도쿄거주 24세의 여성으로 독자모델을 하던 중 유명 사진작가 신자키(新崎)에게 발탁되어 그의 전속사진모델을 수행중이다. 또한 그의 맨션에서 3년째 동거하며 공간을 공유하고 있다. 다음은 그녀가 기거하는 맨션내부의 구조이다.

> 복층형. 처음에는 이 구조에 열광했지만 2층은 신자키씨 방과 세면실, 욕실이 전부고 나는 보통 1층 거실과 침실만 쓰는지라, 화장실 갈 때도 일일이 계단을 올라가야 해서 실상은 귀찮기 그지없다. 나는 잘 때를 제외하면 집에 있는 시간 대부분을 거실 구석의 책상 앞이나 소파에서 보냈고 그런 나를 항상 2층의 신자키씨가 내려다보고 있는 기분이다. 신자키씨 방의 거실 쪽 벽이 마치 감시용처럼 허리 높이에서 천장까지 통유리로 되어 있다는 점이 큰 이유일 것이다. 같이 살게 된지 얼마 후 신자키씨가 블라인드를 달아주었지만, 그런 행동에서도 마치 주인이 노예의 사생활을 배려하는 듯한 분위기가 풍겼다. (「하이드라」, pp.21-22)

사키가 생활하는 공간은 "복층(메조넷형)"의 1층으로, 2층에 기거하는 신자키씨 방의 거실 쪽 벽이 마치 감시용처럼 허리 높이에서 천장까지 통유리로 되어있다. 이는 흡사 죄수들을 감시하는 '판옵티콘(panopticon)'58을 연상시킨다. 사키가 노출에 대한 압박감을 호소하자 "블라인드"를 달아주긴 하지만 이 역시 "주인이 노예의 사생활을 배려"일 뿐이다. 급기야 그녀의 몸을 억압하는 공간으로부터 "도망쳐버려"(p.86)라는 내부의 소리를 감지하기에 이른다.

초로의 유명작가 후지사키의 동성연인 리쓰는 어떠한가? 후지사키의 사소설 「물뱀」의 주인공이기도 한 리쓰는 사진모델과 바텐더 아르바이터 경력을 가지며, 근래에 후지사키의 경제적 원조를 받아 가게를 오픈 중이다. 리쓰의 첫인상은 "여자인가?" 하고 생각할 만큼, "중성적인 외모"로, 동성 연인 사이에서 젠더적으로 '여성' 역할을 맡고 있다는 추측이 가능하다.

> 리쓰 같은 사람을 보면 나와 비슷하다는 동정심과 함께 뭘 저렇게 쭈뼛거리나 싶은 짜증이 싹튼다. 분명 리쓰는 앞으로 더 불쾌한 일들을 겪게 되리라. 앞일을 생각하니 조금 안됐다 싶었다. 타인이 악의를 드러낼 때 그는 강해지고 자신감을 얻게 될까. 아니면 나처럼 작게 움츠러들고 말까. (「하이드라」, p.50)

사키가 감각한 리쓰는 자신과 "비슷"한 동질감에서 "동정심"을 느끼지만, 매사에 "쭈뼛 거리"며 자신감 없는 모습에 어딘가 피종속자로서의 행동 패턴을 "짜증"스러워 한다. 이는 두 사람이 권력

---

58 프랑스의 철학자 미셸 푸코(Michel Foucault)가 1975년 그의 저서 《감시와 처벌 Discipline and Punish》에서 현대의 컴퓨터 통신망과 데이터베이스가 마치 죄수들을 감시하는 '판옵티콘'처럼 개인의 일거수 일투족을 감시하고 통제한다고 지적하면서 사용한 말이다. 판옵티콘은 그리스어로 '모두'를 뜻하는 'pan'과 '본다'는 뜻의 'opticon'이 합성된 용어로, 죄수를 감시할 목적으로 영국의 철학자이자 법학자인 제르미 벤담(Jeremy Bentham)이 1791년 처음으로 설계하였다. (다음백과사전 https://search.daum.net, 2021.09.02)

자로부터 경제적 원조를 받고 있다는 점, 공간을 공유하고 있는 점과도 무관하지 않다.

한편 「너무 한낮의 연애」는 내레이터인 필용의 관점에서 픽업한 양희 이야기가 과거와 현재를 교차하며 전개된다. 16년 전의 양희는 전원의 "흙냄새"와 자연의 "무게감", "생장"하는 식물들과 어우러져 연상된다.

> 문산 쪽도 비는 그쳐 있었다. 개구리들이 왈왈 시끄럽게 울고 풀냄새, 물냄새, 진창 냄새가 뒤엉켜 뭔가 원시적인 느낌을 주었다. 필용은 문산의 모든 것이 양희와 닮아있다고 생각했다. 양희의 야상에서 나던 냄새는 어쩌면 지하 자취방이나 극장의 퀴퀴한 냄새가 아니라 문산에서 묻어온 양희의 고유한 체취는 아니었을까. (「너무 한낮의 연애」, p.15)

필용이 마주한 양희의 본가인 문산은, 온갖 "냄새"가 뒤엉키고 헛간과도 같은 "누추하고 낡은 집", 특히 위생적 기준이 형편없이 미달된, "뭔가 원시적 느낌"을 주는 곳이다. 필용은 양희의 작가적 감성의 발상지이기도 한 '문산'의 누추함이 그녀의 "꼬챙이처럼 마른 몸, 까칠한 피부, 부러질 듯한 손목"에 "고유한 채취"를 형성한, 하층민 특유의 환경적 조건들이다. 그렇다면 필용은 또 어떤가? 대학시절 그 역시 부유한 편은 아니었다. 홀어머니가 "한강변 노점에서 만두와 국수를 팔아" 쥐어준 용돈으로 하루를 견디는 처지였다. 그런 그였기에 "앞으로 펼쳐질 인생, 그 과정에서 반드시 이겨내야 할 어려움, 그리고 그것을 극복하고 나서야 얻게 될 성취와 인정"에 대해 상상하며 노력했다. 그 결과 대기업에 취직해 결혼도 했다. 그러나 현재는 지상의 영업팀장에서 지하의 시설관리과 평사원으로 좌천되어 비탄에 빠져 지내는 신세다.

「하이드라」와 「너무 한낮의 연애」에서 등장인물들의 몸은 각기 처한 환경이 다르다. 「하이드라」의 사키는 '판옵티콘'과도 흡사한 공간에서, 리쓰는 경제적 종속자로, 또한 「너무 한낮의 연애」의 양희와 필용은 '원시적 공간'과 '지하' 공간 이라는 환경에서, 그들의 몸은 감시와 억압에 노출되어 있다.

이처럼 몸은 몸이 처한 환경과의 협상을 통해 어느 정도 표시됨으로써 문화적인 요청에 적절한 몸이 되거나 혹은 경우에 따라 부적절한 몸이 된다. 이러한 환경에서 몸들은 어떻게 각인되는가?

2. 각인되는 몸

「하이드라」의 사키는 살아남기 위한 전략으로 '의태적 거식'의 결과물인 몸이, 「너무 한낮의 연애」의 필용은 부조리한 현재와 미래의 불확실성으로 인해 '훈육'된 얼굴이 다양하게 클로즈업 된다.

2.1 의태적 거식

앞서 서술했듯이 「하이드라」의 사키는 종속적 사진모델로, 신자키와 그의 맨션에서 동거 중이다. 맨션 내부의 공간에서 감시당하고 있다는 강박관념은 차츰 '자기감시적 훈육'으로 변모한다.

> 그 복층 맨션에 살던 나는 어쩌면 신자키씨가 내려다본다고 믿음으로써, 나 혼자서는 돈이 안 되는 피사체고, 사키라는 이름만 사진집 크레디트에 작게 실리는 신세고, 얼마든지 대체 가능한 독자모델 출신의 하찮은 여자라는 역할을 받아들이게 됐는지도 모른다. 그렇게 비하함으로써 내게 딱 어울리고 마음 편한 공간을 찾았는지도 모른

다. (「하이드라」, p.103)

사키는 신자키의 '감시적 시각'을 역이용해 자신을 "비하"함으로써 피학적 자아를 탄생시킨다. 결과적으로 이러한 자신의 몸이 결코 "마음 편한 공간"일리 없다.

> 나는 항상 무언가에 끌려 다니고, 항상 무언가에 떠밀리고, 항상 무언가에 기대고 있다. 줄곧 그렇게 살아온 탓에 내게는 주체라는 게 전혀 없는 것 같다. 사진집에 실린 모델 이름이 'saki'뿐인 것처럼, 나는 영원히 반쪽을 잃은 불완전체인지도 모른다.(「하이드라」, p.113)

사키의 '자기감시적 훈육'은 결국 의존성을 키워, 급기야는 스스로도 자신은 "불완전체"일지도 모른다는 자학에 빠진다. 또한 그녀는 신자키가 요구하는 모델의 이미지에 맞추기 위해 "씹고 뱉기"의 방식으로 '거식'하며 몸을 각인한다.

> 우물우물 음식을 씹다보면 문득 괴물 같은 내 모습에 놀란다. (중략) 씹고 뱉기를 마친 뒤에는 음식물 냄새가 남아 있는 느낌을 참을 수가 없다. 살이 베어나간 듯 뼈가 드러난 깡마른 몸이 매우 기이해 보인다. 잠시 욕실 유리문에 비친 내 모습을 바라보다 안으로 들어가 샤워기로 뜨거운 물을 틀었다. 내 몸은 이렇게 만들어진다.[59] (「하이드라」, pp.35-36)

기실 사키의 몸은 고용주 신자키라는 '권력의 절실한 요청'에 적극적으로 응답하며 "만들어진다". "씹고 뱉기"라는 '거식' 행위에 더해 샤워를 통해 냄새까지도 씻어 내리는 의식을 마치자 "뼈가 드

59 가네하라 히토미(2015) 『하이드라』 양수현 옮김, 문학동네 번역본 사용.

러난 깡마른 몸"이 그 결과물로 클로즈업 된다. 이렇듯 사키의 몸은 환경에 적응하며 사키 자신에 의해 자발적으로 "만들어"진다.

그렇다면 그녀는 어떤 과정을 거쳐 마른 몸을 지향하게 된 건지 구체적으로 고찰해보자. 먼저 거식은 사키가 신자키라는 남성 사진작가의 러브콜을 받고 사진을 찍게 되면서 시작된다. 그녀는 자신의 거식 행위를, "절대 예뻐지고 싶다거나 아름다워지고 싶다는 소망 때문이 아니"라고 고백하며, 신자키 씨가 "말라야 한다는 강박관념의 씨앗"을 뿌린 것이라고 원인을 분석한다. 그러나 이러한 일련의 과정이 결코 타인의 뜻이기 보다는 자신의 의지가 적극 반영되었다고 실토한다.

> 신자키 씨는 공범이 아니다. 그는 그저 씨앗 하나를 던져 넣었고 나는 그것을 배제할 수 있었다. 내 거식은 나의 바람이기도 하다고 생각하고 싶었다. 하지만 그가 심은 씨앗을 기꺼이 고이고이 길러온 것은 나였다. 신자키 씨는 항상 나에게 선택권을 주었다. 신자키 씨의 바람이었다 해도, 선택은 내가 했다. 그는 나에게 자립을 요구한다. (「하이드라」, p.100)

사키는 거듭 자기합리화에 몰두 중이다. 즉 신자키가 "자립"적이어야 한다고 주문했으므로 '거식' 행위는 결코 수동이 아닌 자발적 선택이며 "바람"이자, 스스로의 "가치"를 확인해주는 행위라고.

심리학자 수전 보르도(Susan Bordo)는 자기절제의 심리학과 관련해 거식증 환자의 몸 이미지에 대해, "사람들은 모든 신체적인 장애를 극복할 수 있고 자신의 목표를 추구하기 위해 극단으로까지 자신을 몰고 갈 수 있다는 확신이 있다. 또한 자신의 몸 형태를 전적으로 책임진다는 것에서 느끼는 스릴이 있다."[60]고 역설한다.

2.2 훈육되는 얼굴

「너무 한낮의 연애」는 40대 초반인 대기업 영업팀장 필용이 금전문제로 "사실상 권고사직"으로 볼 수 있는 "시설관리팀 직원"으로 좌천되는 지점에서 이야기가 시작된다. 이른바 "인생 최대의 위기"를 맞은 필용. 점심시간이 되자 동료들을 피해 무심코 옛 추억이 서린 '종로의 맥도날드'로 향한다. 관리동이 있는 "지하"로 책상을 옮긴 날에도 필용은 맥도날드에서 홀로 점심을 먹었다.

> 그에게 맡겨진 일들은 엘리베이터 점검 날짜를 확인하고 용역회사에 전화를 걸어 무단결근한 경비원의 계약을 해지하고 회사 건물에 있는 백칠십팔 개의 수도관과 사천개의 전기회로의 안녕을 챙기는 것이었다. 이제 그런 일들을 하며 근무시간을 보내야 하는 필용의 얼굴은 해쓱했다. 살이 내려 얼굴에 깊숙한 골이 파였고 면도를 안 한 탓에 병약하고 음울한 기운까지 깃들어 있었다. 핍박받는 사람의 얼굴이었고 정말 누군가 구해줄 사람이 필요한 얼굴이었다. (「너무 한낮의 연애」, p.12)

회사 건물 상층부에 위치한 영업팀 팀장에서 하루아침에 지하실 시설관리팀 직원으로 강등한 필용의 얼굴은 "해쓱"해, "핍박받는 사람의 얼굴", "누군가 구해줄 사람이 필요한 얼굴"로 그의 몸 상태는 악화일로다. 회사 내의 포스트와 직무가 바뀌다보니 자연스레 직원들과의 관계는 소원해졌다.

> 시설들에게는 말이 없고 시설들에게는 응시가 없다. 시설들에게는 관계가 없고 시설들에게는 터치가 없다. 필용의 얼굴에서는 서서히

---

60 엘리자베스 그로츠(2001) 앞의 저서, p.286.

무언가가 지워지기 시작했다. 무엇보다 양 입가를 팽팽하게 견인하고 있던 긴장이 사라졌다. 그 긴장은 언제라도 무슨 존칭, 무슨 웃음, 무슨 헛기침, 무슨 지시, 무슨 권유, 무슨 답변 등을 하기 위한 것이었는데 당분간은 필요 없었다. 십 년 넘게 얼굴을 차지하고 있던 긴장이 사라지자 필용의 얼굴은 말개지는 게 어딘가 젊어진 듯한 인상을 주었다. (「너무 한낮의 연애」, pp.17-18)

필용이 회사 내의 변화된 환경에 적응할 무렵, "양 입가를 팽팽하게 견인하고 있던 긴장"이 사라진다. 회사라는 가부장적 조직에서 강요당했던, 수없이 많은 무의미한 "존칭, 웃음, 헛기침, 지시, 권유, 답변" 등이 필요 없어지자 찾게 된 모습이다. 비로소 필용의 얼굴은 "말개지고", "젊어진 듯한 인상"으로 변화한다. 필용의 얼굴은 소설의 마지막 장면에 다시 한 번 묘사된다.

다른 선택을 했다면 뭐가 바뀌었을까. 가로수는 잎을 다 떨구고 서서 겨울을 견디고 있었다. 필용은 오래 울고 난 사람의 아득한 얼굴로 주위를 둘러보았다. (「너무 한낮의 연애」, p.42)

양희의 연극에서 영감을 받은 필용의 얼굴은 어떤 깨달음으로 "오래 울고 난 사람의 아득한" 상태를 보여준다.

육체적인 각인 양식에서 무역사적이고 자연적인 것은 어디에도 없다. 이런 각인 양식에서 몸은 만연된 '권력의 절실한 요청'에 적응하게 된다. 「하이드라」의 사키는 의태적 '거식'을 통해, 「너무 한낮의 연애」의 필용은 '훈육'을 통해, 몸의 공모와 전복을 수행한다.

3. 마음의 발견

3.1 감정이 움직이다

「하이드라」의 사키는 '거식' 행위로 생성된 자신의 몸을 예술인 양 찍어대는 신자키의 작품에 대해 "인간이 감정과 인간다움을 잃어가는 모습 그 자체"에 초점이 맞춰져 있다고 평가절하 한다. 그런 그와의 섹스 역시 "감정"이 없는 욕구 해소에 있음을 깨닫고 절망한다. 그런 어느 날 리쓰의 가게 라이브하우스의 오픈행사에서 록밴드 '섹슈얼스'의 경연을 보게 된다.

> 특별히 좋아하는 장르는 아니었지만, 리듬에 맞춰 몸을 흔들며 굳어 있던 근육이 풀리는 듯한 쾌감에 몸을 맡겼다. (중략) 몸을 한 번 흔들 때마다 쌓여 있던 무언가가 흘러나가는 듯했다. (「하이드라」, p.39)

> 이런 체험을 하고 나면 다시는 원래 생활로 돌아갈 수 없는 게 아닐까, 원래의 나로 돌아갈 수 없는 게 아닐까, 하지만 연주가 시작되자 몸이 멋대로 움직이고, 곧 사람들과 하나 되어 흔들고 춤추고 점프했다. (「하이드라」, p.42)

사키는 "리듬"에 몸을 맡기고 "흔들고 춤추고 점프"하면서 그동안 "쌓여 있던 무언가가 흘러나가는" 체험을 한다. 동시에 "원래의 나"로 돌아갈 수 없을 것 같은 예감이 든다. 그 후 사키는 리쓰의 소개로 섹슈얼스의 보컬 마쓰키(松木)를 만나게 된다.

> 왜 마음이 통해버리는 걸까. 머리로는 의문이 들지만 이유는 명백했다. 마주본 순간 웬만한 게 다 전해지는 사람이 있다는 것, 말로 설

명할 수 없는 기묘한 감각이 존재한다는 것만이 사실이었다. (「하이드라」, p.65)

사키는 마쓰키와 자연스레 마음이 통해버리는 "기묘한 감각"을 경험한다. 사키는 점차적으로 그의 과거와 만나고 여러 일들에 대해 공감하며 급격히 연인사이로 발전해 간다.

목에 입술을 대자 마쓰키 씨가 알아채고 품에 안은 아기를 보듯 품속의 나를 바라보았다. 그 얼굴을 올려다보며 좁혀오는 거리를 느끼며 다가오는 체온을 느끼며 천천히 눈을 감으며 입술을 살짝 벌려 숨을 들이마시며 코가 닿는 것을 느끼며, 느꼈다, 세계가 변해가는 것을. (「하이드라」, p.65)

그래, 감정. 마쓰키 씨의 말을 듣고 생각한다. 마쓰키 씨의 목소리에는 억양이 있고 감정이 담겨 있어서 내 감정까지 움직이고 마는 것이다. (「하이드라」, p.70)

마쓰키를 만난 후 사키는 두 가지의 감정상의 변화를 감지한다. 하나는 "세계"가 변하는 것이고, 다른 하나는 "감정"이 움직였다는 것이다. 이는 사키가 신자키에게서 갈구했으나 얻지 못했던 소중한 것들이다.

3.2 눈을 맞추다

대학 시절부터 기획해온 양희의 희곡작품 '나무는 크크크하고 웃지 않는다'가 16년이 지난 지금 마임 형태의 미니극 '나무는 ㅋㅋㅋ하고 웃지 않는다'로 좀 더 심플하게 바뀌어 상연중이다.

연극은 "직장인들의 문화생활을 위해" 점심시간인 "열두시 십분부터 열두시 오십분까지 사십분 동안" 진행되었다. "눈만 빼고는 모두 검은 쫄쫄이복"으로 가린 배우가 등장해 핀 조명을 받고 서 있다가 어느 순간 무대 아래로 내려와 관객을 유도해 무대로 올린다.

> "저, 저, 어떻게 하면 돼요?" 관객이 어리둥절해하며 계속 웃었다. 어떻게 하면 되는가. 필용이 하고픈 말이었다. 어색해서 온몸이 오그라들 것 같았다. 배우는 관객을 바라보고 있을 뿐 아무 말도 하지 않았다. 시간이 흐르자 관객도 웃음을 그치고 배우와 눈을 마주치기 시작했다. (「너무 한낮의 연애」, p.19)

연극은 배우와 선택받은 관객이 서로 교감하는 것이 주 내용이다. 필용은 양희의 연극에 매일 참가하다시피 했다. 연극의 클라이맥스이자 완결은 상호 "눈을 마주치"는 행위에 있다. 그러나 평소 필용은 시선의 교환에 대해 "시선은 일방이어야 하지 교환되면 안 된다"고 생각했다. 시선이 교환되면 "무언가가 남으니까 남은 자리에는 뭔가가 생기니까, 자라니까, 있는 것은 있는 것대로 무게감을 지니고 실제"가 되므로 그렇다. 따라서 자신이 양희를 볼 수는 있어도 양희가 자신을 봐서는 안 되었다.

> 남자 관객은 맞은편의 양희와 마주보고 있다가 입술을 꽉 깨물더니 울음을 터뜨렸다. 얼굴이 시뻘겋게 달아올라서는 고개를 숙이고 하지 말라는 듯 한 손을 앞으로 내민 채 다른 손으로 눈물을 훔쳤다. 단추가 터질 듯이 부푼 배가 같이 흐느꼈다. 그것은 정말 배가 울고 있는 것이었다. 속에서 무언가가 동하면서 격렬하게 슬픈 것이었다. (중략) 늘 우는 사람이 있는 것은 아니었지만 부끄러워하거나 황당해하던 사람들도 시간이 흐르면 양희와 눈을 맞췄다. 그리고 정도의 차이는 있지만 벅차오름을 느끼며 무대에서 내려왔다. (「너무 한낮의

연애」, p.27)

무대 위의 관객(샐러리맨)이 양희와 눈을 마주치며 "속에서 무언가가 동하면서 격렬하게 슬픈" 무언가를 눈물로 토해내는 모습을 보고나서 필용은 마음이 달라져, 시간이 흐를수록 양희와 "마주하고 싶다는 욕망"에 사로잡힌다. 그리고 필용은 점점 무대 가까이 앉아 배우의 시선을 끌고자 노력한 끝에 무대에 오르게 된다.

> 양희는 다른 사람에게 하듯 필용을 의자에 앉혔다. 그러고는 마주 보는 시간이었다. 오래전 맥도날드에서 양희는 언제나 시선을 비스듬히 비껴서 필용과 함께 있는 시간을 견뎠지만 이제는 말이 없으니까, 둘 사이에 아무 상관이 없으니까 서로를 견딜 필요도 없을 것이었다. 필용은 그 사실이 슬프고 부끄러워서 얼마간 눈을 맞추다가 이내 고개를 떨구고 말았다. (「너무 한낮의 연애」, p.40)

필용은 욕망했던 양희와의 "눈을 맞추"는데 성공한다. 그러나 말이 생략된 공간에서 "사랑인지 그리움인지 어떤 괴팍함인지" 모를 욕망이 채워졌는지는 모호한 채이다.

4. 마음의 발견

「하이드라」와 「너무 한낮의 연애」는 부조리한 사회에 몸이 여러 형태로 억압당하고 있는 지점을 클로즈업하고 있다. 또한 '몸의 자연성 회복'과 관련한 암시적 장화(裝畵)로 「하이드라」는 '임신한 여성'을, 「너무 한낮의 연애」는 '기지개를 켜는 여성'을 실었다.

4.1 기형에서 원형으로

「하이드라」의 사키는 전술했듯이 사진작가 신자키에 의해 "때가 묻지 않은 이미지"라는 평가를 받아, 그가 주관하는 사진집 '데릴라(delilah)'에 전속모델로 활동 중이다. 잡지명 데릴라는 고대그리스신화에 등장하는 삼손의 여인이다. 다나카(田中弥生)는 데릴라의 이미지에 사키를 대입해, "큐비즘(입체주의)적으로 배신하는 여자"[61]라는 도식을 제시한다. 그러나 소설 속 '배신'이나 '질투'의 감정은 상호적으로 묘사되고 있어 이러한 주장은 설득력을 잃는다.

한편 소설 속 등장인물인 후지사키라는 초로의 소설가가 쓴 사소설이 「물뱀」인 점에 주목해보자. 그의 동거인 20세 미청년 리쓰에 의하면 '물뱀'은 후지사키의 사소설이다. 소설의 줄거리 상 '물뱀'의 주인공은 리쓰이지만, 리쓰는 오히려 사키를 지목(p.129)한다. 즉 후지사키와 리쓰가 신자키와 사키에게로 진화해 있다. 이러한 변화는 무엇을 암시하는 걸까? 후지사키는 전체 이야기의 조종자이다. 따라서 그가 내세운 두 가지의 전략을 읽을 수 있다. 하나는, 호모섹슈얼이라는 성적 아이덴티티에 대한 변화 시도, 다른 하나는, 이를 위해 '개인이 짊어져야 하는 사회적 책임', 즉 노르마(norma)[62]의 소환이다. 후지사키가 의도하는 노르마는 '낳는성'의 회복이다. 따라서 '물뱀'의 주인공을 리쓰에서 사키로 교체하고, 노르마라는 공간을 통해 마쓰키를 등장시킨 것이다. 이성애와 '결혼'을 원하는 사키에게 신자키는 어울리는 상대가 아니다. 사키의

---

61 田中弥生(2007) 「裏切る女一金原ひとみ」、『新潮』、p.211.

62 벨리니의 오페라 '노르마'는 여주인공 노르마의 호소력 있는 아리아로 유명하지만 전체적인 내용은 적대적 관계에 있는 두 남녀의 비밀스런 연애와 갈등, 그와 병행하는 사회적 역할과 제한, 개인이 짊어져야 하는 사회적 책임을 다루고 있다. (다음백과사전 https://search.daum.net, 2021.10.02)

고백에 따르면 이미 두 사람은 '섹스리스' 직전이다. 이러한 상황에서 사키의 낳는성은 기대하기 어렵다. 따라서 '몸의 회복'을, 즉 사회적 책임을 다하기 위해 밴드 '섹슈얼스'의 마쓰키를 사키에게 연결시켜주게 된 것이다. 사키는 리쓰가 오픈한 라이브하우스를 방문하게 되고 그곳에서 인디밴드 보컬인 마쓰키를 소개받게 된다. 두 사람은 함께 밤을 보내게 되면서 연인관계가 된다. 마쓰키는 "자기소개나, 성장환경이나, 가족이나, 지금까지 사귄 여자들"에 대한 정보를 주고받지 않고도 "섹스"가 가능한 리버럴한 연애관을 보인다.

> 그(마쓰키)에게는 단 하나의 모순도 없다. 미쓰키를 대할 때, 신자키 씨를 대할 때, 일로 만나는 사람들을 대할 때, 나는 각각 다른 인격을 가진다. 하지만 그는 누군가를 대할 때 윗사람, 아랫사람, 남자 여자, 이해관계 상하 관계를 전부 무시하고, 누구 앞에서도 스스로를 바꾸지 않는 사람일 것이다. 모순이 없는 사람에게는 도망칠 곳이 없다. (「하이드라」, p.79)

사키는 "미쓰키를 대할 때, 신자키 씨를 대할 때, 일로 만나는 사람들을 대할 때, 나는 각각 다른 인격"을 가진다고 술회한다. 이는 마치 사키 자신이 9개의 머리를 가진 하이드라(Hydra)[63]라는 고백으로 보인다. 또한 "모순이 없는" 마쓰키에게서 타협의 여지가 없음을 직감한다.

---

63 소설의 타이틀인 '하이드라'는 히드라라고도 불리며 고대그리스 신화에 등장하는 괴물로 익히 알려져 있다. 고대 그리스어의 원뜻은 '물뱀'이다. 아홉 개의 머리를 가지며, 잘라도 곧바로 새로운 머리가 생긴다. (다음백과사전 https://search.daum.net, 2021.09.02)

그(신자키)가 찍고 싶어 하는 건 뼈도 아니고 인형도 아닌, 인간이 감정과 인간다움을 잃어가는 모습 그 자체라는 걸 알고 있었다. (중략) 인간다움이 없는, 건강하지 못한, 기형적인 체형. 기이하게도 그것이 나의 유일한 무기였다. 그리고 그 무기 없이는 밖으로 나가는 일마저, 사람과 접촉하는 일마저 무서웠다. (「하이드라」, p.100)

사키는 마쓰키를 통해 한 가지 깨달음을 얻는다. “인간다움이 없는, 건강하지 못한, 기형적인 체형”의 자신을 발견한 것이다. 그리고 “마쓰키 씨만 있으면 된다. 일을 잃어도 좋다. 뚱뚱해져도 좋다.”며 그의 필요성을 강하게 긍정한다. 사이토(斎藤環)는, “‘여성다움’이란 대부분 남성의 환상을 투영된 것이라 보며, 따라서 ‘여성의 신체성’을 리얼하게 묘사한다는 것은, “헤테로 섹시즘(heterosexism, 이성애주의)”, 즉 반 남성원리의 전제하에 있다“[64]고 주장한다. 그의 주장대로 사키는 ‘의태’적 몸의 소유자였으나, 이제는 의태를 벗고 ‘진정한 몸’을 회복하고자 한다.

마쓰키 씨가 테이블 위에 놓인 상자를 가리켰다. (중략) 비로드 천에 비스듬히 꽂힌 반지를 보고 표정이 풀렸다. 심플하고 가느다란 반지였다. (중략) 그 손에서 빛나는 커플링에 나는 다시금 더없는 웃음을 보였던 것 같다. (중략) 마쓰키라는 비장의 카드가 없었더라면 나는 그날이 다가기 전에 미쳐버렸을지도 모른다. 아니, 나는 신자키 씨를 만난 순간부터 날마다 조금씩, 확실히 미쳐가고 있었다. 고개를 들었다. 위액으로 범벅이 된 반지가 번질번질, 반짝반짝, 반질반질 빛났다. (「하이드라」, pp.130-133)

사키는 마쓰키가 준비한 “커플링”을 보고 미래를 예감한다. 그녀

64 斎藤環(2007) 「関係の化学としての文学ーアミーバたちの虚構装置」、『新潮』、p.258.

는 드디어 마쓰키라는 비상구로 탈출을 결심한 것이다. 소설에서 “커플링” 장면은 “기형”이었던 사키의 삶을 원형으로 바꾸었다는 점에서 고무적이다. 결합과 영원을 상상케 하는 반지는 “번질번질(てらてら), 반짝반짝(ぎらぎら), 반질반질(きらきら)” 등으로 세 번에 걸쳐 묘사되며 집요하게 존재감을 드러낸다. 과연 사키는 이대로 마쓰키에게 안착할 수 있을까? 소설의 마지막 장면은 사키의 미래에 대한 선택을 뒷받침한다는 점에서 시사하는 바가 크다. 사키는 일단 “포석”을 깔고, 신자키의 맨션으로 복귀해 다시금 모델 일을 실행하고자 한다. 다음은 소설의 결말 부분이다.

> 하지만 어떤 계기로, 이를테면 시계의 초침이 왼쪽으로 돌기 시작하거나, 재떨이 안에서 개미 한 마리가 기어 나오거나, 아니, 내 책상에 놓인 청탁서인지 뭔지 모를 종이 한 장이 에어컨 바람을 타고 바닥에 사뿐 떨어지거나, 그런 작은 일 하나만 일어나도 지금 당장 일어나 마쓰키씨 집으로 달려갈 것을 알고 있었다. (「하이드라」, p.136)

> 찰칵찰칵 셔터 소리가 속도를 더하며 즐거운 듯이 울려 퍼진다. 남자가 자세를 바꾸고 카메라를 고쳐 쥔다. 허리 언저리에서 힘이 빠지고 자세가 무너지는 게 느껴진다. 그때 에어컨이 부웅 큰소리를 냈고, 한층 강한 바람에 책상 위의 종이가 펄럭였다. (「하이드라」, p.139)

사키는 “모순”을 떠올리면서도, “청탁서인지 뭔지 모를 종이 한 장이 에어컨 바람을 타고 바닥에 사뿐 떨어지거나, 그런 작은 일 하나만 일어나도 지금 당장 일어나 마쓰키씨 집으로 달려갈 것”이라고 내심 다짐한다. 그리고 때마침 “웃지마”라는 히스테릭한 신자키의 명령과 함께 “허리 언저리에서 힘이 빠지고 자세가 무너지는” 순간, “에어컨이 부웅 큰소리를 냈고, 한층 강한 바람에 책상 위의 종이가 펄럭”이는 장면이 연출된다. 이 부분은 후나비키(舟曳建夫)의 “마쓰키에게 돌아갈 것”이라는 지적[65] 에 동의한다. 즉, 사키가 신자키와 공동으로 창조한 “인간다움이 없는”, “건강하지 못한”, “기형적인 체형”의 삶을 끝내고, 더 나아가 낳는성 회복을 암시하는 결말이다. 이와는 다른 의견으로 다케다(武田將明)는, “전형적인 주체를 묘사하지만 사키의 논리에는 근거가 부족”한 부분도 있다는 것. 즉, ‘타나토스(thanatos, 자기를 파괴하려는 죽음에 대한 본능)적 자기실현’이 불가능함을 자각하고 있더라도 “다른 삶을 사는 것은 어렵다”[66]고 주장한다. 사이토(斎藤環)는 동 장면에 대해, “그저 모순된 두개의 욕망”이거나, “여성들이 가진 욕망의 허무한 휘발성”이라는 논평[67]을 내놓는다. 그러나 이러한 주장들은 소설의 마지막 서사를 좀더 세심하게 읽어낸다면 달라질 것이다.

자연성 회복으로 낳는성을 제시한 작가의 의도와 장화(裝畵)로, 파울라 베커[68]의 자화상과도 닮은 ‘임신한 여성’을 선택한 작가의 의도가 일치함을 알 수 있다.

---

65 加藤典洋 (2007)「おじさんは「綿矢 青山 金原」をどう読んだか」、『文学会』、p.169.

66 武田將明(2009) 「タナトスからのエクソダス(脱出)ー現代小説の死と倫理」、『群像』、p.201.

67 斎藤環(2007)「関係の科学としての文学−アブソーションと関係平面」、『新潮』、p.255.

68 Paula Becker(1876−1907) − 독일의 표현주의 화가. 짧은 생애였으나 강한 의지로 자신만의 표현법을 만들고자 했다. 자화상과 어머니, 아들이 포함된 그림은 그녀의 인생에 있어서 최고의 걸작으로 평가된다. 1906년 결혼 6주년 기념으로 그린 ‘임신한 여성 자화상’은 여성화가의 회화사와 미술가의 정체성을 드러낸 중요한 작품이다.
([네이버 지식백과] https://terms.naver.com, 2021.09.10)

4.2 감정이 움직이다

「너무 한낮의 연애」의 양희는, “연극반이었고 대학노트 세 권을 철해서 다니며 대본”을 썼다. 또한 현재의 어려움을 극복하고 나서야 얻어지는 “성취와 인정”에 대해 긍정하는 필용과는 달리, 생활 자체가 “지금 생생하게, 운동감 있게 펼쳐지는 상태가 아니라 안개처럼 부옇게, 분명 있지만 확실하지는 않게 풀풀 흩어지는 것에 가까운 현재”에 집중했다. 그리고 이러한 양희의 세계관을 드러내는 사건, 즉 양희가 필용에게 사랑을 고백하는 상황이 펼쳐진다.

> 양희와 필용의 허무하고 특별할 것 없던 관계가 다른 색채를 띠게 된 건 양희의 느닷없는 사랑 고백 때문이었다. 그날도 필용이 자기 이야기에 도취해 한창 떠들어대고 있었는데 조용히 듣고 있던 양희가 선배, 나 선배 사랑하는 데 했다. (중략) “사랑하면 어떻게 되는 건데?” “어떻게요?” 양희가 뭐 그런 걸 묻느냐는 듯이 되물었다. “그러니까 앞으로 우리가 어떻게 해야 하느냐는 거지.” “그런 걸 뭣하러 생각해요.” (중략) “지금 사랑하는 것 같아서 그렇게 말했는데, 내일은 또 어떨지 모르니까요.” (「너무 한낮의 연애」, p.20)

양희의 사랑 고백에 당황한 필용이지만, “앞으로”의 변화에 대해 내심 기대어린 질문을 해본다. 그러나 양희는 내일은 어떨지 모른다며 “그런 걸 뭣하러 생각해요”한다. 양희의 실존주의적 가치관이 잘 드러나는 대목이다. 그날 이후 필용은 매일같이 양희에게 “오늘도 사랑해?, 오늘은 어때?”하며 질문을 던지는 신세가 되고 만다. 그리고 “사랑하죠, 오늘도”라는 대답에 “불가해”한 기분을 느낀다.

기실 양희는 필용의 평가절하와는 달리, 연극대본을 쓰며 그 안에 자신의 세계관을 녹여내는, 언어를 조율하는 힘을 가진 예비 작가였다. 그런 만큼 언어에 대한 감수성은 남달랐을 것이다. 필용은 그런 그녀의 '현재형 사랑 사용법'에 걸려든 것이다. 그러나 내심 "외모나 한심스러움, 생기 없음, 무기력함, 가난에 대해" 은근히 경멸한다. 필용의 진정성 없는 태도를 이미 직감했을 양희. 어느 날 그녀는, 사랑이 없어졌다며 "선배 나 안 해요, 사랑"하고 필용을 버린다. 순간적 모멸감에 양희의 약점을 공격한 필용. 그날 이후 양희는 어학원에서 자취를 감추고, 필용은 '사랑의 열병'을 앓다가 급기야 행동에 나선다. 필용이 마주한 양희의 고향 문산은, 온갖 "냄새"가 뒤엉키고 헛간과도 같은 "누추하고 낡은 집", 특히 위생적 기준이 형편없이 미달된, "원시적 느낌"을 주는 곳이다. 양희의 작가적 감성의 발상지이기도 한 '문산'의 이런 것들이 그녀의 "고유한 채취"를 형성한 빈곤한 환경적 조건들이라 추정한다. 그리고는 왜 왔냐고 묻는 양희에게 근처를 지나가다 들렀다고 얼버무린다. 그러자 양희는 "부끄러워서?"하고 반문한다.

> 필용과 양희는 마주보았다. 밤이라 얼굴은 거의 지워졌어도 거기에는 양희의 눈이 있었다. "미안하다. 심한 말 해서." 필용이 사과했다. "선배, 사과 같은 거 하지 말고 그냥 이런 나무 같은 거나 봐요." 양희가 돌아서서 동네 어귀의 나무를 가리켰다. 거대한 느티나무였다. (중략) "언제 봐도 나무 앞에서는 부끄럽질 않으니까, 비웃질 않으니까 나무나 보라구요." (「너무 한낮의 연애」, p.37)

필용의 사과에 양희는 단호하고 명징한 어투로, "사과 같은 거 하지 말고 그냥 이런 나무 같은 거나 봐요" 한다. 즉, 인간이 만든 몇 마디 말보다 온 몸으로 견디고 버텨온 자연의 힘을 추천한다. 노자는 무위(無爲)자연을 설파하며, "언어로 인식되지 않는 존재가 진정한 존재라고 하고 그것을 무(無)라고 밖에 표현할 수 없다. 따라서 노장사상에서의 무는 없다는 뜻이 아니라 언어 이전의 존재를 말한다."고 했다. 이러한 관점은 양희의 미니극에도 반영되어, 마임(mime)[69] 형태로 나타난다.

38도의 고열로 사랑의 열병을 앓다가 그 마음을 전달하고자 양희를 찾아갔던 필용이지만, 생각과는 달리 의외의 선택을 하고 만다.

> 필용은 양희 뒤에 서서 양희에게로 손을 뻗어보았다. 앞으로 한걸음만 더 옮기면 손이 닿을 수도 있었지만 필용은 그러지 않았다. 자신의 얼굴이 간절함으로, 연민과 구애의 감정이 뒤엉킨 고통으로 일그러져 있다는 걸, 자기 자신만은 볼 수 없었기 때문이었다. (중략) 문산까지 오는 동안 전율했던 사랑은 사라지고 없었다. 아주 뻥 뚫린 것처럼 없어지고 말았다. 필용은 울었다. 울면서 무엇으로 대체되지도 좀 다르게 변형되지도 않고 무언가가 아주 사라져버릴 수 있음을 완전히 이해했다. 적어도 그 순간에는 그렇다고 생각했다. (「너무 한낮의 연애」, p.37)

손을 뻗어 양희를 잡지 않은 필용은 어리석게도 "자신의 얼굴이 간절함으로, 연민과 구애의 감정이 뒤엉킨 고통으로 일그러져 있다는 걸", 즉 몸의 절규를 무시한 채 돌아서고 만다. 그리고 "무언가가 아주 사라졌다"고 착각한다. 그리고 지금 양희가 쓰고 있었던 희극 타이틀과 동일한 현수막을 발견하고 재회를 직감한다. 양희는 그새 시나리오 작가이자 배우가 되어 있다. 양희가 무대에 올린 연극의 주제는 "나무는 'ㅋㅋㅋ' 하고 웃지 않는다."였다.

> 양희의 연극은 직장인들의 문화생활을 위해 열두시 십 분부터 열

---

69 배우가 대사 없이 몸짓과 표정만으로 내용을 전달하는 연극. (다음백과사전 https://search.daum.net, 2021.09.02)

두시 오십분까지 사십분 동안 진행되는 미니극이었다. 극장 안으로 들어가니 필용을 빼고는 겨우 세 명의 관객이 앉아 있었다. 시간이 되자 무대에 핀 조명이 들어오고 스크린에는 회색톤의 배경이 깔렸다. 그리고 전신 타이츠를 입은 배우가 들어왔다. 눈만 빼고는 모두 검은 쫄쫄이복에 가려져 있었다. (「너무 한낮의 연애」, p.18)

양희가 연출한 연극은 관객참여형으로 줄거리와 언어가 배제된 형식의 부조리극[70]이다. 연극은, "눈만 빼고는 모두 검은 쫄쫄이복에 가려"진 채로 진행된다. 그날 이후 필용은 "신데렐라맨"처럼 양희의 연극에 수도 없이 참여한다. 그리고 드디어 그녀에게 선택받아 무대로 올라가게 된다.

양희는 다른 사람에게 하듯 필용을 의자에 앉혔다. 그러고는 마주 보는 시간이었다. 오래전 맥도날드에서 양희는 언제나 시선을 비스듬히 비껴서 필용과 함께있는 시간을 견뎠지만 이제는 말이 없으니까, 둘 사이에 아무 상관이 없으니까 서로를 견딜 필요도 없을 것이었다. 견뎠다니, 필용은 그 사실이 슬프고 부끄러워서 얼마간 눈을 맞추다가 이내 고개를 떨구고 말았다. (「너무 한낮의 연애」, pp.40-41)

그날 문산의 밤처럼 필용과 양희가 눈을 마주쳤다. 말이 배제된 오롯이 필용의 몸이 대답할 시간이다. 그러자 상대를 얕보고 오만하게 행동했던 자신, 일방적인 강요된 시선을 "견뎌"준 양희에 대한 미안함, 그리고 "구애"의 마음을 솔직하게 표현하지 못했던 비

---

70 부조리극은 초현실주의 수법을 취하고 있다. 이 사상은 즉 인간이 어떤 목적을 발견하고 자신의 운명을 제어하려는 몸부림이 헛될 뿐이라는 비관적인 입장을 함께하고 있다. 이 견해에서 볼 때 인간은 절망과 혼동, 불안을 느끼고 있는 버려진 존재이다.
(다음백과사전 https://search.daum.net, 2021.09.02)

굴했던 행동들이 떠올라 부끄러움으로 "고개를 떨구"고 마는 필용. 극장을 나서는 필용을 향해 양희는 "그 어느 밤의 느티나무처럼." "바람을 타듯 팔을 조금씩 조금씩 흔들어"준다. 울면서 극장을 뒤로한 필용이지만, "내일은 어떨지 몰라도 지금은, 오늘은, 그것이 참을 수 없는 고통"이라며 뒤돌아 극장 쪽으로 뛰어가기를 반복한다.

> 안녕이라는 말도 사랑했니 하는 말도, 구해줘라는 말도 지웠다. 그리고 그렇게 지우고 나니 양희의 대본처럼 아무것도 남지 않게 되었다. 하지만 아주 없는 것은 아니었다. 시간이 지나도 어떤 것은 아주 없음이 되는 게 아니라 있지 않음의 상태로 잠겨 있을 뿐이라는 생각이 남았다. 하지만 그건 실제일까. 필용은 가로수 밑에 서서 코를 팽하고 풀었다. 다른 선택을 했다면 뭔가가 바뀌었을까. 바뀌면 얼마나 바뀔 수 있었을까. (「너무 한낮의 연애」, p.42)

16년 전 "무언가가 아주 사라져버릴 수 있음"으로 이해했던 필용이지만, 부조리 연극에 참여해 양희와 눈을 맞춘 후로 "시간이 지나도 어떤 것은 아주 없음이 되는 게 아니라 있지 않음의 상태로 잠겨 있을 뿐"이라는 "실제"[71]적 깨달음을 얻게 된다. 즉, "있지 않음의 상태"란 체험된 것들이 몸에 각인되어 기억으로 남는다는 뜻이다.

> 다른 선택을 했다면 뭔가가 바뀌었을까. 바뀌면 얼마나 바뀔 수 있었을까. 가로수는 잎을 다 떨구고 서서 겨울을 견디고 있었다. 필용은 오래 울고 난 사람의 아득한 얼굴로 주위를 둘러보았다. 그런 질

71 진여, 깨달음(보리) 등 수행을 통해 도달하는 궁극적인 경지를 가리키는 불교교리. 진실제. (다음백과사전 https://search.daum.net, 2021.09.10)

문들을 하기에 여기는 너무 한낮이 아닌가, 생각하면서. 정오가 넘은 지금은 환하고 환해서 감당할 수조차 없이 환한 한낮이었다. (「너무 한낮의 연애」, p.42)

언어를 걷어내고, 마침내 몸이 기억해 낸 과거의 "실제"에 도달한다. 오롯이 감정만으로 "지금, 오늘"을 직시한 필용은, "구애"의 불안전 연소를 행동에 옮기고자 하지만, 그 길은 "잎을 다 떨구고 서서 겨울을 견디고 있는 가로수"의 모습으로 제시된다. 이처럼 필용의 깨달음은 "환하고 환해서 감당할 수조차 없이 환한 한낮"에, 강지희가 지적한 '잔존의 파토스'[72]로서 연출된다.

소설 「하이드라」와 「너무 한낮의 연애」의 등장인물 중 사키와 리쓰, 필용과 양희는 각자 몸이 처한 환경에 적응/부적응하며 충분히 연소되지 못한 삶을 살고 있다. 특히 사키와 필용의 몸은 각자의 형식으로 각인되는데, 경제적 미자립 상태인 사키는 '의태적 거식'으로 자학적 감성을, 논리와 자본의 폐해를 감수한 필용은 '얼굴' 감각의 훈육을 통해 억압되고 표출된다. 그 후 사키는 감시·노예적 경험에서 저항의 감성을 극대화시키고, 필용은 의미를 상실한 자본의 문화에서 풀려나며, '마임' 형식의 부조리 연극을 통해 영감을 얻고자한다. 이러한 몸의 변모는 각자의 인격이 행동에 각인하는 정신을 생성하게 되는데, 사키의 저항적 몸은 펑크록 공연을 만나 '해방감'을 얻으며 '커플링'을 선물 받는다. 이를 계기로 마음을 획득한 몸은 '기형'에서 원형으로 복원되며 '낳는성'을 회복을 시사한다. 한편 필용은, 양희의 언어가 배제된 몸 퍼포먼스를 도구로 '눈을 맞추'고 '잠겨 있는 구애'의 감성을 회복한다. 그러나 이러한 깨

---

72 강지희(2016) 「잔존의 파토스」 『문학동네』, pp.263-284.

달음을 실천하기엔 너무 한낮에 꾸는 백일몽의 연애일 뿐이다. 이처럼 「하이드라」, 「너무 한낮의 연애」는 각인된 장소로서의 몸이 마음을 발견하고, 이는 몸의 자연성 회복으로 이어진다.

제5절

강요된 이분법으로부터의 탈주

— 이양지의 「나비타령」, 「유희」의 '개인-되기' —

1982년 발표해 아쿠타가와상 후보작에 오른 이양지(일본명; 田中樂枝)[73]의 문단 데뷔작이자 아쿠타가와상 후보작 「ナビタリョン(나비타령)」(1982. 11, 『群像』)[74]과, 1988년 제100회 아쿠타가와상 수상작 「유희(由熙)」(1988. 11, 『群像』)[75]는 작가의 사적경험을 토대로 하고 있으며, 나란히 놓으면 마치 하나의 소설로 읽혀질 만큼 서사가 이어지는 작품이다. 「나비타령」과 「유희」, 두 작품은 강요된 공간 체험으로 인한 폐색감이 신체적으로 느껴지는 텍스트로, 주인공 아이코(愛子)와 유희는 이러한 폐색감을 극복하기 위해 일본에서 한국으로 공간을 달리하는 노마드(momad)[76]로서의 삶을 선

---

73 이양지는 1975년 와세다 대학 사회학부에 입학, 한 학기를 마치고 중퇴했다. 1980년 5월에 처음으로 한국을 방문하였으며, 이후 왕래를 반복하면서 무속무용(살풀이)이나 가야금, 판소리 등에 심취해 많은 영향을 받았다.

74 底本; 李良枝(1993) 『李良枝全集』 講談社.

75 底本; 李良枝(1993) 『李良枝全集』 講談社

76 노마드(nomad)는 '유목민', '유랑자'를 뜻하는 용어로, 프랑스의 철학자 들뢰즈(Gilles Deleuze)가 그의 저서 《차이와 반복》(1968)에서 노마드의 세계를 '시각이 돌아다니는 세계'로 묘사하면서 현대 철학의 개념으로 자리 잡은 용어이다. 또한 노마드란 공간적인 이동만을 가리키는 것이 아니라, 버려진 불모지를 새로운 생성의 땅으로 바꿔 가는 것, 곧 한 자리에 앉아서도 특정한 가치와 삶의 방식에 매달리지 않고 끊임없이 자신을 바꾸어 가는

택한다. 여기에서 독자는 '우리'에서 '나'로 거듭나고자 하는 작가 이양지의 고뇌에 찬 몸부림을 경험하며 그녀의 디오니소스적 삶의 역동성을 감지한다. 그러나 '우리'라는 강요된 이념공동체에서 해방된 자유로운 '나'로의 이동은 '개인'[77]의 인정이라는 사회적 기반 없이는 불가능하다. 기실 이양지는 1975년 와세다 대학 사회학부에 입학해 1960년대 말부터 사회적 이슈가 되었던 우먼리브(Women's Liberation)[78]를 학습한 세대이다.

창조적인 행위를 뜻한다. 철학적으로는 철학·문학·정신분석·신화학·수학·경제학 등 학문 분야를 넘나들며 새로운 삶을 탐구하는 사유의 여행을 의미한다.

77 페미니즘을 말한다는 것은 가족이나 사회, 국가로 환원되지 않는 여성 개인의 문제를 말하는 것이며, 여성 개인의 정치 사회적 권리, 몸에 대한 권리를 논하는 것이다. 그러나 여전히 전통과 근대가 병존하는 가운데 근대적 개인이 충분히 발전되지 못한 상태이다. '개인과 차이'를 강조하는 것은 여전히 공동체를 위협하거나 가족과 사회를 해체하는 것으로 인식되고 있으며, 여성들의 삶에서 '결혼과 가정'은 아직 가장 큰 영향력을 행사하고 있다. (장미경(2006) 『여성운동과 젠더정치』 전남대학교출판부, p.60.)

78 서구에서 페미니즘은 여권 보장이나 사회의 가부장제나 성차별 폐지라는 페미니즘 고유의 원리에 기초하여 발전하였고, 제 2기 여성운동에서 가장 핵심적인 이슈도 여성의 낙태 합법화 권리에 집중되어 있던 것과 비교해보면, 한국의 페미니즘은 국가나 사회의 시대적 문제와 일치하는 과제를 주요 목적으로 해왔다. 국가 및 사회 건설적 과제와 분리된 성차별이나 가부장제 폐지와 같은 페미니즘 고유의 문제에 기초한 여성운동과 페미니즘은 쉽게 뿌리내리지 못하였고 크게 성장하지도 못하였다. 또한 한국 페미니즘은 아직 '개인과 차이'를 중심으로 한 페미니즘의 발달이 상대적으로 지체되어 있다. 한국인은 '개인'을 기초로 한 정체성을 발달시키기보다는 '우리'라는 집단적 정체성을 발달시키는 경향이 있다. 개인은 없고 '우리' 즉 민족이나 국민으로 표상되는 '우리'만 존재할 뿐이다. 따라서 개인의 성애 추구와 가족구성의 문제 또한 한국 사회에서는 별로 쟁점이 되지 못하고 있으며 담론화 되지도 못하고 있다. 차이에 대한 감수성 부족은 또한 다양한 차원에서의 페미니즘과 여성운동의 발전을 방해하고 획일적인 성격의 문화를 형성한다. 자신과 다르거나 다르게 사는 사람들에 대한 이해가 부족하여, 장애인, 동성애자, 이주노동자 등을 차별하거나 배제시키는 문화가 주류문화

당시 우먼리브의 핵심 키워드는 '개인', '차이', '성적자기결정권' 등이었다. 작가 이양지는 일본이라는 공간에서 학습한 이러한 리브의 덕목들을, 제국주의적 생활공간인 <집>안에서 실현하고자 하는 데서 갈등이 불거진다. 작가는 이러한 일련의 과정들을 일본과 한국을 왕래하는 원환(圓環)운동으로써 경험하며, 하나의 또 다른 가치를 제시하고자 한다.

「나비타령」과 「유희」의 선행연구는 대체적으로 재일작가 이양지의 정체성 (아이덴티티)찾기와 디아스포라, 즉 난민으로서의 관점 등 거시적 담론 형성이 주를 이룬다.[79] 본고에서는 보다 미시적인 시점으로, 경계에 서고자 했던 노마드로서의 작가 이양지의 삶에 공감하며, 문화, 인종공동체의 일원으로서의 '우리 알기'가 아닌, 주체자 '자기 찾기'의 전 단계인 '개인-되기'[80]에 초점을 맞추어 논

로 나타나게 되는 것이다.(장미경(2006) 위의 저서, p.70.) 일본에서의 우먼리브운동의 계기는 1960년대 후반의 전공투였다. 가장 급진적으로 기성질서의 타파를 호소한 전공투에서 조차, 가두데모는 남학생, 여학생은 캠퍼스 안에서 주먹밥 만들기에 종사토록 함으로써, "여성은 남자의 노예가 아니다."는 주장이 대두되었다. 또한 학원제의 미스·콘테스트를, 남자의 시점에 의한 미추로 여성을 평가하는 것은 여성 차별 에 해당된다고 주장, 중지하도록 했다.

79 지금까지 연구된 보고서의 주요 주제어는, 재일, 내셔널리티, 아이덴티티, 민족, 전통, 불안, 극복, 역사, 교란, 현실 등등의 극적 이미지 창출에 국한되었다. 최근 연구동향인 디아스포라 문학의 관점에서 연구된 논문으로서, 장윤수(2011) 「코리안 디아스포라 문학의 정체성 연구」『재외한인연구』 25호, pp.7-40, 권성우(2011) 「재일 디아스포라 여성문학에 나타난 탈민족주의와 트라우마」『한민족문화연구』 36집, 북코아, pp.307-331, 김환기(2006)『재일 디아스포라 문학』 새미, pp.10-32 등이 있다. 그 중에서도 강소희(2012)의「 '반난민'적 존재의 정체성 - 이양지의「나비타령」,「유희」를 통하여」『한국문학 이론과 비평』 제57집, pp.20-44, ソ·キョンシク(2007)「ソウルで 「由熙」を読む」『社会文学』(26)、不二出版、pp.111-124.는 개인적 정체성에 착목하여 일본의 국민이데올로기를 비평한 논문으로 눈길을 끈다.

하고자 한다.

1. '되기'의 원환(圓環)적 탈주

「나비타령」의 아이코, 「유희」의 유희는 주거주지인 일본과 한국을 원환하며 새로운 가치 창출을 도모한다. 두 텍스트에서 삶의 강력한 에너지를 발산하는, 그러면서도 기존질서에 천착하지 않고 상승을 시도하는 인물로 두 주인공 외에 아버지를 들 수 있다. 두 주인공은 '우리'라는 틀로부터의 탈주를 시도, '개인-되기'를 염원하며, 가정불화의 주범이자 조국을 버린 현세결탁형인 아버지는 '일본인-되기'를 실행한 인물이다. 이 두 가지 형태의 가치생성에 대해 노마드의 리좀(Rhizome)적 관점에서 탐구해 보자.

1.1 아버지의 '일본인-되기'의 허망성

이양지의 아버지 이두호(다나카 히로시)는 1940년 15세의 나이로 외화벌이를 위해 자진해서 일본으로 이주한 교포 1세대이다.[81] 그 후 1964년 귀화[82]를 단행, 일본의 문화를 배우고 익혀 철저하게

---

80 '되기'는 자기-동일적인 상태에서 벗어나 다른 것이 되는 것이고, 어떤 확고한 것에 뿌리박거나 확실한 뿌리를 찾는 것이 아니라 거기서 벗어나는 것입니다. 즉 근거(Grund)를 찾는 게 아니라 차라리 있던, 아니 있다고 생각하던 근거에서 벗어나 탈영토화 되는 것입니다. 뿌리가 아니라 리좀(Rhizome)을 선호하고, 정착이 아니라 유목을 강조한다. (이진경(2002) 『노마디즘』 2 휴머니스트, p.33.)

81 顧偉良(1999) 「創造的世界、小説への道」ー乱舞するナビ·李良枝」 『弘前学院短期大学紀要』 35號、pp.55-72.

82 일본인과 동일하게 참정권이 주어진다. 이양지는 인터뷰에서 "나는 미성년

일본인으로 살고자 하였다.[83] 이주 당시부터 생계를 위해 사업을 했던 그로서는 규제가 많은 외국인의 입장보다는, 참정권을 비롯해 보다 많은 권리가 주어지는 일본인으로서의 삶이 더 매력적이었을 수 있다.

아버지에 대해서는 「나비타령」에서 주로 딸의 관점에서 묘사되고 있으며, 「유희」에서는 짧게 언급된다. 따라서 「나비타령」의 아버지를 중심으로 고찰해 보고자 한다. 소설은 주인공 '아이코(愛子)'의 이분화 된 가족관계를 설정, 부모의 이혼소송을 둘러싸고 스토리가 전개된다. 이혼의 발단은 아버지의 일본인 여자를 상대로 한 외도와 지나친 가부장성이다. 아이코는 중학생 때 어머니의 요구로 아버지의 불륜 현장 목격을 위해 카메라를 들고 잠복하곤 했지만, 결정적 순간에 사진을 찍지 못한 기억을 가진다.

그렇다면 아이코는 이런 아버지를 어떻게 이해하고 있을까?

아이코의 아버지는 가부장[84]성을 강하게 풍기는 인물로 설정된다.

> "너에게 이런 말을 하고 싶진 않지만… 아버지는 이야기 할 때마다 언제나 그렇게 덧붙였다. 제주도 여자는 교양이 없어. 결국은 남자를 남자로 생각하지 않는단 말이야. (중략) 너희들이 모르면 엄마

으로 자동적으로 일본 국적을 갖게 되었는데 당시 16세였던 큰오빠는 일본으로의 귀화에 반대했다"고 밝히고 있다. 그 후 이양지는 일본인 이름을 한국인 이름으로 바꿨다.

83 이양지도 꽃꽂이, 거문고 등등 어려서부터 철저하게 일본문화를 익히게 했다.

84 가부장제의 근저에는 에도시대에 발달한, 무사계급의 가부장제적인 가족제도를 기본으로 한 호주제가 있다. 호주는 집의 통솔자이며, 가족은 집을 구성하는 사람 중 호주가 아닌 사람을 말한다. 하나의 집은 하나의 호적에 등록된다. 호주는 집의 통솔자로서 가족에 대한 부양 의무를 지는 (다만, 배우자, 직계비속, 직계 존속에 의한 부양 의무 쪽이 우선) 것 외에, 권능(호주권)을 가지고 있었다.

처럼 되고 말테니까."(「나비타령」, p.290)

> 아냐, 어머니의 교육이 돼먹지 않았기 때문에 맏딸이 가출한 것으로 돼있어. (「나비타령」, p.291)

아버지는 시종일관 한국적 정서를 그대로 간직한 제주도 출신의 어머니를 비판한다. 아버지의 논리는 "남자를 남자"로 대우하지 않는 어머니가 "교양"이 없으며 그러한 태도가 자녀들 교육으로 연결된다는 점이다. 이는 공식석상인 법정에서도 어머니가 판결에 불리한 항목으로 작용한다. 즉 아내는 가장을 받들고 캐어해야 하며, 딸들 또한 같은 맥락의 교육을 시켜야 한다는 것이다. 이는 그야말로 근대 일본의 제국주의가 창출한 여성에 대한 현모양처[85] 사상을 근저로 한 주장이다.

이러한 시각은 아버지 쪽의 변호를 맡은 일본인 남자 변호사에게서도 목격된다.

> "사장님, 당신들 나라의 여성이란 저렇게 많은 사람들 앞에서도 저토록 사납게 울부짖는 것이군요. 저래서야 남성들도 못 당하지요." (「나비타령」, p.295)

일본 변호사는 재판 과정에 대해 억울한 심정을 억누르지 못하고 "울부짖는" 재일조선인 여자를 "당신들 나라의 여성" 운운하며

85 메이지 유신으로 일본은 근대국가를 지향했으나 봉건적 제도나 오래된 풍습은 쉽사리 사라지지 않았다. 국민의 반을 차지하는 여성들에게는 공민권(公民權)조차 주어지지 않은 시대였다. 특히 호주권, 장자상속, 처의 역할을 규정한 민법은 법제도상 남존여비를 고착화시키는 역할을 하였다. 『修身敎科書』를 통한 여성교육으로써는 가사에 대한 교육과, 부국강병책에 입각한 현모양처(良妻賢母)교육이 대부분을 차지했다.

비하한다. 게다가 "저래서야 남성들도 못 당하지요."하며 이번에는 국적을 초월한 브라더 훗(brother hood)을 발휘하며 '남성' 전반을 변호한다.

한편 아내와의 별거로 두 딸과 헤어져 살고 있는 아버지는, 정기적으로 딸을 찾아가 소통하는 친근한 모습을 연출한다.

> 차는 중앙고속도로를 달려 가와구치 호반을 향했다. 아버지는 혼잣말을 계속하고 있었다. 전방에 차는 없고 아버지의 손은 핸들을 고정시킨 채였다. 아버지가 기다렸다가 가와구치 호수로 데려가는 날은 이상하게 생각되리만큼 언제나 후지산(富士山)이 푸르고 맑게 갠 하늘을 배경으로 전방에 태연히 솟아 있었다. (「나비타령」, p.290)

> 나는 뜻을 알지 못하는 노래를 듣고 있듯 아버지의 이야기를 듣고 있었다. (「나비타령」, p.291)

아이코가 중학교로 찾아온 아버지와 가와구치 호수를 찾을 때는 "후지산(富士山)은 언제나 푸르고 맑게 갠 하늘을 배경으로 전방에 태연히 솟아" 있어 건재를 과시한다. 드라이브 중 아버지는 끊임없이 "혼잣말"을 하거나 뭔가 "이야기"를 해대며 자신의 입장을 어필하기에 급급하다. 하지만, 정작 아이코에게는 "뜻을 알지 못하는 노래"일뿐 소통은 이뤄지지 않는다. 여기에는 여성해방이 주창되는 등 사회가 변화하고 있음에도 불구하고 그 흐름을 읽지 못하고 여전히 가부장적인 아버지에 대한 답답함이 드러나 있다. 이런 아버지에 대해 아이코는 "그럼 별거 같은 걸 하지 말고 빨리 헤어지면 좋잖아요?"하고 생각할 정도이다. 이러한 정황으로 봐서 난해한 아버지의 넋두리는 어머니에 대한 비판이었음을 알 수 있다. 이처럼 아버지는 이분법을 베이스로 한 제국주의적, 가부장적 시점을 노골적으로 드러내 딸들의 원망을 산다. 또한 이러한 불신감은 '아버지=권력자=후지산=일본(=가부장, 제국주의)' 등으로 연상되며 극복해야할 덕목으로 계열화된다.

60년대 말 우먼 리브의 자기장 안에서 성장한 리브 세대 아이코는, 이런 아버지에 대해 시종일관 비판적이며 불신감 가득한 시선을 거두지 않는다.

전술한 바와 같이 당시 일본에서는 우먼리브로 발단된 페미니즘 운동이 한창 주창되던 시기였다. 따라서 억압의 아이콘이었던 여성들의 기존의 삶의 방식에 대한 반성적 수용, 개인으로서의 새로운 삶에 대한 권리 주장이 강하게 대두되었다. 아이코의 삶 역시 이러한 사회적 분위기에 영향 받은바 크다고 볼 수 있겠다. 따라서 아이코는 아버지의 가부장성은 비판하면서도 한사람의 인간으로서의 삶은 이해하고자 노력한다.

> 아버지는 코를 훌쩍거리며 내 옆에서 이야기를 계속하고 있다. 아버지는 자기 음성의 억양에 젖어 들어 탄력 있는 슬픔에 취해 있는 것 같았다. 후지산을 노려보고 있던 내 눈도 흐려졌다. 왜 그러는 것일까? 어머니에 대해서도 그렇다. 듣고 있으면 어느 쪽이 나쁜지 알 수 없어진다. (「나비타령」, p.290)

아이코는, 딸의 공감을 얻기 위해 "훌쩍거리며" 자신의 정당성을 항변하는 아버지(=후지산)를 "노려보"다가도 "어느 쪽이 나쁜지 알 수 없다"며 혼란스러워 한다.

> 수면에 흔들리는 등불의 움직임을 바라보면서 후지 오호(五湖)에 얽힌 일곱 가지 불가사의에 관한 것을 멍청하게 생각하고 있었던 것이다. 사이호(西湖)와 쇼오지호(精進湖)[86]가 호저 어딘가에 연결되어

있어, 물의 높이가 언제나 일정하다는… (중략) 아버지의 어머니에 대한 증오, 어머니의 아버지에 대한 증오. 이 끝없는 증오는 내가 알지 못하는 어딘가에서 뜻하지 않는 수면을 보이는 그 무엇인가와 연결되어 있는지도 모른다. (「나비타령」, p.291)

아버지와 어머니가 내뿜는 생명력, 이들 두 개의 커다란 자력(磁力)에 끼여 균형을 잡지 못한 채 나는 엎드려 아버지와 어머니를 쳐다 볼 수밖에 없었다. 조그마한 자존심과 자기주장이 죄어오는 자력(磁力) 사이에서 일그러지고 위축되어 간다. 나는 몸을 잡아 뽑듯이 집에서 뛰쳐나왔다. (「나비타령」, p.295)

위의 인용, "사이호와 쇼오지호가 호저 어딘가로 연결되어 있어, 물의 높이가 언제나처럼 일정하다"는 문장은, 우먼 리브의 '남녀는 사회적으로는 대등·평등하고, 선천적 피부색이나 성별에 의한 차별이나 구별의 벽을 철거해야 한다.'는 캐치프레이즈와 호응한다. 즉 평등한 남녀 두 사람이 단지 다른 역할을 수행하고 있다는 점이 작가의 사후적 시점에 의해 지적된다.

아이코는 결국 부모의 "자력(磁力)", 즉 어머니의 "조그마한 자존심"과 아버지의 "자기주장"의 강력한 이분화로부터 튕겨져 나온다. 아버지의 양자택일적 '일본인-되기'로부터 촉발된 아이코는 "몸을 잡아 뽑듯이 집에서 뛰쳐나"오며 제 3의 삶의 창출을 예고한다.

그렇다면 아버지의 '일본인-되기'가 지니는 허망성은 무엇일까?

들뢰즈는 인간을 포함한 모든 가시적이거나 비가시적인 존재(thing)를 "노마드"로 인식하는 것에서 시작한다. 모든 동물이나 식물, 혹은 광물처럼 "노마드"는 "무리(band)"로 존재하고자 하는

86 쇼오지호(精進湖)는 후지산의 화산 활동에 의해 형성된 호수로 플랑크톤 등 영양소가 많으며 나중에 사이호(西湖)로 분리되었다.

욕망을 지닌다. 따라서 모든 노마드들은 그들 나름의 관계 맺기를 하고 있고 이러한 관계들의 모든 가치평가의 기준은, 사회나 국가 속에서 이루어진 관계 맺기가 노마드들의 욕망을 생산적으로 만드느냐 파괴적으로 만드느냐에 달려있다. 이러한 노마드들의 수평적 관계들로 구성된 사회나 국가는 수많은 노마드들의 욕망을 생산적으로 생성시킨다. 그러나 그 관계가 수직적인 상하(上下)의 지배와 피지배의 관계들은 수많은 노마드들의 욕망을 파괴적으로 생성시킨다.[87]

즉 노마드인 아버지는 한국을 버리고 일본을 택하며 수평적이기보다는 '지배와 피지배'라는 수직적 구조 속에 합류한 것이 문제이다. 노마드가 선호하는 리좀(Rhizome)은 접속·이질성·다양성의 원리를 가진다. 따라서 한국 아니면 일본이라는 이분법이 아니라 한국과 일본을 접속한 또 하나의 수평적 관계를 생성해 내지 못한 아버지의 선택은 명백한 오류로, 아이코에게는 인정받지 못하는 결과라고 볼 수 있겠다. 아이코는 이러한 아버지에 대한 강한 거부반응을 보인다.

> 내 몸 안에 탁류라고 말할 수밖에 없는 불투명하고도 강인한 피가 언제나 콸콸 거품과 비말을 튀기며 돌고 있었다. 그 흐름이 격하면 격할수록 권태감만 쌓여간다. (「나비타령」, p.308)

아이코는 일본을 선택해 제국주의적 가장이데올로기에 포섭되어, 무자비하게 권력을 휘두르는 아버지를 "탁류"로 규정하며, "피"를 민족이라는 이념이 아닌 "권태"의 표상으로 단순화 시킨다.

한편 「유희」에서 '아버지'는 유희가 한국으로 오기 전에 사망한

---

87 장시기(2005) 『노자와 들뢰즈의 노마돌로지』 당대, p.23.

것으로 그려진다.

> 그 애 아버지는 그 애가 중학교를 졸업할 무렵 사업이 실패한 모양이야. 그것도 같은 동포인 한국 사람한테 속아서 그렇게 된 거라는구나. 사기를 당했나봐. (중략) 유희 아버지는 한국 사람을 계속 욕하며 지내다가 돌아가셨다나 보더라. 끔찍한 얘기지. 아버지는 여자복도 나빴었나 봐. 두 명의 부인이 죽고 세 번째가 유희 어머니였나 봐. 여러 가지로 나한테 말할 수 없는 사정이 있었겠지만, 아무튼 유희는 아버지가 돌아가셨기 때문에 이 나라에 올 수 있었다고 하더라. 간신히 마음을 굳히고 이 나라에 왔다고 말이야. 아버지에게 이 나라를 변호하고 싶었데. 변호할 수 없는 기분이 되면 오기가 나서 공부를 했다는군. (중략) 좋은 아버지였지만 한국인 욕을 하는 아버지를 보는 것이 가장 속상하고 싫었다고 말했어. (p.74)

일본인, 아니면 한국인이라는 양자택일이 아닌 제 3의 방식으로 새로운 삶을 시도하고자 유희는 "세 번째 부인"의 자식으로 등장한다. 아버지는 자신의 뜻대로 '일본인 -되기'에 성공하고 사업도 번창했다. 그러나 동포 한국인에게 사기를 당하면서 사업은 실패하고, 그에 따른 배신감으로 죽기 전까지 줄기차게 모국에 대한 원망과 미움을 키우며 살았다고 고백한다. 유희는 "좋은 아버지"에게 미움 받은 조국을 "변호"하고 싶은 마음으로 한국을 방문했다고 말하지만, 실제로 살아보고 경험해보니 "변호할 수 없는 기분"이 든다며 우울해 한다. 그 이유는 한국이야말로 강력한 이분법적 사고를 저변에 깔고 있는 나라라는 걸 깨달았기 때문일 것이다.

이처럼 유희의 도전에는 '개인'으로 살고자 했던 아버지의 삶과 사고방식을 넘어, 경계에 선 또 다른 가치 창출을 시도하고자 한다.

1.2 '우리'에서 개인-되기

「나비타령」과 「유희」에는 '우리나라', '우리 말', '우리 겨레' 등 접두어 '우리'가 붙는 단어가 자주 등장한다. 「나비타령」에서 '우리'라는 단어는 소설의 끝부분에 등장한다.

> 구급차의 침대에 쭈그린 채 창을 보고 있자니까 야밤의 조용한 거리를 한 번도 본 적이 없는 우리나라를 연상시켰다. (중략) 우리나라를 한 번도 못보고 나는 죽어간다. 일본에서 나서 오늘날까지 나는 무엇을 해왔을까. 일, 술, 그리고… (「나비타령」, p.74)

일본에서의 일상에 지친 아이코가 새로운 삶의 돌파구를 마련하기 위해 평소 동경하던 한국을 도피처로 떠올리는 장면이다. 여기에서 아이코는 한국을 처음으로 '우리나라'로 표현한다. 한국의 전통 소리에 매료되었던 아이코는 경계를 넘으면서 '애자'로 변신한다. 그리고 애자는 짧은 시간에 경험한 한국에 대해 다음과 같이 술회한다.

> '일본'에도 겁내고 '우리나라'에도 겁나서 당혹해하고 있는 나는 도대체 어디로 가면 마음 편하게 가야금을 타고 노래를 부를 수 있을까? 한편으로는 우리나라에 다가가고 싶다. 우리말을 훌륭하게 사용하고 싶다는 생각이 드는가 하면, 재일동포라는 기묘한 자존심이 머리를 들고 흉내 낸다. (「나비타령」, p.341)

한국에서의 애자는 '일본'에도 또 '우리나라'에도 "겁내고" "당혹해"하는 모습을 보인다. 즉 한국이 '동경의 장'에서 '혼돈의 장'으로 화하며, 새로운 정서의 양산을 필요로 한다.

학교에서나 거리에서 사람들이 말하는 한국어가 나에게는 최루탄과 마찬가지로 들리는 거예요. (「유희」, p.69)

급기야 유희는 한국 말소리를 "최루탄"과 동일시한다. 당시 대학생들의 민주화 투쟁에 사용된 "최루탄"을, 폭력적 권력행사의 상징물로 묘사하고 있는 것이다. 이는 유희가 당시의 이들 대학생들의 주의주장에 긍정, 동조하고 있다는 반증이기도 하다. 아울러 이는 유희에게 내셔널리즘의 강요로 이어지면서, 억압과 구속의 폭력적 기재로 재인식된다. 기실 그녀가 한국에 유학 온 1980년대는 정치적으로 혼란기였다. 그러나 일본의 1970년대 초반의 전공투를 경험한 유희로서는 한국의 정치적 상황이 생소하지 않았을 것으로 보인다. 그렇다면 유희는 왜 한국어, 즉 우리말에서 폭력성을 감지하는 것일까? 콘스탄스 크락션은 "들음을 당하는 목소리, 소리는 수동적, 즉 복종이라는 폭력으로 변화한다."[88]고 지적한다. 즉 한국인들의 목소리는 억압의 표상이라는 것이다. 유희가 유일하게 받아들일 수 있는 것은, 언어가 없는 대금 소리와 자신을 돌봐주는 언니, 아주머니의 목소리뿐이다.

대금 좋아요. 대금소리는 우리말입니다. (「유희」, p.59)

언니와 아주머니의 한국말이 좋아요. …… 이런 한국말을 하는 사람들이 있다는 것을 안 것만으로도 이 나라에 머무른 보람이 있었어요. 나는 이 집에 있었던 거예요. 이 나라가 아니라 이 집에 말예요. (「유희」, p.61)

유희가 '모국어=우리말'이라고 느끼는 것은 언니, 아주머니의 말,

88 Constance Classen(1998) 陽美保子訳『感覚の力』精興社、p.101.

그리고 대금소리이다. 이는 그녀들이 사용하는 한국어가 처음에는 억압적이지 않았기 때문이다. 하지만 차츰 한국어를 가르쳐준 언니에게서 거리를 두게 된다. 그것은 언니가 차츰 한국어=우리말에 지나친 자부심을 갖고 강요하기 때문이다.

> 유희, 그렇게 얘기했는데 어째서 띄어쓰기를 못하는 거야. (중략) 이 부분의 표현도 몇 번 주의해야 되겠니? 좀 더 잘할 수 있을 텐데. 유희는 조금도 노력을 하려 하지 않거든. 일본어 책만 읽기 때문이야. (「유희」, p.43)

특히 하숙집 언니이자 소설의 내레이터인 '나'는 유희에게 집요하리만치 '우리'를 강조하는 인물로 조형된다. 끊임없이 귀에 들어오는 타자의 일방적인 소리만을 들어야하는 유희는 '타자성' '이질성'으로부터 억압당한 채 어찌할 바를 모르고 괴로워한다. 즉 한국에서는 오로지 '우리'라는 공동체 속의 일원으로만 강요되며, '개인'은 철저히 배제되고 있음에 위화감을 느끼고 번민하는 것이다. 기실 '언니'는 대학에서 국문학을 전공하고 있어 국어에 대한 신념이 강하다. 한국은 역사적으로 쉴 새 없이 주변국들에게 침략을 당했으며, 일본에게는 자국어를 빼앗긴 적도 있다. 따라서 "한국인은 외국어·외래어에, 이문화·이민족을 감지하게 된다. 외국어·외래어를 사용하는 일은 이문화·이민족에 정신적 복종과 굴종을 의미하며, 적어도 이문화적 발상, 이민족적 사고 양식에 물드는 것을 의미"[89]하기 때문이다. 이러한 정서의 균질화가 '우리'라는 발상을 고착화시켜 온 것이다. 그 때문에 언니는 일본어 책만을 보고 있는 유희를 받아들일 수가 없으며, 거부감과 동시에 경계심을 갖게 된

89 辺吉鎔·鈴木孝夫(1981)『朝鮮語のすすめ一日本語からの視点』講談社、p.22.

것이다. 이 때문에 유희의 잘못된 한국어 사용이 용서되지 않는 것이다. 이런 '언니'에게 유희는 아래와 같은 물음을 던진다.

> 하나하나의 바위에는 표정이 있어요. 언니는 그렇게 생각 안 해요? (중략) 서울의 바위산은 한국하고 한국 사람을 상징하는 것 같은 느낌이 들어요. (「유희」, p.86)

> 언니, 한국 사람들은 곧잘 손을 잡고 걸어 다니는군요. 난 아직 익숙하지 않아서요. 여자들은 거의 손을 잡고 있고, 가끔씩 남자끼리 손을 잡고 걷는 것도 보거든요. (「유희」, p.45)

여기에서 "하나하나의 바위"는 개개의 한국인을 가리킨다. 개인 각자의 표정이 존재하듯 개개인의 삶의 방식이 있다는 점을 유희는 피력한다. 또한 동성끼리 손을 맞잡는 행위 역시 개인 간의 거리가 조절되지 않는 한국의 편향된 공동체 문화를 꼬집고 있다.

이러한 한국의 상황을 사회학자 장미경은 "한국인은 '개인'을 기초로 한 정체성을 발달시키기보다는 '우리'라는 집단적 정체성을 발달시키는 경향이 있다. 개인은 없고 '우리' 즉 민족이나 국민으로 표상되는 '우리'만 존재할 뿐"이라고 지적한다.

2. 노마드적 사유 공간

2.1 황홀한 비공식

「나비타령」의 아이코(애자)는 기혼남 마쓰모토와 연인사이이다. 일본인인 마쓰모토는 재일조선인인 아이코의 입장을 이해하는 유일한 일본인이다. 리브세대인 아이코는 자유로운 성적취향을 보이며, 성애표현에도 적극적이다.

> 마쓰모토는 나를 쳐다본다. 가랑이 사이에 뜨거운 입김이 불어쳤다. 파도쳐야 할 흥분이 굴절하여 나는 떨기 시작한다. 내 몸이 마쓰모토에 의해 다시 조립되고, 창조된 인형이라고 느꼈을 달콤한 순간이 허망하기만 하다. (「나비타령」, p.326)

> 멍하니 시험관을 보면서 나는 마쓰모토를 생각하고 있었다. 마쓰모토의 따뜻한 무릎과 등을 쓰다듬어 주던 손바닥이 그립다. 나도 모르게 엉덩이에 힘을 준다. 마쓰모토를 생각하면 언제나 반사적으로 체액이 하의에 번져 온 몸의 뼈가 녹을 것 같은 감각을 맛본다. (「나비타령」, p.331)

인용처럼, 아이코는 마쓰모토를 매우 사랑한다. 일상 속에서도 틈날 때마다 그를 떠올리며 그리워하는 모습을 보인다. 파탄 직전인 가정사로 자살을 염원하며 죽지 못해 살아가는 아이코에게 마쓰모토라는 존재는, "흥분"이자 "달콤함"으로, 그를 떠올리는 것만으로도 아이코의 몸은 "체액이 하의에 번져 온 몸의 뼈가 녹을 것 같은" 황홀경에 빠진다. 아이코도 이 순간만큼은 온전한 개인이 되어 심신일원적인 '나'를 체험하게 된다. 이처럼 개인주의의 한 형태인 연애(로맨틱 러브)를 마음껏 체험하지만, 이 역시 "일본 남자를 범하고 싶다"는 저항의식에서 시작된 다분히 의도된 감정놀음이었다고 고백한다. 이는 아버지가 일본인이 되기 위해 귀화, 일본인 여성과 외도라는 수단으로 공동체에 진입하려 했던 것과 같이, 아이코 역시 중심부라 생각되는 일본인을, 일본인 가정을 흠집 냄으로써 복수하고자 했던 것이다. 그러나 이러한 그녀의 아웃사이더적인 발상에서 시작된 사랑 놀음은 예기치 않은 화학적 반응을 일으키며 그녀를 다시 살게 하는 원동력으로 기능한다. 생기로 가득한 감각을 아이코는 좀처럼 단념하지 못한 채이다. 그러나 이들의 관계는 마쓰모토가 기혼이었기 때문에 태생적으로 삼각관계 속에서 추구되는 연애이다. 법적으로 인정받지 못하는 아이코의 사랑은 비공식적인 감정으로 치부되어 정서적 제약이 뒤따른다.

> 벌써 마쓰모토로부터 연락이 오지 않은지 열흘이 되었다. 열흘쯤은 아무 일도 없을 것이라고 마음을 고쳐먹는다. 대학은 여름방학이다. 연락을 하려면 자택으로 전화를 거는 길밖에 없다. 자택으로는 걸 수 없다. … (중략) 내 쪽에서 괴로운 질투로 마쓰모토에게 달려들 때는 있어도 마쓰모토는 마쓰모토 나름대로 나를 화나지 않게 하기 위해 노력하고 있었다. (「나비타령」, p.319)

> 마쓰모토가 돌아간 지 얼마 안 되어 전화가 울렸다. 여자의 오열이 들린다. 오열에 섞여 음성이 끊어진다. 미치코의 음성이었다. (「나비타령」, p.335)

마쓰모토와 아이코 사이에는 그의 부인 미치코가 존재한다. 결혼이라는 제도 안에서 미치코는 당당하게 마쓰모토를 원할 수 있지만, 아이코는 그렇지 못하다. 아무리 자신의 사랑이 진실하다고 해도 비공식적인 감정인 바에야 세상 사람들로부터 이해받기는 어렵다. 결국 두 사람의 관계는 마쓰모토의 부인 마치코가 적극 개입하므로 인해 갈등 양상을 띤다. 아이코는 전화기를 타고 흐르는 미치코의 "오열"을 들으며, 자신의 비공식적인 사랑이 결혼과 일부일처라는 제도 하에서는 억압적이라는 점을 깨닫고 삼각관계 연애구도를 깨기에 이른다. 그녀는 일본인 아니면 한국인, 쌍으로 구성된 남녀관계 등의 강요된 이분법의 공간으로부터 "도망치듯" 한국으로의 탈주를 감행한다.

2.2 또 다른 생성으로

일본인, 아니면 한국인이라는 양자택일이 아닌 제 3의 방식으로 새로운 삶을 시도하고자 「유희」의 유희는 "세 번째 부인"의 자식으로 등장한다.

「나비타령」과 「유희」에서 이분화는 등장인물들의 섹슈얼리티와 관련되어 제시된다. 「나비타령」의 주인공 아이코는 이성애자로, 기혼남성과 삼각관계 구도 속의 연인관계에 있었다. 이러한 그녀의 섹슈얼리티는 6년 후인 「유희」에서, 여성도 남성도 아닌 '중성'의 이미지로 조형된다.

> 그저 여자아이라는 것은 알겠으나 "머리는 짧고, 안경을 끼고 있었는데, 여자 티가 나는 소년" (중략) 체구가 작았고 바지를 입은 허리선의 부품새와 걷는 분위기로 겨우 여자아이라는 것은 알겠으나, 역시 중성적인 느낌이었다. 목소리까지도 그랬다. (「유희」, p.24)

일본의 W대학을 2년에 중퇴하고 한국으로 온 유희는 체구는 작지만 27살이라는 적지 않은 나이이다. 그러나 하숙집 '언니'의 눈에 비친 유희는 "여자 티가 나는 소년"으로, 목소리까지도 "중성"적이다. 여기에 대비되는 사람이 하숙집 '언니'이다.

> 처음부터 나는 S대학에 응시할 마음이 없어 여자대학 E대학이 지망학교였고, 지망대로 합격해서 졸업했다. (「유희」, p.22)

> 당시 나는 우울증이라고까지는 못하더라도 그 무렵을 정점으로 하듯 우울한 나날을 보내고 있었다. 결혼할 기회를 어쩌다 놓쳐 버리고

> 어느새 30대 중반이 되었음을 깨닫고, 나의 장래에 대해 불안해져 있었던 까닭으로 생각된다. (「유희」, p.23)

'언니'는 여자와 남자의 대비가 뚜렷한 인물로, 여자는 반드시 여자대학에 가야하고, 결혼 역시 선택이 아닌 필수라고 생각한다. 그녀는 또한 30대 중반인 지금까지 연애 상대가 없어, 스스로 당연하다고 규정한 결혼을 이루지 못한 것에 대한 "우울"과 "불안"감에 휩싸여 있다. 이처럼 '언니'는 스스로가 만든 이분화 논리에 철저히 갇혀있는 인물이다. 소설 속 두 여성의 캐릭터는 매우 대조적이다. "머리는 짧고, 안경을 끼고 있었는데, 여자 티가 나는 소년"의 "중성" 이미지로 등장한 유희, 결혼은 당연한 것이라는 의식을 내면화하고 있는 '언니'. 작가의 시선은 이처럼 분명하게 이분된 남녀문화에 닿아있다. 문제는 이러한 이분법적 가치관이 자신의 룰로 그치지 않고 타인에게까지 일률적으로 강요된다는데 있다.

> 너도 좋은 사람이 있으면 빨리 결혼해라. (「유희」, p.24)

> 혼자서 술을 마시고 있었어? 유희, 여자애가 무슨 짓이니? (「유희」, p.58)

여자는 당연히 결혼해야 '사람'이 된다는 사고, 여자가 홀로 술잔을 기우리며 자신의 감성에 젖는 행위도 일탈로 인정하며, 후식 과일을 깎아주는 캐어 역시 여성의 임무라 생각한다. 이런 '언니'의 사고는 너무나도 분명하게, 제국주의적 현모양처사상과 맞닿아 있으며, 섹슈얼리티는 유교적 폐쇄성을 반영한 이성애주의자의 시선이다.

한편 유희는 일본으로 돌아가기 전에 "일본어로 쓴 448장의 원고"를 남긴다. 그리고 공항에서 전화로 원고의 존재를 '언니'에게 알리며 필요 없으면 버려도 된다고 처분을 부탁한다. 숫자 448은 낱개의 글자로 풀어놓고 보면 두 개의 4가 합해져 8이 된다는 뜻으로 해석 가능하다. 이는 어느 한쪽이 아닌 한국과 일본을 합해 배가된 8에 해당되는 가치를 제시하고 있다고 볼 수 있겠다. 또한 유희는 '언니'에게 "아 하고 분명하지 않은 소리"를 내게 되었다며, 한국어도 일본어도 아닌 제 3의 발성을 보여주기도 하였다. 유희가 일본으로 돌아간 후 '언니'는 그동안의 유희의 말과 행동들을 반추한 결과, 소설 마지막 부분에서 다음과 같은 자기반성적 태도를 보인다.

> 나는 마치 의사와도 같이 유희를 대했는지도 모른다. (중략) 처방전도 없이 치료를 하고 있다는 의식조차 제대로 하고 있지 않은 의사였는지도 몰랐다. 치료… 하지만 치료란 얼마나 불확실하고 무책임하고 오만한 말일까 보냐. (「유희」, p.56)

> 작은 응어리가 흔들 하고 요동치며 터져, 유희의 얼굴이 떠올랐다. (중략) 유희의 두 종류의 글자가 가느다란 바늘이 되어 눈을 찌르고, 안구 깊은 곳까지 그 날카로운 바늘 끝이 파고드는 것 같았다. (중략) 소리를 찾으며, 그 소리를 목소리로 내 놓으려는 나의 목구멍이 꿈틀거리는 바늘다발에 짓찔리며 불타오르고 있었다. (「유희」, p.89)

한국어만 고집하며 정확한 발음을 강요했던 '언니'가 유희의 "두 종류의 글자"로부터 공격을 받는다. 이에 '언니'는 한국어의 아도 아니고 일본어의 あ도 아닌 새로운 소리를 만들어내려는 욕구로 "목구멍이 꿈틀"거리기 시작한다는 장면에서 소설은 끝난다.

「나비타령」에서 「유희」로 이어진 '이분화'라는 근대이데올로기는 이처럼 제 3의 새로운 가치창출이라는 결론으로 끝을 맺고 있다.

서구적 근대를 겪으면서 사람들은 억압적 현실에서 자유롭고자 유목민적 삶을 찾는다. 이러한 노마드적인 삶을 추구하는 이들은 생명성을 보장하는 풍요로운 삶을 찾아서 항상 떠날 준비가 되어 있는 노마드들이다. 노마드적 삶은 끝없는 탈주를 통해 새로운 사유의 장에서 역동적인 삶의 에너지를 얻는다. 노마드들은 기존질서의 권위에 의해 유지되는 안정된 사회를 거부하고 혁명적이면서 자유로운 것을 추구한다. 이러한 생성과 파괴를 거듭하는 노마드적 사유를 통해 그들은 그들의 권리를 주장하고 정체성을 획득해 간다.[90]

작가 이양지는 아버지의 '일본인-되기'의 생성에 촉발되어 자신의 '되기'에 도전한다. 한국에서 일본으로, 일본에서 한국으로를 반복하며 민족주의 이데올로기로부터 탈주하여 결국 '8'이라는 숫자가 의미하듯 또 다른 '개인'으로서의 삶을 제시하기에 이른 것이다.

노마드 이양지는 「유희」 탈고 후 고향 야마나시(山梨)현을 찾는다. 이때의 감회를 에세이 「후지산(富士山)」을 통해 술회하고 있는데, 여기에 숫자 3이 중복되어 제시된다. 3페이지가 채 안 되는 분량의 이글에는 3이라는 숫자가 4번 등장한다. 먼저 작가가 태어난 곳이 "미쓰토우게야마(三ッ峠山)"이며, "삼십 년" 만에 찾은 고향에서 "세 살" 때의 기억을 떠올리며, "삼일 간"에 걸쳐 후지산을 올려다봤다는 내용이다.

일본에서 국적이 다르다는 이유하나만으로 온갖 차별을 받고 있는 재일조선인, 그 중심에 재일작가 이양지가 있다. 일본에서 나고 자라 일본어를 모어로 하고 있으며 일본의 문화를 습득하여 일본

90 장시기(2005) 앞의 저서, p.25.

인으로 살기를 강요당한 이양지는 「나비타령」에서 「유희」로 이어지는 서사를 통해 자신의 정체성에 대해 고민하며 진정한 '나 찾기'에 도전한다. 이 과정에서 재일조선인 노마드 1세대인 아버지의 '일본인-되기'는 하나의 시점을 제시한다. 그러나 한국 아니면 일본, 결혼 아니면 이혼, 여자 아니면 남자라는 '이분화'된 근대 제국주의적 시점, 즉 수평적 생성이 아닌 상하 지배적 생성이라는 관점은, 리브를 경험한 개인인 그녀에게 취할 가치가 되지는 못한다. 소설 속의 주인공들은 급기야 일본과 한국을 원환하며 새로운 가치 창출에 도전하기에 이른다. 그 과정에서 주인공은 뜻하지 않게 조우한 '개인'이 없는 '우리', '남자 아니면 여자'라는 성의 이분법 안에서 잠시 잠깐 혼돈의 시간을 보낸다. 그런 후 "448"이라는 개념과, "3"이라는 새로운 가치를 발견하고 이분법에서 탈피한 '개인-되기'를 제시하기에 이른다. 이양지가 발견한 새로운 가치는 한국인 민족주의자 '언니'의 "불타오르는" 목구멍을 통해 수용된다는 결말로 완결된다.

끝으로 이양지의 유작 「돌의 소리」는 미완성 유작으로 1992년에 발표되었다. 「유희」로 아쿠타가와상을 수상한 이후 발표된 첫 작품으로 많은 관심 속에서 발표된 작품이다. 작가는 가나(加奈)라는 인물을 통해서 조국의 무용을 좀 더 보편화시켜서 서양음악과의 조화를 시도하고자 하는 모습을 보여준다. 또한 자아에 대한 개념의 변화로서 무엇보다 재일이라는 피의 문제를 관념에서 탈피한 상태에서 받아들이려는 모습을 볼 수 있다. 이와 같이 기존의 관념에서 탈피하는 것이 첫 번째 과제이며 그 이후에는 개체로서의 자아를 인정하고 받아들여, 철저한 개인으로서 거듭날 때 진정한 재일조선인으로서의 자아를 찾을 수 있다는 점을 작품을 통해 제시하고 있다.

5장

/

여성노인과 생명으로서의 '광기'

제1절

한일 여성노인의 〈에로스〉

—『遊魂』, 『第2·女子의 風景』을 통해—

시몬느 보봐르는 『노년: 나이 듦의 의미와 그 위대함』(1949)에서 "노년의 삶이 생물학적 운명으로써는 초역사적 사실이라고 해도 운명이 사회적 배경에 따라 다양하게 변한다는 것을 보면 역으로 어떤 사회에서의 노년이 갖는 의미 혹은 무의미는 그 사회전체의 문제와 연관이 있다."[1]고 명언하였다. 또한 베티 프리던은 『노년의 샘』(1993)에서 노인들의 이미지에 대해, "여성들의 개인적 성(性)이라는 것이 〈여성스러움 신화〉에 의해 퇴색되어 온 것처럼, 고령자의 개인적 성(性)의 의미를 희석시키는 〈노년 신화〉 역시 우리들 자신들에 의해 창조되었다는 사실을 최근 10년 사이 깨닫게 되어 책을 쓰게 되었다고 고백하며, 〈노년 신화〉에 대해 '고령자는 쓸쓸하고, 늙고, 고독하고, 무능하며, 어린애 같고, 때론 악취를 풍기는 사람'이라고 하는, 이른바 "〈여성스러움 신화〉보다 한없이 음산한 이미지"라고 역설하였다.[2] 이는 에이지즘(ageism)[3]에서 비롯되고 있

1 시몬느 보봐르(1993) 『노년: 나이 듦의 의미와 그 위대함』 홍상희외 1인 역, 책세상, p.16.

2 樋口恵子 (1992) 『ニュー・フェミニズム・レビュー (Vol.4) エイジズムおばあさんの逆襲』 「老いの神話ーだれが私の老いに責任があるのか」 재인용, 学陽書房, p.40.

3 연령을 이유로 사람을 낮게 평가하고 차별하는 행위를 말한다. 남성도 노인

으며, 따라서 여성노인들은 자신의 라이프 사이클보다는 강요된 라이프 코스[4]에 맞추어 살게 된다고 주장하였다. 일본의 근현대문학사에서 노년문학을 연구하게 된 것은 1990년대부터이다. 이에 대해 구라타(倉田)는 그 성과는 아직 미미하며 체계적인 이론구축도 충분하지 않다고 지적한다.[5] 한국에서 본격적으로 노년소설에 관심을 보인 것은 2000년 이후이다. 90년대에 들어 노년기에 접어든 작가들이 자연스럽게 노년의 삶을 소재로 하여 창작을 시작했다. 노인문제는 1970년대 이후 도시화, 산업화, 현대화가 초래한 서구적 개인주의 또는 핵가족화로 인한 의식의 변화, 또 노인이나 노년의 삶에 대한 인식의 변화와 밀접하게 관련되어 있다.[6] 이 시기 한일 두 베테랑 여성 노인 작가인 엔치 후미코(圓地文子)와 최정희는 환갑을 넘긴 나이에 홀로된 여성노인의 '일탈적 에로스'를 과감한 터치로 그려내었다. 엔치 후미코(圓地文子)는 장편소설 『遊魂』(1970. 1, 『新潮』)을 65세에, 최정희는 60세에 단편소설 『第2·女子의 風景』(1966.12, 『現代文學』)을 발표하였다.

구라타 요코(倉田容子)는 『遊魂』의 "'노녀의 시점'에서 비롯된 〈늙음〉과 〈여자〉의 ambivalent(양면가치)한 관계성 부각"에 대해 언급하며 "〈작가〉라는 시선의 자기긍정은, 〈늙음〉에 의한 성의 억압이 역설적으로 '남자취향'을 내면화 한 젠더 규범으로부터의 해

차별을 당하는 일이 있지만 여성이 차별빈도가 더 높으며 섹시즘(성차별주의)의 한 형태로 볼 수 있다. (リサ·タトル(1998) 『新版フェミニズム事典』 渡辺和子監駅 明石書店, p.5)

4 라이프코스란 개인이 시간의 경과에 따라 연기해야하는 사회적으로 정의된 행동이나 역할의 배열을 말한다. (倉田容子(2009) 『語る老女語られる老女』 学芸書林, p.44)

5 倉田容子(2009) 『語る老女語られる老女』 学芸書林, p.13.

6 전흥남(2011) 『한국현대노년소설연구』 집문당, p.222.

방을 가져왔다는 사실을 시사한다."고 논하며, 젠더적 시점에서 에이지즘의 문제와 라이프 코스에 의한 삶의 형태를 지적하였다.[7] 미야모토 요시코(宮本孝子)는 "『遊魂』은 1970년대 가족의 전형적인 모습이다. 수오의 가족은 '개인적 집단'으로서 묘사"되었음을 지적한 다음, 따라서 "이러한 환경에서는 개인적 자아가 내포하고 있는 문제가 보다 선명히 부각된다. '나이 들어 한물 간 여자'의 성(性), '밑바닥으로부터 샘솟아 오르는 생명에 대한 집착', 수오가 안고 있는 번민은 〈家〉제도가 붕괴한 후 도래한 〈개인〉의 시대이기 때문에 겪게 되는 '번민'"임을 지적하며 현대가족의 변모가 작품을 구성하는 키워드임을 언급하였다.[8] 하세가와 게이(長谷川 啓)는 "작가들이 흔히 갖게 되는 '그늘진 마음'이나 '늙는다'는 의식은 현실에서의 자신을 억제하는 기재로 작용하지만, 억제하는 힘이 강하면 강할수록 그곳으로부터 탈출해 자유롭고 싶은 또 다른 자신이 존재한다. 그러므로 이 작품은 이러한 양자간의 대화, 갈등에서 탄생했다."고 평하며, 작가의 에이지즘 또한 작품에 영향을 미치고 있음을 지적하였다.[9]

한편『第2·女子의 風景』의 주인공 역시 60대 초반의 여성으로 한국전쟁을 겪으며 남편과 아들을 잃은 과부이다. 남편 부재 2년이 지난 어느 날 아들또래의 청년이 찾아들면서 에로스의 발아기를 맞는다.『第2·女子의 風景』(1966. 12)은 대체적으로 동시기에 발표된 단편『女子의 風景』(1966. 5)과 함께 여성의 성적욕망이라는 시점에서 언급된다. 유남옥은『第2·女子의 風景』을 "근친상간과 노인

7 倉田容子(2009)『語る老女語られる老女』, 学芸書林, pp.251-268.

8 宮本孝子(1995)「「遊魂」小論ー時空を超えた魂の往還」『実践国文学』, pp.50-58.

9 長谷川 啓(2008)「遊魂の悦楽ー狐火の如き老いのエロス」『老いの愉楽』pp.59-75.

여성의 성욕"에 초점을 맞추어 "환상에서 현실로 돌아 온 여인의 느낌과 톤은 절망적"이라 평하였다.[10] 이러한 두 소설의 선행연구에서는 주로 여성노인들의 드러난 행동이나 결과에 초점을 맞추어 논하고 있으나, 본고에서는 그녀들의 내면을 미시적으로 분석 고찰해 보고자 한다.

『遊魂』과 『第2·女子의 風景』의 주인공은 우선 모성이라는 권력을 이용하여 연하남성들의 성적관심을 자신들에게 집중시킨다. 그런 다음, 성적욕구를 자극하는 말과 행동으로 성적호기심을 자극한 후 점차적으로 그들을 에로스의 대상으로 부각시킨다. 그러나 남자들은 이를 성적일탈로 간주하며 거리를 둔다. 그러나 그럴수록 그녀들의 성도착적 욕구는 집요해진다. 지금껏 여성이 성적학대를 행한다는 사실은 여성이 착취당하는 성이라는 생각과 잘 부합하지 않기 때문에 간과하기 쉬운 부분이다. 하지만 여성들로 하여금 성적 학대를 하게 만드는 요인은 여성이 학대받아왔다는 바로 그 사실 때문이다.[11]

두 소설의 주요 테마인 '여성노인의 일탈적 에로스'는 젠더 에이지즘 비평, 사도마조적 관점에서 재조명이 가능하다.

---

10 남옥(1998) 『최정희 노년기소설 연구』 『한국노년문학연구』, 국학자료원, pp.137-140.

11 에스텔라V.웰든(2006) 『사도마조히즘』 이제이북스, p.85.

1. 무채색의 반란

1.1 상념의 에로스

『遊魂』은 천년의 세월을 뛰어넘어 『겐지모노가타리(源氏物語)』와의 소통을 시도한 작품이다. 주인공 수오(蘇芳)는 "엷은 쪽 무늬 견사기모노, 흰 바탕에 등꽃(후지)을 수놓은 오비를 맨 차림"으로 교토의 아오이마쓰리(葵祭)에 참석하는 등, 히카루겐지의 의붓어머니이자 첫사랑의 연인이었던 후지쓰보노 추구(藤壷中宮)를 연상시킨다.[12] 그러나 그녀는 원작과는 반대로 오히려 두 명의 히카루 겐지(光源氏)를 유혹하는 자유분방한 성적취향을 가진 팜므파탈적 여성으로 묘사된다. 『遊魂』은 주인공 수오가 5월 15일에 열리는 교토의 아오이마쓰리에 관한 평론을 써달라는 원고청탁을 받고 이틀 전에 교토로 내려와 호텔에서 아침을 맞는 장면으로 시작된다. 수오는 마쓰리 하루 전에 관청의 허락을 받고 마쓰리에 사용되는 도구와 장신구 등을 동료들과 함께 견학한다. 그 중에서도 히카루 겐지가 착용했다는 말안장에 흥미를 느끼며 자연스레 겐지모노가타리의 세계로 빠져든다. 그로인해 다음날 새벽녘 히카루겐지를 연상시키는 남자가 출현하는 꿈을 꾸게 된다. 수오는 비몽사몽간 "선명하게 살아 돌아"온 누군가와 대화를 나누며 "한 몸이 되어 엉클어"지는 등 시간과 공간의 "경계를 넘나"들며 성적 체험을 하게 된다. 그러는 동안 새벽녘 호텔 밖으로 보이던 옅은 구름(薄雲)[13]은 사라

---

12 의붓어머니 후지쓰보가 죽은 어머니와 닮았다는 소문을 들은 겐지는 다섯 살의 차이가 나는 그녀를 매우 따랐다. 성년이 된 후에도 그녀를 좋아하는 마음은 변치 않았으며 급기야 사랑하는 감정으로 발전하였다. 후지쓰보가 병으로 고향에 내려가 있을 때 합방하여 사내아이를 낳았다. 훗날 레이젠왕이 된다. (紫式部 『源氏物語』, 阿部秋生他2人注訳, 小学館 1976. 참조)

지고 한 남자가 “강한 광선”을 받으며 먼 바다 속에서 “분수처럼” 등장한다. 히가루겐지와 오버랩되며 나타난 남자는 다름아닌 수오의 10년 전의 애인 미쿠리야 시로(三厨志朗)이다. 이처럼 작자는 천년의 세월을 거부감 없이 소설 속으로 불러들이는데 성공한다. 이러한 설정에 의해 60세 중반에 접어든 여성노인 수오의 작금의 고민이 에로스임이 복선으로 제시된다. 취재차 교토에 와있던 수오는 자신의 고민이 “몸이 무거워 가라앉는 기분과는 정반대로 마음의 움직임은 한없이 자유로워 점점 젊어져가는 괴리감”에서라고 고백한다. 즉 나이든 신체를 가진 노인에 어울리는 라이프 코스에 대해 의식은 하면서도 길들여지지 않으려는 주체적 자아의 움직임에 고민이 깊어지고 있음을 토로한 것이다. 소설의 이중구조에 의해 등장하는 수오의 내면이자 생령(生靈; 살아있는 혼)인 “고에(聲)”는 “프리섹스”를 들먹이며 털어놓는 그녀의 고민이 에로스에 연관되어있음을 눈치 챈 후 “남자와 여자란 서로 맨몸으로 상대(p.307)” 해야만 하는 ‘신체적 소통’이 필요하다고 조언한다. 이에 생각을 정리한 수오는 자신이 꿈꾸고 있는 ‘새로운 성질서’의 실행을 위해 “사랑하는”남자인 사위 긴고의 의견을 타진하기로 한다. 한편 수오는 긴고와의 관계를 다음과 같이 설명한다.

> 그 숫자가 많든 적든 그것이 세상이라는 것. 세상의 상식에서 벗어난 곳에 자신들의 질서를 만들고 있는 긴고와 자신은 일종의 에트랑제. 그도 아니면 긴고가 입버릇처럼 말하는 광인부락의 주민이라는 낙인이 찍힌다 해도 할 수 없다. 이런 특수한 질서를 위해 마음 깊숙한 곳에서는 서로 접어 생각하기도하고 억제하기도 한다는 것을 타

13 히카루겐지의 의붓어머니이자 겐지와 근친상간적 사랑을 나누어 레이제이(冷泉)천황을 낳은 후지쓰보(藤壷)의 별칭. (紫式部『源氏物語』, 阿部秋生他2人注訳, 小学館 1976. 참조)

인들은 모른다. (『遊魂』, p.312)

수오는 자신이 긴고와 만들고 있는 "특수한 질서"를 세상 사람들이 "에뜨랑제(=이방인)" 또는 "광인의 낙인"을 찍어 손가락질한다 해도 포기되는 감정이 아니며 이를 위해 심적으로 많은 고민을 하고 있음을 고백하며 독자들을 설득한다. 한편 마쓰리 당일 저녁 교토에 출장 온 긴고의 전화 연락에 의해 두 사람은 함께 저녁식사를 하게 된다. 식사 도중 긴고가 마쓰리에 대해 묻자 수오는 마쓰리에서 느낀 "천년의 고전질서와 미적 아름다움(p.308)"에 대해 열심히 설명한다. 그녀의 열띤 설명에도 불구하고 긴고는 심드렁한 표정으로 가끔 "아!!"라든지 "흐응"하며 형식적인 맞장구로 대응할 뿐 별다른 관심을 보이지 않는다. 이에 수오는 그의 관심을 끌고자 중세의 간통문제까지 화두로 제시하기에 이른다. 그러자 긴고는 간통에 대해 처벌이 엄격했던 구시대 국가를 예로 들며, 개인의 성에 관한 문제를 국가가 관여해 "가정재판소" 즉 법률로 가부를 해결하는 작금의 세태를 비판하며 의외로 성질서에 대한 다양한 시점을 주문한다. 지금껏 그와의 사이에 형성된 "특수한 친화력"에 대해 주위 사람들로부터 공감을 받지 못하고 있음을 안타까워하던 수오는 성에 대한 긴고의 개방적 견해를 확인한 후 고무된다.

이윽고 출장을 마치고 도쿄행 열차에 몸을 실은 긴고는 잠깐 조는 사이 꿈속에서 수오와 도메오를 오버랩 시키며 짧지만 강렬한 성적교섭을 나눈다. 장모와의 육체적 관계에서 "묘한 황홀감(p.318)"까지 맛본 긴고는 도쿄로 돌아온 후 곧장 수오에게 전화를 건다. 그러나 수오는 그의 성적 체험이 소설의 이중구조인 가상현실을 통해 이루어졌음을 이미 알고 있다.

> 전화를 끊은 다음, 수오는 삼면경 앞에 앉아서 의미 있는 미소를 띄우며 거울에 비친 얼굴 정면, 좌우 등 각각 다른 각도의 얼굴표정을 유심히 보았다. (중략) 자신 안에 도사리고 있다가 가끔 말을 걸어왔던 고에(聲)는 오늘 하나의 가설을 위하여 자신의 내부에서 밖으로 나간 듯하다. 그녀가 행동한 실체를 자신은 기차 안에서 꾸벅꾸벅 졸면서 확실히 보았다. 본 정도가 아니라 생생하게 체험하였다. 그리하여 그것이 가상현실세계라는 것도 현실의 수오는 확실히 알고 있었다. 그 시간을 긴고가 현실로 착각하고 있었을 리 만무하지만, 의식하고 있었든 그렇지 않았든 그의 마음과 몸속 깊은 곳까지 자신이 스며들었던 감각은 분명 틀림이 없다. 그 남자 안에 잠들어 있던 본성을 자신이 끄집어냈다고 수오는 생각했다. (『遊魂』, p.319)

기실 긴고가 꿈속에서 성교를 나눈 여자는 “하나의 가설을 위하여 자신의 내부에서 밖으로 나간”수오의 생령이다. 따라서 지금까지 긴고에게 행한 자신의 행동에 어떠한 목적이 있었음을 수오는 “의미 있는 미소”를 통해 암시한다. 즉 이는 “특수한 친화력”까지 느끼고 있는 긴고가 자신의 감정을 “사랑”이라 인정하지 못하고 있음을 알고 이를 인지시키고자 한 행동이라 볼 수 있겠다. 드디어 긴고가 가상현실을 통해 그녀를 받아들이고 성적교섭까지 나누게 되자 수오는 자신이 의도한대로 “잠들어 있던 본성”을 끄집어내는데 성공했다며 의기양양해한다. 따라서 다음 단계는 이를 현실에서 체험하는 일만 남은 셈이다.

한편 수오는 자신의 육체가 표출시키려하는 에로스적 기운의 태동이 아오이마쓰리에서 체험한 “둔탁한 거문고의 선율”과 연관이 있음을 인지하고 있다. 도쿄로 돌아 온 수오가 친구의 집을 방문해 여우가 나온다는 폐가를 구경하러 가서 천둥과 번개를 동반한 비속에서 거문고 소리와 함께 등장한 고에는 수오의 에로스를 부추긴다. 수오는 또 다시 거문고의 선율에 의해 "왔어"하는 신호와 함께 에로스의 태동을 감지한 후 "행동으로 옮기"라는 내면의 주문에 고무된다. 과연 수오는 자신의 에로스를 현실세계에서 실천할 수 있을까?

『遊魂』의 마지막 장면에서 수오는 긴고가 정색하고 말하는 남자들의 공동체 의식에 대해 "한 톨의 밀알"과 "땅의 소금" 등과 같이 개인의 희생을 담보로 하여 만들어지는 "절대 긍정"과도 같은 "신앙"에 대해 강한 거부감을 드러낸다. 수오가 새로이 만들고자 하는 "특수한 질서"는 개인이 존중되어야만 이룰 수 있는 문제이다. 따라서 여성이자 노인인 수오에게 개인의 개념은 인생을 자립적으로 산다는 점에서 매우 중요한 키워드이다. 그러나 긴고는 현대과학이 공동체적 노력의 결실이라며 개인의 희생을 당연시하는 남자들의 논리를 굽히지 않는다. 이에 수오는 "여자만의 방법"으로 남성들의 논리의 실체를 밝히겠다는 의지를 보인다. 그러나 정작 그 "방도"에 대해서는 자신이 없다. 이윽고 수오는 긴고와 함께한 공간에서 교토의 아오이마쓰리에서 들었던 "거문고"소리에 의해 다시 한 번 에로스의 태동을 감지한다.

> 그 마쓰리 때 들었던 둔탁한 거문고의 음률을 어쩌면 그 여자는 좋아했나보다, 하고 수오는 생각했다. 피리소리와 샤크(홀)의 박자… 멍하니 그런 생각을 하자 둥기둥하고 힘없이 현을 퉁기는 소리가 멀리서 들리는 듯했다. 그 소리에 귀를 기울이자 "또 비가 오는군"하는 긴고의 목소리에 섞여 처마 빗물받이의 찢어진 한쪽 모퉁이를 타고 뚝 뚜둑하고 엇박자로 떨어지는 물소리가 둔탁하게 들려왔다. (『遊魂』, p.351)

그러나 순간 "또 비가 오는군"하는 현실적이고 냉철한 긴고의 목소리가 이를 차단한다. 이는 빗줄기가 만들어내는 "엇박자"의 "둔탁한 소리"에 공명하며 수오가 꿈꾼 새로운 성질서, 즉 일탈적 에로스의 연소는 생령이 만들어낸 한바탕의 유희였음을 암시한다. 결국 생령을 통해 실천한 에로스의 연소는 상념 속의 한바탕 봄꿈으로 막을 내린다.

1.2 욕망의 변태

소설 『第2·女子의 風景』은 8페이지로 구성된 장편(掌篇)소설이다. 그런 만큼 소설은 전체적으로 메타포 형식을 취하고 있어 행간을 세심하게 읽을 필요가 있다. 주인공 '나'는 60대 초반의 여성노인으로 한국전쟁이 발발하기 2년 전만해도 사업하는 남편과 아들 3형제를 키우며 평범하게 살아온 아내이자 어머니였다. 그러나 전쟁으로 인해 남편과 아들(장남)을 잃고 돌연 과부로 전락하게 된다.

> 이 년 가까이 제멋대로 자라고, 마르고 한, 잡초들이 마당을 꽉 채우고 있었고 풍우에 거칠어지고 바래어진 집꼬라지도 완전히 폐물처럼 되어있으나 손 하나 대지 못하고 있었으니까. (『第2·女子의 風景』, p.295)

한국 전통가옥에서 "마당"은 중요한 생활공간이다. 빨래를 건조시키고 꽃을 심어 기르며 약간의 닭과 개를 기르는 가족들의 정서적 정화공간이자 크리에이티브한 공간이다. 또한 잘 정돈된 마당은 가족 간의 화목과 주부의 심리적 상태를 대변해주는 장소이기도 하다. 그러나 '나'의 마당은 2년여 동안 버려진 채 황폐해지고 심지어는 가옥마저도 "폐물처럼"변해있다. 이처럼 감성이 파괴된 장소에 어느 날 죽은 아들 현웅의 또래로 보이는 남자가 "몰골이 말이 아닌"채로 찾아든다. 아들만이라도 살아 돌아오기를 학수고대하던 그녀 앞에 갑자기 나타난 윤수는 아들을 대신해서 신이 보내준 사람이라 생각하며 한 치의 망설임 없이 받아들인다. 그런 후 윤수에게 아들의 모습을 오버랩시키며 한껏 모성을 발휘하기 시작한다.

> 식모에게 시키지 않고 내가 손수 목욕물을 데우고 그에게 갈아입힐 옷을 준비했었다. 몹시 마르긴 했지만 골격이 장대한 탓으로 현웅의 것은 맞지 않을 것 같아 아이들 아버지의 것으로 입혔다. (『第2·女子의 風景』, p.296)

'나'는 다음 날 한결 "생기"있는 모습으로 다가온 아들또래의 남자를 위해 "목욕물"과 "옷"을 "손수"챙기며 그와의 신체적 거리를 최소화하려 노력한다. 이내 "골격이 장대"하다는 이유로 "아이들 아버지"의 옷을 입혀 한 치의 망설임도 없이 지금껏 마음속을 차지하고 있던 남편의 자리를 내준다. 더불어 "아이들 아버지의 거래처"에도 대신해서 내보내는 등 그에 대해 무한한 신뢰를 보낸다. 이미 이 시점에서 그녀의 에로스는 태동하기 시작하지만 정작 본인은 눈치 채지 못한다. 한껏 모성을 발휘한 치유 덕분에 윤수는 나날이 회복되어 어느새 남자로서 의젓함을 보이기까지 한다. 이윽고 그가 "몸도 마음도 지칠 대로 지친" '나'에게 정신적으로 "큰 의지"가 된다며 호감을 드러낸다. 이러한 환경 변화에 맞춰 그녀의 에로스 역시 남편의 부재라는 변화된 상황 속에서 점점 자유로워지고 개방화되어 간다. '나'는 언제나 윤수의 동선에 맞춰 움직이며 그 만을 바라보는 한 송이 해바라기이기를 자처한다. 그러는 사이 어느새 윤수는 '나'에게 "따사로운 온기"를 공급하는 태양 같은 존재로 가슴 속에 깊이 들어와 있다. 동시에 이 시점에서 사랑의 엠비발란트(양면가치)적 감정인 질투가 생성되기 시작한다. '나'는 대학에 복학한 윤수의 여자관계가 궁금해지면서 나이가 들었다는 에이지즘적 사고에서 비롯되는 자격지심과 여자의 질투가 합쳐져 윤수의 프라이버시를 캐묻는 이른바 '정서적 폭력'의 징후까지 보인다. 이윽고 한껏 고무된 '나'의 감정은 꿈에서 윤수와 그의 여자 친구의 "보우트 놀이"를 목격하면서 한층 고조된다.

> 그날 밤 나는 괴상한 꿈을 꾸었다. 윤수가 여학생하고 보우트를 타고 있었다. 넘실거리는 강물 위엔 황금빛 노을이 깔려있었다. 강물 전체가 마치 빨강 비단을 깔아 논 듯 찬란한데 윤수와 마주앉은 여학생이 흐드득거리고 웃어대면 윤수는 화답이라도 한다는 건지 부출을 탁탁치며 너펄거렸다. (『第2·女子의 風景』, p.296)

여기서 윤수의 보트놀이는 유남옥의 지적처럼 "남과여의 교합, 에로스의 상징이며 치환이다. 음습하고 축축하고 찰랑대는 강물은 여성의 상징이며, 직선적 구조를 지닌 보우트는 남성의 상징이다."[14] '나'는 꿈을 계기로 한층 욕망의 강도를 더하며 적극적으로 윤수에게 보트놀이를 제안하게 된다. 이러한 에로스에 대한 열망은 남편의 부재라는 섹슈얼리티의 자유로움과 모성의 권위라는 힘이 더해져 적극성을 띠게 되었다고 볼 수 있다.

> 윤수의 자리를 깔 때 의식적으로 더더 깊이 숨을 들이키었다. 물씬 호흡 속으로 윤수의 냄새가 들이밀었다. 남자의 냄새였다. 내 몸을 크게 움찔할 만큼 요동이 내부로부터 발생해오는 것을 의식했다. (중략) 윤수가 내 양쪽 겨드랑이에다 양손을 넣어 몸을 일으키려 들었다. 그의 손닿은 양쪽 겨드랑이에서 불길 같은 것이 일고 전신이 공중 뜨는 것을 깨달았다. (중략) 윤수가 없으면, 윤수가 결혼이라도 해

14 유남옥(1998) 앞의 논문, p.138.

가지고 이 집을 나가면 어떡하지. 이런 염치없는 말을 나는 눈을 감은 채로 했다. (『第2·女子의 風景」, p.298)

보트놀이에 대한 꿈을 꾼 후 '나'는 윤수가 자신에게 "남자"였음을 드디어 깨닫는다. 그런 순간 "내 몸을 크게 움찔할 만큼 요동"친 에로스적 에너지는 자궁에 전달되고 전신에 "불길"이 일고 "공중에 뜨는" 황홀경을 맞본다. 이윽고 '나'는 "눈을 감은 채"로 모성의 권위를 이용해 "염치없"게도 윤수에게 곁에 머물 것을 명령한다. 마침내 '나'는 결혼 생활에서 빼놓을 수 없는 남편과의 "부부간의 절차"가 "지겨웠다"고 고백하기에 이른다. 이어서 '나'는 "괴이한 증세"를 경험하는 것으로 독자에게 욕망의 변태가 시작되었음을 알린다. 이는 결혼이라는 제도가 가져오는 아내로서의 성적의무와 강요된 억압적 섹슈얼리티에 의해 제대로 자신의 성적취향을 형성하지 못한 폐쇄적인 한국의 성문화를 대변하는 듯하다. 또한 에이지즘에 의해 성이 무채색으로 치부되는 노년기에 접어들었지만 자신의 성적 욕망을 발견해내고 인정해가는 모습은 당시로서는 가히 혁명적이라 할 수 있겠다. '보여 지는 성에서 보는 성으로'시점이 바뀌자, 에로스는 삶에 대한 '나'의 재기와 함께 자연스레 발생한 생명의 기운으로 화한다. 그러나 '나'의 황홀했던 봄꿈은 여기까지로, 결국 작금의 성질서대로 윤수는 또래 여자와 결혼하고, 곧바로 신혼여행을 떠나고 만다. 윤수의 대사를 치룬 '나'는 망연자실한 채 마루에 앉아 마당을 바라보고 있다.

나는 뜰 안 전체에 눈을 돌리고 있었다. 윤수와 둘이서 열심히 가꾸던 뜰 안을 따사로운 이른 봄볕이 마당 안 가득히 차있었다. -이제 곧 마당을 손질하고 꽃을 심고해야 할 텐데 그걸 누가 한단 말인가. 또한 번 뜰 안 전체에 나는 눈을 돌렸다. (『第2·女子의 風景」, p.301)

소설의 말미에는 '예견된 윤수의 부재'와 '이미 연소를 시작한 '나'의 에로스'가 대치된 마당이 설정되어 있다. 그러나 이미 마당 재건에 함께할 대상은 부재인 채로다. 이렇게 '나'의 가슴에 가득 차버린 "봄볕"(=에로스), 그리고 그 에너지에 의해 마당 한가득 심어지고 피게 될 "꽃"(=사랑)으로 재건된 마당은 일방적인 '나'만의 한바탕 봄꿈으로 끝나고 만다. 그러나 변태된 욕망의 연소는 지금부터 시작이 아닐까? 물론 상대가 누가 될지는 모르지만. 니콜라 에이벌은 에로스를 "인간이라는 존재가 갖는 여러 가지 요소들을 신체적으로는 성을 통해, 정서적으로는 사랑을 통해, 정신적으로는 상상을 통해 "한데 묶는"힘을 의미한다."고 규정하고 이를 "성적 재생산의 전조"로 보았다.[15] 또한 그는 프로이트의 이론을 예로 들어 에로스를 다음과 같이 설명한다.

> 에로스는 유기체에 존재하는 긴장이다. 유기체들은 다른 개체에 있는 살아있는 물질과의 결합을 통해 이후에 의존하게 될, 이른바 새로운 "생기를 불어넣는 차이들"을 끌어들임으로써 긴장을 증가시킨다. 고등 생물에게서 나타나는 이러한 성적 재생산은 유전자를 재조합하는 결과를 가져오며,"한데 묶음으로써"관련 요소나 부분들은 파괴되지만 이와 동시에 생기를 되찾는 활발한 과정이다. 에로스는 생명체가 오래 지속되고 한층 더 높은 발달단계로 나아갈 수 있게끔 살아 있는 물질을 통합하여 더 큰 통일체로 만든다. 에로스의 목적은 생명체를 복잡하게 만드는 동시에 보존하는 것이다.[16]

에로스는 자신 안에 새로운 "생기를 불어넣는 차이들"을 끌어들여 "긴장"을 배가시켜, 성적 재생산을 꾀한다. 이러한 과정들은 궁

---

15 니콜라 에이벌(2003) 『에로스』 이영선 옮김 이제이북스, p.7.

16 니콜라 에이벌(2003) 앞의 저서, pp.9-10.

극적으로 생명체 보존으로 이어진다. 이처럼 남편부재로 성적파트너를 잃은 두 여인의 생명력에 생기를 불어넣어준 것은 다름 아닌 에로스였다. 노년기는 육체적 노쇠와 함께 현실에서 실천하는 힘은 점차 상실되어가지만, 그렇기 때문에 오히려 상념의 세계가 활성화되고 기성 가치관이나 제도에서 일탈한 자유로운 정신세계, 사고방식을 획득하게 되는 시간이 될 수 있다.[17]

2. 마조에서 사도로

사디즘이 다른 사람에게 고통을 주고 힘을 행사하려는 욕망인 반면, 마조히즘은 고통을 받고 힘에 복종하고자 하는 소망이다.[18] 마조히즘적 요소로 가장 크게 기능하는 에너지인 희생하고 감내하는 이타적 삶으로서의 모성이 지배의 힘으로 악용되며 사도적 모습을 띤다. 여기서 또 하나의 키워드인 노인은 에이지즘적 억압의 틀에 갇혀있는 종속된 성적 에너지로 마조히즘적이다. 그렇다면 『遊魂』과 『第2·女子の 風景』에서 사도마조히즘의 창조자로서의 어머니에 주목해보자.

2.1 위장된 모성

우선 모성은 두 소설에서 중요한 모티브로, 앞서 언급했듯이 『遊魂』은 장모와 사위의 러브스토리, 『第2·女子の 風景』은 아들 또래의 젊은 남자와의 연애담이다. 따라서 두 소설의 주인공이 장모와

---

17 長谷川 啓(2008), 앞의 논문, p.74.

18 에스텔라V.웰든(2006) 앞의 저서, pp.32-33.

어머니라는 설정에 의해 모성은 가장 먼저 그들과 소통하는 수단으로 기능한다.

『遊魂』의 수오는 사위 긴고와 격의 없는 사이임을 밝힌다. 수오는 딸 도메오가 결혼하자 8년여를 딸의 기족과 함께 생활했다. 이 시기에 수오는 장모라는 위치를 이용해 사위 긴고에게 "아들처럼" 다가올 수 있도록 "거리낌"없는 거리를 허용해 두었다. 따라서 수오 또한 긴고에게 마음껏 다가갈 수 있기도 하다. 어머니의 이러한 감정형성에는 딸 도메오도 한 몫 하였다. 자신 눈앞에서 벌어지는 딸과 사위의 거리낌 없는 부부생활을 보며, 수오는 마음의 갈등을 추스르지 못한 채 2년 전부터 홀로 나와 독신생활을 하고 있다. 그러나 홀로 사는 동안 "자신의 본성 안에 살고 있는 고독"을 한층 더 강하게 느낄 뿐이었다.

> 언제나 말을 걸 상대가 있어야한다. 사랑하고 싶은 상대를 구하고자하는 마음도 세월이 흐를수록 점점 더해간다. 그러나 그런 적적함이나 호기심을 채워주기에는 현실의 자신은 너무 나이를 먹어서, 겉모습을 아무리 치장해 봐도 몸속에 침전되어 있는 인생의 무게와 탁함은 도저히 현실의 자신(自身)이외의 다른 무언가에 기대지 않으면, 절실히 원해도 진실의 윤기, 조용함, 슬픔 등의 모습을 완전히 실현하는 일은 불가능하다는 결론을 내리게 되었다. (『遊魂』, p.328)

수오는 자신의 성적 "적적함과 호기심"을 채우고 싶어 하지만 결론은 "너무 나이를 먹어서"실천 불가능하다는 것이다. 또한 "인생의 무게와 탁함"이 상대방에게 부담으로 작용하는 한, 자신의 에로스를 연소시키기 위해 남자를 구한다는 것은 무리가 따르는 것임을 인지한다. 따라서 그녀가 선택한 방법은 자신 없는 늙은 겉모습이 아닌 깊어진 정신을 빌리는 것이다. 즉 모성을 이용해 거리를 좁힌 뒤 상대에게 가까이 다가가 인생의 경험을 토대로 깊이 있는 대화를 시도하며 마음을 사고자 한 것이다.

이러한 위장된 모성 기법은 『第2·女子의 風景』에서도 사용된다. 남편과 아들이 전쟁 통에 사망한 후 찾아든 아들또래의 청년에게 첫눈에 욕정을 느낀 '나'는 자연스레 그를 위한 출세프로젝트를 가동시킨다. 이북 철원이 고향이고 폭격에 부모를 잃고 고아가 되었다는 윤수를, '나'가 돌보아주지 않으면 돌아갈 곳도 없다는 것을 알고, 처음부터 작심하고 모성을 발휘한 것이다. 어쩌면 윤수에게 피붙이가 없다는 사실은 그만큼 기존의 성적 개념이 방해꾼으로 기능할 공간이 적다는 얘기로 '나'의 개방적 섹슈얼리티를 내보일 수 있는 절호의 찬스이기도 하다.

> 학교가 시작되자 윤수를 C대학 영문과 2학년에 편입시켰다. 그는 점점 볼품 있게 성장해갔다. 아이들 아버지의 거래처와도, 볼꼴 없는 집안을 만지고 쓸어서 온 집안에 윤기가 돌았다. (『第2·女子의 風景』, p.296)

'나'는 윤수를 맞이한 첫날부터 식모에게 맡기지 않고 손수 윤수의 "목욕물을 데우고 옷을 준비"해 입힘으로써 신체적, 물질적 거리를 좁혀간다. 그런 후 그의 사회적 성공을 바라며 "대학에 편입" 시키고 남편의 일을 맡기는 등 경제적 투자에서 사회 데뷔까지 돕는 등 내조하는 여성의 젠더 롤에 충실하고자 한다. 이처럼 한 때는 한 남자의 여자였을 두 여성이 독립된 성적 주체가 되었을 때, 남자를 성적으로 지배하기 위해 우선 모성을 동원한 기존의 젠더 롤에 충실한 모습을 보여준다는 사실은 매우 고무적이다. 이러한 여성의 성적취향을 임레 헤르만(1976)은 다음과 같이 설명한다.

> 그동안 여성에게도 성도착이 존재할 수 있다는 가능성에 대한 적절한 인식이 부족했는데, 그것은 어머니가 되는 것이 건전한 정신건강과 등일시될 만큼 모성이 널리 추앙되어 왔기 때문이다. 어머니가 된 여성들은 갈등으로부터도 자유로워지고 완전히 충만하다는 느낌을 갖게 된다고 잘못 가정하고 있었던 것이다.[19]

모성신화에 의해 '어머니'가 추앙되고 에이지즘에 의해 노인의 성이 억압되어 온 역사에 의해, 성적 파트너가 부재한 노년여성들의 성적 고독은 도외시 되어왔다. 그러나 두 작품의 어머니는 비록 모성을 이용해 성적 일탈이 시도되기는 하였지만, 자신들의 내면의 성적 고독을 인지하고 이에 적극적으로 대처하며 에로스의 발아를 희구하였다는 점에서 평가할 만하다.

2.2 자기학대의 미학

앞서 말했듯이 수오의 에로스에 의한 에너지 분출은 "생명에 대한 집착과 기원"에서 비롯되었다. 이는 모성이라는 마조적 모습과 일탈적 성질서 구축이라는 사도적 모습으로 번갈아 나타난다.

먼저 『遊魂』의 수오는 자신의 에로스적 이중성을 다음과 같이 설명한다.

> 나는 아들과도 같은 연배의 남자를 좋아한다고 해서 전혀 부끄러운 일이라고는 생각하지 않지만, 나의 피부와도 같은 기모노는 그런 사실을 순순히 받아들여주지 않아. <u>기모노를 입고 점잖은 체</u> 할 때 그 안의 진짜 자신은 얼마나 괴로울지 아무도 모르지. 그것도 일종의 스토이즘이야. <u>긴장을 통해 희열을 느끼는 정신</u>일거야. (『遊魂』, p.316)

19 에스텔라V.웰든(2006) 앞의 저서, p.74.

수오는 "연하의 남자를 좋아하는" 자신과 "기모노를 입고 점잖은 체"하는 자신이 공존하고 있다고 토로한다. 이러한 이중성을 감추고 살아가는 고통스러움 이야말로 "스토이즘(=금욕주의)"이라며 마조적 모습을 숨기지 않는다. 테오도르 레이크(1957)는 "마조히스트는 자기 포기의 혁명가이다. 그가 입고 있는 양가죽 아래는 늑대가 숨어있다. 그의 굴복에는 저항이 숨어있고, 그의 복종에는 적의가 숨어있다. 그의 나약함 아래는 강인함이 있고, 그의 아첨 아래는 반란이 감춰져 있다."고 지적하였다.[20] 이처럼 그녀는 자신의 성욕을 억제하면서 '사도마조'라는 새로운 차원의 심리상태를 경험하게 된다.

> 억압 받는 성에 대해서 언제나 동정하는 투로는 말하지. 억압당하는 고통과 처절함 등은 눈에 보여도, 그렇게 당함으로써 맛볼 수 있는 환희나 황홀에 대해서는 정말 무지해. 마조히스트는 권력자라는 역설처럼. 사도적이지. 순교와 통하는 것일지도. 그래서 남자의 머리에는 항상 관이 필요한 것이지. 그렇지만 그것도 일종의 나르시시즘의 변형이지. (『遊魂』, p.302)

작자는 "억압 받는 성"에 대해 언제나 "동정"의 관점에서만 논하고자하는 자세야말로 "무지"의 소산이라며 작금의 페미니스트들을 겨냥해 직설화법으로 항의한다. 그 동안 페미니스트들은 여성들의 섹슈얼리티를 "억압"으로 규정하며 투쟁해 왔다. 지금까지의 그러한 논리에 노(NO)를 선언하며, 오히려 여성들의 "성적 억압"은 "환희"이자 "황홀"로 해석해야 한다고 주장하며, 또한 이는 마조히스트의 성적 감성이며, 따라서 여성들의 에로스가 억압당하면 당할

20 에스텔라V.웰든(2006) 앞의 저서 재인용, p.38.

수록 성취도는 극대화된다는 것이다. 즉 "마조히스트는 권력자"이고 이는 곧 "사도적"이라는 말과 상통한다.

그렇다면『第2·女子의 風景』에서는 어떠할까?

> 그동안 줄곧 누워 앓는 나를 윤수는 진정 걱정하는 것일까. 그의 얼굴에선 위로의 빛을 찾아내지 못했다. 연민의 빛을 보이든, 멸시의 눈초리를 보내든지 했으면 오히려 나을 것 같았다. (『第2·女子의 風景』, p.301)

'나'는 지금까지 보여준 모성을 위장한 권력자의 모습에서 일변하여 자신의 행동이 "연민" 또는 "멸시"의 대상이라는 것을 인지하며 마조적 모습을 드러낸다. 즉 윤수를 향한 그녀의 진정과는 달리 단지 나이가 어리다는 이유 때문에 이루어지지 못한다는 폐쇄적 상태를 인식하고 자학적이 된다. 지금이야말로 그녀에게 윤수의 "걱정"과 "위로"가 간절히 필요하지만 그에게 자신이 구상하는 일탈적 섹수얼리티에 동조하기를 기대한다는 것은 무리이다.

로버트J, 스톨러(1976)는 마조히스트의 긍정적 측면에 대해 다음과 같이 언급한다.

> 퍼포먼스의 창조자로서 마조히스트는 결코 진정한 희생자가 아니다. 왜냐하면 그는 실제로는 결코 통제권을 양도하지 않기 때문이다. 이러한 의미에서 마조히스트의 모든 시나리오는 오직 기만적인 고통을 드러내는 것으로 알려져 있다.[21]

그에 정의에 따르면, 마조히스트는 결코 "희생자"가 아니며 "기

---

21 에스텔라V.웰든(2006) 앞의 저서 재인용, p.38.

만적인 고통"에 괴로워하고 있는 것도 아니라는 것이다. 그러한 이유로는 그들이 실제로 "통제권"을 행사하고 있기 때문이라는 것이다. 남편의 부재와 함께 발아된 두 노년여성의 욕망의 변태는 결국 문화의 틀에 갇힌 채 절반의 성공으로 끝을 맺는다. 그러나 노인이라는 에이지즘에 의해 종속되어 왔던 에로스를 생명력의 연소로 승화시켜 제시한 점은 평가할 만하다.

노년기에 접어든 한일 노인여성작가에 의해 발표된 소설을 젠더 에이지즘 관점에서 접근해 보았다. 두 소설의 주인공인 여성노인들은 결혼한 경력이 있지만 남편이 부재이다. 따라서 극심한 성적고독에 노출되어 있다. 두 여성들은 각자가 처한 상황을 최대한 이용하여 고독한 현실을 타파하고자 한다. 일본의 여성노인은 과감하게 딸의 혼인을 빌미로 알게 된 연하의 남자들과의 정신적, 육체적 교감을 시도하며, 한국의 여성노인은 전쟁 후 고향과 부모를 잃고 생사의 극한점에 내몰린 연하의 청년을 구원하면서 에로스를 자극받는다. 두 여성들이 나이 어린 그들에게 성적 매력을 느끼며 접근해 가는 방법은 모성과 젠더 롤이다. 이 두 가지 접근법은 지금껏 그녀들이 연마해 온 가장 자신 있는 이타적 삶의 형태로 마조히즘적이다. 그러나 그 이면에는 그들의 시선을 자신들에게로 집중시킨 후 에로스적 교감을 시도하고자하는 강한 사디즘적 의지가 숨겨져 있어 생명력에 집착하는 모습을 엿보게 한다. 일본의 여성노인은 생령을 불러내어 남자와의 성적 교섭에 성공하며, 한국의 여성노인 또한 꿈이라는 비현실 세계를 통해 대리만족을 얻음으로써 에로스 연소에 어느 정도 성공하였다. 이처럼 그녀들은 노인이라는 에이지즘적 사회적 시선에 굴하지 않고, 남편보다 개방적인 열린 사고를 하는 젊은 남성들과의 진정한 사랑을 간망하며 실천에 한계는 없다는 점을 어필하고자 하지만, 그녀들의 염원은 여기까지다. 한일 양국의 작가는 이 같은 상황이 현실로 옮겨지면 강한 사회적 한계에 부딪칠 것임을 인지하고 절충하는 선에서 소설은 끝난다.

제2절

한일 <신여성>작가의 노년 표상

—『幸福』(宇野千代)과 『탑돌이』(최정희)를 중심으로—

근대 초기 한국과 일본에서의 신여성이란, 우선 새롭게 창설된 서양식 학교에서 교육을 받은 여성들을 의미했다. 교육받은 애국여성일 뿐만 아니라, 개인주의적이며 여성의 자유를 주장하는, 서구적이고 보다 앞선 의식의 진취적인 여성들이었다. 그녀들에 따르면 결혼은 로맨틱 러브에 의한 서로간의 애정에 근거한 것이어야 했다. 또한 남편이나 아내는 결혼한 후에도 계속해서 일을 가지고, 여성도 경제적으로 자립해야 하며, 재산은 남편과 아내에게 평등하게 분여되는 것이 당연하다고 주장했다. 1920년대 신여성에서 모던걸로의 이동을, 하뉴 기요시(羽生清, 2004)는 다음과 같이 풀이했다. “신여성(新しい女)이 표현하려한 자아는 사회와 대립 된 제멋대로인 작은 자아였다. 하지만 모던걸들이 표현하려한 자아는 사회를 보듬은, 사회에 안긴 자아였다. 그녀들은 두 말할 필요도 없이 새로운 시대였다. 미래를 창조하는 힘이었다. 사상으로, 감정으로, 행동으로, 생활로, 다가오는 미래사회를 암시하고 예감하게 한 생명의 흐름”[22]이라 평가했다.

한일 여성작가 중 신여성에서 모던걸로 변모하며 동 시대를 풍

22 羽生清(2004.6), 『装うこと生きること』, 勁草書房, p.161.

미한 작가로 일본의 우노 지요(宇野千代, 1897-1996)와 한국의 최정희(1906-1990)가 있다. 우노 지요가 99세, 최정희가 84세 등 장수한 작가로도 유명하다. 사생활 면에서도, 우노 지요는 네 번의 결혼과 창작 활동, 스타일 잡지사 운영, 기모노 제작사업 등 자립적인 생활을 견지해 온 이른바 신여성의 삶을 몸소 실천한 인물이다. 그녀는 여자들의 용모나 육체가 돈으로 환산되는 현실을 아무런 적개심 없이 받아들여 역이용하는 이른바 쁘띠 브루조아(petit bourgeois) 캐릭터를 창조해 내었으며, 또한 남녀의 양성관계를 억압 대 피억압의 계급관계로 보는 프롤레타리아 페미니즘의 시점에서 한발 더 나아간 리베랄 페미니즘 여성상 구축에 일익을 담당했다.[23] 최정희 역시 숙명여자고등보통학교를 졸업한 후 보육교사로 근무하다가 1930년 일본으로 건너갔다. 그 후 유학길에서 만난 영화 연출가 김유영과 로맨틱 러브를 실천, 동거를 시작했으며 미혼인 상태에서 출산을 경험했다. 귀국 후 삼천리 잡지사의 기자로 있으면서 상사이자 기혼자인 시인 김동환과의 사랑. 그의 두 딸 출산에 이은 후처로서의 생활과 김동환의 월북, 그 후 가장으로서 아들과 두 딸을 기르며 홀로 살아 온 인생역정 등등 파란만장한 인생을 살았다.[24] 시몬느 드 보부아르는 노인들에 대한 사회의 무관심을 걱정하면서 '노인 바로알기'차원에서 쓴 『노년』(1949)에서 "당신은 여전히 뭐든지 할 수 있는 당당한 세대이니 적극적으로 노년을 준비하고 생을 즐겨라"고 강조하고 있으며, 젊은 세대에게는 "노인들에 대한 무지와 사회적 불평등이 엄청 크니 노인과 늙음에 대한 인식을 바로하고 항상 그들을 배려하라"고 하였다.[25]

23 井上里恵(2005.2),『日本女性文学史』, ミネルヴァ書房, p.125.

24 青柳優子(1997.12),『韓国女性文学研究Ⅰ』, お茶の水書房, p.77.

25 정영자(2005),「소설 속에 나타난 여성의 삶과 나이먹기」『여성연구논집 제

한일 여성작가 우노 지요와 최정희는, 칠순이 넘은 나이에 노년의 시점으로 소설을 발표하여 여성 노인상을 재정립하고자 하였다. 근대 신여성으로 출발하여 모던걸의 자유분방한 섹슈얼리티를 실천해 왔다는 점에서 두 작가는 인생의 출발점은 동일하다. 그러나 그로부터 반세기가 지난 시점에 쓰인 『幸福』(『新潮』, 1970. 4)[26]과 『탑돌이』(『현대문학』, 1975. 12)[27]에는 1970년이라는 시대에 맞물린, 공간과 문화를 달리한 두 여성 노인의 삶이 극명하게 대비된다.

『幸福』은 72세의 노녀를 주인공으로 한 사소설로 만년의 우노에게 여류문학상을 안겨주며 1957년의 『おはん』(野間文学賞, 女流文学賞) 이후 제 2의 전성기를 가져다준 작품이다. 당시의 심사위원 중의 한사람인 히라바야시 다이코(平林たい子)는 "작품에는 달콤함과 씁쓸함, 쓰라림이 뒤섞인 여자의 일생이 잘 보이는 유리창 한 장 안에 전부 묘사되어 있다. 그 유리창이 독자의 눈앞을 스쳐 지나가는 속도가 매우 빨라 베테랑의 솜씨가 느껴져 감동적"[28]이라며 극찬을 아끼지 않았다. 또한 오카 노리코(岡宣子)는 "노경을 맞이한 체념과 고적한 느낌의 차원과는 거리가 먼 노년의 밝은 정감이 느껴진다. 이는 남자들과의 이별을 경험해 온 세월 속에서 자연스럽게 쌓인 신선하고 아름다운 생의 감각에서 유출된 것"[29]이라 평하였다. 한편 『탑돌이』는 작가 나이 70세에 발표한 작품으로 사소설적 모티브가 강한 소설이다. 1963년 『인간사』로 제 1회 여류문학상을 수상하며 노년문학에 전념한 가운데 나온 창작성이 돋보인

16호』, p.2.

26 底本; 宇野千代(1971), 『幸福』, 文藝春秋刊.

27 저본; 최정희외 2인(1987), 『한국문학대전집』, 학원출판공사.

28 岡宣子(1990.2), 『近代女性文学』, 桜楓社, p.132.

29 岡宣子(1990.2) 위의 게재서, p.132.

수작으로, 유남옥은 죽음에 착목하여 “불행하기만 했던 한 여인 보련화가 자신의 운명을 보듬어 안고 살아가는, 운명에의 순응과 함께 작품 결말에서 짧지만 아름답게 자신의 삶을 마감하는 죽음의 태도가 지극히 수용적이라는 데서 작가의 뛰어난 기량 및 노년의식을 목도할 수 있다.”[30]고 평가했다.

본고에서는 한일 여성작가 우노 지요의 『幸福』(1970), 최정희의 『탑돌이』(1975)의 소설에 표상된 노인상을 1970년대 세계적으로 일었던 우먼리브(woman's liberation)운동[31]과 결부시켜 젠더·에이지즘(gender ageism)[32]의 관점에서 고찰해 보고자 한다.

1. 두 ‘기다림’
- 찢겨진 달력과 탑돌이의 염원

예로부터 여성들에게 ‘기다림’[33]은 인내라는 이름으로 치환되어

---

30 유남옥(1998.4), 『한국노년문학연구Ⅱ』, 문학을생각하는모임, 국학자료원, p.131.

31 1960년대 후반부터 70년대 전반에 걸쳐 주로 미국, 유럽, 일본 등 선진국에서 일었던 여성운동으로 제2의 물결로 불린다. 성차별 철폐와 여성들의 억압으로부터의 해방을 부르짖었다. (江原由美子(2002), 『女性學事典』, 岩波書店, p.37)

32 연령을 이유로 사람을 낮게 평가하고 차별하는 행위를 말한다. 남성도 노인차별을 당하는 일이 있지만 여성이 차별빈도가 더 높으며 섹시즘(성차별주의)의 한 형태로 볼 수 있다. (リサ·タトル(1998), 『新版フェミニズム事典』, 渡辺和子監譯, 明石書店, p.5)

33 레이버지는 여성적인 양식이 전통적으로 기다림의 양식으로 존재해 온 반면, 남성적인 양식은 전형적으로 탐색의 양식으로 존재해 왔다고 주장한다. (조세핀 도노번, 김익두외 1인 역, 『페미니즘 이론』, 문예출판사, 1995, pp.233-234)

억압의 기제로 기능해왔다. 『幸福』과 『탑돌이』의 주인공 가즈에(一枝)와 보련은 각자의 삶 속에서 '기다림'이라는 상황에 맞닥뜨리게 된다. 이에 대한 두 여성의 대처 방식이 서로 달라 사뭇 흥미롭다.

먼저 『幸福』의 가즈에의 기다림을 살펴보자.

때는 바야흐로 1941년, 가즈에가 마흔 중반에 접어들었을 때의 일이다. 중일전쟁이 격렬해지자 가즈에의 남편도 예외 없이 출정명령서를 받게 된다. 남편이 출정한 후 약 1년간을 가즈에는 남편의 부재라는 환경 속에서 기다림을 실천하게 된다. 다음은 당시의 상황이 묘사된 장면이다.

> 그로부터 1년간 가즈에는 남편이 없는 생활을 한 셈이 된다. 언제 돌아올지 모르는 사람을 기다린다는 것은 힘든 일이다. 지금 생각해 보면 가즈에에게는 그 생활이 가장 힘들지 않았을까? 정신을 추상적으로 유지하며 게다가 같은 상태를 지속시키는 것. 그것이 가즈에에게는 불가능한 일이었다. 처음에는 벽에다 달력을 붙여놓고 매일 하루씩 지워 나갔다. 어디까지 지워나가면 될까? 그 어디까지가 알고 싶다. 어디까지라는 목표를 정해두고 싶다. 그러나 목표를 정할 수는 없었다. 가즈에는 목표가 정해지지 않은 일을 계속할 수는 없었다. 언제였을까? 가즈에는 벽에 붙여놓은 달력을 그만 찢어내 버렸던 것을 기억해 냈다.[34] (『幸福』, p.18)

남편이 병영으로 떠난 뒤, 가즈에도 여느 여인네들처럼 벽에 달력을 붙여놓고 하루하루를 지워가는 방식으로 기다림을 실천해 나간다. 그러나 문득 "목표가 정해지지 않은 일"이 주는 무기력함을 견디지 못해 급기야 "벽에 붙여놓은 달력을 찢어내 버리며" 단호히 기다림을 거부한다. 말하자면 내일의 혁명을 위해 오늘을 인내하는

---

34 필자번역, 이하 동.

헤로이즘(heroism)에 당당히 노(NO)를 선언한 것이다. 매사에 자주적이고 진취적인 가즈에에게 "정신을 추상적"으로 유지하는 '기다림'이란 애초에 불가능한 일이었다. 가즈에는 전쟁이라는 당시의 국가적 대명제 속에 갇혀 막연하게 기다림을 연출하는 소극적인 태도를 보이기보다는 자립한 개인으로서 '지금, 이곳'을 소중히 하는 삶을 지향하는, 자주적 제스처로 저항의지를 어필하고 싶었던 것은 아닐까? 그런 그녀의 삶에 대한 자세는 칠순이 된 지금도 변하지 않는다.

> 언제나 가즈에는 샤워가 끝나면 잠깐 거울 앞에 서서 자신의 알몸을 비춰본다. 타월을 두르고 약간 허리를 튕기듯이 비틀고 서있다. 피부가 빨갛다. (『幸福』, p.7)

가즈에는 매일같이 거울에 비친 자신의 알몸을 똑바로 응시하는 의식을 치른다. 이는 자신의 현 위치인 '지금'을 솔직하게 느끼고 받아들이며 '이곳'을 살고자 하는 의지의 표출이다. 여기에서 가즈에는 칠순의 노인이라는 나약하고 소극적인 이미지와는 어울리지 않는, 탈 에이지즘을 실천한 매우 현실적이며 도전적인, 강한 생명력을 느끼게 한다. 그녀에게 삶이란 오로지 "눈앞에 보이는 것"에 충실하며 이에 부응하는 기대감을 창출하여 스스로의 생을 보다 활기차게 만들어가는 것 이상의 다른 어떤 것도 아니다. 또한 그녀는 신여성 출신답게 '지금, 이곳'을 살아간다는 주체적 자아실현을 통해, 오랜 동안 여성들의 억압적 구습으로 자리매김 되어왔던 '기다림'의 덕목을 파기함으로써 생동감 넘치는 노녀상을 제시하고자 한다.

일본의 1970년은 근대 초기 여성들의 참정권 운동에 이은 제2의 여성해방운동, 즉 우먼리브가 행해졌던 시기로, '성차별 철폐'와 '여성의 억압으로부터의 해방'이 주창되었던 한해이다.[35] 69년이 피크였던 대학분쟁은 학문이나 사상 면에서도 의의가 있었지만, 개인의 삶에 대한 문제제기가 이뤄진 시기이기도 하다는 점에서 의의가 크다. '지금, 이곳'이야말로 창조의 장이며 깨달음의 장이라는 사고는 기실 그녀들의 행동강령이었다. 비록 기혼자의 몸이라 할지라도 억압받는 것에 대해 단호히 거부를 표하며 자유로운 사고를 견지해 온 가즈에의 마음가짐이야말로 우먼리브에 의한 시점의 획득이 선행되었기에 가능했으리라 본다.

한편 1975년에 발표된 『탑돌이』는 언뜻 보면 근대 신여성 작가 최정희의 작품이라는 타이틀이 무색할 정도로 유교적 색채가 짙은 글쓰기 전략을 선보인다.

> 거진 3백 년의 세월을 풍우에 시달려 오다 보니 집은 낡을 대로 낡았으나 산비탈에 지은 집이라 산이자 뜰이요, 뜰이자 산이어서 본래부터 나무가 많은데다가 집을 지은 선조가 그 후손들에게 나무 심는 일을 가훈(家訓)처럼 여길 것을 일러준 탓으로 후손들은 대대손손이 일러준 선조의 뜻을 지켜왔었다. 나무를 심되 결코 뜻 없이 심는 것이 아니고 새 생명이 태어날 때, 그것도 반드시 태어나는 새 생명이 남아(男兒)일 경우에 그 새 생명을 축복하자는 데서 행해지는 것

---

35 일본에서의 우먼리브는 70년 10월 21일 국제반전(反戰)데이에 "그룹·투쟁하는 여자"등 다수의 여성 그룹이 공동으로 여성들만의 데모를 처음으로 주최한 것이 계기가 되었다. 60년대의 고도성장기에 나타난 사회적 모순이 분출, 학생 등 젊은이들이 중심이 되어 사회운동, 학생운동, 신좌익운동이 고조되었다. 예를 들어, 대학투쟁에 임했던 여성운동가들이 자신들을 "밥 짓는 역할"만을 요구하거나, 또는 남성운동가들의 행동을 보고 "여성을 성적 대상으로 밖에는 보지 않는 사회의식이 뿌리 깊다"는 의문을 갖는 등, 운동권 내부에서의 모순이나 여성억압을 깨닫고 여성해방을 지향하는 여성들이 늘기 시작했다. (江原由美子(2002), 『女性學事典』, 岩波書店, p.39)

이었다. (『탑돌이』, p.136)

소설 서드에 배경으로 제시된 보련이 살고 있는 저택은 "3백 년의 세월을 풍우에 시달려"온 "낡을 대로 낡은" 장소로, "가훈"과 "선조의 뜻"에 따라 남아선호 악습을 지키며 살아야하는, 매우 가부장적이고 의존적인 공간이다. 더욱이 이곳에서 60여 평생을 살아온 보련이 느끼기에 고택은 "번영"(p.136)은 고사하고 낡은 집과 함께 나날이 "망가져"(p.136)가는 퇴보의 대명사와도 같다. 그곳에서 보련은 통일을 염원하며 북으로 간 아들과 손자를 기다린다.

그러던 어느 날 대학을 졸업하고 서울에 살고 있던 증손녀 재실이가 결혼할 남자를 대동하고 불쑥 나타나더니 막무가내로 자신 몫의 재산을 내놓으라고 보련을 협박한다. 이에 보련은 통일이 되어 아버지가 돌아오면 결혼을 하라고 타이르지만 재실은 "통일이요? 할머니두 꿈같은 소리 하시네. 통일은 멀리 도망가고 만 걸 할머니 모르세요?"(p.145)라며 반박한다. 이 말에 대노하며 그들을 집 밖으로 쫓아내지만, 통일이 불가능하다는 것을 알게 된 그날 이후 보련은 "바람이 빠지는 고무풍선 모양"(p.145)으로 쓰러져 병석에 눕고 만다. 보련은 지금껏 "할 소릴" 못하고 산 원인을, 평생에 걸친 "기다리기"로 인해 자신의 "전부"가 "밖으로 쏠려"있었으며, 따라서 정작 자신의 내면을 돌아볼 여유가 없어서였다고 한탄한다. 즉 그녀의 신경은 온통 "통일"과 아들 손자의 귀환에 쏠려있어 '개인'으로서의 인생을 살아볼 엄두조차 내지 못했다. 1970년대의 한국은 박정희 정권 유신헌법 반대와 민주화의 열망으로 전국이 들끓는 혼돈의 시대였다. 1975년 4월 베트남(월남) 패망을 기점으로 공산주의에 대한 공포가 확산되자 반공정책은 한층 강화되었다. 이에 따라 '개인'을 중시하는 페미니즘 사상의 성장이 멈춰버린 것은 물론이거니와 폐쇄적이고 경직된 국가주의의 틀 속에 갇히고 만다. 당시 페미니즘을 말한다는 것은 가족이나 사회, 국가로 환원되지 않는 여성 개인의 문제를 말하는 것이었고, 여성 개인의 정치 사회적 권리, 몸에 대한 권리를 논하는 것이었다. 그러나 한국 페미니즘은 아직 개인과 차이를 중심으로 한 페미니즘 발달이 상대적으로 지체되었다. 여전히 전통과 근대가 병존하는 가운데 근대적 개인이 충분히 발전되지 못한 상태였다.[36] 보련이 기다리는 해방은 협의적으로는 아들과 손자의 귀환을 의미하지만, 광의적으로는 국가의 반공정책 비판과 더불어 통일 기원을 의미한다고도 볼 수 있다. 즉 『탑돌이』는 1970년대의 반공 이데올로기에 의해 개인이 억압되고 행복추구권이 짓밟히는 현실을 부각시켜, 국가의 횡포와 함구된 억눌림을 절제된 자세로 승화시킨 의미심장한 작품이다. 페미니즘 소설 작가 최정희에게 1970년대는 페미니즘의 퇴보기로 인식되었으며, 이는 시대를 초월한 짙은 유교적 색체의 『탑돌이』를 통해 반어적으로 형상화 되었다. 이처럼 두 소설 속의 노녀들의 기다림은 '자발적 거부'와 '억지 수용'의 모습으로 극명히 갈린다. 여기에는 1970년대에 놓인 국가의 시대적 상황이 큰 변수로 작용하고 있음을 짐작할 수 있다. 페미니즘사상이 사회적으로 활발히 논의되었던 일본에서의 여성노인은, 억압과 희생에 대해 당당하고도 단호한 목소리로 노(NO)라고 말하고 있지만, 국가적 반공이데올로기에 막혀 '개인'에 대한 논의의 길이 차단된 한국에서는, 일부러 유교로 후퇴하는 모습을 연출하며 공동체 해체를 역설 하고자 한 것은 아니었을까?

36 장미경(2006.1), 『한국여성운동과 젠더정치』, 전남대학교출판부, p.60.

2. 노녀의 파워

2.1 집, 짓기와 지키기

『幸福』의 가즈에는 72년을 살아오는 동안 열채의 집을 지었으며, 지금은 열한 번째의 집을 짓고 있는 중이다.

과연 가즈에가 계속해서 집을 짓는 까닭은 무엇일까?

> 정신을 차려보면 언제나 가즈에는 이미 무언가를 시작하고 있었다. 그것은 바람이 휙하고 지나가는 것과 닮아 있다. 믿을 수 없는 일이지만 가즈에는 젊은 시절부터 지금까지 집을 열한 채나 지었다. 어느 날 새삼스레 손가락을 펴서 세어보니 이미 열 채 정도를 지었었다. 그리고 지금 그 열한 번째의 집을 짓고 있는 중이다. 아마도 세상 사람들은 일생 동안 자신의 집 한 채는 짓고 싶다고 생각할 것이다. 그리고 그 한 채의 꿈도 가지지 못한 사람들도 있다. 그런데도 계속해서 열한 채나 되는 집을 짓다니 도대체 어떻게 된 일일까? (『幸福』, pp.21-22)

젊은 시절 가즈에의 잦은 '집짓기'의 물리적 요인은 전쟁과 사업 파탄이라 볼 수 있다. 72세에 당시를 회고하며 내린 결론은 "무언가를 하는" 자신을 원했기 때문이다. 게다가 일단 이사가 결정되면 크고 정든 옛집보다 "작고 그늘진" 곳이지만 새로 이사 갈 집에 이미 관심의 축이 이동해 있는, 과거에 연연해하지 않는 그녀의 진취적 성향 또한 한몫하고 있다. 이처럼 가즈에는 과거에 얽매여 고민하지 않고 매사에 미래지향적이고 긍정적인 마인드의 소유자이다. 가즈에게 있어 새로운 집짓기란 말 그대로 끊임없이 자기주도적인 인생을 설계하는 "무언가를 하는"것의 연장이다. 이처럼 삶의 공간을 바꾼다는 것은 스스로에게 새로운 환경을 만들어주어 심기일전

할 수 있게 한다. 갈디(1969)의 장소이론에 따르면, 집을 짓는다는 행위는 다음과 같이 풀이된다.

> 진정한 경험에서 '집'이란 그것이 주택이든 마을이든 지역이든 나라이든지간에, 실존과 개인의 정체성의 중심으로. 그곳에서 외부세계를 바라본다. 새집을 짓는다거나 새로운 땅에 정착한다는 것은 아주 근본적인 일로써, 세계를 다시 세우는 것과 맞먹는다.[37]

가즈에에게 있어서 집은 "외부를 바라보는 자기 정체적 공간"이며, 그녀의 새로운 집짓기는 "세계를 다시 세우는 것"과 같은 범주의 매우 크리에이티브(creative)한 행위이다. 또한 근현대를 개척해온 신여성답게 집에 대한 "애착"을 떨쳐내는 모습 역시 매우 합리적인 행동으로, 어쩌면 가즈에에게 집은 구습에 얽매여 억압받는 가부장제적 공간이 아니라 한 인간이 성장하는데 필요한 에너지 산출의 장이었던 것이다.

그렇다면 『탑돌이』의 보련에게 집은 어떤 의미일까?

소설의 서두에서 말해주듯 보련이 살고 있는 3백년이나 된 대저택은 오랜 전통과 구습을 재생하는 억눌림의 공간이자, 출산의 창조적 공간이라는 두 얼굴을 갖는다.

> 나무를 심기 시작한 선조의 뜻은 후손들의 영원한 번영을 꾀한 데서 이루어진 일일지 모르나 거진 3백 년의 세월을 풍우에 시달려 낡을 대로 낡은 집과 한가지로 망가져가는 오늘의 보련화(寶蓮華)를 더욱 적막하게 만들어줄 뿐이었다. (『탑돌이』, p.136)

---

37 에드워드 렐프(2005.3), 『장소와 장소 상실』, 김덕현외 2인 옮김, 논형, pp.184-185.

『幸福』의 가즈에와는 달리 보련은 출산이라는 경험을 한 탓에 자연스럽게 모성을 선택한 삶을 살게 된다. 아들이 태어났을 때 시부는 전통에 따라 마당에 느티나무를 심어 “선조의 뜻”을 받들어 남아선호 악습을 계승시킨다. 이렇게 하여 지켜온 3백년 대저택(유교, 구습)을 85세의 나이에 돌아보니 “낡을 대로 낡은”쓸모없는 공간으로 화해 있으며, 오히려 보련을 “망가”뜨리는 원흉으로 “적막”함만을 안겨줄 뿐이다. 렐프는 장소가 안겨주는 고역스러움에 대해서도 다음과 같이 역설하였다.

> 우리가 가장 관심을 갖는 장소는 바로 우리 삶의 중심일 것이다. 그러나 장소는 또한 억압적이고 감옥 같은 곳일 수도 있다. 장소에는 끔직한 고역, 즉 이 장소에 꼼짝없이 묶여있다는 느낌, 이미 만들어져 있는 환경과 상징, 그리고 틀에 박힌 일상에 속박되어 있다는 느낌이 있다. 즉 일상 속에는 지루한 일들, 굴욕, 또 끊임없이 충족시켜 주어야 하는 기본적인 필요들, 고난, 보잘 것 없음, 탐욕이 점철되어 있다.[38]

렐프의 지적처럼 보련의 장소 또한 “억압적이고 감옥 같은 곳”이 아닐까? 앞서 언급한 바와 같이 보련은 결혼 후 곧 바로 남편이 병사하고 그 후 아들을 출산하는 바람에 평생을 시집에 묶여, 그야말로 청산과부의 삶을 살아야했다. 또한 아들을 낳고 1년 후에 사망한 시부모를 대신하여, 어린 나이에 고택을 지키며 생계를 책임져야 했으며, 아들, 손자의 월북으로 인해 “빨갱이”(p.143)로 낙인찍힌 채 인고의 세월을 보내야만 했다. 이처럼 그녀가 60여 평생을 살아 온 3백년 고택은 실로 억압적이며, 기실 보련에게 감옥과도

38 에드워드 렐프(2005.3), 앞의 저서, pp.101-102.

같은 장소였음에 틀림없다.

낳는성을 거부한 채 자신의 삶을 온전히 살아 온 우노 지요, 월북한 남편을 기다리며 두 딸과 함께 독신생활을 고집해 온 최정희, 그녀들이 지향한 집짓기와 지키기는 일견 상반되는 듯 보이지만 페미니즘을 염두에 둔 글쓰기라는 점에서 일맥상통하다. 집을 짓는 『幸福』의 가즈에는 자립한 '개인'으로써의 삶을 중시하며 '지금, 이곳'을 위해 끊임없이 무언가에 착수하는 생명력 넘치는 모습으로 살고자 했다면, 평생 집을 지켜온 『탑돌이』의 보련은 구습이라는 억압의 틀 속에서도 '타인'을 중시하며 먼 미래의 '통일'을 숨죽여 기다리는 모습을 연출해 철저하게 이타적인 삶을 재현해내지만, 이는 치밀하게 계산된 억압의 역설이었음을 알 수 있다.

2.2 치마폭의 도량

『幸福』과 『탑돌이』는 노년의 작가가 쓴 작품인 만큼 풍부한 인생 경험에서 우러나오는 도량을 읽어 낼 수가 있다. 우노 지요는 열 살 연하이자 네 번째 남편인 기타하라와 30여년이라는 긴 세월을 함께했지만, 1963년 남편의 요구에 의해 우노 부부는 결국 이혼하게 된다. 당시의 심경이 가즈에를 통해 투영되고 있다.

> 가즈에는 5년 전에 남편과 헤어졌다. 그 당시 헤어짐을 괴로워하지 않기로 다짐했었다. 가즈에는 자신 역시도 헤어지는 편이 좋겠다는 쪽으로 생각하려고 노력했다. 남편이 짐을 꾸리고 있을 때 별생각 없이 돕기도 했다. 자연스럽게 그런 행동이 가능했다. 남편은 주거를 옮겨 젊은 여자와 살게 되었다. 가즈에는 그 여자를 본 적이 없다. 그러나 남편이 오랫동안 그 여자를 만나고 있었다는 사실만으로도 그 여자가 어떤 사람인지 알 것 같았다. 남편이 가즈에와 헤어

> 져 그 여자와 살게 된 것이 당연한 일이라고, 가즈에도 그렇게 생각되었다. (『幸福』, p.9)

30여 년간 희로애락을 함께해온 남편이 사실은 오래전부터 아내를 속이고 간통을 저지르고 있으며 이를 자신만 모르고 있었다는 사실은 가즈에로서는 참을 수 없는 굴욕이자 충격이었을 것이다. 그러나 가즈에는 이런 "괴로움"을 연륜으로 감추고 도리어 "이기적인"자신의 삶의 방식에 문제가 있어서였다고 자책하기에 여념이 없다. 또한 그렇기에 이혼은 "당연한 일"이라며 "짐 꾸리기"를 돕는 등 인생의 달인다운 넓은 포용력을 발휘한다.

이러한 스토리는 현실에서도 다르지 않았다. 작가가 환갑을 맞았을 무렵에 만나 40여년을 인생의 동반자로 비즈니스파트너로 함께 해온 비서 후지에 아쓰코(藤江淳子)씨는 당시의 상황을 다음과 같이 증언한다.

> 새 부인의 집으로 들어가는 기타하라씨를 선생님은 평정심을 가지고 지켜보았습니다. 그렇다고 실망하지 않으셨던 건 아니었어요. 이혼 후 잠시 집필 활동을 중단하고 나스(那須)별장에서 은둔 생활을 보냈으니까요. 그런데 영화배우였던 기타하라씨의 새 부인이 "선생님 무대에 출연하고 싶어"라고 했다는 말을 전하자 "출연하고 싶어 한다면 출연시켜 주세요"라며 연출자에게 부탁하여 그녀의 배역을 만들어 주었다니까요.[39]

66세의 우노는 남편의 외도뿐 아니라 이혼 청구까지도 한 치의 흐트러짐 없는 넓은 아량과 포용력을 발휘한다. 그녀의 아량은 여기서 그치지 않는다. 자신의 작품에 출연을 바란다는 전남편 부인

---

39 藤江淳子(2008.2), 「宇野千代「幸福」の二文字」『文藝春秋』, p.266.

의 청까지 기꺼이 들어주는, 진정한 자기성찰을 통해 얻은 깊은 도량으로 노년의 파워를 유감없이 보여준다.

한편 『탑돌이』 보련의 도량은 그 깊이를 더한다. 어느 날 갑자기 아들이 안고 들어온 손자와 그 손자가 장성하여 낳아 온 증손녀를 불평 한마디 않고 맡아 기른다.

> 밤이 으슥해서 아들 형오가 어린 것 하나를 안고 들어왔었다. 처음에는 무엇인지를 모르고 있다가 내려놓은 것을 들여다보고서야 두더기에 싼 아직 핏덩어리째로인 갓난아이임을 알았다. (『탑돌이』, p.139)

> 할머님, 옳은집 규수가 낳은 아이가 못되더라도 할머님의 끔찍하신 아드님이요, 제 아버지의 피, 그리고 제 피를 이어받은 할머님의 핏줄이라 여기시고 소중히 길러주십시오. (『탑돌이』, p.138)

아들은 사귀던 여자 친구와의 사이에서 낳은 갓난아이를, 손자는 유흥가에서 만난 여자와의 사이에서 탄생한 핏덩이를 안고 와 보련에게 내민다. 이처럼 보련은 자신들의 핏줄임을 내세우는 아들과 손자에게 양육을 강요당하지만, 이내 예로부터 내로 오는 여성들의 '핏줄 잇기'소임을 다하고자, "아이의 사타구니를 뒤지"(p.138)며 성별을 확인 한 후 곧바로 받아들인다.

이처럼 두 소설 속의 노녀는 숱한 인생 경험에 걸맞게 '남편의 외도 인정', '아들, 손자의 사생활 인정'이라는 여인네의 치마폭과도 같은 넓은 아량으로 주변과 자신의 삶을 끌어안는다.

3. 행동에서 인식으로

그렇다면 과연 두 소설 속에서 작가들의 삶(행동)은 글을 통해 어떠한 인식을 낳았을까?

『幸福』은 타이틀이 '행복'이듯 행복의 실체에 대해 몰두하는 글쓰기를 보이며, 개인으로 사는 순간순간의 즐거움이 곧 행복이라고 말하고 싶어 한다. 반면 『탑돌이』는 모성의 힘으로 버틴 평생의 바람이 무산되면서 몸져눕게 되고 급기야 임종을 맞이하지만, 그 순간의 슬픔을 윤회라는 종교의 힘으로 승화시키며 미소 짓는다.

먼저 『幸福』의 가즈에가 말하는 행복론에 대해 살펴보자.

> 언제나 가즈에는 목욕한 후에 잠깐 동안 거울 앞에 서서 자신의 맨몸을 들여다본다. (중략) 보티첼리의 비너스 그림과 닮았다고 생각한다. (중략) 그러나 그녀는 자신의 나체가 진짜로 비너스를 닮았다고 믿는 것은 아니다. 이미 70세를 넘은 몸이 비너스를 닮았을 리가 없다. 어쩌면 약간의 반점이 있을지도 모르고 피부가 처져 있을 수도 있다. 게다가 가즈에는 시력이 약해져 잘 보이지도 않는다. 가일층 수증기 속이라서 초점도 정확하지 않다. 그러나 가즈에는 이러한 것을 행복이라 셈했다. 가즈에는 이처럼 행복의 조각들을 하나씩 하나씩 수집한다. 그리고 그것들을 자신의 주변에 둘러쳐놓고 산다. 그 모습을 남들은 이상하게 생각할지라도 자신만은 행복이라 생각하기로 했다. (『幸福』, p.8)

가즈에는 70세를 넘은 노인이다. 따라서 나이든 사람이 그러하듯 그녀 역시 피부는 처져 있고 군데군데 반점이 생겼으며 시력도 떨어져 있다. 그러나 가즈에는 이런 자신의 외모를 "보티첼리의 비너스"를 닮았다고 마인드 컨트롤 한다. 또한 행복을 형성하는 수많은 경우의 수들을 가까운 주변에서부터 수집해 두고 즐긴다. 이러한 상황을 가능케 한 것은 다름 아닌 나이 들어 나빠진 시력 덕분이다. 그렇다, 그녀는 많은 대다수의 사람들이 늙음을 핸디캡이라 여기는 에이지즘을, 도리어 긍정의 힘으로 치환하고 이를 적극적으로 수용함으로써 행복을 발견하고자 한 것이다.

다음 인용은 임종 전 작가가 병원에 입원했을 때의 에피소드이다.

> 입원한 뒤 좀 지난 후의 일이예요. 선생님이 뭔가를 쓰시고 싶다는 손짓을 하셔서 재빨리 문안 선물로 받은 종이로 된 과자상자와 펜을 건네자 "행복"이라고 한마디 쓰셨어요. 선생님은 항상 행복에 대해서 생각하며 살아오신 분이셨어요. 그런 문구까지 남기시며 마지막까지 주위 사람들을 행복하게 해주신 분입니다.[40]

후지에씨의 증언처럼 우노 지요는 1924에도 동일한 제목으로 단편소설을 발표해 진정한 행복에 대해 질문을 던지는 등 유달리 "행복에 대해 생각하며"끊임없이 반문하는 생을 살았던 작가이다. 그러나 이러한 삶에 대한 태도는 불행을 극복하려는 끊임없는 자기 성찰적 자세를 견지하며 살아왔기에 가능한 것이었으리라 생각된다. 소설의 마지막 장면에 가즈에가 "2층"에서 아래를 내려다보는 관찰자적 광경이 묘사되어, "멈추지 않고"내리는 눈과 맞물려, 70세가 넘은 노인의 관점이라고 보기 어려울 정도로 역동적이고 생명력 넘치는 장면이 연출되고 있다. 문장 곳곳에서 발견되듯이 가즈에는 "즐거운 삶"을 지향하고 실천했으므로 진정 행복한 삶이었던 것이다.

반면 『탑돌이』의 보련이 추구했던 행복은 무엇이었을까?

---

40 藤江淳子(2008.2) 앞의 논문, p.267.

보련의 삶은 평생을 두고 모성을 바탕으로 한 인내와 기다림으로 점철된 불완전 연소에 가까운 인생이었다. 그러나 소설 속에서 유일하게 보련이 삶의 에너지를 방출하는 순간이 있다.

> 보련은 부처님 앞에 절하던 것도 문득 멈추고 낭랑한 소리 쪽으로 고개를 돌렸다. 열려있는 큰문으로 4월의 햇빛이 들이 밀어서 법당 안을 온통 금빛 물결이 출렁거렸다. 그런 속에 희고 긴 목을 가진 앳된 스님이 앉아있는 것이었다. 희고 긴 목덜미에 비치는 햇살 때문에 눈이 부시었다. (중략) 재가 끝나 밖에 나왔을 때 경내(境內)에 가득히 찬 햇빛 저편으로 복숭아꽃 살구꽃이 놀처럼 찬란하고 바로 그때 가까운 산에서 뻐꾸기가 버구우우, 목이 터지는 울음을 울었다. (『탑돌이』, p.142)

보련은 절에서 결혼 후 3개월 만에 병사한 남편의 49재를 지내던 중, 경전을 읽는 낭랑한 목소리에 이끌려 뒤를 돌아보자 "희고 긴 목을 가진 앳된"스님이 눈에 들어와 그만 마음을 빼앗기고 만다. 동시에 절의 경내에는 "햇빛"이 가득하고 "복숭아꽃 살구꽃이 놀처럼 찬란하며" 산에서는 "뻐꾸기가 울어대"보련의 마음을 대변한다. 이처럼 절 주변의 자연이 생동감으로 넘쳐 있다. 보련은 이 날의 만남을 계기로 각일스님을 평생의 연인으로, 삶의 멘토로 마음속에 담아두고 살게 된다. 그러나 보련의 감정을 눈치 챈 각일스님으로부터 "보련의 나이가 오십 고개에 이르자 (마치 젊음이 숨죽기를 기다리고나 있은 듯이) 보련화(寶蓮華)라는 불명을 명명"(p.136)받아 에로스는 거세되고 만다.

한편 보련은 임종을 예견하고, 수동 모가 각일스님을 모시러 간 사이 유언을 준비한다. 그러자 여자라는 이유로 평생을 "할 소리"(p.147)를 못하고 살았던 설움이 한꺼번에 터지면서 "눈물이 둑

이 터지듯”(p.148) 흘러 내렸다. 잠시 후 눈물을 멈춘 보련은 평소에 연모했던 각일스님과 아들, 손자를 상상 속으로 불러들여 탑돌이를 시작한다. 전술한 바와 같이 절의 탑 주위를 도는 ‘탑돌이’는 소원을 비는 종교적 의식이다. 따라서 임종을 맞이한 보련이 탑돌이를 생각해 낸 것은 이승에서 이루지 못한 소망이 많다는 이야기이기도 하다.

> 각일스님은 보련이 처음 각일스님을 발견하던 그날의 희고 긴 목 그대로였고, 형오는 학생모에 망토를 쓰고 다니던 때의 모습이었다. 탁도 아비를 데리고 온다면서 떠나던 때와 같았다. (『탑돌이』, p.148)

보련의 탑돌이에는 각일스님, 아들, 손자가 초대되었다. 그리고 세 남자의 모습은 모두 과거 행복했던 시절의 모습 그대로이다. 보련이 첫눈에 반했던 각일스님은 예전대로 “희고 긴 목”을 하고 있으며, 아들, 손자는 월북하기 전의 모습이다. 어쩌면 이 시기가 보련에게 가장 행복한 시절이 아니었을까? 유일하게 에로스의 대상이었던 각일스님과는 이루어지지 못할 사랑을 꿈꾸었으며, 가문의 대를 이어준 아들과 손자는, 이 땅에서 보련을 여자에서 인간으로 격상시켜준 은인들이다. 그러나 스님과의 에로스를 단념하고 아들, 손자가 월북한 후부터의 인생은 어쩌면 보련에게 가혹한 시간들이 아니었을까?

> 머리 위에 펼쳐진 푸른 하늘이 출렁거렸다. 오동나무가 돌았다. 꽃들이 만발하게 핀 불두화나무가 돌고, 복숭아 살구나무가 돌았다. 바람이 불면 꽃잎파리들이 마구 흩날렸다. 흩날리는 꽃잎파리들이 눈처럼 그들 머리 위에, 어깨 위에 얹히기도 하고 떨어지기도 했다. 보련화는 흐드득흐드득 마구 웃었다. 그래서 영원히 닫힌 보련화의 얼굴

에 잔잔한 웃음이 일고 있었던 것이다. (『탑돌이』, p.148)

탑돌이를 마친 보련의 머리 위에서는 "하늘이 출렁"거리고 경내의 나무들이 빙빙 "돌"고 있어, 윤회를 통해 재생하고자하는 보련의 소망이 연출된다. 아울러 위의 라스트 씬은 보련이 각일스님을 처음 만났을 때의 경내의 배경과 일치되게 묘사되어 있다. 다만 그때는 없었던 불두화(佛頭花)나무가 새롭게 첨가되어있다. 부처님의 머리를 닮아 붙여진 불두화 나무는 씨를 맺지 않는 식물로 알려져 있어 의미심장하다. 즉 작가 최정희가 소설을 통해 평생을 고민했던 모성이, 이번에는 노(NO)를 표하며 다시 한 번 거론되고 있다고 볼 수 있다. 유남옥은 최정희의 노년기 작품들의 특징의 하나로써 "3맥 시대 작품들에서 보여주었던 여성과 母性의 문제가 여전히 보이고는 있으나, 여성과 모성이 갈등하거나 혼효되는 양상을 보이기도 하며, 철저하게 운명에 순응하려는 모습을 보이고 있다."[41]고 지적한다. 이처럼 작가 최정희에게 있어서 '모성'은 작품과 밀접한 주제였다. 미국에서 아들이 병사한 후로 겪었던 모성의 고통이 다시 한 번 『탑돌이』에서 문제시되고 있는 것이다. 어쩌면 불두화 나무는 다음 생에서는 모성을 선택하지 않겠다는 작가의 의지이자, 그런 소망에 의해 회생한 보련이었을 것이다.

이처럼 보련이 죽음을 앞두었을 때 비로소 공동체에서 개인으로 회귀하였다. 그제야 보련의 얼굴에는 화색이 돌아 "잔잔히 웃으며" 편안한 마음으로 불행했던 삶을 마감한다.

신여성에서 모던걸로 변모하며 페미니스트 작가로서 평생을 살아 온 노년의 한일 두 작가, 우노 지요와 최정희의 단편 『幸福』과

---

41 유남옥(1998.4) 앞의 논문, p.114.

『탑돌이』는 1970년대를 배경으로 하고 있다. 당시의 페미니즘에서는 '개인'과 '차이'가 시대적 화두였다. 여성 '개인'이 가족과 사회 공동체의 가부장성을 해체하고 균열 내고자 하였다. '모성 환상'을 깨고 성적자기결정권 획득을 부르짖었던 일본과는 달리, 한국에서는 반공 이데올로기라는 국가차원의 장애물에 막혀 '개인과 차이'를 강조하는 것은 여전히 공동체를 위협하거나 가족과 사회를 해체하는 것으로 인식되었다. 이러한 사회적 흐름에 고무된 노년기의 두 작가는 자신들의 생을 모티브로 문제제기에 나섰다.

작가들의 의도대로 『幸福』과 『탑돌이』 속의 두 여성은 하나같이 '개인'으로 살고자 하는 열망을 갖는다. 따라서 이를 방해하는 항목은 극복의 대상이 되었다. 그에 따른 첫 번째 항목이 '기다림'이다. 『幸福』의 가즈에는 전장으로 떠난 남편을 기다려야 하는 아내의 역할에 봉착하지만, "달력을 찢어내는" 분명한 태도로 거부하면서 일찌감치 억압에서 벗어난다. 반면 『탑돌이』의 보련은 전 인생이 기다림으로 점철되어 있다. 이는 모성이라는 에너지가 작용하기에 가능한 일이었다. 임종을 맞이하여 가까스로 공동체에서 개인으로 돌아올 수 있었던 보련은 그제야 모성에 대해 거부 의사를 밝히며 억압적 기제였던 기다림으로부터 해방된다. 그녀들의 극복 요소 두 번째는 에이지즘이다. 연령을 이유로 사람을 낮게 평가하고 차별하는 에이지즘에 대한 항변으로, 풍부한 인생경험을 바탕으로 한 도량을 선택했다. 『幸福』의 가즈에는 많은 남성들과의 교제를 통해 체득한 인생경륜을 바탕으로 외도한 남편의 배신에 대해, 『탑돌이』의 보련은 모성으로 단련된 이타적 자세로, 아들과 손자, 증손녀를 포용, 각자의 도량을 선보이며 나이 듦에 대한 핸디캡을 긍정의 에너지로 바꾼다. 마지막으로 두 작가는 행복에 대해 말하고자 하였다. 그러나 두 여성의 결론에는 차이가 있었다. 인생을 철저히 '개인'으로 살아 온 가즈에는 스스로 행복했었다고 인식하지만, 죽음을 앞두고서야 겨우 개인으로 돌아올 수 있었던 보련은, 통한의 눈물을 흘리며 윤회를 통해 모성이 없는 다음 생을 기약하는 것으로 불행했던 일생을 마감한다.

제3절

「여성 노인, 광기(狂氣)의 심층

— 『노파의 미소(山姥の微笑)』(오바 미나코), 『素描』(박완서)를 중심으로」 —

19세기에서 20세기에 걸쳐 문학과 사상의 큰 테마 중 하나가 광기(狂氣)였다. 이성과 과학이 문명의 중심이 되고 그에 따라 사회제도가 재편되어, 예술, 문화가 융성한 19세기라는 시대로부터 삐져나온 것으로써 광기가 문학의 테마가 될 필연성이 있었다. 문학은 남성 중심의 가부장제에서 여성이기 때문에 겪게 되는 분열 – 참존재와 강요된 존재 사이의 분열 – 을 광기의 인물들을 통해 표출한다.[42]그리고 그것은 남성적인 상징질서 속에서 부재와 비존재로 존재할 수밖에 없는 여성이 자신의 고유한 목소리를 내기 위한 – 여성 존재의 부재성과 비 존재성을 극복하기 위한 – 글쓰기의 전략이기도 하다.[43] 또한 여성인물의 광기는 남성 중심의 사회에서 억눌린 자아를 표출하고자 했던 여성들의 몸부림이다.[44]

일본과 한국의 1960, 70년대는 오로지 경제성장에 주목했던 시기였다. 직장에서 열정을 불태우는 가장들의 배후에는 재생산을 뒷

42 임옥희 외(1994) 『성과 텍스트의 정치학』, 한신문화사. p.70.

43 우미영(2000) 「여성의 광기와 무의식의 욕망 – 백신애론」 『여성문학연구』 4권, 한국여성문학학회. p.353.

44 김수현(2006) 「소설 속 여성의 狂氣와 치유의 서사 – 오정희와 최윤 소설을 중심으로 –」 서강대학교교육대학원 석사학위논문. p.3.

받침해 온 주부들이 있었다. 가정에 남겨져 국가의 지상 명령인 앳홈(at home)을 창조하며 가사노동에 주력한 주부들의 삶은, 폐쇄된 공간과 가사노동의 반복 속에서 오는 피로감을 이기지 못하고 점차 삐걱거리기 시작했다. 게다가 남편들과의 소통부재로 인해 야기되는 주부들의 방황, 우울증, 신경증, 강박관념 등의 광기의 자기사(自己史)가 문학의 소재로 부상하였다.

소설 속에서 전업주부의 일상을 디테일하게 묘사해 화재가 된, 동 시대를 풍미한 한일 여성작가로 오바 미나코(大庭みな子)와 박완서가 있다. 작품 중에서도 특히 오바 미나코의 『세 마리의 게(三匹の蟹)』(『群像』, 1968.6)[45]와 박완서의 『어떤 나들이』(『월간문학』, 1971.9)[46]는 광기의 초기증상을 보이는 중년의 전업주부의 일상이 주제이다.[47] 그로부터 10여년이 흐른 뒤, 두 소설의 주인공인 중년 여성은 각각 『노파의 미소(山姥の微笑)』(大庭みな子, 『新潮』 1976. 1)[48]와 『소묘』(박완서, 『소설문학』 1983. 3)[49]에서 광기 가득한 노파의 모습으로 재탄생되었다.

오바 미나코는 미즈타(水田)와의 대담에서 여성들의 '광기'에 대해 언급하며, "밖으로 표출되는 광기는 개인의 경우나, 사회의 경우 모두 어떤 의미로는 안정장치 같은 것이죠. 표출 된 징후에 따라 원인을 추정하거나 치료의 실마리를 찾을 수 있으니까요. 이

---

45 저본; 大庭みな子(1998) 『女性作家シリーズ』, 角河書店.

46 저본; 박완서(2006) 『부끄러움을 가르칩니다』(박완서 단편소설 전집), 문학동네.

47 명혜영(2011) 「주부의 연극적 자아와 갈등 - 『세 마리의 게(三匹の蟹)』(大庭みな子)와 『어떤 나들이』(박완서)를 중심으로-」, 『日本語文學』 53집. pp.261-284.

48 저본; 大庭みな子(1993) 『女性文学、短編』, おうふう.

49 저본; 박완서(1999) 『그의 외롭고 쓸쓸한 밤』(박완서 단편소설 전집 3), 문학동네.

에 비하면 침묵하는 광기야말로 몇 배 무서운 거죠."[50]라며 침묵의 시간을 깨고 글쓰기를 통해 광기의 분출구를 찾았던 과거를 회상했다.

『노파의 미소』에는, 강한 감수성을 지녀 상대가 원하는 것을 민감하게 캐치하는, 그로 인해 〈타인의 마음을 읽는〉 독심술을 가진 여성노인이 등장한다. 미즈타 무네코는 페미니즘의 관점에서, "여성의 침묵하는 내면의 복잡한 구조를 테마로 한 『노파의 미소』는 직접적이고도 솔직한 자아표현을 거부당한 여성의, 굴절된 역설적 마조히스틱(masochistic)한 자기주장이며, 노파의 자타에 대한 자아조작은 가족이라는 관계에 대한 절망을 알아버린 자의 서바이벌 테크닉이자 자기표현."[51]이라 분석한다.

한편 박완서의 『소묘』에서는 사람들의 마음을 사기위해 무한한 정보력을 갖추고자 광분하는 여성노인이, 며느리의 눈을 통해 극복의 대상으로 묘사된다. 서영채는 박완서 문학을 "사람다운 삶에 대한 갈망"으로 규정하며, 『소묘』는 "부잣집 마나님의 위선을 고발"[52]한 작품이라 평가하였다.

두 소설은, 발표 년대나 당시 작가들의 연령이 유사하다는 점은 차치하고라도 여성의 만년의 모습을 〈광기〉를 모티브로 형상화하고 있다는 점에서도 비교분석할 가치가 있다.

본고에서는 70년대 중반에서 80년대 초반에 발표된 오바 미나코의 『노파의 미소』(1976. 1)와 박완서의 『소묘』(1983. 3)에 묘사되는 여성노인의 광기에 초점을 맞춰, 노파들의 광기가 생명을 창조

---

50 大庭みな子・水田宗子(1994) 『〈山姥〉のいる風景』, 田畑書店. p.45.

51 水田宗子(1991) 『フェミニズムの彼方』, 講談社, p.100.

52 서영채(1999) 「사람다운 삶에 대한 갈망」 『그의 외롭고 쓸쓸한 밤』해설, (주)문학동네. p.445.

해내는 힘으로 '승화', '표출'되어가는 과정을 재조명하고자 한다.

1. 제3의 성, '노파'

『세 마리의 게(三匹の蟹)』와 『어떤 나들이』에서는, 주부들의 생명력 불연소와 자연스럽지 못한 삶의 방식들에 대한 문제제기로써 모든 부조리한 것들의 메타포인 '뒤틀린 형상'을 창출해내었다. 그로부터 10여년이 흐른 뒤의 그녀(주부)들은 과연 어떤 모습으로 진화되었을까? 두 작가의 작품 『노파의 미소』(1976)와 『소묘』(1983)에서는 노경(老境)을 맞이한 여성이 주인공으로 등장한다. 우선, 위선자들의 모임이라 생각하는 브리지파티에서 적극적인 척 줄곧 연기를 해온 탓에 위장병을 얻었던 『세 마리의 게』의 유리가 『노파의 미소』에서는 '타인의 마음을 읽는' 독심술 노파로 변모해 있다.

주인공 '여자'는 철이 들기 시작한 때부터 평상시 어머니가 하는 말투를 복창하다가, 어느새 '타인의 마음을 읽는' 애늙은이가 되어 있다. 그러던 아이가 초등학교에 들어가면서부터는 사람들의 마음을 복창하는 행동을 멈추고 점점 말 수가 줄어들어 침묵하는 법을 터득해간다.

> "너 학교에 가게 되니까 갑자기 얌전해졌구나."하고 어머니가 말하자 딸은 이렇게 대답했다. "생각하고 있는 것을 그대로 말하면, 모두 싫은 표정을 지으니까 입 다물고 있기로 했어. 어른들은 애들이 바보처럼 행동하고 아무것도 모르면 기뻐하는걸 뭐. 이제부턴 어른들을 기쁘게 해주기로 했어."(중략) "생각하고 있는 것을 뭐든 말하렴. 하는 척 같은 것 하지 않아도 돼. 어린애 주제에."그러나 아이는 어머니를 물끄러미 바라보다가 경멸스런 웃음을 흘렸다.[53] (『노파의

미소』, p.53)

어린 시절부터 '여자'는 "어른들을 기쁘게 해주기" 위해 자신을 감추는 자아조작을 시도한다. 그 때문에 어머니로부터 "어린애 주제에"라는 꾸중을 들어도 반성은커녕 도리어 "경멸스런 웃음"을 흘리며 냉소로 일관한다. 소녀는 사춘기를 맞아 서서히 어머니에 대해 동성으로써의 적개심을 드러내기 시작한다.

> 딸도 또한 자신이 어머니에게 짐이라는 것을 깨닫자 – 실은 철이 든 다음부터 어머니에게 자신이 짐이라는 것을 신물이 날 정도로 알고 있었다. – 어머니를 하루라도 빨리 해방시켜드리고 싶다는 생각을 하면서 자신 역시 해방되고 싶었다. 그러나 그런 생각을 갖는 반면, 그런 어머니가 까닭 없이 미웠다. (중략) 그러나 그 증오와 노여움의 대상이, 동성의 경쟁자가 된 어머니의 비열한 방법, 즉 엄마라는 권위를 휘두르며 정면대결을 피하는 비열함이라는 것을 알게 되자, 돌연 딸은 어머니가 나이 들었다고 생각하며 자신의 성숙을 느낀다. (『노파의 미소』, p.53)

'여자'는 사춘기의 딸이 갖는, 동성인 어머니에 대한 라이벌 의식과 어른들의 권위에 대해 거부감을 노골화한다. 그러나 그녀 역시 "지극히 보통인, 전형적인 남자"와 결혼하여 충실히 아내역할을 소화하기에 이른다.

> 여자는 남자에 의해 환희를 얻었으므로, 그에 대한 보상으로 무슨 일이든 해서 남자의 비위를 맞춰줘도 된다고 생각하게 되었다. 어쨌든 남자의 마음 구석구석 여자에게는 손에 잡힌 듯 훤히 보였으므로,

53 필자 번역, 이하 동.

> 여자에게 그 일은 대단한 중노동이었다. 상대의 마음이 보이지만 않는다면 피곤하지도 않고 행복하겠는데. (『노파의 미소』, p.54)

결혼에 의해 어머니의 구속으로부터 벗어난 '여자'는, "환희의 보상"으로 이번에는 남편의 마음을 읽으며 비위를 맞춘다. 그러나 그런 일은 힘든 "중노동"으로, 그로인한 피로감으로 행복하지 못한 삶이었다고 술회한다. 마흔이 넘자 '여자'는 피로누적으로 일찌감치 건강에 적신호가 켜진다. '여자'는 사회로부터 "갱년기장애"라는 진단을 받고, 그로부터 20여 년이 넘게 갱년기장애자로 취급받는다. 더욱이 평소에 타인이 권하는 음식을 거절하지 못한 탓으로 중증의 "비만"환자로 전락한다. 결국 '여자'는 62세의 어느 날 뇌출혈로 갑자기 쓰러져 병원에 입원하게 된다. 이렇듯 게의 등딱지에서 부정형을 읽어내고 자신들의 미래를 예감했던 주부 유리는, 10년이 지난 지금 타인의 의중을 읽어 그들의 욕망을 우선하는, 그로인해 피로에 지친 노인의 삶을 영위하고 있다.

한편, 며느리가 내레이터인 『소묘』의 '시어머니'는, 정년을 맞아 사회적 지위를 잃은 남편은 집안에 숨기고, 외부인들에게는 자신의 진심을 숨기는, 위선으로 가득 찬 노파로 묘사된다.

> 지금도 이백 평 가까운 정원 한 귀퉁이에 그 노송이 서있지만 옮겨 심자마자 죽었는지 잎은 갈색으로 타들어가고 가장귀는 삭정이가 된 노송은 기품은커녕 괴기스러웠다. (『소묘』, p.408)

『소묘』의 '시어머니'는 "젊은것들 저희끼리 제멋대로 자유롭게"라는 취지아래, "운치 있고 고풍스러운" 노송을 옮겨 심으면서까지 신접살림을 차릴 아들부부의 거처를 마련해준다. 이는 마치 자신들 노부부의 은거를 시사한듯하지만, 이는 표면적인 제스처일 뿐 속내는 전혀 다르다. 정작 옮겨 심은 후의 노송은 "괴기스러운" 고사목으로 변해있어, 마치 퇴임해 힘을 잃은 '시아버지'를 연상케 한다. 정작 '시어머니'가 공을 들이고 있는 것은 지나치리만치 생명력 넘치는 거실의 화분들이다.

> 모양도 빛깔도 가지각색의 바이올렛은 휴면기도 없이 사시장철 꽃을 피웠다. 나는 아직 어떤 애호가네 집에서건 화원에서건 심지어는 바이올렛 전시회에서조차 그렇게 화려하게 다발로 핀 꽃을 본적이 없다. 신접살림 난 친구들이 창가에 놓고 한두 분(盆) 기르는 그 꽃은 대개 가련하다 못해 비실비실했지만 시어머니가 기르는 것은 전혀 딴 종류처럼 사치스럽고 극성맞았다. 가장자리에 프릴까지 달고, 철쭉꽃만한 크기로 무리져 피어난 진분홍 바이올렛 같은 건 요괴롭다 못해 독기까지 느껴졌다. (『소묘』, p.409)

'영원한 사랑'이라는 꽃말을 간직한 "바이올렛"은 작고 귀여운 관상용 꽃으로 주로 실내에서 재배된다. '시어머니'가 재배하는 "휴면기"도 없이 "사시장철" 꽃을 피워대는 바이올렛은 마치 주인의 넘치는 생명력을 대변하는 듯하다. 그러나 '나'가 느끼는 시어머니표 바이올렛은 "사치스럽고 극성" 맞으며, "요괴롭다" 못해 "독기"까지 느끼게 한다. 시어머니는 손님들이 탄성을 지르며 재배 비결을 물어오면 기다렸다는 듯이 "사랑을 듬뿍"이라고 우쭐거리며 답한다. 그러나 실상은 꽃시렁 밑에 달린 서랍에 온갖 "비료와 약품" "성장 촉진제" 등을 넣어두고 적절히 투여한 결과이다.

> 사랑 이외의 비결을 한 번도 입 밖에 낸 일이 없기 때문일까? 시어머니가 투약하는 모습은 남의 눈을 꺼리듯 비밀스럽고도 잔혹해 보였다. 나는 무심히 엿보다가도 또 독을 치는군, 하면서 전율한 적이 있었다. 잠시의 나태나 휴면도 허용하지 않고 만개(滿開)의 지속만을

강요하는 약이 독약이 아니고 무엇이랴. 나는 시어머니의 사랑의 효험은 믿지 않았지만 독의 효과는 믿었다. (『소묘』, p.412)

꽃에게 "휴면기"도 주지 않은 채 독이 되는 비료를 투약하여 "만개의 지속"만을 강요하는 시어머니. 며느리는 이런 시어머니를 강박증에 빠진 "잔혹"한 노파로 인식한다. 이처럼 타인의 욕망을 우선해 이타적 삶을 산 두 여성 노인은 결과적으로 '피로감'에 절고, '잔혹'한 노파의 모습으로 화해있다.

2. 자아의 조작과 분열

2.1 독심술의 말로

철이 들 무렵부터 말수가 적어진 '여자'는 결혼 후에도 지속적으로 자신의 욕구보다는 타인의 욕구를 우선시하는 삶에 익숙해져간다. 그 결과, 타인의 마음을 읽는 독심술이 생겨버린 노파는, 별 수 없이 자신의 목소리를 죽이며 매사에 침묵으로 일관한다. 그런 예기치 않은 독심술 능력으로 인해 자신의 삶은 극도의 피로감으로 점철되어 있으며, 이는 행복이라는 것과는 거리가 멀었다고 반추한다. 그러던 어느 날 '여자'는 거울을 통해 문득 몰라보게 늙어버린 자신을 발견한다.

여자는 어느 날 아침 거울로 여러 번 자신의 얼굴을 들여다보았다. 그 얼굴은 노파처럼 깊은 주름투성이로 고양이처럼 듬성듬성 누런 이빨이 추해보였다. 머리는 하얀 서리가 내려 몸 구석구석에서 소리를 내며 서릿발이 돋아나는 것처럼 차가운 아픔을 느꼈다. (『노

파의 미소』, p.57)

'여자'의 얼굴은 "주름투성이"인데다 "누런 이빨", 희게 변한 머리카락은 마치 "노파"와도 같이 흉하게 변해있는 자신과 대면한다. 이뿐이 아니다. 몸은 이곳저곳에서 아픔을 호소하기 시작한다. '여자'는 결국 과도한 비만이 원인으로 뇌출혈을 일으켜 이른 아침 "경직된 개구리"의 모습으로 남편에게 발견된다. 급기야 병원에 입원한 '여자'의 병실에는 남편과 아들, 딸이 문병을 와있다.

> 그러나 이틀 밤이 지났지만, 어머니의 상태가 급변하는 것도 그렇다고 호전되는 것도 아니고 그저 의식이 점점 혼탁해져 주위사람들을 인식조차 할 수 없게 되자 의사는 고개를 갸우뚱하며 "이분은 비만인데도 매우 튼튼한 심장을 가져서 어쩌면 좀 더 오래 갈 수 있겠는데요."라며, 같은 증상의 어떤 뇌혈전증 환자는 의식불명인 채로 2년간이나 링거를 꽂고 살았다는 말을 하자, 세 명의 가족은 병자를 앞에 두고 말을 잃었다. (『노파의 미소』, p.57)

환자의 투병기간이 길어질지도 모른다는 의사의 소견에 세 사람은 입을 다문 채 각자의 입장을 되돌아보기에 여념이 없다. 딸은, 시어머니에게 맡기고 온 어린 딸이 자신이 없는 사이에 병이나 나면 어쩌나하고 불안해한다. 반면, 남편은 간병을 해야 할 딸이 혹시나 집에 간다고 할까봐 안절부절 못해한다. 딸은 아버지의 간청에, 주부가 집을 오래 비울 수 없다고 하면서도 마지못해 병실에 남아준다. '여자'는 자신의 병이 의외로 오래갈 수 있다는 의사의 말에 당혹감을 감추지 못하는 가족들의 얼굴을 보며 무언가를 생각한다.

딸은 잔뜩 겁을 먹은 채로 간호사를 도왔다. 환자는 땀과 배설물로 더러워진 잠옷을 벗기면서 뒤집혔을 때 눈을 부릅뜨고 바로 정면에서 자신의 몸을 잡고 있는 딸의 얼굴을 똑바로 쳐다보았다. 순간 광채가 되살아난 눈으로 엷은 미소를 지었다. 그것은 아주 잠깐 불꽃의 심지와도 같은 화려하지만 외로운 광채였다. 이윽고 불꽃이 꺼지더니 병자의 눈에서 광채가 스러지고, 동시에 입안에 고여 있던 타액을 흘려보내 인후를 움찔 경련시키자, 눈동자가 움직임을 멈추고 몸이 경직되었다. (『노파의 미소』, p.58)

"땀과 배설물로 더러워진" 환자의 몸을 씻기기 위해 옷을 벗기는 간호사를 "잔뜩 겁을 먹은 채" 돕고 있는 딸의 모습이 노파의 시선에 포착된다. "민폐를 끼치려면 사라져"주라는 딸의 본심을 읽은 여자는 알겠다는 듯 "엷은 미소"를 지어 보이며 "딸과 최후의 시선"을 주고받은 후 인후로 타액을 흘려보내 스스로 숨통을 조이고 만다.

어떤 유혹에도 지지 않고 절도 있는 생활을 해서 100세라도 죽는 그 순간까지 강건하게 살든지, 아니면 80세라도 자살할 정도의 에너지를 갖고 있어, 교만하고 자기중심적으로 마지막까지 누리다 가든지, 일 것이다. - 여자는 자신이 낳고 기른 딸에게 만족했다. (『노파의 미소』, p.59)

'여자'는 딸이 자신의 자식들에게 귀찮은 존재가 되지 않도록 노년을 보내다가 죽을 것이라는 생각을 읽어내고는 안심하며 자신의 생을 "자살"로 마감하지만, 결과적으로 그런 자신의 선택에 만족스러워한다. 아울러 딸도 자신이 교육해 온 것처럼 타인의 욕망을 우선시한 삶을 선택하리라는 확신을 갖고 "미소"를 지으며 숨을 거둔다.

2.2 정보 강박증

한편, 고사목과 바이올렛을 통해 어머니로서의 희생과 사랑을 역설하는, 모성애를 지상제일의 가치로 아는 『소묘』의 '시어머니'의 또 다른 관심사는 사람들의 환심을 사기위한 수단으로 사용되는 다량의 '정보'수집이다.

> 그것보다 훨씬 생생한 현실감으로 느낄 수 있는 게 방안에 충만하는 정보였다. 증권시세, 사채시장 정보, 부동산 정보, 누구라면 다 알 만한 댁 자녀의 결혼예물, 예단소식, 그리고 며느리 다루는 법 등의 정보가 눈에 보이진 않지만 방안에 가득 충만한 걸 나는 피부적으로 느낄 수 있었다. 그 분의 정보욕은 한이 없었다. 걸신들린 것처럼 탐해도 탐해도 충족을 모르고, 늘 아쉬워했다. 드물게 정보에 접할 수 없는 날은 불안해서 안절부절을 못했고, 그 좋은 살집이 다 초췌해졌다. (『소묘』, p.413)

방안에 가득찬 시어머니의 정보는 대략 '경제에 관한 정보', '외부인들과의 교제에 필요한 정보', '가정을 제어하는데 필요한 정보' 등 다양하다. 시어머니의 정보욕은 "걸신들린 것"같고 정보를 손에 넣지 못하면 "불안"해하고 몸이 "초췌해"질 정도이다. 이처럼 충족을 모르는 시어머니의 정보욕은 가히 강박증적이다. 그렇다면 시어머니에게 정보란 어떤 의미일까?

> 그분에게 있어서 정보는 정신의 공기 같은 것인지도 몰랐다. 그래 그런지 그분의 정보에 대한 탐욕은 좀 도가 지나쳤다. 예의도 염치도 없었다. 이를테면 어쩌다 나한테 오는 전화도 엿들었다. 별채의 내방으로 연결해주고 나서도 수화기를 계속 귀에 대고 있는 그분의 긴장한 표정을 나는 전화를 받으면서도 빤히 바라볼 수가 있었

다. (『소묘』, p.413)

정보는 즉 사람들이 무언가를 판단하거나 행동할 때 필요한 각종의 매체를 통해서 얻은 지식이다. 따라서 시어머니에게 정보는 타인이나 가족의 행동을 억측하거나 통제하는 중요한 수단이며, 본인에게는 "정신의 공기"와도 같은 지식이다. 따라서 다량의 정보를 통해 얻은 무한한 지식은, 세상의 변화를 살피거나 가정에서의 권력을 유지하는데 사용된다. 그러나 이것 역시 "탐욕"의 수준으로 "예의"나 "염치"도 없는 도를 넘어선 자아 분열적 행동이다. 심지어는 며느리의 전화도청까지 자행하며 정서적 폭력도 불사한다. 이는 곧 강박증을 넘어선 광기 수준이다.

그렇다면 『소묘』의 '시어머니'의 정보 강박증은 어떻게 형성되어진 것일까? 전업주부인 그녀는 현역시절에는 꽤나 사회적 지위가 있었던 주인(남편)의 내조자로서 살아 왔다. 그러나 정년퇴직한 지금의 주인은 죽은 사람과 동일하다.

> 손님이 온종일 있을 때는 그분도 온종일 이층에서 꼼짝도 안했다. (『소묘』, p.413)

> 식탁에서 꼭 필요한 말은 시어머니가 대신했다. (『소묘』, p.420)

> 집의 뿌리가 다 들썩들썩할 것처럼 웅장하게 울려 퍼지는 오케스트라가 집어삼킨 그분의 주정은 성대를 제거당한 맹수의 울부짖음보다도 더 비참하고 헛돼 보였다. (『소묘』, p.422)

> 나는 그분의 말을 한마디도 되돌려주지 않고 번번이 집어삼키기만 했을 시어머니에게 격렬한 적의를 느꼈다. (『소묘』, p.422)

시어머니는 대외적 체면을 위해서라며 이미 죽은 남편의 현실을 인정하지 못하고, 그에게 격조 높은 옷차림과 행동을 강요한다. 또한 "남편 잘되고 못되고는 계집 하기에 달렸다."(p.425)라는 가치관을 볼모로 남편의 모든 사생활을 제어한다. 퇴임 후 주로 집에서 지내는 시아버지는 손님이 방문했을 때는 퇴물취급을 받으며 이층으로 격리 수용되고, 알코올에 의존해 내는 소리도 시어머니가 의도적으로 선곡한 오케스트라에 묻히고 마는, 그는 마치 "성대를 제거당한 맹수"처럼 "비참"한 주인이다.

정신분석학자 라캉은 강박증을 〈주인-노예 변증법〉에 의해 다음과 같이 설명하고 있다.

> "…강박증 환자(의 위치)에 있어서 선물의 질서에 속하는 모든 것은 나르시시즘적 망에 사로잡혀 있고, 그는 이로부터 빠져 나오지 못하고 있다. 그가 출구를 발견하기 위해서는 나르시시즘의 변증법을 그 마지막 순간까지 다 비워야하지 않겠는가? …강박증 환자의 근본적인 역사는 이렇다. <u>그는 이미 죽었다는 것을 알지 못한 채 주인의 죽음을 기다리면서 그 주인 속으로 전적으로 소외되어 있다. 그래서 그는 한 걸음도 나아가지 못한다.</u> 그가 무엇의 포로이며 노예인지 그에게 깨닫게 함으로써, 즉 그가 주인의 노예임을 그에게 깨닫게 함으로써 문제를 해결할 수 있지 않겠는가? 그로 하여금 그의 담화를 포기하게 함으로써 여러분은 어떻게 그가 미리 그것으로부터 항상 좌절되었는지를 그에게 깨닫게 할 수 있다."[54]

라깡에 따르면 강박증자는 흔히들 생각하듯이 주인의 위치가 아니라 노예의 위치를 차지한다. 상징적 거세를 받아들이지 못하기

54 홍준기(2007) 「헤겔의 주인-노예 변증법과 라깡 : 강박증 임상」, 『라깡과 현대정신분석』 VOL.9. p.134. 밑줄 필자.

때문에 여전히 대타자의 포로로 남아있기는 하지만, 그럼에도 강박증자는 대타자의 요구 그리고 이와 결합되어 있는 향유를 거부한다는 점에서 자유와 해방을 추구하는 주체이며, 그러한 한에서 대타자의 자리를 빈곳으로 놓아두기를 원하는 주체이다. 따라서 모순적 위치에서 고통 받고 있지만 바로 여기에 강박증자의 윤리성이 존재한다. 그렇다면 강박증자는 자신의 자유를 달성하기 위해 무엇을 더 해야 하는가? 라깡이 말하듯이 강박증자는 자신의 변증법을 끝까지 밀고 나가야 한다. "그가 무엇의 포로이며 노예인지 그에게 깨닫게 함으로써, 즉 그가 주인의 노예임을 그에게 깨닫게 함으로써 문제를 해결할 수 있다." "그로 하여금 그의 담화를 포기하게 함으로써가 아니라 그의 변증법적 엄격함을 끝까지 밀고 나가게 함으로써" 우리는 "어떻게 그가 미리 모든 것으로부터 항상 좌절 되었는지를 그에게 깨닫게 할 수 있다."고 결론짓는다.[55]

정보 수집 강박증을 보이는 '시어머니'는 어떤 방법으로 그러한 상태를 극복할 수 있을까? 그녀 역시 라깡의 권유대로 남편을 내조하는 이타주의적 삶에서 얻어진 강박증 담화를 포기하는 것이 아니라, 강박증자의 변증법을 끝까지 실천하여, 즉 분석치료를 통하여 상상적 질곡으로부터 벗어날 수 있을 것이다. 따라서 작중에는 시어머니의 정신적 일탈을 날카로운 비판력으로 지적하는 며느리의 시선이 재배치된다.

55 홍준기(2007) 앞의 논문. pp.141-142.

3. 생명릴레이로서의 광기

그렇다면 『노파의 미소』와 『소묘』, 두 작품에서 노파가 보여준 타자의 욕망을 앞세운 삶의 방식은 어떻게 이해될 수 있을까?

먼저 『노파의 미소』의 '여자'는, 자신의 욕망보다 타자의 욕망을 우선한 삶으로, 상대가 소망하는 바를 이루도록 하고 기쁨을 준다. 이처럼 침묵을 견지하면서 상대방의 의도에 맞추는 자세는 일견 봉건시대의 인내하는 여성상을 상상하게 한다. 하지만 타인의 마음을 헤아리고자 하는 친절과 배려심이 반드시 비난받을 일만은 아닐 것이다.

> 인간의 가장 큰 행복은 타인을 행복하게 하는 일이다. 그녀는 부여된 어떤 상황도 행복으로 바꿀 수 있는 능력을 가진 남자의 모습에도 만족하고 자신과 사별한 남편의 행복한 제2의 인생의 출발을 축하했다. (『노파의 미소』, p.59)

노파는 죽음을 맞이하는 순간 "인간의 가장 큰 행복은 타인을 행복하게 하는 일이다."라는 결론을 남긴다. 여기에 한술 더 떠 '여자'는 죽어가면서도 남편의 재혼을 상상하며 축하하는 아량까지 보인다. 이러한 삶은 지금껏 페미니즘이 이의를 제기해 온 여성들의 이타적 삶 비평론과 정면으로 배치되는 의견으로, 매우 고무적이다.

라캉은 '인간의 욕망은 타자의 욕망'이라 하였다. 인간은 "사유"하는 존재이지만 인간의 사유가 드러내는 것은 처음에는 "주체"가 아니라 "대상"이다. 이렇듯 주체로 하여금 처음으로 자기 자신에 대해 사유할 수 있도록 해주는 것은 대상이며, 대상에 의해 촉발된 이러한 "인식 행위"를 욕구(욕망)라 부른다.[56] 결국 '여자'가 보여준 타자의 욕망을 우선한 인생은 결국 자신의 욕망을 충실하게 살아낸 것으로 해석할 수 있겠다.

반면 딸과 아들에 대한 '여자'의 자세는 어떻게 평가될까? 어머니가 쓰러져 병원에 입원했을 당시 앞서 언급한 바와 같이 딸은 자신의 어린 딸을 걱정했었다. 반면 아들은 어땠을까?

> "어머니 저에게는 끊임없이 빽빽 울어대는 새끼들이 있어요. 어떻게 제가 그들에게 먹이를 날라다주지 않을 수 있겠어요. (중략) 만일 제가 그 녀석들에게 먹이 나르는 일을 멈추고 어머니 곁에 찰싹 달라붙어있다면 인류는 이미 오래전에 멸망했을 거예요. 그러니까 녀석들에게 먹이를 주는 것이야말로 어머니에게서 물려받은 피를 조금이라도 후세까지 이어가는 유일한 방법이에요." (『노파의 미소』, p.59)

아들 역시 자신의 소임은 어머니의 병수발이 아니라 자신의 2세를 돌보는 일이라 호소한다. 이런 아들의 부성애를 이타적 삶으로 '여자'는 수용한다. 마지막으로 자신의 일생을 돌아본다.

> 산에 살면서 사람을 잡아먹는 노파가 되는 것과, 노파의 마음을 갖고 인가에서 사는 것과 어느 쪽이 더 행복했을까? 하고 생각해 보기도 했지만 지금 생각해보면 어느 쪽이든 같았다고 생각한다. 산에 살면 노파라 불리고 인가에서 살면 둔갑한 여우라 불리든지 건강하게 천수를 누린 평범한 여자라 불리든지에 차이지만 결국 내용은 같은 것이다. (『노파의 미소』, p.60)

'여자'는 이른바 독심술을 지니고 민가에 내려와 일생을 마감한 둔갑한 여우였다. 산 속에서 살았으면 노파로, 민가에서 살았으면

---

56 홍준기(2007) 앞의 논문. p.118.

둔갑한 여우로, 호칭의 차이는 있겠지만, 독심술을 사용한 삶의 내용은 같았을 것이라 생각한다. 즉, 산속의 노파는 독심술을 이용해 사람을 잡아먹지만, 민가의 노파는 독심술이 있기에 타인의 욕망을 우선시하는 이타적 삶을 살 수 있었다. 그러면서도 '여자'는 독심술로 자아가 조작되고 피로감이 누적되어 행복하지 않다는 생각에, 산속 노파의 생활을 동경해 왔었다. 그러나 임종을 맞아 삶의 마지막 순간에 봉착했을 때 '여자'는 타인의 욕망을 우선해 살길 잘했다는 결론에 도달한다. 그리고 이는 자신의 가정교육에 의해 딸에게도 전수되었음을 확인한 후 만족스런 미소를 지으며, 이타적 삶의 절정을 보여준다.

이렇듯 작가 오바 미나코가 페미니즘에 대해 유연한 자세를 갖게 된 것은 가족관계에서 비롯된 듯하다. 씨는 "어머니가 제삼자 앞에서는 철저하게 남편을 추켜세우면서도 가정 내에서는 분방하다 할 정도로 자유롭게 행동하는 것을 보고, 집안 여자들의 내력이라는 이미지와도 겹치면서, 남녀 관계는 어딘가에서 균형을 맞추는 것이라는 인식을 가지게 되었다."[57]고 밝힌바 있다. 또한 씨는 어머니의 유언대로 이모와 재혼한 아버지를 보며, 자신들의 결혼 경위를 자식들 앞에서 달콤한 어조로 말하는, 부모이기 이전에 부부이자 한 쌍의 남녀였다고 언급하며, "한 쌍의 남자와 여자는 인간의 원형(原型)이다."[58]라고 정의하였다.

그렇다면 『노파의 미소』의 '여자'와는 다른 방법으로 이타적 삶을 전개해 온 『소묘』의 시어머니는 어떨까? 그녀는 가족들에게 사랑을 강매하고, 정보를 탐하여 얻은 지식으로 주변인들을 억압해 마치 작은 성의 군주와도 같다. 그에 따른 부작용으로 곳곳에 균열

57 沼沢和子(1993) 『女性文学、短編』, おうふう. p.62.

58 沼沢和子(1993) 전게재서. p.62 재인용.

이 생기기 시작했으며 이는 며느리의 시점에 의해 포착된다. 먼저 아들의 경우이다.

> 그러나 그에겐 중대한 결함이 있었다. 자신의 의지라는 게 없었다. 학벌이 좋고, 대학원까지 다니니까 아는 것은 많을지 모르지만 자기가 뭘 원하는지는 모르고 있었다. (『소묘』, p.426)

> 어머니가 뒷바라지를 잘해주니까 공부를 잘했고, 어머니가 원하니까 법대를 갔고, 어머니가 법대 다니는 걸 자랑스럽게 아니까 조금도 마음에 없는 공부를 그럭저럭 할 수가 있었고, 어머니가 고시 붙기를 소원하니까 삼년 간 고시공부 하는 척은 할 수 있었지만 그때부턴 이미 스스로의 의지 없이는 아무것도 될 수 없는 단계였다. (『소묘』, p.427)

아들은 어머니가 원하니까, 법대에 가고, 고시공부도 했으며 대학원도 다닌다. 결혼 해 가정까지 꾸렸지만, 변함없이 어머니의 의지에 의해 자신의 진심을 감추고 "척"하며 살고 있는 또 하나의 자아조작자이다. 다음은 며느리이다.

> 이렇게 나의 별채는 늘 닫힌 세계였다. 그래서 시어머니의 거실엔 늘 살아 있는 정보가 충만해 있다면 나의 방엔 돌파구 없는 정보가 고여서 썩어가고 있었다. (『소묘』, p.415)

> 손님들 앞에서 하는, 며느리한테 홀딱 반한 시어머니의 연기는 일품이었다. 내가 그분의 넘치는 자애로움을 연기로 밖에 여길 수 없는 건 손님들이 가고 나서 돌변하는 그분의 태도 때문이었다. (『소묘』, p.416)

시어머니와의 소통이 거부된 며느리의 공간의 "정보"는 지금은 죽은 정보로 무가치하다. 외부와 내부를 이분하는 시어머니의 태도는 며느리에게는 "연기"로 밖에는 보이지 않는다. 결국 그러한 시어머니의 자기분열적 성격이 문제시 된다. 그렇다면 시어머니의 독재로 도처에서 드러난 문제점을 며느리는 어떻게 풀어 나갈까?

> 시아버지의 모습과 표정과 몸짓 속엔 지울 수 없이 극명하게 남편의 모습이 남아 있었다. 아무리 물려주어도 지워지거나 덜어지지 않고 남아 있는 핏줄의 특징을 통해 나는 남편의 모습뿐 아니라 앞으로 태어날 나의 아이의 모습까지를 내다보고 있었다. (중략) 안 돼. 나는 격렬하게 안 된다고 생각했다. 시아버지가 지금대로 살아도 안 되고 내가 그 핏줄의 특징을 잇고 퍼뜨리는 일을 해도 안 된다고 생각했다. (중략) 나는 마치 혁명을 꿈꾸듯이 비밀스러운 정열로 시아버지가 조금이라도 달라질 수 있는 방법을 모색했다. (『소묘』, p.424)

며느리의 위기의식은 자신이 낳게 될 2세에 대한 걱정에서 비롯되었다. 시아버지와 남편의 모습에서 재현되는 피동적이고 의지박약한 핏줄의 특징을 아이에게 물려주고 싶지 않다는 것이다. 며느리는 시어머니의 방해 공작에도 굴하지 않고, 그동안의 "금지된 의문"을 "혁명"적으로 풀고자 한다. 그런 각오를 다진 며느리는 급기야 남편과의 소통을 시도하기에 이른다.

> 그는 깊이 열중해 있었다. 그가 무엇에 열중해 있는 걸 보긴 처음이었다. 푸르스름한 불빛 속에 드러난 그의 옆얼굴은 흡사 시퍼런 날을 세운 한 자루 칼날처럼 섬뜩하고 예리해 보였다. 그리고 그의 왼손은 단호하고 그의 오른손은 눈부셨다. (『소묘』, p.429)

> 나는 처음으로 그에게 싱싱한 욕망을 느꼈다. (『소묘』, p.430)

나는 그의 상처를 정성을 다해 애무하고 그의 피를 핥았다. (중략) 나는 그와 화합하면서 기적을 믿었다. (『소묘』, p.431)

자신의 의지로 게임에 열중해 있는 남편에게서 처음으로 "예리함"과 "싱싱한 욕망"을 느낀 '나'는 그의 "상처를 애무"하며 어머니의 빗나간 사랑으로 인해 생긴 생채기를 치료하기 시작한다. 2세를 염두에 둔 남편과의 육체적 화합은 진정한 소통을 통해 가정을 일구어 가겠다는 두 사람의 정신적 화합이 만들어낸 장면이다. 그날 밤 며느리는 미래에 대한 "기적"을 꿈꾸게 된다. 결국 남녀가 공존 가능한 바람직한 가정 만들기는 시어머니에게서 며느리의 대로 그 책임이 전가된다.

이처럼 이타적 삶을 산 두 작품 속의 노파들의 삶의 방식은 같은 듯하면서도 다르다. 『노파의 미소』의 노파는 자신의 독심술을 이용, 철저하게 타자 욕망을 우선하는 삶을 살아 낸다. 또한 그런 여자로서의 자신의 삶이 타당했다고 결론내리고 그러한 삶의 방식은 있는 그대로 딸에게 전수된다. 한편 『소묘』의 시어머니는 완벽에 가까운 이타적 삶을 살아 낸 결과, 강박증에 사로잡힌 노년을 맞는다. 이런 시어머니의 삶 탓에 멍들어가고 있는 가족들을 보며 며느리는 시어머니에게 비판의 날을 세운다. 이러한 에너지는 며느리로 하여금 2세 출산에 대한 결심을 하게하여, 생명릴레이로서의 국면을 더한다.

남성중심주의의 가부장제 사회에서 참 존재와 강요된 존재 사이에서의 자아 조작과 분열을 반복하는, 독심술과 강박증의 광기로 살아 낸 일생. 만년을 맞이한 시점에서 광기 충만한 『노파의 미소』와 『소묘』의 노파들은 그녀들만의 결론에 이른다. 일본의 노파는,

독심술로 타자의 욕망을 캐치하고 이에 맞추어 타자를 우선한 삶을 영위한 결과 자살이라는 최후의 선택을 할 수밖에 없다. 그러면서도 딸을 통해 이타적 삶의 방식이 지속되기를 간망한다. 한편 한국의 노파는, 퇴임 후 일선에서 물러난 남편의 위업을 이어받아 가정과 대내외적으로 소통하고자 정보에 광분하지만, 이런 삶의 방식이 예기치 않게 가족을 억압하는 결과를 낳자 며느리에 의해 과감히 수정된다. 한일 두 노파의 곁에는 여성들의 이타적 삶의 방식의 바통을 이어받기 위해 차세대주자로 딸과 며느리가 준비되어있다. 두 노파는 강요된 삶에서 채득된 광기였지만, "인간의 가장 큰 행복은 타인을 행복하게 하는 일이다."는 신념아래 이를 도리어 지혜로 승화시켜 미래 세대인 손자들을 위한, 또한 손자 생산을 추구하는 생명릴레이의 광기로 환원시킨다.

제4절

노년의 완성, 그 수용적 자세

—오바 미나코의 『기대되는 날들』과 박완서의 『길고 재미없는 영화가 끝나갈 때』를 통해—

한일 문학작품에서 노년을 형상화하고 있는 작품은 많다. 그 중에서도 중년의 나이에 문단에 데뷔하여 개인적인 체험을 바탕으로 여성노인과 노부부를 묘사한 동시대 작가로, 일본에 오바 미나코(大庭みな子, 1930-2007), 한국에 박완서(1931-2011)가 있다.

오바 디나코와 박완서의 노년기 작품에는 늙음을 함께 경험해 가는 노부부의 모습이 자주 묘사된다. 특히 부부 중 어느 한쪽이 병들어 앓다가 죽음을 맞이하는 해로의 과정은 경험을 토대로 하고 있어 리얼리티를 더한다. 실제로 오바 미나코는 1996년 7월, 65세에 뇌경색으로 쓰러져 팔을 못 쓰고 시력마저 저하되어 반신불수가 되었다. 일상생활은 물론 글쓰기도 불가능하여 작가 생명이 끊길 위기에 놓였을 때, 남편 오바 도시오(大庭利雄)는 다니던 직장을 그만두고 기꺼이 아내의 반신이 되어 주었다. 그는 작품 구술 대필뿐 아니라 가사노동, 요리 등 일상의 모든 일을 장장 11년에 걸쳐 해냈다. 그 덕분에 오바는 창작활동을 계속할 수 있었다.[59] 이

59 오바 미나코는 결혼 후 남편의 전근에 의해 미국 알라스카로 이주해 10여 년을 살았다. 32세에는 위스콘신주립대학 대학원 미술과에 재학, 문학수업을 듣는 등 자기향상을 거듭해 38세의 늦은 나이에 작가로 데뷔했다. 1969

러한 모습은 작가가 뇌경색으로 쓰러진 직후에 발표 된 단편『환상의 칠리호수(まぼろしの七里湖)』(『群像』 1996.8)[60]와 일기형식의 장편『기대되는 날들(楽しみの日々)』(『群像』, 1999.9)[61]의 배경으로 형상화 되어 있다. 에구사 미쓰코(江種満子)는 두 작품에 대해 "미나코는『환상의 칠리호수』에 등장하는 어리석은 사이먼과 자신을 오버랩 시키며, 고래와 한 몸이 되어 노니는 환상 속의 즐거움을『기대되는 날들』에서도 이어간다.『기대되는 날들』의 나날이야 말로 풍부한 상상력의 날들"[62]이었다고 평한다.

박완서 역시 노년문학에서 여성노인의 모습을 자주 그렸다. 그 중 1988년에 사망한 병상의 남편을 수발하며 쓴 간병기 형식의 자전적 소설『여덟 개의 모자로 남은 당신』(『여성동아문집』, 1991)[63]과 1997년에 발표된 단편『길고 재미없는 영화가 끝나갈 때』(『라쁠륨』, 1997)[64]에는 만년의 해로하는 노부부의 삶이 한국적 색채를 띠며 극명히 묘사되어 있다. 여기에는 부부 중 어느 한쪽이 병들어 죽음을 향해가는 여정에 선택된 동행인으로서의 시점이 획득된다.

박혜경은 박완서의 노년기 문학에 대해 "규범화된 도덕적 잣대로 작중인물들의 삶을 판단하는 차원을 넘어, 삶에 대한 보다 근원적인 성찰의 무게"가 담겨있다고 평가했다.[65]

년 39세에 일본으로 돌아와서도 꾸준히 작품 활동에 전념하며 어느덧 유명작가가 된다. 그러던 중 65세에 뇌경색을 일으켜 그만 반신불수가 되고 만다.

60 저본; 大庭みな子 (1999)『楽しみの日々』, 講談社.

61 저본; 大庭みな子 (1999)『楽しみの日々』, 講談社.

62 江種満子 (2008)「大庭みな子の笑い」『老いの愉楽』, 東京堂出版社, p.54.

63 저본; 박완서(1999)『박완서 단편소설 전집 - 나의 가장 나종 지니인 것』, ㈜문학동네.

64 저본; 박완서(1999)『박완서 단편소설 전집 6-그 여자네 집』, ㈜문학동네.

65 박혜경(1999)「겉멋과 정욕」『박완서 단편소설 전집 6-그 여자네 집』, (주)

오바 미나코와 박완서가 작품 활동을 한 1980, 90년대는 사회에 불어온 페미니즘운동에 힘입어 문학에서도 페미니즘이론 문학비평이 시도된 시기였다. 오바 미나코는 작금의 공격적 페미니즘에 대해 "인류가 남녀 반반의 비율인 점은, 우리들이 어떠한 절망감에 빠지더라도 화해하고 협력의 길을 모색해야 함을 말해준다. 그렇게 하지 않으면 인류는 멸망할 것이다."라고 지적하며, 일찌감치 남녀의 조화로운 사회를 주문하기에 이른다.

박완서 역시 평론가로부터 "박완서 문학의 근간에는 '어머니'와 모성이 토대가 되어 있다. 보편적인 어머니가 가지는 가장 큰 덕목은 사랑과 평화를 핵심으로 하는 모성이다. 이런 모성을 근간으로 하는 여성성을 내세우는 박완서의 페미니즘은 대결의 페미니즘이 아니라 살림과 포용의 페미니즘"[66]이라는 평가를 받는다.

이처럼 기존의 페미니즘을 초월한다는 점에서 오바 미나코, 박완서, 두 작가의 문학적 지향점은 닮아 있다. 본고에서는 두 작가의 작품 『기대되는 날들』(오바 미나코)과 『길고 재미없는 영화가 끝나갈 때』(박완서, 이하 『길고 재미없는』)를 중심으로, 노부부의 해로하는 모습을 쫓는 전략적 글쓰기를 통해, 동양적 정서인 "인정과 의리"를 발견하며, 이를 생태주의 에코페미니즘(Ecofeminism)[67]적

문학동네, p.328.

66 하웅백(2006) 「모성, 그 생명과 평화」 『박완서 단편소설 전집 2』, (주)문학동네, p.432.

67 여성=자연', '남성=문화'의 공식에 대한 대안을 추구하던 페미니스트들은 자연 대 문화의 이원론에 대하여 근본적인 물음을 제기하게 되었으며, 더 나아가서 문화와 자연, 이성과 감성, 인간과 동물 등의 이원론과 남성중심, 인간중심의 사고에 도전장을 던진다. 모든 생명체를 지속시키는 생물학적·문화적 다양성을 존중하며, 생물학적 또는 사회구조적인 산물이라는 논쟁을 극복하고 여성의 타인에 대한 관심과 배려, 유기적 성향은 자연과 인간의 관계에 대한 새로운 패러다임의 기본이 되어야 한다는 것이 에코 페미니즘

관점에서 고찰하고자 한다.

1. 노녀가 사는 법

1.1 의존은 나의 행복

오바 미나코의 자전적 소설 『기대되는 날들』의 여주인공 나코(奈児)는 작가다. 그녀 역시 65세에 뇌경색을 일으켜 반신불수가 되며, 이를 남편 모리시 류(杜詞竜)가 헌신적으로 수발한다.

> 남편은 하루 종일 까다로운 나의 병수발을 든다. 나는 아마도 지금이 일생에서 가장 행복한 시간을 보내고 있을 것이다. (『기대되는 날들』, p.17)[68]

> 나도 그가 날 내버려두고 바쁘게 서두는 것은 싫다. 지금에 와서는 이 사람이 나의 남편이라기보다는 엄마라 느껴진다. 웬만하면 자립 좀 해보라고 말하는 남편. 그러나 나는 자립하고 싶은 생각이 추호도 없다. 빌붙거나 달라붙어서 사는 게 좋다. 큰 구멍이 있다면 그 안으로 함께 떨어져도 좋다. (『기대되는 날들』, p.17)

> 남편이 8시에 병실에 모습을 나타내면, 나는 쉴 새 없이 주문한다. '차', '주스', '커피', '쉬 마려워…. (『기대되는 날들』, p.21)

앞서 언급했듯이 나코는 뇌경색으로 쓰러져 신체일부가 마비되

의 핵심이다. (마리아 미스, 반다나 시바(2000) 손덕수 이난아 옮김 『에코페미니즘』, 창작과 비평사, p.394)

68 인용문 중 일본어의 번역은 필자에 의한다.

는 불행을 겪는다. 그 후 그녀는 재활 치료를 겸해 병원생활을 계속하게 된다. 그런 그녀의 곁에는 매일 병원으로 출퇴근을 거듭하며 병수발을 해주는 남편이 있다. 그는 병원규칙에 따라 아침 8시에 출근해 저녁때가 되면 집으로 돌아가는 일을 반복한다. 나코는 남편이 출근하기를 기다렸다가 "'차', '주스', 커피', '쉬 마려워'"를 외치며 쉴 새 없이 케어를 요구한다. 이런 나코의 남편 부리기는 마치 주인과 종의 관계를 연상시킬 정도로 강도 높고 지속적이다. 그녀는 가끔 남편에게 "자립"을 요구 받기도 하지만, 오히려 한없이 "빌붙어"살기를 소원하며, 남편의 수고를 당연시 한다. 이러한 그녀의 행동을 에코페미니즘적 관점에서 보자면 이렇다.

> 남성들은 축적을 위한 파괴적인 상품 생산에서 손을 떼고 생명보존을 위한 여성의 노동을 나누어 해야 한다. 현실적인 견지에서 볼 때, 그들이 가사, 어린이와 노약자 돌보기, 지구를 치유하는 환경 작업, 새로운 형태의 자급생산 등 무임금의 자급노동을 분담해야 한다는 뜻이다.[69]

즉, 에코페미니즘에서는 남성들의 "보살피고 양육하는 자질"을 주문한다. 그렇다고 나코의 남편부리기가 결코 남성처럼, 주인처럼 되고자 하여 여성의 신체(노예) 안에 머리(주인)의 지배권을 확립하고자 하는 기존의 페미니즘적 사고는 아니다. 오히려 작자의 '남편부리기'의 모티브는 생태주의와 일치한다.

그녀의 의존적 삶은 급기야 자립 무용론으로까지 이어진다.

> 나는 여자로 태어났기 때문에 남자에게 기대어 살겠다. 자립은

69 마리아 미스, 반다나 시바(2000), 앞의 책, p.394.

생각도 안하고, 자립한 사람들을 대단하다고도 생각하지 않는다. 인간(人間)이란, 사람 사이에서 살아가는 존재이므로 자립할 필요가 없다. 나는 나만을 위해서는 살아갈 수가 없다. 오로지 나를 위해서만 무언가를 한들 시시하다. 자신이 사랑하는 사람을 즐겁게 해주기 위해, 무언가를 하며 사는 게 인생이라고 언제부턴가 생각하게 되었다. (『기대되는 날들』, p.87)

나코는 남자와 여자가 인간(人間)인 이상, "사람 사이에서 살아가는 존재"라 풀어 설명하며, 타인을 위해 살 때가 진정한 인생이라는 이타적 삶을 옹호, 여성의 자율적 자기결정을 강력히 요구하는 페미니즘론을 초월한다. "자신이 사랑하는 사람을 즐겁게 해주기 위해, 무언가를 하며 사는 게 인생"이라는 생각은 "언제부턴가" 깨닫게 된 삶의 지혜로써 제시된다. 에코페미니즘에서는 주로 국가에 대항하는 개념으로 출발한 자기결정과 자율권을 "독립적이며 고립된 자율적 개인으로서의 여성 양성"이라는 경직된 관념으로 규정하여 재고된다. 노년의 고독이 사회문제로 부상하는 오늘날, 작가는 소설을 통해 '노부부의 해로'라는 정서를 하나의 대안으로 제시하고 있다.

1.2 '길고 재미없는 영화'같은 삶

박완서의 『길고 재미없는』은 딸의 시선을 통해 평가되는 '어머니'를 모티브로, 한국여성들의 전형적인 인고의 삶이 그려진다. 소설은 '어머니'의 삶에 대한 수용적 태도가 일관성을 보이며 독자들의 공감을 이끌어낸다. 여자이자 '어머니'로서의 삶이 시작되는 지점에 '결혼'이라는 장치가 있다.

식민지시대 말기에 양가 어른까지 합석한 거창한 맞선 자리였는데, 소학교밖에 안 나온 어머니는 수줍어서 신랑 얼굴 한번 제대로 쳐다보지도 못했는데 신랑 쪽에선 다들 마음에 있어 한다는 통고를 받게 되었다. (중략) 한 번 더 보고 싶다는 자기 생각은 내색도 못한 채, 신랑 집 마음에 들었다는 것만을 감지덕지해하는 부모님 뜻에 순종할 수밖에 없었다. (『길고 재미없는』, p.135)

'어머니'는 최종학력이 초등학교 졸업으로, 당시 지식인 신여성들이 향유했던 자유연애는 경험도 해보지 못한, 자신의 의견을 당당히 피력하는 적극적인 여성상과는 거리가 먼, 이른바 유교적 덕목에 맞춰진 전형적인 한국여성이다. 굳이 나누자면, 전근대적 여성이라 할 수 있겠다. 그렇다면 이런 전근대적 여성의 생존법은 어땠을까?

남편이 소 닭 보듯 하는 아내가 대접받을 수 있는 길은 대를 이을 수 있는 아들을 낳고 시부모님의 눈에 드는 거였다. 어머니는 그걸 해냈다. 한술 더 떠서 아버지가 갈아들이는 소실에 대해 전혀 투기하지 않음으로써 마치 성군의 중전마마처럼 품위 있고 당당해졌다. (『길고 재미없는』, p.136)

어머니가 얼마나 완벽하고 당당하고 한결같이 인고의 세월을 견디어 냈는지는 친척간에도 동네에서도 유명했다. 그로 말미암아 어머니에게는 늘 따라다니는 품위에다가 위엄 같은 게 어릴적엔 자랑스럽기도 했다. (『길고 재미없는』, p.134)

'어머니'는 먼저, 호적에 오른 정부인으로서의 지위를 십분 활용하여, "소 닭 보듯"하는 남편에게서 결국 "대를 잇는"데 성공하며 며느리로서의 위치를 확고히 한다. 이로써 '여자에서 사람으로' 사회적 신분상승에 성공한다. 그런 어머니의 삶이 평생을 곁에서 지켜봐온 딸에게 "품위 있고 당당"하다는 평가를 받는다. 뿐만 아니라 "친척과 동네"에서도 인정을 받는다. 그렇다면 어머니의 본심은 어땠을까?

> 어머니가 아버지의 아내가 된 게 아니라 그 집안의 며느리가 됐을 뿐이라는 걸 깨달은 것은 첫날밤부터였다고 한다. (『길고 재미없는』, p.135)

> 아버지는 직장 근처에 딴살림을 차리고도 월급봉투 하나만은 한 푼도 안 건드리고 큰집으로 들여왔다고 한다. 어머니는 소실하고 아버지가 무슨 돈으로 살림을 꾸리는지 아랑곳하지 않고 그 월급봉투에 대한 자부심이 대단했다고 하는데 그나마 오래 누리진 못했다. (『길고 재미없는』, p.137)

> 넌 연애결혼이니까 그런 일은 없겠지만 서두 만약의 경우에 대비해 일러두는 건데, 혹시 첫날밤 네 신랑이 제 부모를 잘 모셔야 한다는 소리를 제일 먼저 하거나 계집은 또 얻을 수 있어도 부모는 또 얻을 수 없다는 식의 수작을 하거든, 그 자리에서 그 혼인 파투치고 나와도 나는 너를 내치지 않으마. 야단도 안치마. (『길고 재미없는』, p.138)

'어머니'에게 결혼은 남녀의 결합이었다기보다는 시부모를 봉양하는 며느리로서의 역할 수행을 의미했다. 기실 '어머니'의 성은 남편에 의해, 쾌락의 성이 아닌 생식의 성으로 철저하게 이분화 되어 관리된다. 현대사회는 여성들에게 정조를 지키는 정숙한 아내이면서 동시에 남편의 성욕을 만족시켜 주는 색시한 아내로서의 모순된 역할을 요구한다. 하지만 이를 완벽하게 수용할 수 없는 아내는 자신이 아닌 다른 여성이 남편의 성욕을 만족시켜 주는 것을 허용할 수밖에 없다. 하지만 그것은 가족 내에서 아내, 엄마로서의 지위가 흔들리지 않는 범위 내에서만 가능하다.[70] 결국 '어머니'는 쾌락의 성 역할을 "소실"에게 양보하고, "월급봉투"를 받는 것으로 최소한의 자존심을 지켜온 것이다. '어머니'는 결혼을 앞둔 딸에게 "부모를 잘 모셔야 한다거나, "계집은 또 얻을 수 있어도 부모는 또 얻을 수 없다."는 등의 부모로부터 정신적 독립을 이루지 못한 남편이라 판단되면 이혼도 불사하라고 충고하며, 평생을 어쩔 수 없이 유교적 여인으로 살아올 수밖에 없었던 삶을 한스러워 한다. 여기에는 남편에게 여자로서 대접받지 못한 성적소외도 짙게 깔려 있다. '어머니'는 만년에 이르러서까지도 쾌락의 성에 대해 동경을 버리지 못한다.

> 수술 후 어떻게 된 게 항문의 괄약근이 고무줄이 빠진 것처럼 열린 채 오므라드는 작용을 못하니 아무리 깔끔한 어머니도 속수무책이었다. 처음엔 일시적인 현상이려니 했다. 어머니도 그렇게 생각하고 싶어 하셨다. 자기가 거기를 통제할 능력이 없어진 걸 너무도 기운이 떨어졌기 때문이라고 여기는 듯 뭐든지 주는 대로 열심히 잡수셔서 몸을 보하려 드셨다. (『길고 재미없는』, p.128)

> 어머니 옷 갈피에는 어디서 난 건지 흔히 향(香)비누라고 일컫는 냄새 좋은 세숫비누가 구메구메 들어 있었다. 할머니가 돌아가신 후엔 옷장 버선 갈피마다에서 지폐가 쏟아져 나왔다고 하더니 어머니는 향비누였다. 행여 늙은이 냄새가 날세라 그렇게 철저히 대비를 했던 것이다. 몸으로도 마음으로도 추레해지는 걸 극도로 두려워했던 어머니다운 자기관리였다. (『길고 재미없는』, p.141)

---

70 장(윤)필화(1999) 『여성 몸 성』, 도서출판 또 하나의 문화, p.313.

병에 걸린 것도 부족해 항문이 닫히지 않는 상황에 직면해 통제 불능이라는 초유의 사태를 맞이한 '어머니'는 끝까지 "재미없는" 삶의 주인공일 수밖에 없는 걸까? '어머니'의 바람은 오로지 언젠가 남편에게 여자로서 대우받는 것이었다. 그런 일념하나로 "향비누"를 옷 갈피에 넣는 등 철저한 "자기관리"로 성적어필을 계속해 온 것이다. 그러나 노력한 보람도 없이 병과 함께 "항문이 열리는" 황당한 상황에 직면하게 된다. 이로써 여성노인의 성에 대한 호기심이나 기대는 각하된다. 이를 전흥남은 "의식과 무관한 채 진행되는 육체의 반란 혹은 깔끔한 육체의 활동을 배반하는 희미하고 산만한 정신이라는 난해한 노년의 아이러니"[71]라 분석한다. 그러나 이러한 끝없는 수난은 오히려 노년의 성에 인색한 한국문화를 반어적으로 표현한 것으로 볼 수 있겠다. 어머니의 삶이 장남아들의 눈에는 "길고 지루한 영화"로 비춰지지만, 아버지의 태도 변화에 의해 어머니는 임종을 앞두고서야 겨우 정서적 보상을 받게 된다.

2. 남편의 변태

2.1 부양에서 돌봄으로

『기대되는 날들』의 나코의 남편 모리시는 아내의 발병과 함께 회사생활을 마감하고, 개호(介護 돌봄)자로서의 생활을 시작한다.

> 근 몇 개월간 모리시는 하루 세 번 직접 요리해 상을 차려 나코에게 바친다. 예를 들자면, 회, 튀김, 조림, 해삼, 멍게, 갯가재, 게, 대합

71 전흥남(2010) 「박완서 노년소설의 시학과 문학적 함의(Ⅱ)」, 『국어문학』, p.117.

조개, 해초 등이 상에 오른다. 어떻게 이런 식재료의 요리법을 알고 있었는지 놀랍다. "매일 반찬을 준비하는 것도 질릴 테니까 적당히 남은 반찬이나 인스턴트식품도 괜찮다"고 하자, 통조림 몇 가지를 사와서 조리법을 읽어준다. (『기대되는 날들』, p.106)

남편은 매 끼니마다 다양한 식재료를 구입 해다 직접 조리해 밥상을 차린다. 마치 나코의 그동안의 수고를 되갚기라도 하려는 듯 부인 케어에 지극정성을 다한다. 오히려 나코가 먼저 인스턴트도 좋다고 수위조절을 요청할 정도로 완벽한 수발을 보여준다. 이와 동시에 남편은 아내 나코와 함께했던 지난날을 되돌아보며 반성하는 모습까지 보인다.

모리시가 "당신의 꿈을 꺾어서 미안해"라고 하자 나코는 하염없이 눈물을 흘렸다. 알레스카 시절, 호수 근처 집에서 피아노 소리가 들려왔다. (중략) 나코는 하프시코드의 바하를 들으며, 또 눈물을 흘렸다. 그 시절로 다시는 돌아가고 싶지 않아…(『기대되는 날들』, p.163)

앞서 언급 했듯이, 미나코는 작품 활동을 계속한다는 조건으로 25세에 결혼했으나 곧바로 딸을 낳는 바람에 창작활동은 중단한 상태였다. 그로부터 4년 후인 29세에 남편을 따라 알라스카로 이주해 내조의 나날을 보내며 간간히 작품을 발표했다. 따라서 『기대되는 날들』의 남편 모리시는 가족을 위해 아내가 자신의 작가인생을 희생했다고 생각, "당신의 꿈을 꺾어서 미안해"라고 통한의 반성을 하고 있는 것이다.

실제로 남편 오바 도시오도 아내의 간병기 『밀월의 종말(終りの蜜月)』(2002)을 발표하고, 6년간 병상에서 나누었던 부부간의 애틋한 정과 의리의 나날을 숨김없이 털어 놓았다. 그는 책 서두에서

"해로동혈(偕老同穴)이라는 바구니 형태의 해면동물이 있다. 그 속에 자웅의 새우가 평생을 함께 살고 있어, 해로동혈은 부부가 늙어서까지 사이좋게 지내는 것을 빗대어 하는 말이 되었다. 어느 날, 그다지 행복한 부부관계를 갖지 못했던 사람이 이 바다수세미를 보고 해로동혈이라고 하지만, 알고 보면 나가고 싶어도 나갈 수 없는 것이네"라고 한 말을 기억한다. 우리 부부도 "해로동혈"의 여생을 보내고 있는데, 이 두 마리 새우가 아무래도 갇혀있는 것에 행복감을 느껴 떨어지고 싶은 생각이 전혀 없는 듯하다."고 에둘러 적고 있다. 갑작스럽게 회사를 그만두고 시작된 간병인 생활은 그에게도 쉬운 일은 아니었을 것이다. 그러나 그는 이시간이 그에게는 "밀월"이었다고 결론짓고 있다. 비록 만년에 병으로 인해 촉발된 기회이기는 하지만, 젊은 날의 희생, 인고의 세월을 견뎌내고 획득된, 해로한 부부라는 조건 하에서만 가능한 행복감이었으리라 생각된다.

2.2 아들에서 남편, 그리고 반려자로

『길고 재미없는』의 '나'의 아버지는 평생을 끊임없이 소실들을 갈아치움으로써 어머니에게 굴욕의 삶을 안겨주고, 아내가 딸에게 '정신적인 독립을 이루지 못한 남자와는 이혼도 불사하라'는 가치관을 심어준 장본인이다. 어머니의 "발병과 수술"그리고 "항문"이 기능을 다하지 못하게 된 시점은, 일평생 외도를 일삼아 온 아버지가 돈이 떨어져 집으로 들어온 시점과 맞닿아 있어 애처로움을 더한다.

그렇다면 과연 '아버지'는 어떤 삶을 살아온 걸까?

> 세라복 입은 여고생을 동경하던 멋쟁이 아버지에게 투덕투덕 복스럽다는 것 외엔 볼 게 없는 어머니가 처음부터 마음에 안 찼을 것이다. 그러나 벌써 몇 번째 맏아들의 연애질에 속을 썩어온 부모는 그 듬직한 색싯감이 마음에 쏙 든다고 바싹 아들을 조이기 시작했다. 당시만 해도 부모가 강력하게 주장하면, 코찡찡이나 곰보가 아닌 이상 승복하는 게 자식 된 도리였다. 더군다나 아버지는 어려서부터 부모한테 순종하고 부모님의 노후를 책임질 장남이란 걸 무엇보다도 우선적으로 철저하게 교육받아온 터였다. (『길고 재미없는』, p.135)

초등학교 졸업생인 어머니와는 달리 '아버지'는 근대교육을 받은 지식인으로, 결혼 후에는 "한전"에 근무했다. 젊어서 연애지상주의였던 아버지는 가정을 꾸린 후에도 평생을 자유연애를 갈구하며 '바람둥이'로서의 삶을 자처했다. 그러나 그런 아버지에게는 집안의 "장남"으로서 "부모의 노후를 책임"져야하는 막중한 임무가 있었다. 그런 장남의 중압감에서 벗어나기라도 하려는 듯 그는 끝없이 가정을 도외시했다. 심지어는 부인이 병으로 수술을 받는다는 사실을 알고도 무관심으로 포장하며 권위를 지킨다. '나'는 어머니의 함구령에 따라 수술을 마친 지금까지도 아버지에게 어머니의 병이 암이라는 사실을 말하지 못했다. 그러나 아버지의 무심함에 질린 '나'는 그만 어머니의 병명과 수술결과를 통보하고 만다.

> 어머니는 지금 말기 암환자이고, 남은 명이 다섯 달도 안 될 거라고 말해버리고 나서 아버지의 반응 같은 건 살피지도 않고 친정집을 뒤로 했다. (『길고 재미없는』, p.142)

> 여보, 사랑해, 사랑해, 사랑해요. 그 흐느끼는 음성을 통해 여지껏 들리던 그 이상한 잡음도 복받치는 울음을 참는 소리라는 걸 알아차렸다. (『길고 재미없는』, p.143)

결혼해서부터 쉬지 않고 바람을 피우면서도, 월급은 꼬박꼬박 가져와 “소실”과 차별을 두었던 아버지. 그런 아버지의 행동은 조강지처에 대한 예후에서 비롯된 것이리라. 결심한 듯 아버지는 아내의 병실로 전화를 걸어와, 비록 수화기 너머로 이긴 하지만 뒤늦은 사랑고백과 함께 참회의 눈물을 흘린다. 아버지의 “흐느낌”은, 평생을 “장남노릇”에 얽매어 살아야했던 유교적 삶에 대한 회한의 눈물이자, 늦게나마 남편의 역할을 다짐하는 거듭남의 눈물이다. 이는 유교적 규범에 의해 ‘자율성’을 침해당했던 남편의 에코페미니즘적 ‘자기결정’에 의한 변태라 해석할 수 있겠다.

> 아버지는 말로만 아니라 거의 매일같이 어머니를 문병했고 똥도 치우고 싶어 했지만 어머니가 그것만은 허락하지 않으셨다. 죽을 때까지 사랑받고 싶어서 그 꼴만은 안 보이고 싶었나 보다. 어머니 뮛자리를 잡는데도 정성을 다하셨고, 장례 때도 수시로 그 딸꾹질을 참는 것 같은 소리를 내며 눈물을 뚝뚝 흘려서 우리를 민망하게 했다. 아버지에 비해 자식들은 솔직히 슬픔보다도 시원한 쪽이 더했을 것이다. 상주인 오빠의 얼굴을 보고 있으면 영락없이 길고 지루한 영화가 끝났을 때의 관객의 얼굴을 연상시켰다. (『길고 재미없는』, p.143)

남편 선언을 마친 후 아버지는 달라졌다. 그는 매일같이 아내를 문병하고, 뮛자리를 엄선해 잡고, 장례식 때에도 갑옷과도 같았던 근엄함을 내려놓고 통곡했다. 그는 늦게나마 아내에게 속죄하는 마음으로 남편의 역할에 충실하고자 한 것이다. 이런 아버지의 변태를 지켜본 딸은 “추악”하게만 느껴졌던 아버지를 비로소 용서하고 이해하게 된다. 그러나 이러한 “장남노릇”은 시종일관 “지루한 영화”를 관람하듯 지켜보고 서 있는, 소통의 중요성보다 권위와 체면이 더 가치우위인 오빠에게 대물림 되고 있음을 시사하며 소설은 끝을 맺는다.

3. 노년의 완성 – 살아있는 관계의 재창조

오바 미나코는 뇌경색을 일으키기 전에 집필한 『환상의 칠리호수』에서 '고래와 혼연일체가 되어 유영하며 개인적인 환상의 시공간'을 묘사하고자 한다.

> 칠리호수의 밑바닥으로부터 여러 사람의 목소리가 안개처럼 피어오른다. (『환상의 칠리호수』, p.9)

만년의 작가는 알라스카 시절을 떠올리며 "여러 사람의 목소리"에서 추억을 펴 올리고자 한다. 알라스카의 "칠리호수"에서 순진무구한 자신을 발견하려는 찰라, 뇌경색으로 연재는 중단되고 만다. 그로부터 반년 후 구술필기에 의해 『기대되는 날들』이 발표되고 삶의 환희를 그리려했던 『환상의 칠리호수』의 감성은 그대로 연결되어 유지된다. 오바는 소설을 빌려, "결혼 50년 만에 더블 침대"를 구입하고, 죽을 때는 "남편의 손에 죽고 싶다"는 고백을 한다. 남편 도시오 역시 『밀월의 종말』에서 병상의 아내와 함께 보낸 시간을 밀월이라 칭하며, 아내의 간병기를 "보석상자"라 명명했다.

박완서는 자전적 소설 『여덟 개의 모자로 남은 당신』에서 죽음을 앞둔 남편을 간호하며 지낸 열 달이란 시간이 "우리 부부에게 일생 중 가장 행복"했다고 술회한다. 또한 『길고 재미없는』의 병상의 아내는 칠십에 처음들은 사랑고백에 삶의 마지막을 "웃음"으로 채우고 떠난다. 이렇듯 두 작가의 노년의 생활과 작품에서는, 해로의 과정을 함께한 노부부였기에 만년에 찾아온 병마를 치료하는 시간도 하나같이 행복했다고 말할 수 있는 것이다.

이러한 오바 미나코와 박완서의 작품에 표상되는 노부부의 해로비결에는 불같은 사랑의 감정보다는 의리(義理)와 정이라는 동양적 정서가 짙게 깔려있다. 예를 들어 오바의 『기대되는 날들』의 아내 나코는 수발드는 남편에게서 엄마의 편안함을 느끼며 마음껏 의존한다.

오바의 남편 도시오는 『밀월의 종말』에서 개호(돌봄)에 대해 다음과 같이 적고 있다.

> "개호(介護)란 무엇인가? 한마디로 표현하면, '약자에 대한 배려, 동정, 또는 헌신'이라 할 수 있지만, 이로써도 충분한 표현이 아니다. 강자가 약자를 관용으로 취급하는 것은 결코 진정한 개호라 할 수 없다."[72]

도시오가 말하는 "개호", 즉 돌봄이란, 강자가 관용의 시선으로 약자에게 베푸는 식의 것이 아니다. 개호의 "진정"한 자세는 "같은 아픔을 함께 느끼는 것"이라고 덧붙이며, "머리로 생각하는 것이 아닌 몸과 마음이 자연스럽게 반응하는 '마치자식을 기르는 어미의 심정'과도 가까운 감각"이라 말한다. 이러한 그의 감성은 부부라는 이름으로 함께한 세월이 만들어낸, '인정과 의리' 또는 부부간의 '예(禮)'와 같은 다양한 감성의 복합체라 할 수 있다.

철학자 미나모토는 '인정과 의리'를 "인간이, 인간답게 살려는 태도"라 정의하며 다음과 같이 덧붙인다.

---

72 大庭利雄(2002) 『終りの蜜月』, 新潮社, p.247.

> 정(情)은 '마음'이라고도 읽으며, 일본에서는 예로부터 마음의 중심적 역할을 나타내는 것이라 간주되었다. 이 정이 타자를 향해 발동하는 모습이 인정이며 공감이다. 또한 인정은 강한 개성과 개성이 만나는 사랑의 관계라기보다는, 친절한 감정이고 배려이고 위로이다. 때에 따라서는 개체와 개체의 차별감이 소멸된 곳에 성립하는 사랑이다.[73]

마음의 중심인 정이 "타자를 향해 발동"할 때, "인정"과 "공감"이라는 화학적 반응을 일으킨다. 이 또한 사랑의 한 형태로, 젊은 날의 개성 넘치는 불같은 사랑이 아닌, 배려와 위로를 포함한 친밀감이 극대화된 성숙된 사랑이다.

이러한 인정과 의리의 모습은 한국의 그것과도 닮아있다. 정운현은 한국인의 정을 사랑과 구별하여 설명한다.

> 첫째, 정은 온후하다. 사랑은 감정의 밀도가 농후한 반면 정은 담담하다. 둘째, 정은 은근하다. 정적이다. 셋째, 정은 타산적이지 않다. 상당히 희생에 가까운 것이 정이다. 넷째, 정은 항시적이다. 한번 생겨난 정은 쉽게 사라지지 않는다. 마지막으로 정은 주고받는 쌍방향이다.[74]

그는 사랑을 "밀도가 농후"한 감정이라 규정한 다음, 이에 반해 정은 "희생"이라고 정의한다. 이러한 정은 쌍방향성이다. 따라서 정이 두터운 부부는 어느 한쪽이 병들었을 때 다른 한쪽은 희생정신을 발휘하여 수발하게 되는 것이다. 또한 그는 부부를 반려자라 정의한 다음, 반려의 조건이 해로(偕老)에 있다고 역설한다. 서로

73 源了円(2013)『義理と人情』, 中公文庫, p.31.

74 정운현(2011) 앞의 책, pp.35-36.

같이 늙어가는 단짝인 부부에게 해로는 의무라는 것이다. 아울러 이상익은 『禮記』의 오륜십의 중에서 부의부청(夫義婦聽)을 소개하며, 의리는 '사물이 본래 가지고 있는 결'이라 정의한다.[75]

이는 다시 말하자면, 에코페미니즘에서 주장하는 '살아있는 관계'로 규정할 수 있겠다.

> '살아있는 관계(living relation)'란, 개인적인 차원과 사회적·공동체적 차원에서 지구상의 생명체의 살아있는 생명을 유지하는 상호관계를 의미한다. "살아있는 관계를 재창조"한다는 것은 '우리에게는 욕망, 여성들에게는 부담"이라는 오랜 표현과는 달리, 남성들도 성관계의 결과를 비롯해 생명에 대해 책임을 져야 한다는 뜻이다. (중략) 오히려 남성들이 이 살아있는 관계와, 이 일상성과, 이 부담과, 이 내재성과 연결됨을 뜻한다. 그러기 위해 필요한 것은 새로운 기술이 아니라 욕망과 부담이 평등하게 공유되는 새로운 양성관계이다.[76]

앞서 언급했듯이 박완서의 『길고 재미없는』의 남편은, 아내의 여생이 얼마 남지 않았음을 알고 변태를 감행한다. 남편은 이윽고 가장이라는 권위를 내려놓고 수화기에다 진정성 있는 "사랑해"를 외친다. 이러한 남편의 변태야말로 조강지처에 대한 의리에서 비롯되었다고 볼 수 있겠다. 또한 자전적 소설 『여덟 개의 모자로 남은 당신』에서의 남편은 세상물정에 어두운 아내를 향해 "생전 틈바구니에 끼여 봤어야지"하면서 오히려 자신이 죽은 후 남게 될 아내를 "연민"한다. 이처럼 두 작품에 깔려있는 정서는 서양에서는 휴머니즘으로, 동양에서는 '정과 의리'로 규정된다. 아울러 살아있는 관계의 재구축에 성공한 노부부의 해로담은 에코페미니즘적 관점에서

---

75 이상익(2012) 「한국의 義理思想에 대한 접근법」 『한국철학논집33집』, p.39.
76 마리아 미스, 반다나 시바(2000), 앞의 책, pp.282-285.

보자면 '살아있는 관계의 재창조'라 할 수 있겠다.

이상으로 한일 두 여성작가의 노년문학을 통해, 노부부의 해로에 짙게 깔린 동양적 정서, '인정과 의리'를 인식할 수 있었다. 만년의 한일 두 여성작가 오바 미나코와 박완서는 주로 노년기 부부의 모습을 표상화 하였다. 작품에 묘사되는, 늙어 병마에 시달리는 노부부, 병든 한쪽을 개호하는 '보살피고 양육하는 자질'을 발휘하는 단짝의 모습은, 열정적 사랑에서 한 단계 성숙된 동양적 휴머니즘을 보여주었다. 아내는 수발드는 남편에게서 '엄마'의 모습을 발견하며, 남편은 자신이 죽은 후 홀로 남을 세상물정에 어두운 아내를 연민한다. 해로한 노부부는 비록 병마에 의해서이기는 하지만, 늦게나마 시공간을 함께할 수 있어 행복한 인생이었다고 술회한다. 두 작가는 '인정과 의리'에 기반 한 노부부의 해로하는 삶을 통해, '독립적이며 고립된 자율적 개인'을 넘어 고독을 나누는 반려자가 있는 삶의 형태를 제시한다. 이는 에코페미니즘에서 언급하는 '보살피고 양육하는 자질'의 함양이 완성된 결과이며, 살아있는 관계의 재창조라 볼 수 있겠다.

참고문헌

제1장

권보드래(2003) 『연애의 시대』 현실문화연구. pp.153-154.

노자영(1921.2) 「여성운동의 제일인자 엘렌 케이」 『개벽』. p.52.

유각경(1920.5) 「소녀의 책임론」 『新女子』. p.295.

유진월(2006) 「〈신여자〉와 근대 여성담론의 형성과정」 『김일엽의 〈신여자〉 연구』 푸른사상. p.64.

유진월(2006) 「〈신여자〉와 근대 여성들의 글쓰기」 『김일엽의 〈신여자〉 연구』 푸른사상. p.87.

大塚英志(1989.5) 『少女民俗学−世紀末の神話をつむぐ「巫女の末裔」』 光文社. p.100.

川村邦光(1994) 『オトメの身体』 紀伊国屋書店. p.228.

長谷川啓(2007) 「思春期の少女のセクシュアリティ」 『明治女性文学論』. p.395.

高良留美子(1991) 『悲恋のかくし味ー野上弥生子『七夕さま』をめぐって」 『城西文学』. p.8.

塚田満江(1995) 「小説主人公の造型その三ー「裏紫(うらむらさき)」中絶をめぐってー 『日本文学風土学会記事』. pp.8-19.

橋本威(1985) 「一葉『裏紫(上)』ノート」 『梅花女子大学開学論文集』. p.131.

重松恵子(1996) 「「夢と現と」ー一葉小説における「夢」の考察ー」 『論集樋口一葉』. pp.216-233.

長谷川啓(1994) 「恋の狂気が意味するものー『裏紫』を読む」 『樋口一葉を読みなおす』. p.224.

坂野晴和(2001) 「お律, お京, そしてお町ー『うらむらさき論考』」 『名古屋大学紀要』. 再引用. p.100.

제2장

박광숙(2004), 「박완서의 페미니즘 소설 연구」, 단국대학교대학원 석사학위논문.

서정자(2001), 『한국여성소설과 비평』, 푸른사상, p.296.

장혜경외 1인(2000), 『전업주부의 심리, 정서적 안녕과 갈등요인에 관한 연구』, 한국여성개발원, p.4.

장미경(2006), 『한국여성운동과 젠더정치』, 전남대학교출판부, pp.14-15.

江種満子(1999), 「「三匹の蟹」着床の場、またはウーマンリブ前夜のセクシュアリティ」, 『文教大学国文』, pp.1-15.

小倉千加子(2000), 『セクシュアリティの心理学』, 有斐閣選書, p.120.

다이애너기틴스(1997), 안호용외 옮김, 『가족은 없다』, 일신사, p.60.

강소연(1998), 「1950년대 여성소설 연구-손소희, 한무숙, 한말숙 작품의 여성의식을 중심으로-」, 이화여대 대학원 석사논문, p.58.

김미정(2007), 「적도의 순례, 불 위의 춤」, 『사막을 건너는 법』, pp.379-393.

서정자(1996), 「페미니스트 의식의 침체와 환상적 사랑의 병렬」, 『소설과 사상』, p.314.

서정자(2001), 『한국여성소설과 비평』, 푸른사상, p.289.

이봉범(2005), 「전후 현실의 불모성과 새로운 삶의 지표 찾기」, 창비, p.288.

조혜윤(2005), 「한무숙 소설 연구-전통과 근대에 대한 비판적 인식을 중심으로-」, 이화여대 대학원 석사논문, p.133.

이와부치 히로코외(2005), 『일본여성문학사-근현대편』, 미네르바서방, p.245.

엔도 슈사쿠외 2명(1969), 「창작합평」, 『群像』, p.247.
奥野健男(1974), 「戦後文学における性意識の変遷」, 『解釈と感想』, p.3.
나카무라 미하루(1992), 「허구의 영구기관-가나이 미에코 「토끼」와 〈환상〉의 논리-」, 『日本文學』, p.33.
모리야마 나치코(2001), 「신체와 관념의 경계」, 『日本文學誌要』, p.82.
다케우치 가요(2008), 「가나이 에미코 「토끼」를 둘러 싼 퀴어」, 『昭和文學研究』, pp.163-171.
다카하시 고야(1976), 「엘리스의 나라에」, 『엘리스 나라의 말』, 신서관, p.100.
장폴 그레벨(1989), 『동물심볼사전』, 대수관서점, p.5.

제3장

마리아 미스·반다나 시바, 손덕수, 이난아 옮김(2000), 『에코페미니즘』, 창작과비평사.
손승영외 12인(1999) 여성한국사회연구소, 『새로 쓰는 여성과 한국사회』, 사회문화연구소.
이영숙외 1인(2010) 『현대 가족관계학』, 신정.
장미경(2006) 『여성운동과 젠더정치』, 전남대학교출판부.
홍미광(1996) 『한국여성소설의 에코 페미니즘적 연구』, 부산대학교 교육대학원 석사논문.
有地亨(1993) 『家族は変わったか』, 有斐閣.
岩淵弘子·北田幸恵(2005) 『日本女性文学史ー近現代編』, ミネルヴァ書房.
江種満子(2005) 『日本女性文學史』, ミネルヴァ書房.
永井里佳(2004) 「富岡多恵子『新家族』-家族像への違和」, 『日本文学論集』.
リサ·タトル, 渡辺和子監訳(1991) 『フェミニズム事典』, 明石書店.

김미현(2002), 「위반의 타자성-서영은 소설에 나타난 '여(女)'와 '성(性)'의 이중소외」, 『현대소설 연구』 17호, p.16.

김현경/이민영(2008), 「자발적 비혼모의 선택 체험에 관한 연구: parse의 인간되어감 연구방법론을 적용하여」, 한국가족복지학, p.7.
마리아 미스·반다나 시바(2000) 『에코페미니즘』 창작과 비평사. p.178, 285.
박혜란(1986), 「성으로 본 여성의 실상-80년대 단편소설을 중심으로」, 이화여대 석사논문, pp.36-47.
송명희(1988), 「결혼을 거부한 성의 자유」, 『여성해방과 문학』, 지평, p.16.
이병순(2006), 「서영은의 <먼 그대>론」, 『현대소설 연구』, p.330.
에릭 프롬(1992), 『자유로부터의 도피』, 박진영 역, 육문사, p.100.
장미경(2006), 『여성운동과 젠더정치』, 전남대학교출판부, p.70.
진선영(2005), 「서영은 소설의 마조히즘 연구-『먼 그대』를 중심으로」, 『이화어문논집』 제23집, p.109.
칼 융(2008), 『We-로맨틱 러브에 대한 융 심리학적 이해』, 고혜경 옮김, 동연, p.85.
岩淵弘子·北田幸恵(2005), 『日本女性文学史ー近現代編』, ミネルヴァ書房, p.318.
尾形明子(1993), 「『黙市』作品鑑賞」『現代短編女性文学』, おうふう, p.178.
キャロル·ヘイズ(1992), 「男性社会の彼方へ」, 『比較研究』, p.130.
鈴木マリ子(1994), 「津島佑子の文学」, 『徳島大学国語国文學』 7, p.45.
다음 백과사전 http://100.daum.net. 2011.10.8.
동국미디어센터 2008 『미스맘에 대한 이해』, www.donggukim.org. 2011.8.10.
일본야후 위키백과사전 http://ja.wikipedia.org/wiki. 2011.10.10.

가와모토 아야(1999), 「한국과 일본의 현모양처사상」, 『모성의 담론과 현실』, 나남출판, p.227.
황수남(2000), 「최정희 소설 연구」, 충남대학교 대학원 박사논문, pp.23-25.

김효임(1994), 「최정희소설에 나타난 여성인물 연구」, 숙명여대 교육대학원 석사논문, p.17.

김주리(2008), 「비체화된 모성의 우울증과 육친애」, 『인문연구』, pp.233-262.

김혜정(1992), 「최정희 「천맥」에 나타난 여성성」, 『대동문화연구』, pp.229-441.

방민호(2006), 「1930년대 후반 최정희 소설에 나타난 여성의 의미」, 『한국현대소설학회』, pp.61-91.

정순진(1994), 「모성과 여성의 갈등-최정희의 「지맥」, 「인맥」, 「천맥」을 중심으로-」, 『한국언어문학』, pp.347-361.

서영인(2005), 「순응적 여성성과 국가주의」, 『현대소설연구』, pp.213-233.

신영희(2007), 「식민지 조선에서의 징병제와 '군국모성'」, 『대동문화연구』, pp.404-439.

이상경(1986), 「일제말기의 여성동원과 '군국의 어머니'-」, 『원우론총』, pp.203-241.

이병순(2005), 「최정희 소설에 나타난 모성 연구」, 『여성문학연구』, pp.218-240.

김경일(1998), 「한국 근대 사회의 형성에서 전통과 근대」, 『사회와 역사』, p.31.

정진성(1999), 「현대일본의 모성인식」, 『모성의 담론과 현실』, 나남출판, p.250.

윤택림(2001), 『한국의 母性』, 지식마당, p.6.

심진경(2006), 「최정희 문학의 여성성」, 『한국근대문학연구』, pp.93-120.

이태숙(2002), 「여성성의 이중적 의미에 대한 모색」, 『페미니즘 정전 읽기』, 푸른사상, pp.214-220.

若桑みどり(1995), 『戦争がつくる女性像』, 筑摩書房, p.99.

関口安義 (1997), 「「大根の葉」ー方言の生かされた会話」, 『国文学解釈と鑑賞』, pp.34−38.
須浪敏子(2001), 「壷井栄「大根の葉」論ー子供と小豆島方言の発見」, 『四国学院大学論集』, pp.1−15.
西沢正太郎(1997), 「壷井栄ー国民文学としての位置」, 『国文学解釈と鑑賞』, pp.17−23.
小田実(1979), 「大きな小説ー壷井栄「大根の葉」」, 『文芸』, pp.251−259.
金本洋文(1930), 『近代帝国日本のセクシュアリティ』, 明石書店, p.3.
川村邦光(1994), 「"性家族"の肖像ー近代家族と性セクシュアリティの言説ー」, 『思想』, p.222.
山川菊栄(1920.10), 『山川菊栄集』第2巻(『婦人公論』), p.286.
鷺只雄(2007), 「壺井栄論(17) - 第六章　戦時下の文学」, 『都留文科大学紀要』, p.241.

김재용(1996), 「카프 신인의 등장과 소설영역의 확대」, 『한국현대대표소설선』, 창작과비평사, p.474.
송지헌(1996), 『페미니즘 비평과 한국소설』, 국학자료원, p.134.
서정자(1999), 『한국근대여성소설연구』, 국학자료원, p.221.
전경옥외 3인(2004), 『한국 여성 정치 사회사』, 아시아 여성연구소, p.306.
김언순(2005), 「朝鮮時代 女訓書에 나타난 女性의 正體性 연구」, 한국학중앙연구원 박사학위논문, p.150−153.
이은선(2000), 「유교적 몸의 修行과 페미니즘」, 『유교와 페미니즘의 만남Ⅱ』, 한국유교학회, p.14.
『우암션생계녀서』(국립중앙도서관장본), 『내훈·계녀서』, 김종권 역주(명문당, 1986).
여성을 위한 모임(1999), 『제3의성−중년여성 바로보기』, 현암사, p.26.
양은영(1995), 『아줌마는 야하면 안 되나요?』, 다솔, p.28.

김기영(2005), 『다시 찾은 性의 renaissance』, 선미디어, pp.193–195.
布袋敏博(2004), 『近代朝鮮文学日本語作品集』解説, p.327.
青柳優子(1997), 『韓国女性文学研究』, お茶の水書房, pp.71–76.
リサ・タトル(1991), 『フェミニズム事典』, 明石書店, p.230.
권영민(1990), 『한국근대문인대사전』.
권영민(2004), 『한국현대문학 대사전』.
남상천 한의원 (https://www.medcity.com).
Daum백과사전, http://enc.daum.net/dic100, 2007.9.18.

제4장

마르크스 가브리엘(Markus Gabriel)(2017) 『세계는 왜 존재하지 않는가』, 김희상 옮김, 열린책들, p.133.
쓰시마 유코 저 김훈아 옮김(2010) 『웃는 늑대』, 문학동네, pp.1–419.
임옥희(2008) 「사이버시대에 나타난 육식에 대한 윤리적 불안과 가족의 구조변동」 『탈근대와 여성주의』, 전남대학교출판부, p.3.
주은경(2012) 『〈채식주의자〉, 〈몽고반점〉, 〈나무불꽃〉 그리고 에코페미니즘』 조선대학교석사학위논문, p.15.
한강(2007) 『채식주의자』 창비, pp.1–247.
한정희(2012) 『한강 소설 연구: 몸 담론을 중심으로』 한국교원대학교 석사학위논문, p.10.

伊藤比呂美(2001) 「津島佑子『笑いオオカミ』–よいかりを」 55(3), 文学界, p.22.
上野千鶴子(2001) 「歴史における構築主義」 『構築主義とは何か』, 勁草書房, p.146.
小倉千加子(2001) 『セクシュアリティの心理学』, 有斐閣選書, p.120.
小松佳代子他(2003) 「マージナルな女を / が語るということ」 『流通経済大学論集』 17–34, 流通経済大学編集部. p.17.
Scott, J.W.,(1992) 「Gender and the Politics of History, Colombia

U.P.,」『ジェンダーと歴史学』, 荻野美穂訳, 平凡社, p.85.

ジャック·デリダ著 谷徹 他訳(2005)『デリダ, 脱構築を語る』岩波書店, p.191.

津島佑子(2000)『笑いオオカミ』, 新潮, pp.1-388.

네이버 위키백과, https://ko.wikipedia.org/ (검색일: 2018.07.08.)

강진영(2014)「후기자본주의 사회와 소설의 환상성 - 박민규, 한강, 황정은 소설을 중심으로」한국교원대학교대학원석사논문, pp.20-32.

신수정(2015)「2000년대 소설에 나타나는 유령 화자의 의미 - 윤성희, 황정은 소설을 중심으로 한국문예창작, pp.10-28.

심진경(2015)「황정은 소설의 환상과 리얼 -『백의 그림자』와『야만적인 앨리스씨』를 중심으로」한민족문화연구, pp.15-22.

정혜경(2015)「2010년대 소설에 나타나는 '불가능한 애도'의 양상과 윤리 - 황정은, 김숨, 윤이형의 소설을 중심으로」여성문학연구, pp.20-32.

한지혜(2017)「황정은 소설의 작중인물 연구」고려대학교대학원석사학위논문, pp.10-22.

한기욱(2010)「문학의 새로움과 소설의 정치성 - 황정은, 김사과, 박민규의 사랑이야기」창작과비평, pp.17-33.

가이 스탠딩(2014)『프레카리아트』김태호 옮김, 박종철출판사, p.23

들뢰즈&가타리(2003)『천개의 고원』김재인 옮김, 새물결, p.153(재인용).

엘리자베스 그로츠(2001)『뫼비우스 띠로서 몸』임옥희 옮김, 여이연, p.30

大石千晶(2017)「川上未映子『乳と卵』論：形なきものをどう伝えるか」愛知大学国文学, pp.9-22.

川本三郎(2008) 「同時代を生きる視点いま格差社会の片隅で−川上未映子『乳と卵』、桜庭一樹『私の男』」調査情報棚沢, pp.18−30.
棚沢健(2008) 「明治と平成が「厭」で重なる『乳と卵』(特集「生きにくさの時代」のなかで−ソリダリティへの眼差し)」神奈川大学評論,, pp.55−70.
千野帽子(2008) 「母と娘の物語ー母 / 娘という呪い。母と格闘する娘たち−文芸ガーリッシュ的な九つの断章」ユリイカ, pp.11−22.
布施薫(2010) 「川上未映子『乳と卵』ー〈脱げない体〉めぐって(プロレタリア文学とプレカリアート文学のあいだ−プレカリアート文学の発見)」国文学：解釈と鑑賞, pp.10−29.

[네이버 지식백과] 꼭두각시놀음 (한국민족문화대백과, 한국학중앙연구원) (검색일 : 2020.11.28.)
[야후재팬 지식백과] 시라하의 화살이 서다 (검색일 : 2020.11.28.)

서은경(2018) 「'가족모티프'의 측면에서 바라본 김애란 소설의 변모과정」『돈암어문학』, p.70.
이현재(2019)『여성혐오 그 후』들녘, p.35.
가이 스탠딩(2014) 김태호 옮김『프레카리아트』박종철출판사, p.23.
우에노 치즈코(2010) 나일등 옮김『여성 혐오를 혐오한다』은행나무, p.37.
엘리자베스 그로츠(2001) 임옥희 옮김『뫼비우스 띠로서 몸』여이연, p.30.
飯田祐子(2019) 「村田沙耶香とジェンダー・クィアー『コンビニ人間』,『地球星人』, その他の創作」『超域的日本文化研究(10)』, pp.48−63.
佐藤康智(2016) 「水槽としてのコンビニ −『コンビニ人間』論」『群像』, p.183.
橋本夏希(2019) 「村田沙耶香『コンビニ人間』論 −「普通」と「異常」の間で−」『玉藻(53)』, p.46.

矢野千晶(2017) 「差の消滅－村田沙耶香「授乳」から「コンビニ人間」まで」『同志社女子大学日本語日本文学 (29)』, pp.121-137.
呂衛清(2017) 「音から声へ － 村田沙耶香の『コンビニ人間』を読む －」『比較日本文化学研究』第10号, p .169.

엘리자베스 그로츠(2001) 『뫼비우스 띠로서 몸』, 임옥희 옮김, 여이연, p.283.
강지희(2016) 「잔존의 파토스」『문학동네』, pp.263-284.
斎藤環(2007) 「関係の化学としての文学ーアミーバたちの虚構装置」、『新潮』、p.258.
斎藤環(2007) 「関係の科学としての文学-アブソーションと関係平面」、『新潮』、p.255.
田中弥生(2007) 「裏切る女ー金原ひとみ」、『新潮』、p.211.
加藤典洋(2007) 「おじさんは「綿矢・青山・金原」をどう読んだか」、『文学会』、p.169.
武田將明(2009) 「タナトスからのエクソダス (脱出) ー現代小説の死と倫理」、『群像』、p.201.
다음백과사전 https://search.daum.net, 2021.09.02.
[네이버 지식백과] https://terms.naver.com, 2021.09.10.

권성우(2011) 「재일 디아스포라 여성문학에 나타난 탈민족주의와 트라우마」『한민족문화연구』 36집, 북코아, pp.307-331.
김환기(2006) 『재일 디아스포라 문학』 새미, pp.1-32.
김종희(2007) 『디아스포라를 넘어서』 민음사, p.51.
이진경(2002) 『노마디즘』 2 휴머니스트, p.33.
장미경(2006) 『여성운동과 젠더정치』 전남대학교출판부, p.60.
장윤수(2011) 「코리안 디아스포라 문학의 정체성 연구」『재외한인연구』 25호, 북코리아, pp.7-40.

장시기(2005) 『노자와 들뢰즈의 노마돌로지』 당대, p.23.
강소희(2012) 「'반난민'적 존재의 정체성 – 이양지의 「나비타령」 「유희」를 통하여」 『한국문학 이론과 비평』 제57집, 비평출판사, p.55.

顧偉良(1999) 「創造的世界、小説への道」一乱舞するナビ・李良枝」 『弘前学院短期大学紀要』 35號、pp.55−72.
ソ・キョンシク(2007) 「ソウルで「由煕」を読む」 『社会文学』(26)、不二出版、pp.111−124.
渡辺吉鎔・鈴木孝夫(1981) 『朝鮮語のすすめ一日本語からの視点』 講談社、p.22
Constance Classen(1998) 陽美保子訳 『感覚の力』 精興社、p.101.

제5장

『遊魂』(園地文子 1970. 1, 『新潮』) 『園地文子一新潮現代文学』, 新潮社, 1979.
『第2・女子의 風景』(1966.12), 『現代文學」, 現代文學社, 1966.

유남옥(1998) 「최정희 노년기소설 연구」 『한국노년문학연구」, 국학자료원, pp.137−140.
전흥남(2011) 『한국현대노년소설연구』, 집문당, p.222.
시몬느 보봐르(2002) 『노년: 나이 듦의 의미와 그 위대함』 홍상희외 역, 책세상, p.16.
니콜라 에이벌(2003) 『에로스』 이영선 옮김, 이제이북스, p.7.
에스텔라V.웰든(2006) 『사도마조히즘』, 이제이북스, p.85.
青柳優子(1997) 『韓国女性文学研究』, 御茶の水書房, p.232.
伊藤発子(1987) 『短篇女性文學近代』, 櫻楓社, p.230.
樋口恵子(1992) 『ニュー・フェミニズム・レビュー (Vol.4) エイジズムお

ばあさんの逆襲』「老いの神話ーだれが私の老いに責任があるのか」 재인용, 学陽書房, p.40.

倉田容子(2009)『語る老女語られる老女』, 学芸書林, p.44.

長谷川 啓(2008)「遊魂の悦楽ー狐火の如き老いのエロス」『老いの愉楽』, pp.59-75.

宮本孝子(1995)「「遊魂」小論ー時空を超えた魂の往還」『実践国文学』, pp.50-58.

紫式部『源氏物語』, 阿部秋生他2人注訳, 小学館 1976. 참조.

リサ・タトル(1998)『新版フェミニズム事典』渡辺和子監駅. 明石書店, p.5.

유남옥(1998.4),『한국노년문학연구Ⅱ』, 문학을생각하는모임, 국학자료원, p.131.

장미경(2006.1),『한국여성운동과 젠더정치』, 전남대학교출판부, p.60.

정영자(2005),「소설 속에 나타난 여성의 삶과 나이먹기」『여성연구논집 제16호』, p.2.

에드워드 렐프(2005.3),『장소와 장소상실』, 김덕현외 2인, 논형, pp.184-185.

조세핀 도노번, 김익두외 1인 역,『페미니즘 이론』, 문예출판사, 1995, pp.233-234.

青柳優子(1997.12),『韓国女性文学研究Ⅰ』, お茶の水書房, p.77.

井上里恵(2005.2),『日本女性文学史』, ミネルヴァ書房, p.125.

江原由美子(2002.6),『女性學事典』, 岩波書店, p.37.

岡宣子(1990.2),『近代女性文学-近代』, 桜楓社, p.132.

羽生清(2004.6),『装うこと生きること』, 勁草書房, p.161.

藤江淳子(2008.2),「宇野千代「幸福」の二文字」『文藝春秋』, p.266.

リサ・タトル(1998),『新版フェミニズム事典』, 渡辺和子監駅, 明石書店, p.5.

김수현(2006)「소설 속 여성의 狂氣와 치유의 서사 - 오정희와 최윤 소설을 중심으로 -」, 서강대학교교육대학원 석사학위논문. p.3.

임옥희 외(1994)『성과 텍스트의 정치학』, 한신문화사. p.70.
우미영(2000)「여성의 광기와 무의식의 욕망 - 백신애론」『여성문학연구』 4권, 한국여성문학학회. p.353.
명혜영(2011)「주부의 연극적 자아와 갈등 -『세 마리의 게(三匹の蟹)』(大庭みな子)와『어떤 나들이』(박완서)를 중심으로-」,『日本語文學』53집. pp.261-284.
서영채(1999)「사람다운 삶에 대한 갈망」『그의 외롭고 쓸쓸한 밤』 해설, (주)문학동네. p.445.
홍준기(2007)「헤겔의 주인-노예 변증법과 라깡 : 강박증 임상」,『라깡과 현대정신분석』 VOL 9. p.134.
大庭みな子·水田宗子(1994)『<山姥>のいる風景』, 田畑書店. p.45.
水田宗子(1991)『フェミニズムの彼方』, 講談社. p.100.
沼沢和子(1993)『女性文学、短編』, おうふう. p.62.

박혜경(1999)「겉멋과 정욕」『박완서 단편소설 전집 6-그 여자네 집』, (주)문학동네, p.328.
이상익(2012)「한국의 義理思想에 대한 접근법」『한국철학논집 33집』, p.39.
정운현(2011)『情이란 무엇인가』 책보세, p.81.
장(윤)필화(1999)『여성 몸 성』 도서출판 또 하나의문화, p.313.
전흥남(2010)「박완서 노년소설의 시학과 문학적 함의(Ⅱ)」,『국어문학』, p.117.
하웅백(2006)「모성, 그 생명과 평화」『박완서 단편소설 전집 2』, (주)문학동네, p.432.
홍미광(1996)『한국여성소설의 에코 페미니즘적 연구』, 부산대학교교육대학원 석사논문, p.21.
마리아 미스, 반다나 시바(2000) 손덕수 이난아 옮김『에코페미니즘』, 창작과 비평사, p.394.

江種満子(2008) 「大庭みな子の笑い」『老いの愉楽』，東京堂出版社，p.54.
大庭利雄(2002) 『終りの蜜月』新潮社，p.247.
源了円(2013) 『義理と人情』，中公文庫，p.31.